Klaus Himmelstein (Hg.)

Jüdische Lebenswelten in Regensburg

Eine gebrochene Geschichte

Verlag Friedrich Pustet
Regensburg

Bibliografische Information der Deutschen Nationalbibliothek
Die Deutsche Nationalbibliothek verzeichnet diese Publikation in der Deutschen Nationalbibliografie; detaillierte bibliografische Daten sind im Internet über http://dnb.dnb.de abrufbar.

ISBN 978-3-7917-2806-3
© 2018 by Verlag Friedrich Pustet, Regensburg
Satz: Martin Vollnhals, Neustadt a. d. Donau
Druck und Bindung: Friedrich Pustet, Regensburg
Umschlaggestaltung: Heike Jörss, Regensburg
Printed in Germany 2018

Weitere Publikationen aus unserem Programm finden Sie auf www.verlag-pustet.de
Kontakt und Bestellungen unter verlag@pustet.de

Inhalt

Vorwort 9

Zur Geschichte der Juden im mittelalterlichen Regensburg

Silvia Codreanu-Windauer/Peter Müller-Reinholz/Bernd Päffgen
Das jüdische Viertel im mittelalterlichen Regensburg
und die Ausgrabungen am Neupfarrplatz 14

Michael Brocke
Unbeirrbar, furchtlos – Andreas Angerstorfer zum Gedenken ... 28

Andreas Angerstorfer
Die Regensburger Talmudschule – Strahlkraft jüdischer
Gelehrsamkeit 30

Sophia Schmitt
Die Regensburger Öffentlichkeit und der Ritualmordvorwurf
gegen die jüdische Gemeinde (1476–1480) 46

Astrid Riedler-Pohlers
Jüdische und christliche Mediziner im spätmittelalterlichen
Regensburg 67

Veronika Nickel
Gewalt und Repression gegen die Regensburger Juden
bis zu ihrer Vertreibung 1519 81

Andreas Angerstorfer
Die jüdischen Friedhöfe in Regensburg 92

Cornelia Berger-Dittscheid, Hans-Christoph Dittscheid
„Adversus Judaeos ratisbonenses" –
Jüdische Kultur im Spiegel christlicher Kunst in Regensburg 107

Eine neue Gemeinde entsteht –
Die Israelitische Kultusgemeinde Regensburg

Jakob Borut
Die Juden in Regensburg, 1861–1933 134

Mathias Heider
Die jüdische Gemeinde in Regensburg
und ihr Rabbiner Seligmann Meyer, 1881–1925 160

Cornelia Berger-Dittscheid, Hans-Christoph Dittscheid
Die neuzeitlichen Synagogen in Regensburg –
Blüte und Zerstörung 185

Klaus Himmelstein
Isaak Meyer, Chronist der Israelitischen Kultusgemeinde
Regensburg 203

Isaak Meyer
Die Einweihung der neuen Synagoge am 29. August 1912 215

Die Israelitische Kultusgemeinde Regensburg
in der Zeit des Nationalsozialismus

Waltraud Bierwirth
Jahre der Ausgrenzung und Verfolgung, 1933–1938 230

Waltraud Bierwirth
„Zwangsarisierung" und Vernichtung 252

Klaus Himmelstein
Abwesendes Gedächtnis – Das Archiv der Israelitischen
Kultusgemeinde Regensburg 269

Jüdisches Leben in Regensburg nach 1945

Klaus Himmelstein
Brücke zwischen Gestern und Morgen
Jüdische Displaced Persons in Regensburg 296

Sabine Koller
Der jiddische Autor Mendl Man in Regensburg, 1946–48 320

Hans Rosengold
Neubeginn nach dem Zusammenbruch 343

Dieter Weber
Stolpersteine in Regensburg 350

Waltraud Bierwirth
Aufbruch „Am Brixener Hof" – Ein neues Gemeindezentrum
mit Synagoge 372

Staab Architekten
Ein neues Haus am alten Ort – Zur Konzeption des
jüdischen Gemeindezentrums und der neuen Synagoge 399

Anhang

Zeittafel 406
Personenregister 413
Danksagung 419
Die Autorinnen und Autoren 420
Abbildungsnachweis 422

Vorwort

Die Jüdische Gemeinde Regensburg hat in ihrer über 1000-jährigen Geschichte gegenwärtig die höchste Zahl an Mitgliedern erreicht. Ihre Geschichte – wie auch die der Juden in Deutschland – verlief jedoch keineswegs harmonisch. Die Juden mussten über Jahrhunderte ihren Glauben und ihre Identität gegen eine Umwelt behaupten, die sich ihnen gegenüber anmaßend, ausgrenzend und in Krisenzeiten äußerst aggressiv verhielt. Mit der Folge, dass die Regensburger Juden zwei tiefe Brüche in ihrer Geschichte erfuhren: 1519 vertrieb sie der Stadtrat im Einklang mit Kirche und Bevölkerung.

Mit dem Beginn des Immerwährenden Reichstags in Regensburg im 17. Jahrhundert kamen erstmals wieder Juden nach Regensburg. Sie erlebten gegen Ende des 19. Jahrhunderts mit der Verfassung des Deutschen Reiches den Beginn formaler Gleichberechtigung als Staatsbürger, verbunden mit der Hoffnung auf eine friedliche Zukunft. Diese Hoffnung, von Anfang an durch völkisch-antisemitische Kampagnen unterlaufen, endete 1933. Mit der Machteinsetzung Hitlers änderte sich das Leben der Juden in Deutschland radikal. Auch die Regensburger Juden wurden entrechtet, ausgeraubt und, soweit sie nicht geflohen waren, in den Gaskammern der Mordstätten in Ostpolen getötet.

Nach dem Ende der Nazi-Herrschaft, nach der Shoa, gründeten überlebende Juden wieder eine Gemeinde in Regensburg. Die überwiegende Mehrheit der neuen Gemeinde bildeten polnische Juden. Sie waren vor dem heftig ausbrechenden Antisemitismus in ihrem Land 1946 in die westlichen Besatzungszonen Deutschlands geflohen. Sie kamen jedoch nicht, um im „Land der Mörder" zu bleiben. Palästina oder die USA waren die Ziele, doch eine Reihe von ihnen blieb. Die 1950 gegründete *Jüdische Gemeinde Regensburg* wurde ihr neuer Lebensmittelpunkt. Aber die Alija, die Möglichkeit, jederzeit nach Israel, dem 1948 gegründeten jüdischen Staat, auswandern zu können, prägte zunächst das Verhältnis zur deutschen Gesellschaft. Denn deren Mehrheit verhielt sich über Jahrzehnte gegenüber dem Leiden der jüdischen Bürger in der NS-Zeit gleichgültig oder abweisend. Erst die Bereitschaft der nachgeborenen Generationen, historische Verantwortung für die

Ermordung der jüdischen Bevölkerung im Nationalsozialismus zu übernehmen, schuf eine neue Vertrauensbasis.

Die jüdische Gemeinde in Regensburg wurde im Verlauf der Jahrzehnte immer kleiner, bis Anfang der 1990-er Jahre die Wende kam. Nach der Wiedervereinigung der beiden deutschen Staaten kamen aus den Ländern der zerfallenden Sowjetunion die Nachkommen der einstmals ausgewanderten aschkenasischen Juden zurück. Sie kamen als „Kontingentflüchtlinge" und brachten neues Leben in die kleinen, von Auszehrung bedrohten jüdischen Gemeinden in Deutschland. In Regensburg vergrößerte sich die Gemeinde um das Zehnfache. Der Entschluss, eine Synagoge und ein Gemeindezentrum zu bauen, bekräftigte den Willen der „neuen" Gemeinde, Regensburg als religiöses und gesellschaftliches Zuhause anzunehmen.

Die Regensburger Gemeinde ist die älteste jüdische Gemeinde in Bayern und eine der ältesten und früher bedeutendsten in Deutschland. Die 22 Aufsätze dieses Buches stellen in chronologischer Folge wichtige Kapitel ihrer wechselvollen Geschichte von den Anfängen im mittelalterlichen Deutschen Reich bis zur Gegenwart dar. Im ersten Abschnitt des Buches gehen die Autorinnen und Autoren aus unterschiedlichen Blickwinkeln auf die mittelalterliche Geschichte der Juden in Regensburg ein. Am Beginn steht ein Beitrag über die umfänglichen Ausgrabungen am Neupfarrplatz in Regensburg. Diese Grabungen haben das Wissen über Lage und Größe des Gettos, des jüdischen Wohnviertels im Mittelalter, korrigiert und erweitert. In den folgenden Aufsätzen geht es zunächst um die Jeschiwa, die Talmudschule der jüdischen Gemeinde, eine der bedeutendsten in Europa, sodann um die Ritualmordvorwürfe gegen die jüdische Gemeinde im 15. Jahrhundert und die dabei erkennbaren jüdischen und christlichen Netzwerke, schließlich um die Vertreibung der jüdischen Bevölkerung aus der Stadt 1519. Die weiteren Beiträge befassen sich mit jüdischen und christlichen Medizinern in Regensburg, mit den jüdischen Friedhöfen und – aus kunsthistorischer Sicht – mit der Darstellung der jüdischen Kultur in der christlichen Kunst in Regensburg.

Der zweite Abschnitt des Buches setzt im 19. Jahrhundert ein. Es bildete sich etwa 300 Jahre nach der Vertreibung eine neue Gemeinde, die Israelitische Kultusgemeinde Regensburg. Der erste Aufsatz schlägt einen zeitlichen Bogen von 1861 bis zum Ende der Weimarer Republik und gibt damit Einblick in die Entwicklung dieser Gemeinde nach dem Erreichen der Rechtsgleichheit im 19. Jahrhundert. Eine bedeutende Persönlichkeit der Gemeinde, der Rabbiner Dr. Seligmann Meyer, prägte über vier Jahrzehnte das religiöse und kulturelle Gesicht der Gemeinde. Über ihn handelt der anschließende Beitrag. Weiterhin werden die Synagogen der Gemeinde beschrieben bis zum Neubau von Synagoge und Gemeindehaus 1912. Eine Gedenkschrift aus dem Jahr 1913 erinnert an dieses Ereignis. Der Autor der Gedenkschrift, Isaak Meyer, Sohn des Rabbiners Dr. Seligmann Meyer, wird vorgestellt und wichtige Dokumente aus seiner Gedenkschrift publiziert.

Mit dem 30. Januar 1933 und der Machtübergabe an Adolf Hitler und die NSDAP beginnt erneut eine rasch zunehmende Entrechtung und gesellschaftliche Ausgrenzung der jüdischen Bevölkerung bis hin zu ihrer Ermordung. Dies ist das zentrale Thema im dritten Abschnitt. Im ersten Aufsatz wird die Umsetzung der rassistischen Verfolgungsgesetze in Regensburg bis zum Novemberpogrom und der Zerstörung der Synagoge 1938 dargestellt. Es folgt die Beschreibung der Ausplünderung, des „Finanztods" der Juden in Regensburg und ihrer Vernichtung in den Mordstätten des Generalgouvernements. Thema des letzten Beitrags über die NS-Zeit sind der Raub des umfangreichen Archivs der Israelitischen Kultusgemeinde 1938, sein Verbleib und die Gründe der Nazis, das Archivmaterial zu erhalten.

Im letzten Abschnitt des Buches über die Zeit nach der Shoa wird zunächst der Beginn jüdischen Lebens in Regensburg nach 1945 skizziert. Mehrere tausend jüdische Displaced Persons, vor allem aus Polen, lebten bis 1949 in der Stadt. Diese Zeit endete mit der Gründung der *Jüdischen Gemeinde Regensburg* am 1. August 1950. Im folgenden Aufsatz wird der bedeutende jiddische Dichter und Journalist Mendel Man vorgestellt, der mit seiner Familie von 1946 bis 1948 in Regensburg lebte und an der Gründung der jiddischen Zeitung „Der najer moment" maßgeblich beteiligt war. Hans Rosengold, der über Jahrzehnte die Jüdische Gemeinde gemeinsam mit Otto Schwerdt repräsentierte, fasst die Nachkriegsgeschichte der Jüdischen Gemeinde aus seiner Sicht zusammen. Es folgt ein Bericht über die Verlegung von Stolpersteinen für jüdische Opfer der Nazi-Herrschaft in Regensburg. Anschließend wird die heutige Gemeinde, die überwiegend aus Kontingentflüchtlingen aus der ehemaligen Sowjetunion besteht, in Einzelschicksalen vorgestellt. Die

Jüdische Gemeinde entschloss sich, angesichts ihrer aktuellen Größe und der damit verbundenen, vielfältigen religiösen, sozialen und kulturellen Aufgaben, eine neue Synagoge und ein neues Gemeindezentrum zu bauen. Die Konzeption des „neuen Hauses am alten Ort" ist Thema des letzten Beitrags.

Das Buch ist keine abschließende oder vollständige Zusammenfassung der Geschichte der Regensburger Juden. Die Themenauswahl soll Interesse für die Jüdische Gemeinde in Regensburg wecken, sie will zugleich zur weiteren Beschäftigung mit der jüdischen Geschichte der Stadt und dem Leben der jüdischen Bürger in Regensburg anregen.

Die Jüdische Gemeinde baut am alten Ort eine neue Synagoge und ein Gemeindezentrum. Sie dokumentiert damit Jahrzehnte nach der Shoa ihre Zuversicht und Hoffnung, in der Regensburger Gesellschaft ihren Glauben und ihre Identität ohne Angst und Bedrohung leben zu können. Dabei wollen sie die Autorinnen und Autoren und der Friedrich Pustet Verlag mit dem hier vorgelegten Buch unterstützen.

Regensburg, im Frühjahr 2018   Klaus Himmelstein

Zur Geschichte der Juden
im mittelalterlichen Regensburg

Silvia Codreanu-Windauer
Peter Müller-Reinholz
Bernd Päffgen

Das jüdische Viertel im mittelalterlichen Regensburg und die Ausgrabungen am Neupfarrplatz

Einleitung

Die jüdische Gemeinde in Regensburg gehörte zu den wichtigsten im mittelalterlichen Deutschen Reich. Man kann von ihrer Existenz in der Bischofs- und Handelsstadt an der Donau ab ottonischer Zeit ausgehen. Eine Blüte jüdischer Gelehrsamkeit ging mit wirtschaftlichem Erfolg auf der Basis von Handel und Geldverleih einher. Die Regensburger Jeschiwa, die Talmudschule, spielte eine wichtige Rolle in der jüdischen Welt. Etwa 600 Jahre lang, vom 10. Jahrhundert bis 1519, hatte die jüdische Gemeinde an einer gemeinsamen Geschichte mit den christlichen Bürgern dieser Stadt Anteil und prägte die Regensburger Geschicke mit.[1]

Die erste Phase der Existenz einer jüdischen Gemeinde in Regensburg fällt in ottonische und frühsalische Zeit. Offen ist derzeit aus archäologischer Sicht die Existenz einer Synagoge, die damals vielleicht schon bestanden hat. Bereits um 1080 galt nämlich der Regensburger Rabbiner Menachem ben Mekhir als bedeutend.

Einen Einschnitt für die jüdische Gemeinde in Regensburg bedeutete die beim Ersten Kreuzzug 1096 erfolgte Zwangstaufe, die im Folgejahr durch Heinrich IV. aber als unrechtmäßig erklärt wurde. Berühmtheit besaßen im mittleren Drittel des 12. Jahrhunderts die gelehrten Rabbiner Efraim ben Isaak, Isaak ben Mordechaj und Moses ben Abraham.[2] Die Talmudschule von Regensburg, in der die Schüler unter rabbini-

---

[1] Germania Judaica 2, Breslau 1934; Germania Judaica 3/2, Tübingen 1995, S. 1178–1229 (Peter Herde).

scher Anleitung (Rabbi, dt. „mein Lehrer") Texte und Kommentare zur Tora studierten, strahlte weit nach Westen und Osten aus. Dies trifft in gleichem Maß auf das rabbinische Gericht (Bet Din) zu.³ Lange Zeit hatte die Regensburger Schule Bestand, noch zu Beginn des 16. Jahrhunderts gab es nachweislich 80 Studenten. Gegen Ende des 12. Jahrhunderts wurde Regensburg zur Hochburg der einflussreichen Frömmigkeitsbewegung unter Rabbi Jehuda ben Samuel he-chasid („Jehuda der Fromme"), der hier von 1195/96 bis 1217 wirkte[4]. Sein wichtigstes Werk *Sefer Chasidim*, das „Buch der Frommen"[5], ist *eines der bedeutendsten und denkwürdigsten Produkte der jüdischen Literatur, da es erlaubt, tief in das wirkliche Leben einer jüdischen Gemeinschaft in allen ihren Äußerungen Einblick zu gewinnen*[6]. Es stellt eine einmalige Quelle für das jüdische Leben in der christlichen Welt um 1200 dar[7] und ist damit auch von größter Bedeutung für Regensburg.

1180 brach Rabbi Petachjah ben Jakob ha-Laban von Regensburg aus zu einer Weltreise auf, die ihren literarischen Niederschlag in seinem Werk *Sibbub* („Rundreise") fand und die erstaunliche Weite damals möglicher Fernbeziehungen veranschaulicht[8]. Kaiser Friedrich I., genannt

---

[2] Habermann, Abraham Meir: Liturgical Poems of Efrayim bar Yishaq of Regensburg, in: Studies of the Research Institute for Hebrew Poetry in Jerusalem, Bd. 4 (1938), S. 119–195; Mutius, Hans-Georg von (Hrsg.): Ephraim von Regensburg: Hymnen und Gebete (= Judaistische Texte und Studien, Bd. 10), Hildesheim 1988.

[3] Angerstorfer, Andreas: Die Ausstrahlung der Talmudschule und des Bet Din von Regensburg von Frankreich bis nach Kiew (1170–1220), in: Feistner, Edith (Hrsg.): Das mittelalterliche Regensburg im Zentrum Europas, Regensburg 2006, S. 55–69.

[4] Angerstorfer, Andreas: Rabbi Jehuda ben Samuel he-Hasid (um 1140–1217), „der Pietist", in: Treml, Manfred u. a. (Hrsg.): Geschichte und Kultur der Juden in Bayern. Lebensläufe, München 1988, S. 13–20; Daxelmüller, Christoph: Rabbi Juda ha-chasid von Regensburg, in: Gelehrtes Regensburg – Stadt der Wissenschaft. Stätten der Forschung im Wandel der Zeit, Regensburg 1995, S. 105–118.

[5] Auszugsweise Übersetzung ins Deutsche: Güdemann, Moritz: Geschichte des Erziehungswesens und der Cultur der Juden in Frankreich und Deutschland 1, Wien 1880, S. 178–198; Die Ethik des Judentums. Auszüge aus dem „Buche der Frommen" (sefer hahasidīm) des R. Jehuda Hachassid, zusammengestellt und übersetzt von Abraham Sulzbach, Frankfurt a. M. 1923.

[6] Scholem, Gershom: Die jüdische Mystik in ihren Hauptströmungen. Frankfurt a. M. 2000, S. 90.

[7] Schäfer, Peter: Juden und Christen im Hohen Mittelalter: Das „Buch der Frommen", in: Cluse, Christoph (Hrsg.): Europas Juden im Mittelalter. Beiträge des internationalen Symposiums in Speyer vom 20. bis 25. Oktober 2002, Trier 2004, S. 45–59.

[8] Höxter, Julius (Hrsg.): Quellenbuch zur jüdischen Geschichte und Literatur, Wiesbaden 2009, S. 314–316, Nr. XVI.

Barbarossa, erteilte der Regensburger Judengemeinde 1182 das Privileg, Handel mit Gold, Silber, allen Metallen und sonstigen Gegenständen zu treiben.⁹ Das „Judenprivileg" wurde von seinen Nachfolgern Friedrich II. 1216 und Heinrich VII. 1230 bestätigt. 1210 kaufte Abraham ben Mose vom Kloster St. Emmeram das Gelände zwischen Peterstor und Galgenberg, „Emmeramer Breitn" genannt, zur Errichtung eines neuen jüdischen Friedhofs.¹⁰ 1227 wird der Neubau der Synagoge in einer Klage des Abtes von St. Emmeram bei der päpstlichen Kurie thematisiert. Ein geschlossenes Judenquartier in Regensburg ist erst für den Verlauf des 13. Jahrhunderts im Zug der Umsetzung der Beschlüsse des Vierten Laterankonzils anzunehmen. 1298 unterbanden Regensburger Bürger im Kontext der weit ausgreifenden „Rintfleisch"-Verfolgungen gewaltsame Übergriffe. In der Phase der Pestepidemie, 1347–1353, als vielerorts Juden als angebliche Brunnenvergifter Pogromen zum Opfer fielen, leisteten 254 Regensburger Bürger einen Eid, die Juden der Stadt vor Angriffen zu schützen.¹¹ So entwickelte sich die Regensburger Judengemeinde neben Wien und Prag zu einer der größten im Reich. Ein kompliziertes Abgabesystem führte im Verlauf des Spätmittelalters allerdings zu einer immer drückenderen Steuerlast zugunsten von Kaiser, Bischof, bayerischem Herzog und Stadtgemeinde.

Hinzu kommt eine gravierende Verschlechterung der Situation der jüdischen Bevölkerung in Regensburg im Verlauf der zweiten Hälfte des 15. Jahrhunderts. Buß- und Bekehrungspredigten durch Johannes Capistranus (1452) und Petrus Nigri (1474) zeugen von Antijudaismus und Agitation. 1460 kam der Talmudgelehrte Rabbi Israel Bruna kurzzeitig ins Gefängnis, 1470 wurde der Kantor Kalman verurteilt, 1474 wurde der Jude Mosse als „Giftmischer" verbrannt. Im gleichen Jahr bezichtigte man Rabbi Israel Bruna des Ritualmordes an einem Christenkind, doch auf Intervention Kaiser Friedrichs III. kam er frei. 1476 wurden 17 Juden in Regensburg inhaftiert, aber der Kaiser verlangte ihre Freilassung. Wieder stand die Ritualmordbeschuldigung im Raum, die in Regensburg jedoch interessanterweise nicht überall

---

9   Höxter, wie Anm. 8, S. 259, Nr. X.
10 Angerstorfer, Andreas: Mittelalterliche Friedhöfe und Grabsteine. In: „Stadt und Mutter in Israel". Jüdische Geschichte und Kultur in Regensburg (Ausstellungskatalog). Regensburg ⁴1996, S. 74.
11 Germania Judaica 2/2, S. 679 f.

Gehör fand. Dennoch blieben die Beschuldigten über vier Jahre in Haft, bis sie 1480 gegen 8.000 Gulden Lösegeld an den Stadtrat und 10.000 Gulden an den Kaiser frei kamen[12].

Diese hier kurz angerissenen, schriftlich überlieferten Gegebenheiten finden ihre logische Ergänzung in der archäologisch überlieferten Sachkultur und Architektur. Die Kombination aus beiden Quellengattungen bildet die Grundlage, um die jüdische Lebenswelt als wesentlichen Bestandteil einer mittelalterlichen Stadt erfassen zu können.

Dies gilt auch im Besonderen für das katastrophale Ende der Judengemeinde zu Beginn des 16. Jahrhunderts. Am 21. Februar 1519, während des durch den Tod Kaiser Maximilians I. entstandenen Machtvakuums, beschloss die Regensburger Stadtführung die vollständige Ausweisung aller Juden. Diese wurde unmittelbar und binnen weniger Tage in die Tat umgesetzt. Kranke und Wöchnerinnen kamen bei der Vertreibung ums Leben. Einige der Vertriebenen ließen sich in der Nähe in Stadtamhof (bis zur Vertreibung von dort 1555) und in Sallern (bis 1577) nieder, andere wanderten nach Tirol und Polen aus. Das Regensburger Judenviertel wurde sukzessiv abgerissen, die Synagoge schon binnen weniger Wochen nach der Vertreibung, um Platz für eine Marienkapelle zu schaffen.[13] Der jüdische Friedhof wurde geschändet, seine mehr als 4.000 Grabsteine abgeräumt und in einigen Fällen wie Siegeszeichen in der Stadt vermauert.[14]

Die Judenvertreibung von 1519 war eine vergleichsweise spät durchgeführte Aktion, da bereits seit dem Ende des 15. Jahrhunderts Judengemeinden aus mehreren hundert deutschen Städten und Territorien vertrieben worden waren. Warum es angesichts des jahrhunderte-

---

[12] Herde, Peter: Gestaltung und Krisis des christlich-jüdischen Verhältnisses in Regensburg am Ende des Mittelalters, in: Zeitschrift für bayerische Landesgeschichte 22, 1959, S. 359–395; Werner, Robert: Die Regensburger Ritualmordbeschuldigungen – Sex pueri Ratisbonae. Entwicklungen, Zusammenhänge mit Trient und Rinn, Relikte. In: Verhandlungen des Historischen Vereins für Oberpfalz und Regensburg 150, 2010, S. 33–117, hier S. 41.

[13] Röckelein, Hedwig: Marienverehrung und Judenfeindlichkeit, in: Opitz, Claudia (Hg.), Maria in der Welt, Luzern 1993, S. 11–45; Morsbach, Peter: Fragen zur Entstehung der Kapelle zur Schönen Maria, in: Dallmeier, Martin (Hg.): Der Neupfarrplatz – Brennpunkt – Zeugnis – Denkmal (Herbstsymposion 1999), Regensburg 2002, S. 41–49.

[14] Jetzt zusammenfassend: Brocke, Michael: Der berühmte mittelalterliche jüdische Friedhof von Regensburg und seine Grabsteine, in: Bayerische Archäologie 2016, H. 1, S. 34–36.

langen friedlichen Zusammenlebens von Christen und Juden überhaupt zu Krisen und Vertreibung gekommen ist, lässt sich nur beantworten, indem die jüdische Geschichte als integraler Teil der Stadtgeschichte betrachtet wird. Die sehr unterschiedlichen Beziehungen der Juden zu Stadtrat, Kaiser, Bischof und Herzog, den Kaufleuten und Handwerkszünften sowie zu einzelnen Adeligen und Bürgern sollen anhand archivalischer und archäologischer Quellen beleuchtet werden.

Das Judenviertel am Neupfarrplatz

Der Leiter des Stadtbauamts, Adolf Schmetzer, versuchte 1931 eine Rekonstruktion des Regensburger Judenviertels, an das am Neupfarrplatz lange alte Namen wie Judensteg, Judentor, Judenbrunnen und Judengasse (jetzt Residenzstraße) erinnerten.[15] Aufgrund intensiven Quellenstudiums legte er einen für die Forschung bis heute relevanten Plan vor, welcher Parzellen des Judenviertels innerhalb des Stadtgefüges im späten Mittelalter konkret umfasste. Die Westgrenze lag demnach zwischen dem Häuserblock Neupfarrplatz/Tändlergasse und Wahlenstraße bis zum Anwesen Tändlergasse 18. Die Nordgrenze entsprach etwa der Linie zwischen den Häusern Tändlergasse 9 und Residenzstraße 2. Unter Ausschluss des Grundstücks Residenzstraße 3 zog sich die Ostgrenze zwischen den Häusern des Neupfarrplatzes und der Pfauengasse hin und schloss das Terrain der heutigen Kreissparkasse, Neupfarrplatz 10, mit ein. Die Südgrenze dürfte nicht bis an die südliche Häuserreihe des Neupfarrplatzes herangereicht bzw. darüber hinausgegriffen haben.

Nach wie vor bleibt die Frage nach dem Alter der jüdischen Ansiedlung in Regensburg zu klären. Bereits die Lage innerhalb der Mauern des ehemaligen Legionslagers westlich der *porta principalis sinistra* und unweit der die früh- bis hochmittelalterliche Stadttopographie prägenden Areale von Bischofskirche, Herzogshof und Niedermünster mag ein hohes Alter anzeigen. Der älteste mit Sicherheit auf Regensburg zu beziehende archivalische Beleg ist die Nennung eines Juden Samuel im

---

[15] Schmetzer, Adolf: Die Regensburger Judenstadt, in: Zeitschrift für die Geschichte der Juden in Deutschland NF 3, 1931, S. 18–39.

Jahr 981, der in der Stadt ansässig war und zwei *extra muros* an der Schierstatt beim Kloster Prüfening gelegene *predia* (Landgüter) an den Abt von St. Emmeram verkaufte.[16] Die testamentarische Schenkung eines Christen der Zeit 1010/20 lokalisiert seine Stiftung von drei Häusern an St. Emmeram *apud habitacula Iudaeorum*, „bei den Judenhäusern". Dies kann als ältester archivalischer Beleg eines Judenviertels, im Sinn von Wohnquartier, auf deutschem Boden interpretiert werden.[17]

Hinweise auf jüdische Händler im Donauraum liefert die Raffelstetter Zollordnung aus dem Jahr 903 gut 100 Jahre früher. Eine direkte Nennung von Regensburg erscheint hier zwar nicht, vorstellbar ist jedoch, dass jüdische Händler in der Stadt schon in der späten Karolingerzeit präsent waren. Dies würde die Bildung eines jüdischen Siedlungsbereichs in der Stadt in der Ottonenzeit plausibel erscheinen lassen.[18] Dies entspricht der gängigen Annahme, dass die ersten Judengemeinden an den Hauptverkehrsadern und unter dem Schutz der Reichsbischöfe besonders in den ehemaligen römischen *civitates* im späten 10. Jahrhundert entstanden.[19]

Die Ausgrabungen am Neupfarrplatz in den Jahren 1995–1998

Von herausragender Bedeutung sind die Ausgrabungen am Neupfarrplatz in den Jahren 1995 bis 1998 im Zug der Platzneugestaltung. Sie ermöglichten auf mehr als 3.000 m² Fläche die bis dahin größte archäologische Untersuchung im Regensburger Stadtkern. Spuren von der Römerzeit bis zur Frühen Neuzeit, vornehmlich aber jene des mittelalterlichen Judenviertels wurden freigelegt. Größere zerstörte

---

[16] Dirmeier, Artur: Die Schierstatt von Regensburg. Frühe jüdische Siedlungsspuren, in: Ackermann/Schmid (Hrsg.), Festschrift Wilhelm Volkert zum 75. Geburtstag, München 2003, S. 37–42.

[17] So Codreanu-Windauer, Silvia: 21. Februar 1519. Die Vertreibung der Juden aus Regensburg, in: Schmid, Alois (Hrsg.): Bayern nach Jahr und Tag, München 2007, S. 203.

[18] Zusammenfassend zu den ältesten Judengemeinden in Deutschland jetzt: Schieffer, Rudolf: Die ältesten Judengemeinden in Deutschland, Nordrhein-Westfälische Akademie der Wissenschaften und der Künste, Geisteswissenschaften, Vorträge G 450, Paderborn 2015.

[19] Battenberg, Friedrich: Die Juden in Deutschland vom 16. bis zum Ende des 18. Jahrhunderts, München 2001, S. 15.

Luftbild der Ausgrabungsarbeiten am Neupfarrplatz, August 1996

Bereiche stellten nur eine 1938/39 eingebaute Löschwasserzisterne und der nördlich der Neupfarrkirche verlaufende Ringbunker aus dem Zweiten Weltkrieg dar.

Das aus dem Bewusstsein verschwundene Stadtquartier rückte durch die Ausgrabungen wieder ins öffentliche Interesse. Einen guten Eindruck der damals freigelegten Strukturen inmitten der Stadt vermittelt der Fotoband von Herbert Brekle[20]. Durch eine ganze Reihe von Vorberichten und Aufsätzen sind bereits zentrale Erkenntnisse der Ausgrabung zugänglich gemacht.[21] Dennoch konnte bis dato eine vollständige Auswertung der Gesamtdokumentation nicht stattfinden. Diese ist jedoch unabdinglich für die Einordnung der herausragenden

---

[20] Herbert Brekle: Das Regensburger Ghetto. Foto-Impressionen von den Ausgrabungen. Regensburg 1997; Daxelmüller, Christoph: Die wiederentdeckte Welt der Regensburger Juden des Mittelalters. In: Regensburger Almanach 1996. Regensburg 1996, S. 146–155.

[21] Codreanu-Windauer, Silvia/Wanderwitz, Heinrich: Das Regensburger Judenviertel, Geschichte und Archäologie, in: Schmid, Peter (Hrsg.): Geschichte der Stadt Regensburg 1, Regensburg 2000, S. 607–633; Codreanu-Windauer, Silvia: Das jüdische Viertel am Neupfarrplatz in Regensburg: Jüdischer Alltag aus der Sicht der neuesten Ausgrabungen, in: Wamers, Egon/Backhaus, Fritz (Hrsg.): Synagogen, Mikwen, Siedlungen. Jüdisches Alltagsleben im Lichte neuer archäologischer Funde, Frankfurt a. M. 2004, S. 117–128.

Regensburger Ausgrabungen als überaus bedeutendes Zeugnis jüdischer Kultur in den Kontext der mittelalterlichen Geschichte Europas. Dies geschieht im Rahmen eines Forschungsprojekts an der Universität München.[22]

Die Synagoge zum Zeitpunkt der Zerstörung, 1519

Im späten Mittelalter wuchs parallel zur Wirtschaftsrezession und dem Verlust ihrer politischen Bedeutung auch in der Reichsstadt Regensburg die antijüdische Stimmung. Das führte dazu, dass nach dem Tod ihres Schutzherrn, Kaiser Maximilian, im Januar 1519 die Vertreibung der Juden politisch forciert wurde.

Der Maler Albrecht Altdorfer, damals Mitglied des Regensburger Rates, nutzte 1519 die Gelegenheit, um wenige Tage nach der Vertreibung der Juden am 21. Februar Architekturskizzen des Synagogenkomplexes anzufertigen, die später als Radierung umgesetzt wurden. (Vgl. Abb. S. 109)

Sie waren ein historischer Glücksfall, denn der Abriss der Synagoge wurde schnell in Angriff genommen und an ihrer Stelle, veranlasst durch ein inszeniertes „Wunder", bereits im März 1519 die Holzkapelle „Zur Schönen Maria" errichtet.[23] Ihr Aussehen und das Treiben während einer ekstatischen Wallfahrt sind durch das 1520 entstandene Flugblatt von Michael Ostendorfer eindrucksvoll bildlich überliefert, auch, im Hintergrund, links und rechts der Kapelle, zwei- bis dreigeschossige, bereits abgedeckte und teilweise abgebrochene Häuser. (Vgl. Abb. S. 119)

Der Kernbereich des Judenviertels wurde sukzessiv abgetragen, um einen steinernen Ersatzbau für die Holzkapelle zu errichten, die heutige Neupfarrkirche.

---

[22] Codreanu-Windauer, Silvia/Haverkamp, Eva/Müller-Reinholz, Peter/Päffgen, Bernd: Juden im mittelalterlichen Regensburg. Die Ausgrabungen am Neupfarrplatz, in: Bayerische Archäologie 2016, H. 1, S. 26–33.
[23] Codreanu-Windauer, Silvia: 21. Februar 1519. Die Vertreibung der Juden aus Regensburg, in: Schmid, A. und Weigand, K. (Hrsg.): Bayern nach Jahr und Tag, 24 Tage aus der bayerischen Geschichte, München 2007, S. 193–215.

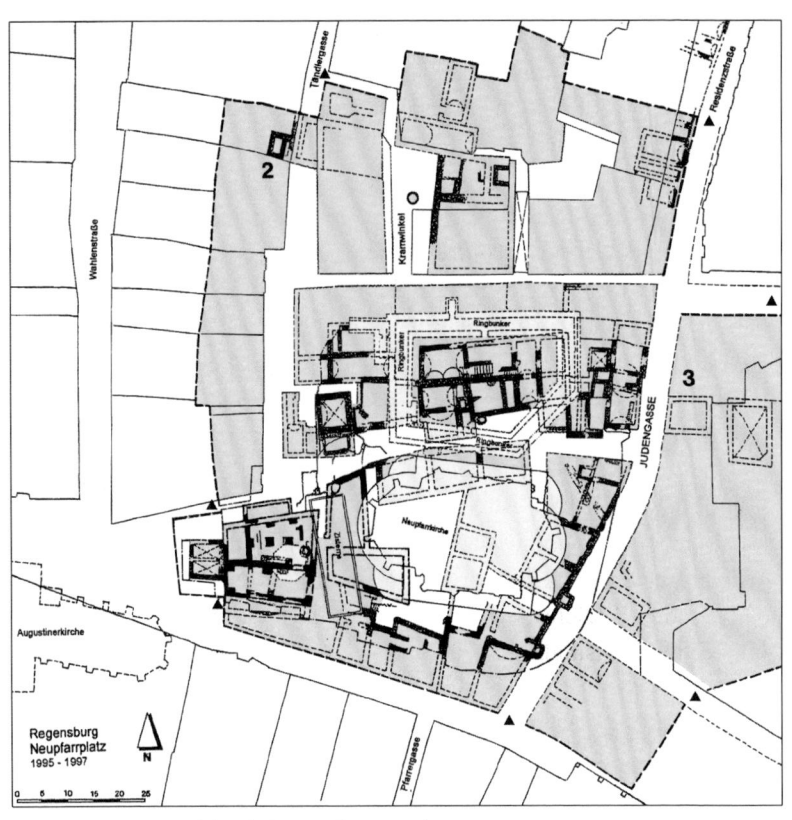

Plan des spätmittelalterlichen Judenviertels
1 – Synagoge, 2 – Jüdisches Spital, 3 – Judenstadel
Dreiecke: Mögliche Standorte von Pforten und Toren

Da weitere zeitgenössische Bildquellen zum einstigen Aussehen des Quartiers kaum vorhanden sind, kommt den Ausgrabungen von 1995 bis 1998 besondere Bedeutung zu. Sie haben völlig neue Ergebnisse zu seiner Topographie, seinen Bauten und seiner Infrastruktur erbracht, die zusätzlich zu den schriftlichen Quellen neue Aspekte des jüdisch-christlichen Zusammenlebens beleuchten. Dabei war die Lokalisierung der Synagoge an einer anderen als der bisher postulierten Stelle – unter der Neupfarrkirche – die größte Entdeckung. Sie lag ganz im Südwesten des Viertels, sozusagen an der Hauptstraße, die zugleich die Südgrenze des Judenviertels bildete.

Die romanische Synagoge

Die älteste Synagoge war ein eher bescheidener Saalbau von ca. 18 m Länge bei ca. 10 m Breite. Der im Grundriss etwas trapezförmig verzogene Raum stammt wohl noch aus dem ausgehenden 11. Jahrhundert. Innerhalb eines umzäunten Hofbereichs gelegen, besaß die Synagoge ursprünglich eine nach Süden weisende Türe – eine Besonderheit, denn dieses Portal war der christlichen Umgebung zugewandt. Später baute man an der Südseite zwei Annexräume an. Den innen verputzten, weiß gekalkten Hauptraum beherrschte die 3 x 3 m große Bima, ein Podest, von dem aus während des Gottesdienstes die Thora verlesen wurde. Sie ragte als gemauerter und verputzter Sockel etwa 70 cm aus dem Estrich heraus. An einer Ecke hatte sich der Abdruck eines Holzständers erhalten, so dass davon auszugehen ist, dass die Bima eine hölzerne Brüstung besaß. Der Haupteingang lag im Norden, dem Judenviertel zugewandt. Geringe Reste einer Schwelle und eines anschließenden Estrichs belegen, dass der Zutritt dort über eine Vorhalle unbekannten Ausmaßes erfolgte.

Die gotische Synagoge und ihre Anbauten

Anhand stilistischer Merkmale der aufgefundenen Bauplastikfragmente lässt sich die Ausstattung des Neubaus der zweiten Regensburger Synagoge und ihre Ausstattung in die spätere Stauferzeit um 1210/1220 datieren

Dazu passt die oben bereits genannte Beschwerde des Abtes von St. Emmeram von 1227 über einen neu errichteten Synagogenbau. Zu dieser Synagoge gehörten die von Altdorfer in seiner Innenraumdarstellung abgebildeten drei tragenden Säulen, deren Fundamente im Befund erfasst wurden.

Südlich der Synagoge befand sich ein langgestreckter, zweigeteilter Anbau, der weder durch eine Tür noch wie andernorts durch Sehschlitze mit der Synagoge verbunden war. Somit kann er nicht als separate Frauensynagoge angesprochen werden, wie es sie z. B. in Wien, Prag, Worms und Speyer gab. In diesem Anbau war ein etwa quadratischer kreuzgratgewölbter Raum, der eine Nische an der Westwand

Frühgotisches Bimafragment, um 1220

besaß, die mittels architektonisch aufwändig gestalteter Wandpfeiler abgesetzt war. Eine Pfeilerbasis hatte sich in situ erhalten, eine zweite fand man im Schutt. Vielleicht stand in der Nische ehemals ein besonderer Stuhl für einen Gemeindevorsteher oder Lehrer – eine Situation, wie sie u. a. in einer jüdischen Regensburger Handschrift des 14. Jahrhunderts dargestellt ist. Genauere Untersuchungen der dokumentierten Grabungsbefunde könnten möglicherweise die These belegen, dass an dieser Stelle die Jeschiwa und/oder das Bet-Din, das Rabbinatsgericht, zu lokalisieren ist.

Südlich dieses Gebäudes lag ein kleiner ummauerter Hof, den man von der Straße außerhalb des Judenviertels über eine Tür betreten konnte. Hier dürfte sich im Jahre 1332 der Mord an einem jüdischen Scholaren abgespielt haben, der die Regensburger Gemüter zum Erhitzen brachte: Der Schüler war von seinen Lehrern zum Bierholen ausgesandt worden und wurde *unter dem Dächlein vor der Judenschul* von vier Schlossern angepöbelt und schließlich erschlagen. Einiges spricht dafür, den Tatort vor dieser archäologisch nachgewiesenen, wohl mit einem Dächlein geschützten Tür zu vermuten.

An die mittelalterliche Synagoge erinnert das 2004 eingeweihte Kunstwerk von Dani Karavan, das als begehbares Bodenrelief den Grundriss des Bauwerks wiedergibt.

Die Ausgestaltung des jüdischen Quartiers

Zahlreiche stilistisch in die Romanik einzuordnende Hauskeller sowie mittelalterliche Straßenniveaus konnten archäologisch erfasst werden. Manche der gewölbten Kelleranlagen sind bis zu einer stattlichen Grundfläche von 60–80 m² zu rekonstruieren. Die meisten Anwesen verfügten über mehrere, miteinander verbundene Keller – Zeichen dafür, dass im

Begehbares Bodenrelief der gotischen Synagoge, gestaltet von dem israelischen Künstler Dani Karavan, 2004

Judenviertel ein recht hoher Raumbedarf an Lagerflächen existierte. Die legendenhafte Behauptung, dass die Keller unterschiedlicher Häuser durch Gänge verbunden waren, bestätigte sich nicht.

Das ca. 14.000 m² große Wohnviertel umfasste den ganzen heutigen Neupfarrplatz, nebst den östlich, nördlich und westlich angrenzenden Grundstücksparzellen. Dort standen Häuser, die an die Hinterhöfe der von Christen bewohnten Nachbargrundstücke stießen. Im Süden erstreckten sich die *habitacula,* die Wohnbereiche, bis zur Fernstraße, die, von Westen kommend, zur ältesten Pfarrkirche Regensburgs, St. Kassian, führte. Davon zweigte die einzige breite, mit Karren zu befahrende Straße ab und durchquerte im Osten das Quartier. Diese so genannte Judengasse führte zum Donauufer mit den dortigen Handelsplätzen und den von da abgehenden Fernwegen. An ihrem nördlichen Ende lag der archivalisch belegte Judenstadel, das Lagerhaus der hier ansässigen Kaufleute (s. Abb. S. 22, Nr. 3). Im Bereich der heutigen Tändlergasse kann aufgrund großer Latrinenanlagen das *hospitale judeorum* vermutet werden (s. Abb. S. 22, Nr. 2). Zum Bestand öffentlicher, archivalisch belegter Gemeindebauten gehörten ferner ein Hochzeitshaus, ein Brunnenhaus sowie ein Ritualbad, hebr. Mikweh. Deren Verortung innerhalb der überkommenen Strukturen bleibt eine spannende Frage, wenn sie auch vielleicht aufgrund der Zerstörungen der letzten Jahrhunderte unbeantwortet bleiben muss.

Die Eigentumsverhältnisse waren in ein komplexes rechtliches Gefüge eingebettet. 1350 befand sich ein Großteil der jüdisch bewohnten Häuser in christlichem Besitz: Von den neununddreißig im Häuserverzeichnis aufgeführten Anwesen waren nur acht formal im Eigentum von Juden, darunter das *preuthaus* (Hochzeitshaus). Einunddreißig Häuser und öffentliche Gebäude, wie der Stadel, das Brunnenhaus, die Fleischbank und auch das Spital, hatten Zins an die großen Klöster der Stadt zu zahlen, wodurch sich umgekehrt auch ein Schutzverhältnis ergab. Insgesamt war die Fläche der Judenstadt sehr dicht bebaut; die Häuser waren wohl nicht von einzelnen Familien bewohnt, sondern von mehreren Parteien belegt. Neben der Synagoge sind sicher weitere Betsäle im Bereich der übrigen Bebauung zu vermuten.

Zahlreiche der freigelegten Gebäude zeigen Spuren von Umbauten, die sich anhand der Bauplastikfragmente, die in den mit Bauschutt verfüllten Kellern geborgen wurden, teilweise erschließen lassen.

Fundmaterial

Aus der Zeit der Zerstörung stammt auch die überwiegende Menge an Fundmaterial: Keramik, Glas und sonstige Funde, wobei nicht ausgeschlossen werden kann, dass einzelne Stücke aus christlichen Haushalten stammen oder von den Bauarbeitern, die an der großen Wallfahrtskirche, der heutigen Neupfarrkirche, arbeiteten, entsorgt wurden. Nur wenige Funde aus der Neupfarrplatzgrabung können einem dezidiert jüdischen Kontext zugeordnet werden.

Zu nennen ist ein kleiner Goldring mit der Darstellung von Sonne und Mond auf der Kopfplatte, möglicherweise Standeszeichen eines Funktionsträgers in der jüdischen Gemeinde. Das Motiv ist auf dem Gemeindesiegel von 1356, aber auch auf zahlreichen Privatsiegeln zu finden. Aufsehenerregend war der Verwahrfund von 625 Gulden mit einem Gewicht von über 2 kg im Keller eines jüdischen Hauses, unter der Treppe im lehmigen Boden vergraben, in drei kleinen, dicht gestapelten Keramikgefäßen. Es handelt sich vornehmlich um Goldmünzen ungarischer Prägungen, die aufgrund ihres hohen Feingehalts beliebt

Münzverwahrfund und Goldfingerring

waren. Die Schlussmünze legt nahe, dass der Schatz um 1388, vielleicht im Zusammenhang mit dem damals tobenden Bayerischen Städtekrieg, verborgen worden war.

Vor Ort kann im „document Neupfarrplatz", dem im November 2001 eröffneten Informationszentrum, die erhaltene Bausubstanz aus zwei Jahrtausenden unmittelbar und authentisch erlebt werden. Im Ladengeschäft Tändlergasse 20 sind Keramikfunde aus der ergrabenen Latrinenverfüllung zu besichtigen, weitere herausragende Funde im Historischen Museum der Stadt Regensburg.

Michael Brocke

Unbeirrbar, furchtlos
Andreas Angerstorfer zum Gedenken

Jahr für Jahr traf ein längerer Brief ein, freimütige, scharfzüngige Berichte, aufgeschrieben auch für den Freund und Kollegen aus den frühen Zeiten der Regensburger Universität. Stets ein fröhlich-bissiges, auch selbstkritisches Staccato zur wissenschaftlichen, pädagogischen, politischen Arbeit eines Jahres; Vorträge, Ausstellungen, Führungen usw., dazu geharnischte Kritik an der Verharmlosung von Antisemitismus und Rechtsextremismus durch konservative Kreise in und um Regensburg, ja in ganz Bayern. Andreas Angerstorfer war nur selten pessimistisch und nie ohne Zuversicht – er liebte die Auseinandersetzung und freute sich über die kleinen „Siege", die seine unermüdliche, auch politisch-didaktische Aktivität innerhalb und außerhalb von Wissenschaft und Publizistik ihm, damit auch der Jüdischen Gemeinde Regensburg und der Gesellschaft für christlich-jüdische Zusammenarbeit, ab und an eintrugen.

Andreas Angerstorfer, 1948–2012

Ausgebildet als Theologe, promoviert mit einer Arbeit zum biblischen Schöpfer und Erschaffer, wirkte er als Wissenschaftlicher Angestellter der Katholisch-Theologischen Fakultät der Universität Regensburg mit hoher Lehrlast, vor allem verantwortlich für die Ausbildung der Studierenden in den biblischen Sprachen – hebraistisch und dazu auch judaistisch kompetent. In seinen weit über 100 Publikationen spielt Regensburgs jüdische Kultur und Geschichte von ihren Anfängen bis zur

Schoah und deren Nachwirken die Hauptrolle mit über 30 Beiträgen. Allmählich dehnte er den Radius des Wirkens weiter aus, ins Nürnberger Land und tief nach Schwaben hinein, wo er sich in die Dokumentation ländlich-jüdischer Friedhöfe vertiefte. Politisch bestrich sein Engagement gegen Judenhass und Rechtsradikalismus mittels Wanderausstellungen und Dokumentationen ganz Bayern. Angerstorfer wurde zu einem gefragten Regionalhistoriker in Judaicis – vielseitige Beiträge zu Funden und Fragen, ob in Sulzbach-Rosenberg, Neumarkt, Schnaittach oder Floß, zeugen davon.

Seine furchtlose Unbeirrbarkeit würde sich kaum so beeindruckend positiv verwirklicht haben, hätte er nicht an der Universität früh die kluge Lebenspartnerin gefunden, die er nicht zuletzt mit seiner Freude am Sprung über Denkbarrieren zu gewinnen wusste, und die ihn ihrerseits zu bestärken und ihm „den Rücken freizuhalten" verstand. Dieses dankbar genossene Glück war wesentlich für produktive Ruhelosigkeit: so zum Beispiel für die Hunderte von Synagogenführungen unterschiedlicher Länge und Niveaus, fünfzig allein im Jahr 2007. Andreas Angerstorfer genoss das volle Vertrauen, ja die Zuneigung der Jüdischen Gemeinde und ihrer Leitung, so das Vertrauen der Dahingegangenen, Hans Rosengold, Otto Schwerdt, so auch das der Gegenwärtigen, Frau Ilse Danziger und KollegInnen. Auch wusste er Anderen Brücken zu weiteren jüdischen Gemeinden Bayerns zu bauen.

Bei aller Wort- und Tatkraft war Andreas Angerstorfer eher ein stiller, verschlossener Mensch, dessen fraglose Verlässlichkeit und warmherzige Hilfsbereitschaft geradezu sprichwörtlich waren. Jüdisches Leben, jüdische Geschichte ist immer auch „Beziehungsgeschichte", – allzu oft im unguten Sinn. Leben und Wirken des am 11. Juli 2012, 63-jährig, plötzlich aus dem Leben Gerissenen geben ein bewahrenswertes Beispiel der Möglichkeit integrer, lebens- und vertrauensvoller Beziehungen von Juden und Christen, Nichtchristen, Nichtjuden. Wort und Tat, Geben und Nehmen stimmen überein. Sein Andenken bleibe zum Segen.

Andreas Angerstorfer

Die Regensburger Talmudschule
Strahlkraft jüdischer Gelehrsamkeit*

Das jüdische Regensburg bildete im Mittelalter die Drehscheibe jüdischer Gelehrsamkeit zwischen den Zentren im Westen – von Paris bis zu den großen rheinländischen Gemeinden Speyer, Mainz und Worms – auf der einen Seite sowie den Gemeinden im Osten – von Prag über Polen bis hin nach Kiew[1] in der Ukraine – auf der anderen Seite. Die Bedeutung Regensburgs für das geistige Leben der Juden im Mittelalter lässt sich am besten durch die Geschichte der Talmudschule und ihrer bedeutendsten Vertreter darstellen. Die Auswertung mittelalterlicher hebräischer Quellen aus Regensburg eröffnet einen neuen Blick in das innere Leben der jüdischen Gemeinde jener Zeit. Sie zeigt auch, welche Persönlichkeiten sich hinter den religiösen Autoritäten verbargen.

In Regensburg lässt sich die mittelalterliche Talmudschule[2] erstmals in der Mitte des zwölften Jahrhunderts mit der Gelehrtengeneration von Isaak ben Mordechai, Moses ben Joel und Efraim ben Isaak ben Abraham erfassen. Isaak ben Mordechai wird bezeichnet als *Oberhaupt des Bet Din* (rabbinisches Gericht) *in Regensburg, als größter Talmudgelehrter der Stadt und Leiter der Schule*. Seine circa 50 Tossafot (Zusätze) zum Talmud zitieren Autoritäten wie Jesaja ben Mali di Trani der Ältere (ca. 1200 – ca. 1260) und Me'ir ben Baruch von Rothenburg (ca. 1215–1293).[3]

---

* Der vorliegende Text ist die überarbeitete und gekürzte Fassung eines Aufsatzes von Angerstorfer, der unter dem Titel „Regensburg als Zentrum jüdischer Gelehrsamkeit im Mittelalter" erschienen ist, in: Brenner, Michael/Höpfinger, Renate (Hrsg.): Die Juden in der Oberpfalz, München 2009, S. 9–26.
[1] Zu den Studenten aus Kiew bei Jehuda he-Chasid vgl. Angerstorfer, Andreas: Die Ausstrahlung der Talmudschule und des Bet Din von Regensburg von Frankreich bis nach Kiew (1170–1220), in: Feistner, Edith (Hg.): Das mittelalterliche Regensburg im Zentrum Europas, Regensburg 2006 (Forum Mittelalter, Studien 1), S. 68 f.
[2] Zur Epoche des Hochmittelalters, wie Anm. 1, S. 55–69.
[3] Neuhausen, Simon A. (Hg.): Peres Taršiš: Išim wᵉ-soferim bᵉ-tossafot. The personalities and books reffered to a Tosafot being a Compilation of References to Persons and Books mentioned throughout the Tosafot to the entire Talmud, New York 1942, S. 49 f.;

Rabbi Efraim ben Isaak – bedeutender Gelehrter des 12. Jahrhunderts

Der bedeutendste Gelehrte seiner Generation war jedoch Rabbi Efraim ben Isaak ben Abraham. Er wurde etwa 1110 in Regensburg geboren und starb hier 1175. Jüdische Gelehrte seiner Zeit bezeichneten ihn als „Efraim der Große aus Regensburg" (so Mose von Coucy), als *ha-gibor*, „den Helden der Tora", „den Ehrwürdigen" und wegen seines Studiums in Frankreich als „den Franzosen" (*hazarfati*). Deutsche und französische Gelehrte nannten ihn „Rabbenu Efraim aus Allemania". Er studierte wie seine Kollegen in der französischen Gemeinde Ramerupt bei dem größten rabbinischen Gelehrten Frankreichs, Rabbenu Jakob ben Meir Tam (ca. 1100–1171), bei Isaak ben Ascher ha-Lewi in Speyer und bei Isaak ben Mordechai in Regensburg.[4]

Auf dem Rückweg aus Frankreich lebte Efraim vorübergehend in Worms und in Speyer, bevor er sich endgültig in Regensburg niederließ. Hier verbrachte er die längste Zeit, hier lebten sein Sohn Mose ben Efraim und sein Enkel Jehuda ben Mose. Er korrespondierte mit allen jüdischen Autoritäten seiner Zeit und er ist einer der wenigen Gelehrten dieser Zeit, dessen Charakterzüge und Persönlichkeit uns durch die Korrespondenz bekannt sind.

Efraim war ein freier, sehr unabhängiger Charakter unter den deutschen Talmudisten und Tossafisten des 12. Jahrhunderts. Er war begabt und ausgesprochen individuell, vielleicht etwas eigenwillig und autoritär, neigte zu Zornesausbrüchen, zu Kontroversen und war durchaus bereit zu polemisieren. Von auffallender Wahrnehmungsschärfe und aus einer sicheren Kenntnis der Tradition heraus lehnte er es ab, Autoritäten der nachtalmudischen Zeit anzuerkennen. Dies führte zu vielen Konflikten mit seinen Lehrern und Kollegen, und er ging den Diskussionen mit ihnen nicht aus dem Weg. Seine Rechtsgutachten reden Klartext über den, der ihn herausfordert. Trotzdem fanden seine Erläute-

---

Urbach, Ephraim E.: Die Entstehung und Redaktion unserer Tosafot, Breslau 1937 (Jahresbericht des jüdisch-theologischen Seminars für 1936); Ders.: Ba'ale hat-tosafot (The Tosafists: Their History, Writings and Methods), Jerusalem ³1968.

[4] Gordon, Macy Aron: Collegial Relationships among Ashkenazic Jewish Scolars: 1100–1300, Yeshiva University New York 1977 (Ann Arbor 1985), S. 135–159.

rungen und Rechtsentscheide zu Fragen des rabbinischen religiösen Brauchtums weithin Anerkennung.

Er stellte mehrere Lehrsätze auf, die sich in der halachischen (religionsgesetzlichen) Literatur seiner Zeit finden. Efraim konnte durchaus liberal sein. Er erlaubte, beim Brotbacken anstelle des Sauerteigs auch die von Christen bereitete Weinhefe zu gebrauchen, weshalb ihn sein Lehrer Rabbenu Tam böse angriff. Noch schockierter war der fromme Rabbi Eliezer ben Natan aus Mainz, er antwortete ihm fast hilflos: *... wie soll ich dir antworten, Rabbi Efraim, dessen Brillanz seinen Meister findet nur durch sein Fassungsvermögen für Fehler. ... Möge Gott ihm vergeben, denn er hat manches gesagt, das kein Echo hat irgendwo im Talmud.*

Den Regensburger beeindruckte das nicht. In Konflikt geriet Efraim, als er eine Änderung der strengen Regeln zu Pessach erlaubte. Er erklärte die Benutzung von Bierfässern und Bierkrügen, ja sogar von Braukesseln während des Pessachfestes (für den Seder) für statthaft, wenn diese vorher einfach ausgewaschen („gekaschert") wurden. Diese Rechtsentscheidung Efraims lehnten auch seine Regensburger Amtskollegen ab. Aber Efraim beharrte auf seiner Entscheidung. Efraim bestand *auf einer einmal ausgesprochenen Ansicht.* Er war *höchst selbständig, ja kühn und rücksichtslos in seinem Vorgehen.* Etablierte Gebräuche und religiöse Vorschriften, die schon lange als unverletzlich angesehen wurden, hat Rabbi Efraim ben Isaak immer aufgehoben, wenn für ihre Existenz keine Begründung im Talmud zu finden war.

Eine Diskussion, die fast zweihundert Jahre andauerte, löste sein Rechtsgutachten über bemalte Glasfenster bzw. Plastiken an der Nordwand der Kölner Synagoge aus, die Löwen- und Schlangenbilder zeigten. Die altehrwürdige Autorität Rabbi Elijakim ben Josef aus Mainz (gest. zwischen 1145 und 1152) verbot in einem negativen Rechtsentscheid, Synagogenfenster mit Tierfiguren zu bemalen, da dies den Anschein erwecke, die Juden würden diese Tiere anbeten. Rabbi Jo'el ha-Levi (Köln) hatte seine Anfrage auch an Efraim ben Isaak nach Regensburg geschickt und der erlaubte in seinem Responsum (rabbinischen Gutachten) das Bemalen von Synagogenfenstern mit Tierfiguren.[5] Er begründete dies damit, dass die Möglichkeit götzendienerischer Anbetung von Seiten Andersgläubiger ausgeschlossen sei.

---

[5] OZ I, S. 200, § 712.

Rabbi Efraim interpretierte hier völlig unabhängig. Seine Entscheidung verlief konträr zu den Ansichten seiner Zeitgenossen, die Darstellungen von Löwen und Schlangen zur Synagogenverzierung verboten. Er gestattete es, *wenn diese Tiere für sich selber dargestellt sind* als Plastik und auf Toramänteln. Tiere wie Fische und Vögel kämen in der Wirklichkeit vor, würden in der Fauna auch von den Christen nicht angebetet, geschweige denn, wenn Christen sie auf Kleidung trügen. Deshalb liege hier kein Grund zu Bedenken vor.

Der Streitfall hatte eine lange Nachgeschichte. Auch Rabbi Meʻir von Rothenburg, der größte Rechtsgelehrte (Halachist) in Deutschland, kam daran nicht vorbei.[6] Er argumentierte: Die Völker der Welt beteten solche Darstellungen nicht an und sicher nicht, wenn sie auf Gewänder gestickt sind. Er verbot dennoch jeden Machsor (Gebetbuch für die Feiertage) mit Tier- und Vogeldarstellungen, weil die Betenden die Bilder anschauten und in der Andacht gestört würden. Noch im 15. Jahrhundert protestierte Rabbi Jakob ben Mose ha-Lewi Mölln gegen bemalte Gebetbücher beim Synagogengottesdienst.

Rabbi Efraim kritisierte die Sitte, beim bekannten Segensspruch der Hawdala (Ausklang von Schabbat und Festtagen) an wilden Myrten zu riechen. An ihrer Stelle führte er die Gewürzbüchse mit ihren Duftkräutern (Besomim) ein und setzte offensichtlich ihre allgemeine Benützung durch. Bis heute benützen Juden in aller Welt die Gewürzbüchse am Ausklang des Schabbat und der Feiertage.

Doch seine Kritik an den Autoritäten jener Tage setzte noch tiefer an und lässt die Persönlichkeit des Efraim erahnen. Die Geschichte spielt in den jungen Jahren Efraims. In einem Brief an seinen Lehrer Rabbenu Tam, den vielleicht größten Gelehrten seiner Zeit, wagte es Efraim, bestimmte Passagen im Segensspruch, der zur Hawdala rezitiert wird, als *dummen/irrsinnigen Wortschwall/Längen* zu bezeichnen, gegen den er *Widerspruch erheben werde*. Dafür erfuhr er von seinem Lehrer härtesten Tadel; dieser nannte seinen Schüler Efraim *eingebildet und unverschämt*. Er urteilte kategorisch über ihn: *Von diesem Tag an habe ich*

---

[6] Responsum Nr. 496 (Editio Lemberg) = Nr. 610 (Editio Prag); Zimmels, H. J.: Beiträge zur Geschichte der Juden in Deutschland im 13. Jahrhundert insbesondere auf Grund der Gutachten des Rabbi Meir von Rothenburg, Wien 1926, S. 66 f., Anm. 498 f. [Online in: digitale Freimann-Sammlung der Universitätsbibl. Frankfurt/Main, d. Hg.].

dich erkannt, ich habe nie gehört, dass du in einem (einzigen) Punkt zustimmen würdest![7] Rabbenu Tam fertigte seinen Schüler hart ab und qualifizierte ihn

> *als voreiligen jungen Mann, dessen Ansichten nicht wert seien, dass man sich mit ihnen beschäftige, der sich lieber bei seinen gegenwärtigen Lehrern, oder bei ihm – Rabbenu Tam, seinem früheren Lehrer – Rat einholen als selbständig urteilen sollte.*[8]

Tam wirft ihm vor, er würde sein Unrecht nicht eingestehen und ließe sich schlimme Irrtümer zuschulden kommen, die zu widerlegen Papierverschwendung wäre.

> *Er wolle die von den Weisen festgesetzten religiösen Bräuche verändern, den Minhag (Brauch), der ebenso heilig wie die Torah ist, umstürzen! Du stehst nicht auf der Grundlage der Halacha, und wenn du Pergament schickst, werde ich dir eine Teschuwa (Antwort) schicken! Dir ziemt Wahrheit und Bescheidenheit, nur durch Hochmut gelangst du nicht ans Ziel!*

Efraim hat trotz dieser Zurechtweisungen nichts von seiner Unabhängigkeit eingebüßt, wie die vielen Auseinandersetzungen mit seinem früheren Schüler und Kollegen Joel ben Isaak in Köln und sein Antwortschreiben an seinen alten Lehrer Rabbenu Tam zeigen. Dennoch bewahrten sich alle Seiten bei aller Schärfe der Diskussion Respekt vor dem anderen und seiner Meinung, es gab keine gekränkte Eitelkeit. Sein Lehrer Tam unterstellte ihm keinen bösen Willen, bezeichnete ihn später wieder als *mein Bruder Efraim* und gebrauchte für ihn wieder die Ehrentitel *mein Lehrer* und *mein Kollege*. *Es sind deine Lehren, die ich ersehne, denn die Lehren deiner Lippen sind mir lieber als Tausende von Gold und Silber Denaren.* Er habe in der heiligen Gemeinde Regensburg den alten Glanz der Tora wiederhergestellt.

---

[7] Sefer ha-jašar, fol. 80 f.
[8] Übersetzung bei Kohn, S.: Mordekai ben Hillel, sein Leben, seine Schriften und die von ihm citirten Autoritäten. Ein Beitrag zur jüdischen Literaturgeschichte, in: Monatsschrift für Geschichte und Wissenschaft des Judentums 27 (1878), S. 72–93, hier S. 73. [Online in: digitale Sammlung – Compact Memory der Universitätsbibl. Frankfurt/Main, d. Hg.].

Sein Erfolg wäre noch größer geworden, wäre nicht sein ungestümes Temperament gewesen. Zweimal musste er die Synagoge in Worms während des Gottesdienstes verlassen – in heftigem Zorn über die Kultpraxis, die von ihm nicht gebilligt wurde.

Etwa 50 Zusätze zu verschiedenen Talmudtraktaten (Tossafot) und fast 40 Rechtsgutachten (Teschuwot), die er mit mehreren Gelehrten austauschte, werden Rabbi Efraim zugeschrieben. Efraims übrige theologische Schriften gingen verloren, die letzten vermutlich 1519, als beim Pogrom in Regensburg die Talmudschule geplündert und die kostbaren Pergamente beschlagnahmt wurden.

Rabbi Efraim ben Isaak – Gelehrter und liturgischer Dichter

Als liturgischer Dichter (Pajtan) stellte Rabbi Efraim ben Isaak von Regensburg alle seine deutschen und die meisten seiner französischen Zeitgenossen in den Schatten. Seine 32 erhaltenen Pijutim (Dichtung für den liturgischen Gebrauch) gehören zum Besten der deutschen Dichterschule des Mittelalters. Seine Werke reichen an die Elite Spaniens heran. Sie haben Strophenreim und Versmaß. Seine Sprache ist *kurz, und dennoch klar, anmutig, wenngleich scharf, er bedient sich reiner, fließender Ausdrücke, deren Schmuck die biblischen und talmudischen Wendungen ausmachen.*[9] Seine überwiegend als „Klagelieder" (*Selichot*) verfassten Dichtungen liegen seit 1988 in deutscher Übersetzung vor.[10]

Die erste Generation der Regensburger Jeschiwa war vom Terror der Pogrome der Kreuzzüge 1096 und 1147 geprägt. Auf dem Weg ins Heilige Land hatten die Kreuzfahrerhorden entdeckt, dass es auch in nächster Nähe „Ungläubige" gab, über die man herziehen könne. Blühende jüdische Gemeinden in Frankreich und Deutschland waren von der Vernichtung bedroht. Ganz scharf beschreibt Efraim die Leiden und Verfolgungen, u. a. beim zweiten Kreuzzug 1146/47.

---

[9] Zunz, Leopold: Literaturgeschichte der synagogalen Poesie, Berlin 1865, Neudruck Hildesheim 1966, S. 274–279. [Online in: digitale Freimann-Sammlung der Universitätsbibl. Frankfurt/Main, d. Hg.]

[10] Mutius, Hans-Georg von: Ephraim von Regensburg. Hymnen und Gebete, Hildesheim u. a. 1988.

Die Dichtung *Auf dich haben wir jeden Tag gehofft*[11] für den Schabbat vor dem Wochenfest hat den Refrain *wie lange (soll das noch dauern), Ewiger?*, der sich reimt: *ad matáj* (bis wann) – *adonáj* (Gott)?

>Während ich auf die Endzeit hoffe, finden Mord und Untergang statt.
>Niemand verfügt, die Wunde zu verbinden (Jeremia 30,13).
>Ich wurde bedrängt und in Stücke gehackt, da gab ich es auf,
>noch ferner an das Ende der Tage zu glauben.
>*Wie lange noch, Ewiger?* [... ...]
>Die Christen riefen: ‚Vergießt das Blut (der Juden)!'
>Doch dich, o Gott, hielten sie sich nicht vor Augen.
>Was schläfst Du denn? (Jona 1,6)
>Du hast doch gesehen, wie sie Deinen Namen entweihten!
>Voller Frevel tragen sie falsche Anschuldigungen vor.
>Seine Herrscher brüsten sich hochmütig (Jesaja 52,5).
>*Wie lange noch, Ewiger?*
>Das Lärmen deiner Widersacher steigt empor (Psalm 74,23),
>wir sollten deine Herrlichkeit mit der Person des Gehängten vertauschen,
>den Geehrten mit dem Geächteten. Die Mühsale haben mich
>sehr erschöpft.
>Das Volk, das (bisher) dem Schwert entrann, ruinierten und zerstörten sie.
>*Wie lange noch, Ewiger?* [... ...]
>Sie mordeten und eigneten sich Werte an;
>sie legten mir ihr hartes Joch auf und pflügten meinen Rücken
>(Psalm 129,3).
>Sie geben ihrem (Gottes)bild menschliche Gestalt und maßen
>ihm ein Modell zu.
>Denn du hast ihr Herz nach hinten verkehrt (1 Könige 18,37).
>*Wie lange noch, Ewiger?* [... ...]
>Viele reden, sie würden mich vom rechten Weg abbringen.
>Sie rieten (mir) an, dich zu verwerfen. Sie sprechen zu meiner Seele:
>‚Beug dich!'
>Sie planen, meinen Namen auszurotten, auf dass Dein Name
>nie mehr erwähnt wird.
>Forscht Gott diesem Vorgang nicht nach? (Psalm 44,22)
>*Wie lange noch, Ewiger?* [... ...]

---

[11] Mutius, a.a.O., S. 103–108; Habermann, Abraham Meir: Pijjute rabbenu Efraim b''r Jizchak mi-regensburg, Berlin/Jerusalem 1938, S. 137 f.

> Meine Widersacher schaffe wie Kuhmist hinweg! Eifere für
> deinen Namen, er sei gepriesen,
> der bei den Christen entehrt wird (Ezechiel 36,23).
> Sei stark, mein Erlöser, biete deine Macht auf (Psalm 80,3)
> und komme schleunigst zu Hilfe!
> Wache auf, meine Herrlichkeit, wache auf! (Psalm 57,9)
> *Wie lange noch, Ewiger?*
> Gieße mehr Liebe über mich aus
> und entbiete deinen Zorneseifer gegen den bedrängenden Feind!
> Denke an die, die dich von ganzer Seele lieben!
> Schiebe die Belohnung für ihr Handeln nicht zu weit hinaus!
> Liebst du uns doch mit ewiger Liebe!
> Du bist der Ewige, unser Vater!"[12]

Efraims Gedichte bilden das bisher älteste erhaltene literarische Zeugnis der Juden in Bayern. Hier schreibt ein Augenzeuge der Massaker, er schaut der Theodizee angesichts des Terrors der Kreuzfahrer ins Gesicht. *Da gab ich es auf, noch ferner an das Ende der Tage zu glauben. Wie lange noch Ewiger?* Auch wenn der Text fromm schließt, so polemisiert er doch gegen den Terror der Christen und schreit nach Gerechtigkeit. Jüdisches Leben im Mittelalter war zumindest seit den Kreuzzügen immer bedroht. Keiner war vor den Pogromwellen bei den Kreuzzügen und später sicher.

Rabbi Jehuda ben Samuel he-Chassid – Mitbegründer der zweiten Gelehrtengeneration der Talmudschule

Im Winter 1195/96 verließ Rabbi Jehuda ben Samuel he-Chassid[13] („der Fromme"), geboren etwa 1140 in Speyer, mit etwa 55 Jahren seine Vaterstadt Speyer und ging nach Regensburg, wo er bis zu seinem Tod am 13. Adar 4977 (= 22. Februar 1217) lehrte. Er hat eine zweite Gelehrten-

---

[12] [Angerstorfer zitiert hier auszugsweise Mutius, a.a.O., S. 105–108 und benutzt teilweise seine eigene Übersetzung, d. Hg.].
[13] Angerstorfer, Andreas: Rabbi Jehuda ben Samuel he-Hasid (um 1140–1217), „der Pietist", in: Treml, Manfred/Weigang, Wolf/Brockhoff, Evamaria (Hg.): Geschichte und Kultur der Juden in Bayern. Lebensläufe, München 1988, S. 13–20.

generation an der Talmudschule von Regensburg mitbegründet und während seiner fünfundzwanzigjährigen Tätigkeit dort die Spitzenstellung errungen.

Jehuda he-Chassid aus der alten Gelehrtenfamilie Kalonymos wurde der bekannteste Gelehrte auf dem Neupfarrplatz. Sein Vater, Samuel ben Kalonymos he-Chassid (1115–1180) und Jehudas Bruder Abraham ben Samuel he-Chassid, „die Weisen von Speyer", lebten und lehrten an der Talmudschule in Speyer, blieben jedoch beide an Bedeutung hinter Jehuda zurück. Einige der Titel, die ihm in der rabbinischen Literatur verliehen wurden, muss man sich auf der Zunge zergehen lassen: Sein Schüler Elasar von Worms nennt ihn „Vater der Weisheit", Rabbi Simcha von Speyer bezeichnet ihn als „Licht Israels", weitere Ehrentitel lauten: „Gerechter, auf dem die Welt ruht", „Quelle lebendigen Wassers", „Ehrfurcht vor der Torah".

Samuel he-Chassid, sein Sohn Jehuda he-Chassid und sein Schüler Rabbi Elasar von Worms waren die größten jüdischen Mystiker des Mittelalters in Deutschland. Sie heißen *Chassidej Aschkenaz* („die Frommen Deutschlands"), bilden eine eigene Bewegung innerhalb des Judentums und erreichen ihren Höhepunkt in der Epoche von circa 1150 bis 1250. Es war insbesondere Jehuda he-Chassid, der *für das Bewusstsein der Judenheit in Deutschland eine zentrale religiöse Figur* darstellte, wie es der größte Forscher jüdischer Mystik, Gershom Scholem, erkannt hat.[14]

Wer sich mit Jehuda befasst, muss sich durch viele Legenden und Erzählkreise des sogenannten „Regensburger Zyklus" im spätmittelalterlichen Maʿasebuch[15] arbeiten. Die Folklore macht ihn zu einem „Wundertäter", der mit Amuletten und Beschwörungen wirkte. Es ist ein *Nebel der Sage. Was durch diesen Nebel deutlich erkennbar hindurchleuchtet, das ist der Glanz seines Namens, in welchem seine Schüler, die bedeutendsten Männer des 13. Jahrhunderts, sich sonnen.*[16]

---

[14] Scholem, Gershom: Die jüdische Mystik in ihren Hauptströmungen, Frankfurt a. M. 1980, S. 89.
[15] Das Maʿase-Buch (erstmals gedruckt 1602) existiert in Hebräisch und Jiddisch, es hat einen eigenen „Regensburger Zyklus" (Exempla Nr. 158–182). Meitlis, Jakob: Das Maʿassebuch. Seine Entstehung und Quellengeschichte, zugleich ein Beitrag zur Einführung in die altjiddische Agada, Berlin 1933. Übersetzung bei Diederichs, Ulf: Das Maʾassebuch. Altjiddische Erzählkunst, München 2003.
[16] Güdemann, Moritz: Geschichte des Erziehungswesens und der Cultur der abendländischen Juden während des Mittelalters und der Neueren Zeit, 3 Bände, Wien 1880–1888,

Jehuda hat unermüdlich gearbeitet, er hatte eine umfangreiche Bibliothek mit mystischen Schriften. Seine ethischen, mystischen und exegetischen Schriften sind sehr umfangreich. Vieles ist verloren oder nur noch in Zitaten erhalten. Einiges findet sich heute in Handschriften der großen Bibliotheken in London, Cambridge, Hamburg, Leiden, Oxford, Moskau und Sankt Petersburg.

Zur ethischen Literatur gehört der „Sefer Chassidim", das „Buch der Frommen".[17] Das bekannteste Werk Jehudas ist ein sozialkritisches Werk[18]; es wird ab dem 15. Jahrhundert als verbindlich für das jüdische Religionsgesetz zitiert. Das Buch der Frommen behandelt die Ideale

---

hier Bd. 1, Wien 1880, S. 153. [Online in: digitale Freimann-Sammlung der Universitätsbibliothek Frankfurt/Main, d. Hg.], Neudruck Amsterdam 1966.

[17] Der Sefer Hassidim (SH) wird in mindestens zwei Rezensionen, der Parma- und der Bologna-Rezension, überliefert, die beide mehrere Schriften in sich vereinen und unterschiedlich geordnet wurden. Dazu:
Marcus, Ivan G.: The Recensions and Structure of Sefer Hasidim, in: Proceedings of the American Academy for Jewish Research 45 (1978), S. 131–135.
Die Bologna-Rezension mit 1178 Kapiteln entstand vor 1300 in Frankreich oder im Rheinland, wurde erstmals 1538 in Bologna gedruckt nach einer Handschrift, die 1299 in Jerusalem geschrieben worden war. Die Bologna-Rezension erfuhr 15 Neudrucke (z. B. Frankfurt, Basel, Sulzbach, Krakau, Lemberg, Żółkiew und Jerusalem). §§ 1–153 ist eine selbständige Schrift aus dem Rheinland, der Teil gehört nicht zum ursprünglichen SH, hat viele französische Kulturwörter. Dazu: Margaliot, Reuben (Hg.): Sefer Hasidim haš-šalem le-rabbenu Jehudah he-ḥasid, Jerusalem 1984.
Zur Parma-Rezension:
Wistinetzky, Judah (Hg.): Das Buch der Frommen nach der Rezension in Cod. De Rossi No. 1133, Frankfurt 21924 (Jerusalem 1969).
Facsimile-Edition von Marcus, Ivan G.: Sefer Hasidim. Ms. Parma H 3280, Jerusalem 1985 („Kuntresim". Text and Studies 66–67).
Teilübersetzung bei Gourévitch, Édouard: Jehuda ben Chemuoel le Hassid: Le guide des hassidim, Paris 1988 (Patrimoines Judisme) mit 1999 Kapiteln wurde erstmals 1891 in Berlin publiziert, sie hat den älteren Text (mit deutschen Kulturwörtern). §§ 1–16 sind von Jehudas Vater Samuel he-ḥasid.
Unklar ist, ob die 1984 erworbene neue Handschrift im Jewish Theological Seminary of America eine weitere Rezension repräsentiert: Hs Boesky Familiy Collection 45, geschrieben im späten 15. Jahrhundert in Italien, enthält weiteres Material, aber viele Exempla der Hs Parma fehlen.

[18] Cronbach, Abraham: Social Thinking in the Sefer Hasidim, in: Hebrew Union College Annual 22 (1949), S. 1–147; Soloveitchik, Haim: Three Themes in the Sefer Hasidim, in: Association for Jewish Studies 1 (1976), S. 311–357; Marcus, Ivan G.: Piety and Society. The Jewish Pietists of Medieval Germany, Leiden 1981 (ÉJM X); Alexander-Frizer, Tamar: The Pious Sinner. Ethics and Aesthetics in Medieval Hasidic Narrative, Tübingen 1991 (Text and Studies in Medieval and Early Modern Judaism 5); Tatantul, Elijahu: Das „Buch der Frommen" im Spannungsfeld zwischen der Mündlichkeit und der Schriftlichkeit, in: Aschkenas 15 (2005), S. 1–23

„Gottesfurcht" bzw. „Liebe zu Gott", Askese und Buße[19], Beten und Synagogenliturgie[20], gibt Lebensregeln für den Umgang mit seiner nichtchassidischen und christlichen Umwelt (Verleumdung, Beschämung). Die Beispiele erläutern Probleme mit der christlichen Majorität: Geschäfte mit Christen, christliche Mägde, Kreuzzüge mit Zwangstaufe oder Tod, Martyrium, Tarnkleidung, Konvertiten. Das Buch formuliert Lebensregeln hinsichtlich Frauen, Liebe, Erotik, Heirat[21] und Brautwahl, Kindererziehung, Pflichten gegenüber Eltern, so etwa:

> *Man darf seine Tochter nicht an einen alten Mann verheiraten, außer wenn sie selber ihn wünscht und keinen anderen Mann (mag).*[22] *Die Verpflichtung, vor einer betagten Person aufzustehen, ist auch auf eine alte Frau anzuwenden.*[23]

Reichlich finden sich Aussagen zu Aberglauben, Hexenglauben[24], Dämonen, Werwölfen, Vampiren, Todesvorzeichen, Toten, Träumen[25] und Amuletten. Das Buch gibt Auskunft über Ärzte und Medizin[26], formuliert Tierschutzbestimmungen. Es wird verboten, einem Tier größere Lasten aufzuerlegen als es tragen kann.[27] Die Extremitäten eines Tieres dürfen nicht abgeschnitten werden, denn es wird dadurch gequält und kann die Fliegen nicht mehr wegjagen, dies ist fort-

---

[19] Awerbusch, Marianne: Weltflucht und Lebensverneinung der „Frommen Deutschlands". Ein Beitrag zum Daseinsverständnis der Juden Deutschlands nach den Kreuzzügen, in: Archiv für Kulturgeschichte 60 (1978), S. 53–93.

[20] Dan, Joseph: The Emergence of Mystical Prayer, in: Dan, Joseph/Talmage, Frank (Hg.): Studies in Jewish Mysticism, Cambridge, Mass. 1982, S. 86–120; Marcus, Ivan G.: Prayer Gestures in Germany Hasidism, in: Grözinger, Karl Erich/Dan, Joseph (Hg.): Mysticism, Magic and Kabbalah in Ashkenazi Judaism, Berlin/New York 1995, S. 44–59.

[21] Borchers, Susanne: Jüdisches Frauenleben im Mittelalter. Die Texte des Sefer Chassidim, Frankfurt a. M. 1998.

[22] Sefer Hasidim Bologna (SHB) § 379.

[23] SHB § 578 = Sefer Hasidim Parma (SHP) § 965.

[24] Angerstorfer, Andreas: Hebräische Quellen zum christlichen und jüdischen Hexenglauben in Bayern am Anfang des 13. Jahrhunderts, in: Verhandlungen des Historischen Vereins für Oberpfalz und Regensburg 133 (1993), S. 17–28; Borchers, Susanne: Hexen im Sefer Hasidim, in: Henoch 16 (1994), S. 271–293.

[25] Harris, Monford: Dreams in Sefer Hasidim, in: Proceedings of the American Academy for Jewish Research 31 (1963), S. 51–80; Susanne Oevermann: Der Traum im Sefer Hasidim (Ms. Parma), Henoch 12 (1990), S. 19–51.

[26] Shatzmiller, Joseph: Doctors and Medical Practice in Germany around the Year 1200: The Evidence of Sefer Hasidim, in: Vermes, Géza/Neusner, Jacob (Eds.): Essays in Honour of Yigal Yadin, Totowa 1983, S. 583–593.

[27] SHB § 666.

gesetzte Tierquälerei.[28] Das Buch spricht auch Themen der Neuzeit an wie Hausbesetzung.[29]

Einige Texte diskutieren Probleme bei Synagogenbau, Tora- und Talmudstudium[30], Tora auch für Mädchen, chassidische Gelehrsamkeit, Leben an der Jeschiwa, Lehrerwahl, Bibliothek, Bücher und Buchausleihe, bemalte Bibeln, Verfasserschaft von Schriften bis zu Bücherverbrennungen. Das Buch erörtert das Verhältnis von Reichen und Armen, Gelehrten und Ungelehrten, Wohltätigkeit, Almosen, Zinswesen und Zinsverbot, Darlehen, Kredithaie, Unterstützung von Studenten, Armenkasse.

Jehudas exegetische Schriften rückten in den letzten Jahren in das Zentrum des Interesses. Sein „Kommentar zur Torah" ist als fortlaufender Text verloren, aber rekonstruierbar aus vielen Zitaten und dem Torakommentar seines Sohnes Mose ben Jehuda Saltman. Jehuda bezweifelte als einer der ersten Exegeten bei drei Stellen der Tora die mosaische Vaterschaft, denn in Gen 48, 20, Lev 2, 13 und Dtn 2, 8 haben die historischen Bücher der Hebräischen Bibel[31] andere Daten. Er löst die Diskrepanz nicht mit tieferem, „geistlichen" Sinn oder allegorischen, übertragenen Bedeutungen. Jehuda nimmt klar Zusätze bzw. sekundäre Angleichungen durch die „Männer der großen Synagoge" an. An einer anderen Stelle rechnet er mit einer theologischen Glosse.

Die Geburtsstunde der Quellenscheidung für den „Pentateuch" liegt jüdischerseits also auch in Regensburg. Solches wagte bis dahin ganz vorsichtig nur ein weiterer jüdischer Gelehrter, Abraham ibn Esra (1089–1164) aus Toledo. Verloren sind Jehudas Kommentare zum Buch Hiob und den Sprüchen Salomos.[32] Die Schüler Jehuda he-Chassids prägten das deutsche Judentum des 13. Jahrhunderts. Sie gründeten mehrere „chassidische Schulen" oder Kreise, darunter eine bedeutende

---

[28] SHB § 589.
[29] Angerstorfer, Andreas: Die Bedeutung der Mauerfunde im mittelalterlichen Getto am Neupfarrplatz in Regensburg, in: Oberpfalz 83 (1995), S. 257–259, wiederabgedruckt in: Der Landesverband der Israelitischen Kultusgemeinden in Bayern 67 (1995), S. 15 f.
[30] Ta-Shma, Israel: Talmud Tora as Socio-Religious Problem in Sefer Hasidim (Ivrit), in: Bar-Ilan Yearbook 4/5 (1977, S. 98–113.
[31] Hebräische Bibel meint Tora (Pentateuch), Propheten und Schriften, d. h. im christlichen Sinn die Bücher des Alten Testaments.
[32] Außer letzterer wäre die Sequenz in Sefer Hasidim Parma §§ 1792 ff.

in Worms.³³ Mit dem Tod Jehudas endete die zentrale Bedeutung Regensburgs unter den jüdischen Gemeinden in Aschkenas, wenngleich auch während des 14. Jahrhunderts die Talmudschule noch über bedeutende Vertreter verfügte.

Exkurs: Die spätmittelalterliche Judenstadt – ein „geschlossenes" Ghetto

Die spätmittelalterliche Judenstadt in Regensburg war ein „geschlossenes" Ghetto im Sinn des 16. Jahrhunderts. Das sage ich in bewusstem Kontrast zur Mittelalterverherrlichung manch gegenwärtiger Geschichtsschreibung. Die Judenstadt war innerhalb der Stadt nur über zwei eigene Tore erreichbar: die Judenbrücke und das Judentor. Während der Osterwoche wurde die Judenstadt verrammelt:

> *Vor alter ist herkommen, das wir euer fürstlich gnaden gassen järlich in der Karwoche zugesperret von mitichen bis auf montag in den Osterfeyren, yedoch ain tor offenlassen, damit die laut ire pfant gelöst und wir unser nodtu(e)rft auch gesu(e)chet haben".*³⁴

Dies hat der Stadtkämmerer 1499 verschärft, er ließ in der Karwoche alle Tore wie bisher üblich sperren, nach der Karwoche ordnete er ihre weitere Verschließung an.

---

33 Zu seinen Schülern zählen: Rabbi Elasar ben Jehuda Rokeac<u>h</u> von Worms (ca. 1176–1238). Mit ihm beginnt die eigentliche Kabbala in Deutschland.
Rabbi Isaak ben Mose aus Wien (ca. 1200–1270), der Autor des riesigen Gesetzwerkes Sefer Or sarua.
Rabbi Baruch ben Samuel aus Mainz (gest. 1211 in Mainz), der Verfasser des Sefer ha-Chochma („Buch der Weisheit").
Rabbi Abraham ben Asriel aus Böhmen, der Autor des Sefer Arugat ha-bossem („Gewürzgarten"), ca. 1234/43, im Druck vier Bände.
Rabbi Jehuda ben Kalonymos ben Mose aus Mainz (ca. 1200).
Rabbi Jacob von Coucy.
Rabbi Mose ben <u>C</u>hisdaj aus Tachau/Böhmen in Worms. Er wird später der Gegner der mystischen Bewegung in Deutschland.
Rabbi Elieser ben Joel ha-Lewi in Köln.
Rabbi Isaak ben Elieser, Autor des Sefer ha-gan („Buch des Gartens").
Rabbi' Elieser ben Isaak aus Böhmen.
34 Straus, Raphael: Urkunden und Aktenstücke zur Geschichte der Juden in Regensburg 1453–1738, München 1960, Nr. 693 IV (vom 2.10.1499).

Die Abriegelung einer Judenstadt kann ich nicht als Akt der Freiheit verstehen in dem Sinne, die Juden könnten, „wenn sie einmal für sich sein wollten", ihre Judengasse dicht machen. Hier hat jemand vergessen, dass sie von der christlichen Majorität eingenagelt wurden. Solche Deutungen ignorieren die Schärfe des christlichen Antisemitismus.

Angriff auf die Talmudschule – Beginn der Vertreibung

Im 15. Jahrhundert spürte die Reichsstadt die Folgen des wirtschaftlichen Niedergangs immer stärker. Die Judenfeindschaft wurde in der zweiten Hälfte des Jahrhunderts von mehreren Gruppen angeheizt. Die Vertreibung der Regensburger Juden begann mit der Attacke auf die Talmudschule und ihren Leiter, Rabbi Israel ben Chaim Bruna[35] (circa 1400 – circa 1480), der 1446 von seiner Heimatstadt Brünn nach Regensburg übersiedelte, wo er heiratete.[36] Hier wollte er ein Bet Midrasch (Lehrhaus) bzw. eine Jeschiwa (Talmudschule) eröffnen. 1447 leitete er das rabbinische Gericht, das Bet Din von Regensburg. Dies führte zu Konflikten mit der ansässigen Autorität Rabbi Amschel ha-Lewi und seiner Jeschiwa. Es gab jahrelange Auseinandersetzungen, die in Regensburg zu erheblichen Spannungen führten. Erst nach Amschels Tod normalisierte sich alles wieder und Israel Bruna wurde als Oberhaupt des Bet Din in Regensburg allgemein anerkannt. Warum Israel Bruna 1460 einmal 13 Tage im „Turm" in Regensburg eingekerkert und sein Vermögen beschlagnahmt wurde, bleibt unklar. Erst nach Stellung einer Bürgschaft wurde er entlassen.[37]

1474 zeigte der Konvertit Hans Vayol den hochbetagten Israel Bruna an, er habe ihm ein siebenjähriges Christenkind abgekauft und geschlachtet. Der Bischof von Regensburg und die Geistlichkeit griffen diese Anschuldigung auf und agitierten gegen die Regensburger Juden, sie forderten die Hinrichtung des Rabbiners. Um ihn vor der Wut des

---

[35] Suler, B.: Rabbinische Geschichtsquellen (Fortsetzung). Responsen des Rabbi Israel Bruna, in: Jahrbuch der Gesellschaft für Geschichte der Juden in der Cechoslowakischen Republik 9 (1938), S. 101–170. [Online in: digitale Sammlung – Compact Memory der Universitätsbl. Frankfurt/Main, d. Hg.].
[36] Rga. Nr. 121.
[37] Rga. Nr. 269.

Volkes zu schützen, nahm ihn die Stadt im März 1474 in „Schutzhaft" in den Kerker. Es konnte jedoch kein fehlendes Kind ermittelt werden. Kaiser Friedrich III. war sich mit dem Papst einig in der Einschätzung der Ritualmordvorwürfe als Lügen, er verlangte vom Stadtrat die Freilassung, ein ähnliches Schreiben kam von König Wladislaus II. von Böhmen. Der Stadtrat war damit in die Enge getrieben, er verhängte das Todesurteil über den Denunzianten, der vor seinem Tod gestand, dass Bruna unschuldig sei. Nach einem Monat im Kerker wurde Israel Bruna in Freiheit gesetzt mit der Auflage, Urfehde zu schwören. Beim großen Ritualmordprozess gegen die Regensburger Gemeinde 1476–1480, der im Gefolge der überregional Kreise ziehenden Ritualmordverleumdungen von Trient ausartete, war er nicht mehr in Regensburg. Vermutlich ging er nach Prag, wo sein Sohn Menasse wirkte. Sein Grab ist nicht bekannt.

Die im Sog des wirtschaftlichen Untergangs sich befindende Reichsstadt war nicht toleranter als die anderen Städte in Deutschland. Sie fädelte seit 1470 mehrfach die Vertreibung ihrer jüdischen Bewohner ein, der übliche Werkzeugkasten dafür, die Vorwürfe von Hostienfrevel und Ritualmord, kommen im Wechsel zum Einsatz. Vor allem die Bettelorden traten durch gesteigerte Aggression hervor.

Ab 1512 schützte nur noch Kaiser Maximilian seine Juden, der Herzog in Landshut, der Bischof und die Reichsstadt planen längst das Pogrom, bei dem sich dann der Domprediger Dr. Balthasar Hubmair hervortun wird. Als der Kaiser am 12. Januar in Wels stirbt, mobilisiert Hubmair auch die Zünfte. Der Stadtrat im Interim fasst im Äußeren und Inneren Rat einstimmig den Beschluss der Vertreibung der Juden. Widerstand gegen das heraufziehende Judenpogrom gibt es, von zwei Personen abgesehen, nicht.

Im Februar 1519 vertrieben fanatische Christen der Reichsstadt die letzten 500 Juden aus der Stadt. Mit ihnen mussten auch 80 Studenten der Talmudschule gehen. Die letzte Generation der Jeschiwa Regensburg verbirgt sich in der Gruppe der Vertriebenen von 1519, die Rabbiner Nathan, Hirsch, Joschua, Samuel der Alte und Samuel der Junge[38].

---

[38] Straus, Raphael: Urkunden und Aktenstücke zur Geschichte der Juden in Regensburg 1453–1738, München 1960, Nr. 1024 (von 1518).
Zur Vertreibung der Juden aus Regensburg 1519 s. den Artikel von Veronika Nickel in diesem Buch.

Die Jeschiwa am Neupfarrplatz war eine europäische theologische Fakultät. Das jüdische Regensburg war von etwa 1150/60 bis 1519 – also circa 350 Jahre lang – ein bedeutendes theologisches Zentrum für Europa. Diese Dimensionen haben die christlichen Klöster der Stadt nie erreicht, auch nicht das Reichsstift St. Emmeram. Die Regensburger Talmudschule war für ihre Studien berühmt, an sie erinnert auch der Name „Regensburger" für eine eigene exegetische Methode des *Pilpul* („Pfefferns").

Es gelang nicht, die bedeutenden Bibliotheksbestände zu retten. Was damals vernichtet wurde, beginne ich nach fünfundzwanzig Jahren Arbeit langsam zu verstehen. Die wertvollen Pergamente des 14./15. Jahrhunderts wurden konfisziert, von der Reichsstadt, dem Hochstift und Klöstern als Schutz für ihre Akten und Bücher zum Einbinden benutzt.[39] Offensichtlich reichte das jüdische Beutematerial von 1519 bis zum Dreißigjährigen Krieg. Bis heute lagern diese Stücke in den Archiven der Oberpfalz und bilden somit stumme Zeugnisse des einstmals einzigartigen jüdischen Lebens.

---

[39] Vgl. dazu den Nachweis von Angerstorfer über den Verbleib von Pergamenten jüdischer Provenienz in den oberpfälzischen Archiven, in: Angerstorfer, Andreas: Regensburg als Zentrum jüdischer Gelehrsamkeit im Mittelalter, in: Brenner, Michael/Höpfinger, Renate (Hrsg.): Die Juden in der Oberpfalz, München 2009, S. 24–26.

Sophia Schmitt

Die Regensburger Öffentlichkeit und der Ritualmordvorwurf gegen die jüdische Gemeinde (1476–1480)[1]

*etwas ser tet bewegen den gemeynen man
In der stat Regenspurg*

> *Allerdurchleuchtigister kayser Eurer kayserlichen Maiestat sind mein undertenig willig dienst Zuvoran berait Allergnedigister Here Ich thu euer Maiestat zu wissen Das die Ersamen weysen mein besonder lieben Camrer und Rate der Statt Regenspurg mit mein auch des Erwurdigen in gott meins besunder lieben freunds hern heinrichen Bischoven daselbs verwilligung ettlich Juden zu Regenspurg umb vergiessung wegen kristenlichen pluts etc In gefenncknus angenomen...*[2]

Diese Zeilen stehen am Anfang eines Briefs, geschrieben im Jahr 1476 von Herzog Ludwig IX. von Bayern-Landshut, genannt der Reiche, an den Kaiser des Heiligen Römischen Reichs, Friedrich III. Das Schreiben nennt weitere Personen und Personengruppen: den Regensburger Bischof Heinrich von Absberg, den Stadtkämmerer, den Stadtrat und eine Gruppe Regensburger Juden. Den Anlass des Briefs erwähnt der Herzog am Ende, nämlich dass etliche Regensburger Juden ins Gefängnis gesperrt wurden. Ihnen wird vorgeworfen, christliches Blut vergossen zu haben. Diese Akteure bilden zunächst die Eckpunkte, anhand derer die Entstehung dieses Vorgangs erzählt werden kann.

---

[1] Die Forschungsergebnisse, die in diesem Artikel vorgestellt werden, sind Teil der Untersuchungen in meiner Dissertation. Sie beschäftigt sich mit den Ritualmordvorwürfen gegen die jüdische Gemeinde in Regensburg (1476–1480) und den jüdischen und christlichen Netzwerken, die in diesem Zusammenhang sichtbar werden. Für ihre Anteilnahme und ihren Rat zu meiner Dissertation und diesem Artikel möchte ich Prof. Dr. Eva Haverkamp an der Ludwig-Maximilians-Universität herzlich danken. Die Gerda Henkel Stiftung ermöglicht mir die Arbeit an meiner Dissertation durch ihre großzügige finanzielle Unterstützung.

[2] Bayerisches Hauptstaatsarchiv (im Folgenden BayHSta), Gemeiners Nachlass, Kart. 12, Nr. 102.

Der Bischof von Regensburg reiste im September 1475 nach Rom und legte dabei einen Zwischenstopp in Trient ein. Der dortige Fürstbischof Johannes von Hinderbach trieb zu der Zeit einen Ritualmordprozess gegen die lokale jüdische Gemeinde voran. Dieser Prozess um das angebliche Opfer, Simon von Trient genannt, wurde zu einem der bekanntesten und am weitest verbreiteten Ritualmordprozesse des Mittelalters.[3] Um Simon entwickelte sich ein Kult von überregionaler Bedeutung, der erst im Jahr 1965 offiziell abgeschafft wurde. Die männlichen Mitglieder der jüdischen Gemeinde wurden hingerichtet, die Frauen retteten ihr Leben durch Konversion. Gleichzeitig schlug dem Bischof jedoch Widerstand entgegen, maßgeblich von Seiten eines päpstlichen Kommissars. Deshalb war eine Verbreitung der Geschichte des vorgeblichen Märtyrers ein wichtiger Bestandteil der fürstbischöflichen Strategie. Der Regensburger Bischof erfuhr bei seinem Aufenthalt von den Entwicklungen, bekundete sein Interesse an dem Fall und nahm auf seiner Rückreise die für ihn erstellte Kopie von den Verhörprotokollen der Angeklagten mit. Von besonderem Interesse war für ihn die Aussage eines gewissen Israel, der unter Folter gestanden hatte, vor einigen Jahren Zeuge eines ähnlichen Ritualmordes in Regensburg gewesen zu sein.

Den Kern einer solchen Ritualmordbeschuldigung bildete die Vorstellung, eine bestimmte Minderheit in der Bevölkerung würde Morde aus rituellen Gründen begehen.[4] Zwar findet sich dieser Vorwurf schon in der Antike. Im westeuropäischen Mittelalter richtete er sich seit dem 12. Jahrhundert verstärkt gegen Juden.[5] Zunächst warf man ihnen Morde in *imitatio Christi* vor: die „Christusmörder" würden an kleinen Kindern die Kreuzigung Christi immer wieder neu vollstrecken. Später wurde das Motiv des Blutes stärker, dessen Gewinnung angeblich Ziel

---

[3] Grundlegend zum Trienter Ritualmordprozess Treue, Wolfgang: Trienter Judenprozess. Voraussetzungen – Abläufe – Auswirkungen 1475–1588, Hannover 1996 (Forschungen zur Geschichte der Juden 4).

[4] Zu den Elementen spätmittelalterlicher Ritualmordbeschuldigungen beispielsweise Erb, Rainer: Die Ritualmordlegende. Von den Anfängen bis ins 20. Jahrhundert, in: Buttaroni, Susanna/Musiał, Stanisław (Hg.) Ritualmord. Legenden in der europäischen Geschichte, Wien 2003, S. 11–20 und Po-chia Hsia, Ronnie: The myth of ritual murder. Jews and magic in Reformation Germany, New Haven 1988.

[5] Vgl. dazu die viel beachtete Theorie von Israel Yuval in seinem Buch: Zwei Völker in deinem Leib. Gegenseitige Wahrnehmung von Juden und Christen in Spätantike und Mittelalter, Göttingen 2007 (Jüdische Religion, Geschichte und Kultur Bd. 4).

und rituelle Pflicht der Juden sein sollte. Mit diesem wurde, so die Annahme, die Mazzot, das jüdische Pessachbrot, gebacken. Damit sollten die magischen Kräfte, die man im Blut unschuldiger Opfer vermutete, beispielsweise gegen (Augen-) Krankheiten und schwere Schwangerschaften eingesetzt werden. Zwar wurde dieser Aberglaube schon zeitgenössisch von weltlichen und geistlichen Herrschern als haltlos abgelehnt. Besonders bekannt ist dabei die Untersuchung der Vorwürfe in Fulda 1235 und deren Zurückweisung durch Kaiser Friedrich II.[6] Trotzdem hielten sich die Vorstellungen weiter. Im 15. Jahrhundert kam es zu einem Anstieg derartiger Anklagen, die zumeist mit der Hinrichtung der beklagten Juden oder der Verfolgung der gesamten Gemeinde endeten. Um das angebliche Opfer entwickelte sich in einigen Fällen ein Märtyrerkult.[7]

Der Bischof reiste also zurück nach Regensburg mit der *urgicht* (Geständnis) eines in der Stadt verübten Ritualmords im Gepäck. Die Überzeugung, dass die Juden christliches Blut zu rituellen Zwecken vergießen, war schon vorher in Regensburg sowie im christlichen Europa verbreitet. Gerade in Trient lässt sich das deutlich erkennen: nachdem der Junge Simon verschwunden war und seine Eltern und Nachbarn anfingen, ihn zu suchen, äußerten sie schnell gegenüber der Stadtregierung ihren Verdacht, dass er einem Ritualmord durch die Juden zum Opfer gefallen sei.[8] Dieses Erklärungsmodell für das Verschwinden eines kleinen Jungens war also in der Bevölkerung bekannt und konnte gegebenenfalls abgerufen und auf die gegenwärtige Situation projiziert werden. Dies wurde, wie in Trient, häufig von den lokalen Autoritäten unterstützt oder vorangetrieben.

---

[6] Vgl. Battenberg, Johannes Friedrich: Die Ritualmordprozesse gegen Juden in Spätmittelalter und Frühneuzeit – Verfahren und Rechtsschutz, in: Erb, Rainer (Hg.): Die Legende vom Ritualmord. Zur Geschichte der Blutbeschuldigung gegen Juden, Berlin 1993, S. 95–132.

[7] Ein Beispiel für Märtyrerkult nach einem Ritualmordvorwurf im deutschen Raum, der bis in das 20. Jahrhundert andauerte, ist die Verehrung des sogenannten Guten Werner von Oberwesel, vgl dazu Mentgen, Gerd: Die Ritualmordaffäre um den „Guten Werner" von Oberwesel und ihre Folgen, in: Jahrbuch für Westdeutsche Landesgeschichte 21 (1995), S. 159–198.

[8] Esposito, Anna: Das Stereotyp des Ritualmordes in den Trienter Prozessen und die Verehrung des „Seligen" Simone, in: Buttaroni, Susanna/Musiał, Stanisław (Hg.): Ritualmord. Legenden in der europäischen Geschichte, Wien 2003, S. 131–172, S. 134, Anm. 13 und S. 135.

Mit dem Trienter Geständnis sprach der Bischof beim Regensburger Stadtrat vor und dann bei Herzog Ludwig. Letzterer war Inhaber des sogenannten Judenregals über die Regensburger Juden, also des vom Kaiser verpfändeten Rechts, über die Juden zu richten und von ihnen Steuern einzuziehen.[9]

Zusammen entschlossen sich der Bischof, der Stadtrat und der Herzog, aufgrund des Dokuments (s.o.) gegen die jüdische Gemeinde vorzugehen. Vom Bischof übernahm der Stadtrat jetzt die Initiative mit Unterstützung des Herzogs und ließ im März und April 1476 siebzehn Mitglieder der jüdischen Gemeinde ins Gefängnis bringen, deren Namen entweder im Geständnis von Trient oder bei den ebenfalls unter Folter erpressten Geständnissen der Regensburger Juden genannt wurden. Der Rest der Gemeinde wurde im jüdischen Viertel unter Hausarrest gestellt und von außen bewacht. Die Gemeindemitglieder durften das Viertel nicht ohne Erlaubnis verlassen und auch keine Gegenstände aus dem Viertel bringen.

Diese Ereignisse sorgten für Bewegung und Störung in zahlreichen Beziehungen, die die Regensburger innerhalb der Stadt, aber auch in ihren Kontakten nach außen miteinander verbanden. Deutlich wird dies bei dem Adressaten des o.g. Schreibens: Kaiser Friedrich III. Er schickte kurz nach der Festnahme einen empörten Brief an die Stadt, in dem er die Freilassung der Gefangenen forderte. Er berief sich dabei auf die grundlegende, rechtliche Einordnung der Juden als Kammerknechte des Kaisers, als ihm direkt unter- und zugeordnet. Dieser Status begründete die Gerichtshoheit und die Steuerhoheit des Kaisers über die Juden. Dieses Recht war in Bezug auf die Regensburger Gemeinde seit dem

---

[9] Grundlegende Informationen zur jüdischen Gemeinde in Regensburg im Spätmittelalter bieten Herde, Peter: Artikel Regensburg, in: Maimon, Arye/Breuer, Mordechai/Guggenheim, Yacov (Hg.): Germania Judaica III/2. 1350–1519. Ortschaftsartikel Mährisch-Budwitz – Zwolle, Tübingen 1995, S. 1178–1230; Straus, Raphael: Die Judengemeinde Regensburg im ausgehenden Mittelalter. Auf Grund der Quellen kritisch untersucht und neu dargestellt, Heidelberg 1932 (Heidelberger Abhandlungen zur mittleren und neueren Geschichte 61); Volkert, Wilhelm: Die spätmittelalterliche Judengemeinde in Regensburg, in: Henrich, Dieter (Hg.): Albrecht Altdorfer und seine Zeit. Vortragsreihe der Universität Regensburg, Regensburg 1981, S. 123–149. Zum Ritualmordvorwurf in Regensburg neben der genannten Literatur auch Stern, Moritz: Zum Regensburger Judenprozess 1476–1480, in: Jahrbuch Jüdisch-Literarischer Gesellschaft (JJLG) 19 (1927), S. 363–386 und ders.: Zum Regensburger Judenprozess 1476–1480, in: JJLG 20 (1929), S. 157–179.

14. Jahrhundert gegen Zahlung einer ansehnlichen Summe an den Herzog von Bayern-Landshut verpfändet worden. Dennoch bestand der Kaiser auf der Aussetzung des Prozesses und der Übergabe der angeklagten Juden an seinen Hof.[10] Stadtrat und Stadtkämmerer weigerten sich den Forderungen nachzukommen, hoben aber zumindest den Hausarrest auf. Friedrich III. reagierte darauf mit einer Verstärkung des Drucks, indem er der Stadt das Recht zur Hohen Gerichtsbarkeit, also der Ahndung mit dem Tod zu bestrafender Verbrechen entzog, einem Kennzeichen ihres Status' als Freie Reichsstadt. Die Stadt, die davon sehr getroffen war und mit weiteren Belastungen zu kämpfen hatte, stimmte zwei Jahre später der Freilassung der Juden zu. Verhandlungen über Entschädigungszahlungen führten dazu, dass die Juden noch bis 1480 im Gefängnis bleiben mussten. Trotz der Strapazen durch die schwere und nicht gerechtfertigte Gefangenschaft ist die Freilassung nach vier Jahren Kerker insofern bemerkenswert, als in vergleichbaren Anklagen der Zeit, wie in Trient, in Endingen 1470 oder in Ravensburg 1431, die Angeklagten oder die gesamte Gemeinde hingerichtet worden waren.

Die Ereignisse in Regensburg lassen sich anhand der Handlungsweisen der am Anfang eingeführten Akteure gut skizzieren, weil diese Personen gleichzeitig Institutionen mit bestimmten Rechten, Regeln und Einschränkungen verkörperten. So war Herzog Ludwig IX. persönlich involviert, hauptsächlich in seiner Rolle als Inhaber der Rechte über die Regensburger Juden. Als Institutionen leiteten sie Aktionen und produzierten Dokumentationen, entweder durch schriftliche Kommunikation untereinander oder als Beleg ihrer Entscheidungen. Durch den Fortbestand der Institution auch über Generationen hinweg lohnte sich die Aufbewahrung von Dokumenten. Daher sind sie teilweise bis heute in Archiven erhalten.

Den Institutionen gegenüber stand eine nicht-institutionalisierte Öffentlichkeit.[11] Stellt man sich die Stadt als Raum vor, so agierten Rat oder

---

[10] Vgl. Straus, Raphael: Urkunden und Aktenstücke zur Geschichte der Juden in Regensburg 1453–1738, München 1960 (Quellen und Erörterungen zur Bayerischen Geschichte N.F. 18), Nr. 231, 232, 233.

[11] Grundlegend für die Diskussion über den Begriff von Öffentlichkeit sind die Thesen von Jürgen Habermas in: Strukturwandel der Öffentlichkeit. Untersuchungen zu einer Kategorie der bürgerlichen Gesellschaft, Neuwied am Rhein 1968. Diesbezügliche Überlegungen zum Mittelalter finden sich beispielsweise bei Schubert, Ernst: Erscheinungsformen der öffentlichen Meinung im Mittelalter, in: Das Mittelalter 6 (2001), S. 109–127.

Herzog nicht allein in diesem Raum, sondern vor der Bevölkerung. Die Stadtbevölkerung konnte Vorgänge in ihrer Umgebung wahrnehmen und dazu Stellung beziehen. Die unterschiedlichen Formen und Inhalte ihrer kollektiven Kommunikation werden zusammengefasst in dem Begriff der „öffentlichen Meinung". Verschriftlichung generell ist außerhalb von Institutionen deutlich seltener und durch mangelnde Kontinuität weniger überliefert. Die öffentliche Meinung zu den Ritualmordvorwürfen wird zeitgenössisch erwähnt und hat Spuren hinterlassen, auch wenn sie aufgrund ihrer fehlenden Institutionalität kaum eigene Quellenüberlieferung hervorgebracht hat. Deswegen wurde sie bisher selten als eigenständiges Element neben den institutionalisierten Akteuren untersucht.

In diesem Beitrag soll der Blick auf das Verhalten der oben genannten Akteure erweitert und die Haltung der Regensburger Öffentlichkeit untersucht werden. Eine Angelegenheit wie eine Ritualmordanklage konnte mit öffentlicher Aufmerksamkeit rechnen, da bestimmte religiöse Vorstellungen in allen Schichten der Bevölkerung verbreitet waren. Der Stadtrat verstand seine Anklage als Vorgehen gegen eine Störung der allgemeinen weltlichen und religiösen Ordnung. Wie stand nun die Regensburger Öffentlichkeit zu den Vorwürfen? Welchen Einfluss hatte sie auf die Handlungsweise der Institutionen und den Fortgang der Anklage? Unter Beachtung der komplizierten Überlieferung können in der öffentlichen Meinung verschiedene Tendenzen festgestellt werden, die von Unterstützung des Stadtrats und der Anklage bis zu Skepsis reichen. Der Stadtrat bediente sich bewusst der Öffentlichkeit, versuchte aber deren Zugang zu Informationen zu kontrollieren. Das Verhältnis der jüdischen Gemeinde zu Einzelpersonen unterschied sich häufig von der Beziehung zum Kollektiv; in ihrer Verteidigung bildeten die Juden ebenfalls eine Öffentlichkeit.

Der Stadtrat beschrieb die Reaktion der Öffentlichkeit auf die Vorwürfe folgendermaßen:

> *Es soll auch nymant daran zweivelen so ein Ratt die Juden so ander missetat unbefleckt und unschuldig verwent werden und Ir gut Nit In grosser behutung schutz und schirm gehalten hete das die Judn all nach dem und die missetat offenbar ward von dem gemeynen povel all erschlagen und gesackmanet waren worden.*[12]

---

[12] BayHSta, Gemeiners Nachlass, Kart. 12, Nr. 120.

> Es soll auch nicht bezweifelt werden, dass der Rat diejenigen Juden, die er für unschuldig an dem Verbrechen hält, mit ihrem Besitz gut beschützt hat. Nachdem das Verbrechen bekannt wurde, wären sie alle vom Pöbel erschlagen und das Viertel geplündert worden.

Der Text bezieht sich hier auf den Hausarrest, der über diejenigen Mitglieder der jüdischen Gemeinde verhängt worden war, die zunächst nicht gefangen genommen worden waren. Dieser sei zum Schutz der Juden und ihres Besitzes von der Stadt angeordnet worden. Nachdem nämlich ihr Verbrechen bekannt geworden sei, habe die Gefahr bestanden, dass sie vom *gemeynen povel*, dem gemeinen Volk, erschlagen und das Viertel geplündert worden wäre. Die Stadt begründete, dass ein Teil der Bevölkerung so reagieren würde wegen der Pfänder, die sie bei den Juden hätten und wegen anderer Geschäfte mit ihnen. Der andere Teil der Bevölkerung, dem der Stadtrat größere Beachtung bekundete, würde aus religiöser Überzeugung gegen die Juden vorgehen, denn die *missetat die Cristenhait berurende*, so der Stadtrat in einer ähnlichen Ausführung, *etwas sere tet bewegen den gemeynen man In der stat Regenspurg*.[13] Er gibt an, dass er sich davon bedroht fühle, ein Aufruhr bevorstehe und sich die Stimmung auch gegen ihn wenden könne. In einem weiteren Dokument fügte der Stadtrat noch die Motive von Neid und Hass hinzu.[14] Dieser als emotional und unkontrollierbar beschriebenen Haltung stellte der Stadtrat seine eigene Position gegenüber und behauptete, dass in der öffentlichen Meinung grundsätzlich die Verfolgung der Juden unterstützt und ihr Verbrechen als schwerwiegend wahrgenommen würde. Er präsentierte sich als Garant der Ordnung und der ordnungsgemäßen Verfolgung der Vorwürfe. In Anbetracht eines möglichen Lynchmords an der jüdischen Gemeinde erschien die Gefangennahme von 17 Gemeindemitgliedern als gemäßigt.

Die Gründe, die der Stadtrat anführte, lassen sich im Kontext der Stadtgeschichte näher beschreiben: Die wirtschaftliche Lage der Stadt hatte sich gegen Ende des 15. Jahrhunderts durch starke Konkurrenz und die Blockade von Handelswegen auf der Donau infolge politischer Verwicklungen stark verschlechtert. Dies betraf sowohl Juden als auch

---

[13] BayHSta, Gemeiners Nachlass, Kart. 12, Nr. 159: Das Verbrechen, dass die gesamte Christenheit betrifft, bewegte die gesamte Bevölkerung in Regensburg sehr.
[14] BayHSta, Gemeiners Nachlass, Kart. 12, Nr. 112.

Christen. Viele der Regensburger Juden waren im Pfandgeschäft und Gebrauchtwarenhandel tätig. Nach der Verhaftung der des Ritualmords angeklagten Juden beschlagnahmte der Stadtrat ihren Besitz und verzeichnete ihn im Detail.[15] Neben dem einiger armer Juden, die selbst kaum Alltagsgegenstände besaßen, wurde das Inventar wohlhabenderer Juden aufgeführt. Diese verwahrten zahlreiche Pfandstücke von unterschiedlichem Wert in ihren Räumen, von Kleidungsstücken über Bücher bis zu Rosenkränzen. Insgesamt hatte die Finanzkraft der jüdischen Gemeinde im 15. Jahrhundert stark abgenommen. Die zahlreichen Pfänder von geringem Wert deuten darauf hin, dass die wirtschaftliche Bedeutung der Juden für die Oberschicht schwand und sie ihre Geschäfte mehr den niederen gesellschaftlichen Schichten zuwendeten.[16]

Ende des 15 Jahrhunderts kam es dann zu einem heftigen Konflikt mit den Handwerkszünften.[17] Dieser richtete sich gegen das Ausweichen der Juden auf andere wirtschaftliche Bereiche, beispielsweise Ausbesserung und Verkauf nicht ausgelöster Pfänder. Die Auseinandersetzung betraf aber keineswegs die ganze Wirtschaftsordnung oder stellte gar einen *Kampf um das Existenzminimum*[18] dar. Man kann zwar infolge der verschlechterten wirtschaftlichen Situation vermehrt Spannungen in der Stadt feststellen. Auf eine Zwangsläufigkeit antijüdischer Ausschreitungen aufgrund der wirtschaftlichen Belastung, kann hier aber nicht geschlossen werden.[19] Zwar betonte der Stadtrat als Grund für Angriffe auf das jüdische Viertel die vielleicht vorhandene Verlockung, sich seiner Schulden zu entledigen, jedoch wusste er um die Bedeutung der Pfandgeschäfte für die Stadt. Er bemühte sich auch während der

---

[15] Volkert, Wilhelm: Das Regensburger Judenregister von 1476, in Fried, Pankraz/Ziegler, Walter (Hg.): Festschrift für Andreas Kraus zum 60. Geburtstag, Kallmünz 1982. S.115–141, S. 118–119.
[16] Wenninger, Markus J.: Man bedarf keiner Juden mehr. Ursachen und Hintergründe ihrer Vertreibung aus den deutschen Reichsstädten im 15. Jahrhundert, Wien u. a. 1981 (Beihefte zum Archiv für Kulturgeschichte 14), S.170.
[17] Vgl. dazu die Untersuchung des Konflikts mit den Badern in dem Artikel von Astrid Riedler – Pohlers in diesem Band.
[18] So formulierte dies Peter Herde in: Gestaltung und Krisis des christlich-jüdischen Verhältnisses in Regensburg am Ende des Mittelalters, in: Zeitschrift für bayerische Landesgeschichte (ZBLG) 22.1 (1959), S. 370.
[19] In Augsburg kam es beispielsweise bei wachsender Wirtschaft zu stärkerer Judenfeindlichkeit. Vgl. Wenninger 1981, wie Anm. 16, S. 120.

Anklage, den Pfandhandel aufrecht zu halten und die Auslösung von Pfändern mit Unterstützung der nicht inhaftierten Juden zu ermöglichen.[20]

Religiös bedingte Judenfeindschaft, wie sie die Stadt andeutet, wenn sie über *von Cristlichs gelawbens* motivierte Übergriffe schreibt, lässt sich nur schwer bemessen. Im Lauf des 15. Jahrhunderts steigerten verschiedene Entwicklungen eine religiös bedingte antijüdische Stimmung.[21] Es kam zu einer Zunahme der Verehrung der Leiden Christi, die vor allem in volkstümlichen Passionsspielen zum Ausdruck kam. In diese wurden teilweise auf vereinfachte Art theologische Streitgespräche eingebaut. Auch andere Formen volkstümlicher Religionsausübung, wie Reliquienverehrung, erlebten einen Aufschwung. Außerdem ermöglichte die aufgekommene Druckkunst die schnellere Verbreitung von Ideen und Geschichten, so dass sich beispielsweise die Nachrichten von der Anklage in Trient über Flugblätter schnell im gesamten süddeutschen Raum verbreiteten. Jede Anklage bestärkte dabei die Meinung, die Vorwürfe müssten wahr sein, wenn sie so häufig zu Prozessen führten. Mit dem neuen Medium konnte eine größere Zahl von Menschen schneller mobilisiert werden. Eine besondere Rolle in der Verstärkung der antijüdischen Stimmung in der Bevölkerung spielten die Dominikaner, zum Teil auch die Franziskaner, die als wandernde Mendikantenprediger (Bettelmönche) umherzogen.[22] Als eine ihrer zentralen Aufgaben sahen die Dominikaner die Judenmission. Die Prediger richteten ihre Aktivitäten und Sprache vor allem auf Laien aus. Durch die Vermittlung von Stereotypen und die Vertiefung von Glaubenssätzen mobilisierten sie für ihr Anliegen: durch Mission sollte jüdische Präsenz minimiert und ihr damit grundsätzlich jegliche Legitimation abgesprochen werden.

---

[20] Vgl. beispielsweise BayHStA, Gemeiners Nachlass, Kart. 12, Nr. 128 u. Nr. 189.
[21] Vgl. Haverkamp, Alfred: Lebensbedingungen der Juden im spätmittelalterlichen Deutschland, in: Blasius, Dirk/Diner, Dan (Hg.): Zerbrochene Geschichte. Leben und Selbstverständnis der Juden in Deutschland, Frankfurt am Main 1991, S. 11–31.
[22] Zu der Beziehung zwischen Juden und Dominikanern gibt es zahlreiche Literatur, vgl. beispielsweise Cohen, Jeremy: The friars and the Jews. The evolution of medieval anti-Judaism, Ithaca 1983. Zu Petrus Nigri in Regensburg vgl. Weil, Ernst: Zu Petrus Nigri's Judendisputation, in: Soncino-Blätter, Berlin 1929–1930, S. 57–62 und Ocker, Christopher: German Theologians and the Jews in the Fifteenth Century, in: Phillip, Dean/Burnett, Stephen G. (Hg.): Jews, Judaism, and the Reformation in sixteenth-century Germany, Leiden 2006. S. 33–65.

Zwei Jahre vor der Ritualmordbeschuldigung, also im Jahr 1474, war der Dominikanermönch Petrus Nigri nach Regensburg gekommen um zu predigen. Der Regensburger Bischof sollte dafür sorgen, dass die Regensburger Juden vollständig zur Predigt erscheinen. Auch vom Klerus der Stadt wurde erwartet, dass er möglichst zahlreich anwesend sei. Von Nigri war eigentlich eine Disputation mit einem bedeutenden Rabbiner geplant, wohl damit er vor den Juden und auch vor konkurrierenden Predigern seine Gelehrsamkeit durch seine für die Zeit ungewöhnlichen Hebräisch-Kenntnisse hervorheben könne. Eine Teilnahme wurde von jüdischer Seite aber abgelehnt, so dass sich Nigri zum Sieger erklärte. Sein Einfluss wäre überbewertet, wollte man ihm die Erweckung einer antijüdischen Stimmung in Regensburg allein zuschreiben. Seine Predigten, die wahrscheinlich seinen Ausführungen in seinem Werk *Stella Messiach* geähnelt haben, dürften aber Stereotypen wie der Verstocktheit der Juden aufgrund seiner Expertenrolle besonderen Nachdruck verliehen haben. Die Vorwürfe im späteren Ritualmordprozess erschienen somit glaubwürdiger und als Bestätigung eines verbreiteten negativen Judenbilds.

Die von der Stadt angegebenen Gründe für die Agitation der Bevölkerung gegen die Juden, nämlich wirtschaftliche Konflikte und religiöse Vorbehalte, scheinen also im Kontext der Zeit durchaus plausibel. Betrachtet man sie allerdings genauer, gilt es zwei wichtige Einschränkungen hervorzuheben. Zum einen spricht die Stadt an keiner Stelle von tatsächlichen Tumulten. Sie zählt nur auf, was von Seiten der Bevölkerung passiert wäre, hätte sie nicht den Hausarrest über das jüdische Viertel verhängt. Sie merkt an, dass die Vorwürfe in der Bevölkerung rezipiert würden. Über Gründe oder tatsächliche Konsequenzen stellt sie aber nur Mutmaßungen an, eingeleitet durch Phrasen wie *Es soll auch nymant daran zweivelen*[23]. Es könnte also Personen geben, die sehr wohl zweifeln.

Noch deutlicher wird dies, wenn der Zusammenhang der Entstehung dieser Bemerkungen betrachtet wird. Alle bisher gefundenen Aussagen, in denen die Stadt eine von der Regensburger Bevölkerung ausgehende Gefahr für die Juden explizit erwähnt, stehen in Zusammenhang mit dem verhängten Hausarrest und begründen diesen. Adressaten sind der

---

[23] BayHSta, Gemeiners Nachlass, Kart. 12, Nr. 120.

Kaiser und seine Abgesandten in direkten Schreiben oder indirekt in Ratschlägen für eine Argumentation vor dem Kaiser. Dieser hatte das Vorgehen der Stadt gegen die jüdische Gemeinde scharf kritisiert, vor allem mit dem Vorwurf, dass einige der Juden durch die Folter gestorben seien.[24] Die angeführte Bedrohung der körperlichen Unversehrtheit der Juden, um die der Kaiser so besorgt war, konnte als willkomme Rechtfertigung des städtischen Handelns gegenüber dem Kaiser dienen, unabhängig davon, ob es eine solche Situation tatsächlich gegeben hat. Es ist anzunehmen, dass diese Argumentation nur verwendet wurde, wenn sie auch glaubwürdig erschien. Ein gewalttätiges Szenario muss möglich gewesen sein und wird auch als generell bekannte Folge einer Ritualmordanklage ausdrücklich so benannt.[25] Dies bedeutet, dass eine judenfeindliche Stimmung in der Bevölkerung anzunehmen ist, die schon vor dem Aufkommen der Vorwürfe bestanden hat.[26] Die rein argumentative Andeutung eines Bevölkerungsaufstands spricht gegen einen unmittelbar bevorstehenden Gewaltausbruch gegen die Juden. Einer der Stadträte berichtet,

> dass *ettlich gröb missetat und verhandlung so die Judischait zu Regenspurg an cristlichem plut vergiessen geübt [...] mermalig gerüget und In gemeyner Redn hin und wider angezaign worden.*[27]

Die zahlreichen schweren Verbrechen, die die jüdische Gemeinde in Regensburg durch das Vergießen christlichen Bluts verübt hat, sind häufig beklagt und in öffentlicher Rede aufgezeigt worden.

Öffentliche Reden gegen die Juden und die vermeintlich von ihnen begangene Tat lassen sich wahrscheinlich als Reaktion der Bürgerschaft annehmen.[28]

---

[24] Beispielsweise in BayHSta, Gemeiners Nachlass, Kart. 12, Nr. 111 und Nr. 174.
[25] BayHSta, Gemeiners Nachlass, Kart. 12, Nr. 188.
[26] Frey, Winfried: Ritualmordlüge und Judenhaß in der Volkskultur des Spätmittelalters. Die Schriften Andreas Osianders und Johannes Ecks, in: Dinzelbacher, Peter/Mück, Hans-Dieter (Hg.): Volkskultur des europäischen Mittelalters, Stuttgart 1987, S. 177–197, S.189–190.
[27] BayHSta, Gemeiners Nachlass, Kart. 12, Nr. 159.
[28] Auch diese Darstellung stammt aus einem apologetischen Kontext. Für die Argumentation war hier aber die Frage der Gerichtshoheit entscheidend und nicht der öffentliche Druck. Er hätte nicht erwähnt werden müssen, so dass ein Bezug auf tatsächliche Ereignisse angenommen wird.

Der Stadtrat nutzte die Öffentlichkeit nicht nur in seiner Argumentation, sondern wählte für sein Handeln dezidiert den öffentlichen Kontext, wenn es ihm nützlich zur Verteidigung und Legitimation seiner Position erschien. Andere Handlungen werden geheim gehalten und lassen erkennen, dass der Stadtrat bewusst den Gegensatz zwischen geheim und öffentlich auszuspielen wusste. Zwei Aspekte werden in den Quellen als Geheimsache dargestellt.

Zum einen handelt es sich um den Beginn des Ritualmordprozesses in Regensburg.[29] In einem formellen Schreiben sollte diversen Außenstehenden von den Vorgängen in Regensburg berichtet werden. Eine vertrauenswürdige Person – der Bischof wollte nicht namentlich genannt werden – habe einigen Ratsmitgliedern die Ereignisse von Trient und den Verdacht gegen die Regensburger Juden *In gehaim fürgehalten*[30]. Vermutlich war damit der nur aus 16 Mitgliedern bestehende Innere Rat gemeint. Dem Äußeren Rat und damit einem Personenkreis von 45 Ratsmitgliedern sollte davon erst später berichtet werden.[31] Vom Inneren Rat wurde daraufhin verlangt *di ding in ghaim halten pey dem aid*[32]. Anschließend wandte man sich an den Herzog von Bayern – Landshut, um das weitere Vorgehen zu beraten. Ein Vorteil der Geheimhaltung war sicher, dass man so das weitere Vorgehen besser planen konnte. Für die Durchführung des Ritualmordprozesses war es wichtig, dass die Verdächtigen nicht vor der Gefangennahme von den Vorwürfen erfuhren und aus der Stadt fliehen konnten. Außerdem musste die Stadt sich zunächst der Unterstützung von Herzog Ludwig versichern, da dieser als Inhaber des Judenregals nominal Schutz- und Gerichtsherr der Regensburger Juden war.

In der Anfangszeit des Prozesses entwickelte sich ein weiterer dezidierter Aspekt, der zunächst geheim gehalten werden sollte. Die Stadt formulierte als Ziel, dass die Regensburger Juden die Stadt verlassen sollten und es ihnen nicht gestattet sein sollte, in einem Kreis von einigen Meilen um die Stadt zu wohnen.[33] Das Motiv der Stadtregierung war, dass

---

[29] Hsia 1988, wie Anm. 4, S. 72–73.
[30] BayHSta, Gemeiners Nachlass, Kart.12, Nr. 121.
[31] Straus 1960, wie Anm. 10, Nr. 222; BayHSta, Gemeiners Nachlass, Kart.12, Nr. 183.
[32] Straus, wie Anm. 10, Nr. 249.
[33] BayHSta, Gemeiners Nachlass, Kart.12, Nr. 143.

alle Heuser vnd ganze Judngassen darIn sy gewantt haben der stat frey zu ebigen zeiten übergebn für Ir aigen haft gut etc da mit zu thun vnd lazzen nach Irm willen etc.[34]

Alle Häuser, in denen die Juden gewohnt haben und das ganze jüdische Viertel sollen der Stadt auf ewig gegeben werden als ihr Eigentum, so dass sie damit tun und lassen kann, wie sie möchte.

Dieser Anspruch erklärt sich aus der günstigen Lage des Viertels zentral in der Stadt. Dafür war die Stadt bereit, dem Bischof die Zinsen auf die Häuser und dem Herzog einen Teil der ihm durch die Vertreibung entgehenden Judensteuer zu ersetzen. Dies sollte zwar dem Kaiser mitgeteilt, sonst aber geheim gehalten werden, wahrscheinlich vor allem vor der jüdischen Gemeinde. Die Stadt traf verschiedene Vorsichtsmaßnahmen, um die Gemeindemitglieder, die nicht direkt beschuldigt wurden, von einer Flucht abzuhalten[35] und um zu verhindern, dass die Juden mit ihrem Besitz und ohne offene Steuerforderungen zu begleichen die Stadt verlassen würden. Die Geheimhaltung betraf auch die Regensburger Öffentlichkeit, um sie nicht zu alarmieren. Es ist anzunehmen, dass der Öffentlichkeit die politische Dimension der Anklage nicht bewusst war, sondern für sie der religiöse und wirtschaftliche Aspekt dominierte.[36] In der Anklage war offensichtlich der Stadtrat die treibende Kraft. Erst im Lauf des Prozesses musste er dem massiven Druck des Kaisers nachgeben.

Während die Stadtregierung ihre Pläne geheim halten wollte, wird in anderen Quellen ihre Absicht deutlich, Öffentlichkeit zu schaffen und zu nutzen. Die Umstände, durch die der Regensburger Ritualmordprozess begonnen hatte, stellten die Stadtregierung vor eine spezielle Schwierigkeit: Es war kein vermisstes Kind bekannt und kein Opfer gefunden worden.[37] Im Trienter Dokument waren die angeblichen Fälle nur allgemein erwähnt worden. In den in Regensburg durch Folter entstandenen Geständnissen wird auch keine konkrete Person genannt, obwohl der

---

[34] Ebda.
[35] BayHSta, Gemeiners Nachlass, Kart.12, Nr. 159.
[36] Hsia 1988, wie Anm. 4, S. 77.
[37] Über die Problematik von Ritualmordbeschuldigen ohne Leichenfund äußert sich Israel Yuval in Bezug auf Blois: „They tell lies: you ate the man". Jewish Reactions to Ritual Murder Accusations, in: Abulafia, Anna Sapir (Hg.): Religious violence between Christians and Jews. Medieval routs, modern perspectives, New York 2002. S. 86–106, S. 89.

für die Befragung verwendete Fragenkatalog genau dies wissen will: *wie das kind mit seinem Cristen namen gehaissen hab*[38]. Für den von der Stadt angestrebten Prozess wäre ein tatsächliches Opfer aber nützlich gewesen. Fast einen Monat nach den ersten Gefangennahmen gab die Stadt ein Notariatsgutachten in Auftrag.[39] In diesem beglaubigten zwei Notare und sechs hochrangige Zeugen den Befund von vier Ärzten, die angeblich in den Häusern der Juden aufgefundene Knochen als Gebeine von Kindern identifiziert hatten. Durch den Einsatz der Notare und gleich vier Ärzten sollte der Beweis institutionell geführt werden, um an Wert und Glaubwürdigkeit zu gewinnen. Die große Zahl der beteiligten Personen spricht aber auch dafür, dass durch die demonstrative Untersuchung der Knochen die Öffentlichkeit stärker in den Prozess einbezogen werden sollte. Die Stadt hoffte damit sicherlich auf Unterstützung gegen die Versuche des Kaisers, den Prozess zu beenden.

Auf der anderen Seite könnte eine solch demonstrative Bezugnahme auf die Öffentlichkeit als Bekräftigung des eigenen Standpunkts auch dafür sprechen, dass die Stadtregierung Widerspruch erwartete. Ein Schreiben des Stadtrats an seine Gesandten am kaiserlichen Hof berichtet empört von einem Gerücht: *Auch das wir sollten das gepain der Cristen kind, vor an die erde gepracht vnd gelegt haben.*[40] Dieser Vorwurf treffe, so der Brief, die Ehre der Stadt sehr. Wie dieses Gerücht entstanden ist oder wo es verbreitet wurde, ist nicht klar. Es könnte sowohl am kaiserlichen Hof als auch in der Regensburger Öffentlichkeit entstanden sein. Auch eine anonyme Chronik vom Beginn des 16. Jahrhunderts beschreibt die Auffindung der Knochen und dass die Finder der Knochen

> *wollten [...] selber nit graben, damit die Juden hiennach nit langen und villeucht sprechen möchten, sie hetten die Bain die sie fänden selbs mit inen haimlich hineingetragen.*[41]

Sie wollten nicht selbst graben, damit die Juden nicht hinterher kämen und vielleicht sagen würden, dass sie die Knochen, die sie gefunden haben, heimlich selbst dorthin gebracht hätten.

---

38 BayHSta, Gemeiners Nachlass, Kart.12, Nr. 70–71.
39 BayHSta, Reichsstadt Regensburg Urkunden, 1476 IV 25.
40 BayHSta, Gemeiners Nachlass, Kart.12, Nr. 155.
41 Oefele, Andreas: Rerum Boicarum Scriptores, Bd. 2, Augsburg 1763, S. 517.

Dieser Vermerk kann als Reaktion auf die Gerüchte gewertet werden, was eine vorbeugende Leugnung des Vorwurfes überhaupt erst notwendig machte. Das Gerücht zeugt auch von einer gewissen Skepsis nicht gegenüber der Existenz von Ritualmorden, aber gegenüber der Konstruktion des speziellen Regensburger Vorwurfs.

Die Kritik an dem Vorgehen der Stadt hatte meist einen praktischen Hintergrund, nämlich Einschränkungen im alltäglichen wirtschaftlichen und sozialen Kontakt mit den Juden. Dieser wurde im Einzelfall nicht unbedingt so negativ beurteilt, wie es die Stadt durch die Verwendung des Neidmotivs glauben lassen wollte. Ein Regensburger namens Pecktaler beispielsweise versuchte von der Stadt zu erreichen, dass einer der gefangenen Juden eine Bestätigung abgäbe über Geld, das er dem Pecktaler schulde. Dabei beklagt er, momentan wegen der Angelegenheit die Juden betreffend nicht wie gewohnt handeln zu können.[42] Neben wirtschaftlichen Kontakten bestanden zwischen Mitgliedern der jüdischen Gemeinde und der christlichen Gemeinde auch soziale Kontakte. Eine Äußerung der Gefangenen, die notiert wurde: *Item haisen vil zu den burgern geen*[43], lässt vermuten, dass dies eine Anweisung für die sie im Gefängnis besuchenden Juden war, die Bürger zu bitten, sich vielleicht als Fürsprecher für sie einzusetzen. Man kann davon ausgehen, dass die sozialen Verbindungen schon vorher bestanden hatten. Eine ähnliche Nachricht in hebräischen Buchstaben lässt eine Person der zeitgleich wegen des Vorwurfs der Hostienschändung inhaftierten Jüdin Pelein zukommen. Sie sagt ihr zu, mit dem *eyrun*[44] zu reden, wahrscheinlich einem der Ratsherrn, da man sich davon wohl eine Verbesserung der Situation versprach. Mit einzelnen Personen scheint es durchaus gute Beziehungen gegeben zu haben, die der Ritualmordvorwurf nicht abbrechen ließ.

Der Leumund einer Person bezeichnete ihre besondere Geltung in der Öffentlichkeit und ergab sich aus ihrem Ansehen bei den Mitgliedern sowohl der jüdischen als auch der christlichen Gemeinde sowie der Ins-

---

[42] Straus 1960, wie Anm. 10, Nr. 302.
[43] Straus 1960, wie Anm. 10, Nr. 260.
[44] Da nur ein Ratsherr erwähnt ist, scheint er nicht in seiner offiziellen Funktion als Vertreter des Rats gemeint zu sein. BayHSta, Reichsstadt Regensburg Urkunden, 1478: *Ikh ver murgn mit dem eyrun ridn.*

titutionen.⁴⁵ Als Frau und Kinder eines Juden namens Abraham von Kelheim wegen des Hausarrests die Stadt nicht verlassen durften, schrieb Abraham an den Stadtrat. Er bat darin die Stadt, sich sein bisheriges tadelloses Betragen in der Stadt in Erinnerung zu rufen. Er gab an, nie zu hohe Zinsen verlangt zu haben und erklärte seinen wohl bekannten Konflikt mit dem Bürger Hüber unter dem Hinweis, dass man seine Sicht der Geschehnisse im Gerichtsbuch nachsehen könne. Er fügte hinzu:

> *aüch pin ich keinem Jüden nach cristen baj ewch haller nach pfennig schüldig So ist nie kein clag von Jüden kristen frömdt oder heimisch an Rat kamrer oder schülthaiß bai ewer gnadn über mich komen.*⁴⁶
> Auch bin ich keinem Juden oder Christen bei euch irgendetwas schuldig. Nie ist eine Beschwerde von einem Juden oder Christen, seien sie Einheimische oder Fremde, über mich beim Stadtkämmerer oder dem Schultheiß eingereicht worden.

Von seiner Bittschrift versprach er sich einen Vorteil für sein Anliegen. Offensichtlich hoffte Abraham von Kelheim, dass sein guter Leumund sich über den Ritualmordvorwurf, der ihn nicht betraf, hinweg erhalten habe. Es wurde wohl unterschieden zwischen den inhaftierten, angeklagten Juden und dem nichtangeklatem Rest der Gemeinde. Allerdings äußerte der Stadtrat wiederholt, dass er noch weitere Involvierte vermute, die Nachforschung aber aufgrund des kaiserlichen Eingreifens eingestellt habe. Trotz dieses Generalverdachts beruft sich Abraham auf die Öffentlichkeit und seinen Ruf. Er nimmt also eine positive Haltung der öffentlichen Meinung ihm gegenüber an, sonst würde er dieses Argument nicht verwenden. Bisher konnte nicht herausgefunden werden, ob seinem Anliegen damals nachgekommen wurde. Fürsprache von christlichen Bürgern schien in einzelnen Fällen trotz des Ritualmordvorwurfs erwartet worden zu sein. Die Beschuldigungen wurden nicht nur von der christlichen Öffentlichkeit rezipiert, sondern auch von der jüdischen Gemeinde. Bei den wenigen Quellen sind die Unterscheidung ihrer Urheber sowie die geographische Zuordnung schwierig.

---

⁴⁵ Vgl. Groten, Manfred: *Im glückseligen Regiment*. Beobachtungen zum Verhältnis Obrigkeit – Bürger am Beispiel Kölns im 15. Jahrhundert, in: Historisches Jahrbuch 116 (1996), S. 303–320.
⁴⁶ BayHSta, Reichsstadt Regensburg Urkunden, 1476 V 7.

Ein Ereignis, das diese Probleme verdeutlicht, ist eine Synode der jüdischen Gemeinden 1476 oder 1477 anlässlich der Ritualmordbeschuldigungen in Regensburg.[47] Formen der Organisation mehrerer jüdischer Gemeinden in Verbänden lassen sich im Allgemeinen seit dem 13. Jahrhundert nachweisen, wobei nicht klar ist, ob diese ausschließlich auf Verbindungen der jeweiligen Eliten oder der ganzen Gemeinden beruhten. Von der Synode der jüdischen Gemeinden von Passau und Nürnberg ist nur eine Quelle überliefert, nämlich ein Rechtsgutachten des berühmten italienischen Rabbi Joseph ben Salomo Colon.[48] Dieser wurde zu seiner Meinung über eine in der Synode diskutierte Frage gebeten, ob die beiden genannten Gemeinden Geld sammeln sollten für die Juden in Regensburg. Dieses Geld konnte dann beispielsweise als Lösegeld oder für Strafzahlungen verwendet werden und die jüdische Vertretung vor dem kaiserlichen Hof unterstützen. Zentral war die Frage, ob sich alle Gemeindemitglieder mit einem Beitrag an der Sammlung beteiligen müssten. Colon unterstützte diesen Vorstoß und betonte als Teil seiner Begründung, dass der Vorwurf des Ritualmords auch leicht auf andere Gemeinden übergreifen könne. Deswegen solle alles getan werden, um die Regensburger Juden zu unterstützen. Diese Problematik hatte auch einige Jahre zuvor der Regensburger Rabbiner Israel Bruna mit Blick auf Böhmen erörtert,[49] als dort gefordert wurde, Geld für eine mögliche Gefährdung der böhmischen Juden zu sammeln. Ein wohlhabendes Gemeindemitglied wollte damals keinen Beitrag leisten, aber Bruna betonte, dass zum gemeinsamen Schutz jeder beitragen müsse. Auch andere seiner Gutachten nehmen das Motiv der Schutzmaßnahmen gegen eine Bedrohung von christlicher Seite auf.[50] Darin spiegelt sich ein starkes Gefühl von Unsicherheit der jüdischen Gemeinden und der Versuch, gemeinsame Maßnahmen gegen die Bedrohung,

---

[47] Vgl. hierzu Angerstorfer, Andreas: Jüdische Reaktionen auf die mittelalterlichen Blutbeschuldigungen vom 13. bis zum 16. Jahrhundert, in: Erb, Rainer (Hg.) Die Legende vom Ritualmord. Zur Geschichte der Blutbeschuldigung gegen Juden, Berlin 1993, S. 133–156 und Zimmer, Eric: Jewish synods in Germany during the late Middle Ages, 1286–1603, New York 1978, S.45–46.

[48] Kolon, Josef, Rechtsgutachten, Jerusalem 1972/73, Nr. 4. Ein Teil davon ist auf Deutsch übersetzt worden von Angerstorfer, wie Anm. 47.

[49] Bruna, Israel: Rechtsgutachten, hrsg. von M. Herschler, Jerusalem 1959/60, Nr. 268; Suler, B.: Rabbinische Geschichtsquellen (Fortsetzung), in: Jahrbuch der Gesellschaft für Geschichte der Juden in der Cechoslovakischen Republik 9 (1938), S. 101–170.

[50] Beispielsweise: Israel Bruna, RGA, wie Anm. 49, 71.

zumindest deren Abmilderung zu finden. Diese öffentlich sichtbare Gemeinsamkeit erstreckte sich über die Stadt Regensburg hinaus, die Situation der Gemeinden wurde als zusammenhängend wahrgenommen.

Der Ritualmordvorwurf wurde in der jüdischen Öffentlichkeit sogar über den süddeutschen Raum hinweg zur Kenntnis genommen und kommentiert. Im Stadtarchiv von Trient sind zwei jiddische Briefe aus dem Jahr 1476 erhalten, die an eine bedeutende Familie, die Familie des Gershom von Novarra im Herzogtum Mailand gerichtet waren.[51] Die Jüdin Geilen schreibt dorthin an ihre Mutter, dass sie um Gottes Beistand für die Regensburger Juden bitte und sie, seit sie von den Anschuldigungen gehört habe, sich große Sorgen mache und kaum schlafen könne. Ein direkter verwandtschaftlicher Bezug nach Regensburg wird nicht erwähnt. Man tauschte sich eben über das beunruhigende Ereignis aus, das vermutlich die Verunsicherung nach den Beschuldigungen von Trient noch erhöhte. Es wurde Anteil genommen und dies verbunden mit der Hoffnung, selbst von einem ähnlichen Vorwurf verschont zu bleiben. An der Verbindung zwischen den Prozessen in Trient und in Regensburg wird deutlich, wie realistisch die Bedrohung durch Folgeprozesse war. Der Vorgang in Norditalien stärkte das Gefühl der Verbundenheit mit Juden auch andernorts.

In Regensburg äußerte sich die jüdische Gemeinde durch eine Bittschrift ihres Anwaltes, wie sie die öffentliche Meinung einschätzte und wen sie verantwortlich machte für die Anklage: Zunächst wurde von *antiquo odio et invidia*[52], dem langjährigen Hass und Neid, gesprochen, der den Juden entgegen gebracht werde. Dies scheint sich vor allem auf den Rat zu beziehen, könnte aber auch die Öffentlichkeit betreffen. Im Folgenden wird weiter ausgeführt, dass sie sich besonders vom Regensburger Stadtkämmerer verfolgt fühlten. Dieser, so wird in dem Schreiben berichtet, habe gesagt, er wolle nicht mehr Hans Notscherff heißen, wenn er nicht die Synagoge der Juden zerschmettern werde.[53] Außer-

---

[51] Kotlerman, Ber Boris: „Since I have learned of these evil tidings, I have been heartsick and I am unable to sleep". The Old Yiddish and Hebrew Letters from 1476 in the Shadow of Blood libels in Northern Italy and Germany, in: Jewish Quarterly Review (JQR) 102.1 (2012), S. 1–17.
[52] Straus 1960, wie Anm. 10, Nr. 425.
[53] Ebd.: *Se non velle appellari Hanns Notschafft, nisi dispergeret sinagogam Judeorum.* Die Synagoge der Juden kann hier sowohl das Gebäude an sich bezeichnen als auch die jüdische Gemeinde im übertragenen Sinne.

dem habe er schon vor der Erhebung der Vorwürfe versucht ihnen zu schaden, wofür die Quelle mehrere Beispiele nennt. Demnach sah die jüdische Gemeinde den Stadtkämmerer als treibende Kraft hinter den Beschuldigungen, da er durch seine Position mit der nötigen Machtfülle ausgestattet war, um seine „Versprechen" umzusetzen. Der Öffentlichkeit wird zwar eine allgemein judenfeindliche Stimmung vorgeworfen, sie wird aber nicht als die zentrale Bedrohung für die Gemeinde beschrieben, wie die Stadtregierung hatte glauben machen wollen.

Bei der Beschreibung des Ablaufs des Ritualmordprozesses und seiner Entwicklung, kann man sich auf die verschiedenen institutionalisierten Akteure konzentrieren, die in der Quellenüberlieferung häufig und zahlreich genannt werden. Dabei gilt zu bedenken, dass sich die Vorwürfe und der Prozess gegen die Juden in einer Stadt abspielten, die eben nicht nur aus Institutionen bestand. Die Öffentlichkeit in Regensburg hat die Beschuldigungen wahrgenommen. Die Beschreibung ihres Verhaltens in den einschlägigen Quellen ist kritisch zu beurteilen. Auf der einen Seite kann die wirtschaftliche Lage der Stadtbevölkerung als ein Potential für Unzufriedenheit festgestellt werden. Durch die Tätigkeit der Mendikanten, insbesondere Petrus Nigris in Regensburg, ist auch die Grundlage für eine religiös geprägte Judenfeindschaft gelegt worden. Die Quellen, die daraus auf eine virulente Bereitschaft zur Gewalt gegen die jüdische Gemeinde schließen, sind allerdings Teil einer Strategie, die von der Stadtregierung ausging. Über die massiven Konflikte mit den Handwerkern an der Wende zum 16. Jahrhundert, die in den Quellen beschrieben werden[54], gibt es zur Zeit des Ritualmords kaum Hinweise. Damit soll keineswegs geleugnet werden, dass in der Stadtbevölkerung eine judenfeindliche Stimmung geherrscht hat und Ritualmorde durch Juden von der Mehrheit als real angesehen wurden. Aber es lässt sich keine aktive oder gar führende Rolle der Bevölkerung erkennen. Im Gegenteil: Zur Verfolgung seiner politischen Zielstellung, nämlich der Vertreibung aller Juden aus Regensburg und der Übernahme des jüdischen Viertels und von Teilen des jüdischen Besitzes, war es der Stadtrat, der die Vorwürfe forcierte. Unruhen wurden nur als Möglichkeit in Quellen erwähnt, in denen der Stadtrat zu seinen Guns-

---

54 Daher ging Herde von einer angeblich maßgeblichen Judenfeindschaft der Bevölkerung im Gegensatz zur Haltung des Stadtrats aus, Herde 1959, wie Anm. 18.

ten argumentierte oder seine Argumentation vorbereitete. Er ließ sich auf den Streit mit dem Kaiser ein und versuchte, wie etwa durch das bezeugte Auffinden der Knochen angeblicher Opfer, seinen Standpunkt zu stärken. Dabei spielte er bewusst mit Handlungoptionen im nichtöffentlichen und im öffentlichen Raum.

Im Gegensatz dazu stand das Misstrauen gegen dieses Vorgehen, das eine Rolle in der öffentlichen Meinungsbildung gespielt hat. Bestärkt wurde es durch soziale Beziehungen zwischen einzelnen Juden und Christen, die trotz der Vorwürfe weiter bestanden oder sich sogar gegen die Auswirkungen des Prozesses einsetzen ließen. Zusätzlich bildete sich eine Art jüdische Gegenöffentlichkeit über die Stadtgrenzen hinaus, die die Vorwürfe auf sich als Ganzes bezog und nach Mitteln suchte, sich davor zu schützen und den Regensburger Juden zu helfen.

Betrachtet man vergleichend die Rolle der Öffentlichkeit im Ritualmordfall von Trient, werden Unterschiede deutlich sichtbar. Dort zeigte die Bevölkerung große Anteilnahme mit dem angeblich von Juden Ermordeten und begab sich in großer Zahl in die Peterskirche zur Verehrung des aufgebahrten Leichnams. Bald darauf wurde von ersten Wundern berichtet, die noch größere Mengen an Pilgern anzogen, lange bevor die Verehrung offiziell von der Kirche gestattet wurde.[55] Angesichts der Pilgerströme verlor die Kritik des päpstlichen Kommissars immer mehr ihre Wirkung. Dadurch wurde das Anliegen des Fürstbischofs umsomehr unterstützt. In Regensburg scheint eine vergleichbare Anteilnahme an angeblich von Juden getöteten christlichen Kindern zu fehlen. Während in Trient der Märtyrerkult und die damit verbundene Wallfahrt die Bemühungen für einen Ritualmordprozess verstärkten, ist eine Unterstützung des Prozesses durch die Regensburger Öffentlichkeit nicht in gleichem Maß erkennbar. Es ist unklar, inwiefern dies das Handeln des Kaisers gegen die Stadt oder die Entscheidung der Stadt, ihm doch nachzugeben, beeinflusste. Mit der Freilassung der Juden 1480 und dem kaiserlichen Verbot, sie zu vertreiben, schaffte es der Regensburger Stadtrat schlussendlich nicht, seine Agenda durchzusetzen.

Fast zwei Generationen später kam es zur Vertreibung der Juden aus Regensburg.[56] In diesem Zusammenhang sind verschiedene Volkslieder

---

[55] Esposito 2003, wie Anm. 8, S. 144.
[56] Siehe dazu den Beitrag von Veronika Nickel in diesem Band.

entstanden, die auch auf die zurückliegenden Ereignisse der Ritualmordbeschuldigung Bezug nehmen.[57] Hier steht nicht die Erinnerung an Vergangenes im Vordergrund, sondern der Kontext der aktuellen Ereignisse. In einem Beispiel[58] wird die Rolle des Volkes in einem Antagonismus zu den Stadtherren und dem Kaiser thematisiert. Demnach habe das Volk die Juden in Regensburg verbrennen wollen, Stadtrat und Kaiser aber seien von den Juden bestochen worden und deswegen sei es nicht zu einer Verurteilung gekommen. Diese Beschreibung der öffentlichen Meinung mag durch die aktuelle Stimmung beeinflusst worden sein, eine Tatenlosigkeit des Stadtrats ist in den Quellen nicht feststellbar. Trotz der stolzen Beschreibung der eigenen Judenfeindlichkeit zeichnet die Darstellung im Lied doch deutlich, wen man als führend bei dem Vorgehen gegen die Juden einstufte: *jedoch so spricht der gemeine man / es hands allein die herren than.*

---

[57] Zu historisch-politischen Volksliedern vgl. Strassner, Erich: Politische Relevanz »historischer Volkslieder«, in: Werner, Otmar/Naumann, Bernd (Hg.): Formen Mittelalterlicher Literatur, Göppingen 1970 (GAG 25), S. 241–42 und an einem Beispiel: Robertshaw, Alan: Reimpublizistik und Lieddichtung am Konstanzer Konzil. Zum historisch-politischen Gedicht des Spätmittelalter, in: Edwards, Cyril/Hellgardt, Ernst/ Norbert H. Ott, Norbert H.: Lied im deutschen Mittelalter. Überlieferung, Typen, Gebrauch, Tübingen 1996, S. 245–256.

[58] Liliencron, Rochus von: Die historischen Volkslieder der Deutschen vom 13. bis 16. Jahrhundert, Bd. 3, Leipzig 1867, Nr. 336.

Astrid Riedler-Pohlers

Jüdische und christliche Mediziner im spätmittelalterlichen Regensburg

Juden waren im Mittelalter oft als Leib- und Hofärzte geistlicher und weltlicher Fürsten tätig. Sie praktizierten aber auch in Städten und zogen durch die Lande, um christliche wie jüdische Patienten zu behandeln. Ziel dieser Untersuchung ist, herauszufinden, ob es im spätmittelalterlichen Regensburg Beziehungen zwischen Juden und Christen auf dem Gebiet der Medizin gab und von welcher Art diese waren. Dabei liegt das Hauptaugenmerk nicht auf der Arzt-Patienten-Beziehung, sondern darauf, was der einzelne Mediziner vom jeweils anderen wusste. Gab es vielleicht sogar Kooperation oder nur christlich-jüdische Rivalität?

Um diese Fragen zu beantworten, sollen zwei Quellengruppen genauer betrachtet werden, die jeweils miteinander in Verbindung stehen und Einblicke in mögliche Kontakte zwischen jüdischen und christlichen Medizinern und ihr Wissen vom jeweils anderen geben können. Im Fokus der Untersuchung stehen nicht nur Ärzte, sondern auch Hebammen und Bader.

Hebammen

Carl Theodor Gemeiner, der letzte reichsstädtische Archivar Regensburgs[1], berichtet in seiner Regensburgischen Chronik über Regelungen für Hebammen aus der Mitte des 15. Jahrhunderts.[2] Es handelt sich

---
[1] Für weitere Informationen über Carl Theodor Gemeiner, siehe: Hage, Hermann: Carl Theodor Gemeiner (1756–1823). Ein bedeutender Regensburger Historiker, Archivar und Bibliothekar in Zeiten des Umbruchs, in: Knedlik, Manfred/Lübbers, Bernhard (Hg.): Die Regensburger Bibliothekslandschaft am Ende des Alten Reiches, Regensburg 2011, S. 141–148.
[2] Vgl. Gemeiner, Carl Theodor: Der Regensburgischen Chronik dritter Band aus der Urquelle, den königlichen Archiven und Registraturen zu Regensburg, Regensburg 1821, S. 207 f.

dabei um eine Hebammenordnung, die die Regensburger Stadträte 1452 erließen. In der Einleitung heißt es:

> *Zu der Quatemb(er) vastten Im lij iare, hab(e)nt mein gnädig h(er)rn vom Rate fürgenom(men), den manngel vnd abganngk, den sy In ir(er) Stat an gut(e)n hebam(m)en hett(e)n, vnd wie daz von vnordnüng der hebamen, tzu tzeitt(e)n dy frawen v(er)warlost wurd(e)n, Sölichs tzu fürkomen, vnd dawortten daz füran ain iede geperde fraw Reich oder Arm(e), mit hebam(m)en alhie versorgt vnd In nichte v(er)warlost würd(e)n, Auch daz sich kain fraw, dy nicht dartzu gesetzt vnd geswor(e)n ist, kainer geper(en)den fraw(e)n vnderwinde Es sey dann tzünn mynnsten ain gesworne hebam(m) dapey, hab(e)nt mein h(er)rn die habam(m)en Alz si tzu ende diser schrifft mit nam(m)en benennt vnd v(er)schrib(e)n sind aüfgenom(men.)*³
>
> *Zu der Quatember Fasten [um Aschermittwoch], im [14]52. Jahr, haben meine gnädigen Herren vom Rat den Mangel an und das Fehlen von guten Hebammen in ihrer Stadt festgestellt und wie zur Zeit der Unordnung unter den Hebammen die Frauen verwahrlosten. Um dem zuvorzukommen, und damit fortan jede gebärende Frau, reich oder arm, mit einer Hebamme versorgt und somit nicht verwahrlosen würde, und dass sich keine Frau, die nicht dafür eingesetzt und eingeschworen ist, bei einer gebärenden Frau einschleiche, es sei denn, es wäre zumindest eine geschworene Hebamme dabei, haben meine Herren die Hebammen, die am Ende dieser Schrift [der Hebammenordnung] namentlich genannt und verzeichnet sind, aufgenommen.*

Der Regensburger Stadtrat musste Mitte des 15. Jahrhunderts nicht nur das Fehlen von guten Hebammen, sondern auch die Unordnung unter den Wehmüttern und die damit zusammenhängende Vernachlässigung der Frauen feststellen. Um dem vorzubeugen und zu gewährleisten, dass bei jeder Geburt zumindest eine geschworene, also eine von der Stadt Regensburg vereidigte Hebamme anwesend war, verfasste der Rat eine Hebammenordnung. Dieses Regensburger Dokument, das sehr detaillierte Vorschriften zur Ausübung des Berufs einer Hebamme aus dem Jahr 1452 überliefert, gilt als die älteste deutsche Hebammenordnung überhaupt.[4] Sie umfasst neben der Einleitung zehn Artikel, die auf vier

---

[3] Bayerisches Hauptstaatsarchiv München (BayHStA), Gemeiners Nachlass, Kart. 6 fol. 218r.
[4] Vgl. hierzu: Niedermeier, Hans: Die Regensburger Hebammenordnung von 1452, in: Verhandlungen des historischen Vereins für Oberpfalz und Regensburg 115 (1975), S. 253–266.

Seiten mit bemerkenswerter Ausführlichkeit die Arbeit der Hebammen bis hin zum Kaiserschnitt beschreiben. Da es sich bei diesem Dokument wohl um ein Konzept handelt, sind die angekündigten Namen der Hebammen nicht verzeichnet. Wahrscheinlich wurde es als Vorlage zur Abschrift für spätere Vereidigungen benutzt. Zwei Hebammenordungen aus dem Jahr 1477[5] geben die Namen von insgesamt elf christlichen Geburtshelferinnen an. Diese beiden deutlich kürzeren Dokumente lassen darauf schließen, dass den neu vereidigten Hebammen die ursprüngliche Fassung von 1452 laut vorgelesen wurde, um ihnen ihre Aufgaben und Pflichten zu verdeutlichen. Die schriftliche Form benötigte somit nur noch eine Zusammenfassung und die Namen der neu geworbenen städtischen Hebammen.

Die Hebammenordnung von 1452 forderte, dass Hebammen die Schwangeren nach bestem Wissen und Gewissen betreuten und ihnen bei der Niederkunft beistanden. Sie hatten dafür Sorge zu tragen, dass Frühgeburten verhindert wurden. Sie sollten sich von Alkohol fernhalten und ein redliches Leben führen. Bei schweren Geburten oder solchen, die sich sehr lange hinzogen, waren die Wehmütter angehalten, sich Unterstützung durch weitere Hebammen oder eine der ehrbaren Frauen zu holen, die als eine Art Kontrollorgan zur Aufsicht über die Hebammen eingesetzt worden waren. Auch ein Kaiserschnitt konnte das Mittel der Wahl sein, zumindest um Leben und, wichtiger noch, die Seele des Ungeborenen zu retten.[6] Auch zur Nachsorge im Wochenbett wurden die Geburtshelferinnen verpflichtet. Verwunderlich ist, dass die Ausbildung des Nachwuchses, anders als bei vielen nachfolgenden Ordnungen in anderen Städten, in dieser Regensburger Ordnung noch keine Rolle spielte.

Die erste Pflicht einer Hebamme war es, zu jeder Gebärenden in der Stadt zu kommen, unabhängig von ihrer Person und vom Lohn, *allayn*

---

[5] BayHStA, Gemeiners Nachlass, Kart. 12 fol. 245r–245v und fol. 247r–247v.
[6] Heute wird ein Kaiserschnitt aus medizinischen Gründen angewandt, um die Gesundheit von Mutter und Kind nicht zu gefährden. Im späten Mittelalter dagegen hatte der Kaiserschnitt den Zweck, die Seele des Kindes aus dem Leib der Mutter zu befreien, wenn absehbar war, dass diese die Geburt nicht überleben würde. Der Hintergrund dafür war, dass man das lebendige Neugeborene durch eine Nottaufe Gott zuführen und damit sein Seelenheil retten konnte. Denn man glaubte, dass Kinder, die ungetauft starben, zwar nicht in die Hölle kamen, dass sie aber „wegen der Erbsünde auch nicht die Seligkeit erlangen" konnten. Vgl. hierzu u. a.: Niedermeier, Hans, wie Anm. 4, S. 262 f.

tzu kainer Jüdýnn sullen sý nicht kom(m)en[7] *(Nur zu einer Jüdin sollten sie nicht kommen).* Dieser Beisatz, der den christlichen Hebammen verbot, jüdischen Frauen irgendeine Hilfe bei der Niederkunft zukommen zu lassen, wird nicht weiter erläutert, dürfte aber für die Zeitgenossen in einer Zeit, in der die Trennung von Juden und Christen immer wieder gefordert wurde, nicht besonders auffällig gewesen sein.

Vor dem Hintergrund dieser Vorschrift ist folgender Eintrag in einem Protokollbuch des Regensburger Stadtrats aus dem Jahr 1471 zu lesen:

> *Jüdynn*
> *It(e)m ii Jud(e)n pat(e)n In v(er)günen i hebamen wan es hat i Judin sid Suntag gearbait zu i kind vnd ir hebam ist krangk dar nit müg ir izt In versgagn dann es ist d(er)weichspythschaff zu ersuchen.*[8]
> *Jüdin: Item, zwei Juden baten [den Stadtrat] darum, dass er ihnen eine Hebamme zur Verfügung stelle, da eine Jüdin seit Sonntag in den Wehen lag und ihre [der Juden] Hebamme krank ist. Wir mögen es ihnen nicht versagen, bevor nicht der Weihbischof befragt wurde.*

Anders als es aufgrund der Hebammenordnung von 1452 zu erwarten gewesen wäre, lehnte der Stadtrat diese Bitte nicht sofort ab, sondern verwies darauf, dass erst der Weihbischof um Rat zu fragen sei. Dies ist insofern bemerkenswert, als für die Zeit – nur wenige Jahre vor der Regensburger Ritualmordbeschuldigung[9] – eher die Abweisung der Bitte der Juden zu erwarten gewesen wäre.

Dass die beiden Juden sich mit der Bitte um die christliche Hebamme an den Stadtrat wandten, zeigt aber auch, dass die geltende Hebammenordnung nicht einfach übergangen wurde. Dass die Stadträte sich an den Weihbischof wenden wollten, macht deutlich, dass hier auch religiöse Gründe eine Rolle gespielt haben. Leider ist nicht überliefert, wie sich der Stadtrat schließlich entschieden hat.

Christliche Bader und jüdische Ärzte

Die nächsten Quellen beziehen sich auf zwei weitere Gruppen medizinisch praktizierender Personen, nämlich auf christliche Bader und

---

[7] BayHStA, Gemeiners Nachlass, Kart. 6 fol. 218r.
[8] BayHStA, Reichsstadt Regensburg Literalien (RR Lit.) 298 1/2 fol. 45r.
[9] Zur Ritualmordbeschuldigung, siehe den Beitrag von Sophia Schmitt in diesem Buch.

jüdische Ärzte. Ebenso wie jüdische Ärzte waren die Bader nicht-akademische Mediziner, die ihren Beruf durch eine Art praktischer Lehre erlernt hatten. Beide dürften zu großen Teilen dieselben Behandlungen, wie zum Beispiel Aderlass oder Schröpfen, angeboten haben. Dennoch kann man annehmen, dass die jüdischen Heilkundigen, wenn ihnen auch lange Zeit ein Studium an den Universitäten verwehrt blieb, Zugang zu medizinischer Fachliteratur hatten, denn ihre Vorfahren aus dem Mittelmeerraum waren maßgeblich an den Übersetzungen der großen medizinischen Werke in griechischer und arabischer Sprache beteiligt.[10] Während Bader in erster Linie für das Baden der Kunden zuständig waren und zusätzlich medizinische Versorgung in den Badehäusern anboten, waren jüdische Ärzte nicht örtlich gebunden und konnten sich ganz auf die Behandlung ihrer Patienten konzentrieren. Die Bezeichnung „Arzt" setzte im Mittelalter nicht zwangsläufig ein universitäres Medizinstudium voraus; auch die ersten bekannten Regensburger Stadtärzte zu Beginn des 15. Jahrhunderts werden in der städtischen Überlieferung als „Arzt" bezeichnet. Die gelehrten Mediziner dagegen, von denen der erste bekannte 1441 belegt ist, trugen meist den Titel „Doctor in medicinis".[11]

Am 28. Juni 1518 sandte die Stadt Regensburg ein Schreiben an das Reichsregiment in Innsbruck, in dem sich 26 Regensburger Handwerke oder Zünfte mit jeweils drei bis 28 Zeilen über die Juden in ihrer Stadt beklagten und um deren Vertreibung oder zumindest eine Reduktion der Zahl der jüdischen Personen baten. Als eine dieser Gruppen beschwerten sich die Regensburger Bader.[12]

Was waren die Argumente, die die christlichen Bader gegen die Juden vorbrachten?

---

[10] Vgl. Vaisrub, Samuel: Artikel Medicine, in: Encyclopaedia Judaica 11, Lek-Mil, Jerusalem 1971, Sp. 1178–1211; hier: Sp. 1186.
[11] BayHStA, Reichsstadt Regensburg Urkunden 1441 VI 3.
[12] Vgl. BayHStA, Gemeiners Nachlass, Kart. 32 fol. 17r. Vgl. außerdem Straus, Raphael: Urkunden und Aktenstücke zur Geschichte der Juden in Regensburg 1453–1738, München 1960, Nr. 979, S. 348–353. Er datiert das Dokument auf 1518. Ein Vermerk, der später auf der Rückseite des Dokuments nachgetragen wurde, gibt an, dass es sich hierbei um Beschwerden der Handwerker aus dem Jahr 1516 handelt, s. Gemeiners Nachlass, Kart. 32 fol. 22v; aus den Eintragungen selbst geht ein genaues Datum nicht hervor. Für die Quellenanalyse ist es nicht von Belang, um welches Jahr es sich handelt.

> *Wir die Pader beschwarn vnns ab den Juden*
> *Item nachdem wir offenn padstuben haben, vnd es kumt wenig oder vil volckhs, so haben wir vnner Pert fur wirdet vnnsern padleuten samb taglich das Ir gestoln, vnnd vnnter die Juden getragen, das wir nachmals den leuten widerumb von den Juden losen muesen;*[13]
> *Wir, die Bader, beschweren uns über die Juden: Item, da wir offene Badstuben haben und wenig oder viel Kundschaft kommt, so haben wir unseren Pert*[14] *davor. Es werden unsere Badegäste fast täglich bestohlen und [das gestohlene Gut] unter die Juden getragen, das wir später wieder von den Juden auslösen müssen.*

Wie die oben genannte Regensburgische Chronik von Carl Theodor Gemeiner berichtet, gab es tatsächlich Diebstähle in Badehäusern.[15] Obwohl sich die Passage in Gemeiners Chronik auf das Jahr 1386 bezieht, ist es sehr wahrscheinlich, wie das Beispiel aus dem 16. Jahrhundert zeigt, dass Diebstähle in den Badstuben zu allen Zeiten vorkamen. Wenn 1386 ein Dieb gefasst und verurteilt wurde, so Gemeiner, band man ihm die gestohlenen Güter auf den Rücken, und er wurde so zum Galgen geführt.[16]

Im Jahr 1518 behaupteten die Bader, dass sie immer wieder mit solchen Diebstählen in ihren Badstuben zu tun hätten und sie die gestohlenen Dinge, wahrscheinlich unter anderem die Kleidung ihrer Kunden, bei den Juden wieder auslösen müssten. Die Bader stellten ihr Problem so dar, dass es als alltägliches Vorkommnis und nicht weiter ungewöhnlich wahrgenommen würde.

Im Kontext der Bitte um Vertreibung der Juden muss diese Beschwerde jedoch anders gelesen werden, denn es handelt sich hier nicht um eine Beschwerde über die tatsächlichen Diebe. Stattdessen wurden die Juden beschuldigt, die gestohlenen Güter als Pfand angenommen zu haben, und so wurden sie für mitschuldig erklärt und der Hehlerei beschuldigt.

---

[13] BayHStA, Gemeiners Nachlass, Kart. 32 fol. 17r.
[14] Das Wort konnte bisher nicht erklärt werden.
[15] Vgl. Gemeiner, Carl Theodor: Der Regensburgischen Chronik zweiter Band. Die wichtigsten und merkwürdigsten Begebenheiten, die sich in Regensburg und in der Nachbarschaft der Stadt seit Entstehung derselben bis auf unsere Zeiten zugetragen haben, aus der Urquelle, den städtischen Archiven, geschöpft und beschrieben, Regensburg 1803, S. 228.
[16] Vgl. ebd.

Demzufolge ging es in der Beschwerde nicht darum, den tatsächlichen Dieb zu finden und ihn vor Gericht zu stellen, wie man es erwarten würde, vor allem da dieses Verbrechen noch 1386 mit der Todesstrafe belegt war, wie Gemeiner erwähnt. Folgt man dem Subtext dieser Bader-Beschwerde gegen die Juden, also dem, was zwischen den Zeilen steht, dann war das Argument: wenn es keine Juden mehr in Regensburg gäbe, dann gäbe es auch niemanden mehr, der gestohlene Güter als Pfand bzw. Hehlerware annehmen würde und somit hätten die Diebstähle in den Badehäusern ein Ende. Wie in den Ausführungen der anderen Handwerke wandten sich auch die Bader indirekt gegen die Anwesenheit der jüdischen Gemeinde.

Die Beschwerde der Bader beinhaltet aber noch eine zweite Interpretationsebene. Angesichts der Konkurrenz zwischen jüdischen Ärzten und christlichen Badern könnte man erwarten, dass sich deren Beschwerde direkt gegen die jüdischen Ärzte richtete. Vielleicht wagten die Bader dies nicht wegen des guten Rufs, den jüdische Ärzte und jüdische Medizin unter den christlichen Bürgern besaßen.

Dies wird in einer weiteren Passage der Beschwerde deutlich:

> *Item zum andern so ist wissentlich, das gaistlich vnn weltlich arm vnnd Reich Innwoner vnd auswendig, vnd sich zw den Juden thun, nemen Erzney von In das doch die Recht verbieten, sich den Juden In dem als vertraulich vnntertanig zw machen, dem Crisstenpluet, zuhelffen, ist widerwertig dann sy das lieber gar vertilgkten, komt vnns zu gespott, auch nachtail vnnd shaden*[17]
>
> *Item, zum anderen ist bekannt, dass Geistliche und Weltliche, Arme und Reiche, Inwärtige und Auswärtige, sich an die Juden wenden, Arznei von ihnen annehmen, obwohl die Rechte verbieten, sich den Juden auf so vertraute Weise untertänig zu machen, dem Christenblut zu helfen, ist widerwärtig, da sie das viel lieber vertilgten. Das macht uns zum Gespött und bringt uns Nachteil und Schaden.*

Hier beschweren sich die Bader, dass tatsächlich jeder Medizin von den Juden nimmt, obwohl es durch „die Rechte" verboten sei. Sich Juden unterzuordnen, indem man sich ihnen in medizinischen Dingen anvertraue, sahen die Bader als verabscheuungswürdig an. Es wird argumen-

---

[17] BayHStA, Gemeiners Nachlass, Kart. 32 fol. 17r.

tiert, dass die Juden tatsächlich lieber das Christenblut vernichten würden. Das, so behaupteten die christlichen Bader, mache sie zum Gespött, gereiche ihnen zum Nachteil und verursache ihnen Schaden.

Das Verb *vertilgkten* hat eine sehr negative Konnotation, so wird es zum Beispiel häufig im Bereich der Vernichtung von Unkraut oder Ungeziefer benutzt und sollte in diesem Fall mit „vernichten" übersetzt werden; eine zweite Konnotation wäre „verschlingen", d. h. etwas in großen Mengen ohne Genuss zu essen.

In diesem Auszug der Quelle gibt es also unterschiedliche Ebenen von Anschuldigungen gegen Juden. In Anbetracht der o. g. Beschwerde, dass die Christen *erzney*, also Medizin und ärztlichen Rat, von Juden nehmen, scheint es offensichtlich, dass die Bader sich von den jüdischen Ärzten übervorteilt sahen, da jeder, ob weltlich oder geistlich, arm oder reich, inwärtig oder auswärtig, medizinischen Rat und Medikamente eher von den Juden annahm als von den christlichen Badern.

Da jüdische Ärzte normalerweise als Wundärzte klassifiziert wurden, ist es wohl nicht ungewöhnlich, dass sich eine andere medizinische, nicht-akademische Gruppe über die Konkurrenz beschwerte. Die Bader unterstrichen ihr Argument, indem sie *die Recht* anführten. Obwohl es sich bei diesem Begriff um einen Terminus technicus handeln dürfte, gab es tatsächlich verschiedene Gesetze, vor allem Verbote, die sowohl von geistlichen als auch weltlichen Autoritäten erlassen wurden. So verbot zum Beispiel das Konzil von Basel/Ferrara/Florenz (1431–1445) den Christen, sich von einem jüdischen Arzt behandeln zu lassen.[18] Bischöfe verabschiedeten ebenfalls solche Gesetze, wie zum Beispiel Bischof Matthias Rammung von Speyer, der 1468 den Juden verbot, den Christen Medizin egal welcher Art anzubieten.[19]

---

[18] Vgl. hierzu: Wohlmuth, Josef (Hg.): Dekrete der ökumenischen Konzilien, Bd. 2, Konzilien des Mittelalters. Vom Ersten Laterankonzil (1123) bis zum Fünften Laterankonzil (1512–1517), Paderborn u. a. 2000, S. 452.
[19] Vgl. hierzu: Mentgen, Gerd: Studien zur Geschichte der Juden im mittelalterlichen Elsaß, Hannover 1995 (Schriftenreihe der Gesellschaft zur Erforschung der Geschichte der Juden e. V., Abteilung A: Abhandlungen, Bd. 2), S. 591.

In Regensburg gibt es ebenfalls ein Beispiel für die Trennung von jüdischen Medizinern und christlichen Patienten. So berichtet die folgende Quelle zu Beginn des Jahres 1471:

> *Jüd Abraham*
> *It(e)m H(e)rtzog Ludwig schreibt vmb den Artzt Judn g(e)nant Abraham dem wil man ditzeit hie v(er)gunnen, doch is Im v(er)pot(e)n, kainem hie(s)ig(e)n krisstn nicht ertznen In kain weis act(um) fr 6 vor Inuocauit.*[20]
> *Jude Abraham: Item, Herzog Ludwig schreibt um des Arztes Abraham, ein Jude, willen. Dem will man erlauben, zu bleiben, doch ist ihm verboten, egal auf welche Art einen hiesigen Christen zu behandeln. Geschehen am sechsten Tag vor Invocavit [26. Februar 1471].*

Demnach ersuchte Herzog Ludwig IX. von Bayern-Landshut in einem Empfehlungsschreiben um die Aufnahme des jüdischen Arztes Abraham in die Stadt Regensburg. Der Stadtrat gestattete Abraham zwar, sich in der Stadt niederzulassen, doch verbot er ihm, als Arzt in Regensburg zu arbeiten. Dieses Verbot unterscheidet sich von anderen insoweit, als diese sich gegen jüdische Ärzte und ihre Behandlung von christlichen Patienten im Allgemeinen richteten, während hier einem einzelnen jüdischen Arzt verwehrt wurde, in Regensburg zu praktizieren.

Der zweite Teil der o. g. Baderbeschwerde ist komplizierter und spricht ein altes Vorurteil gegenüber Juden an:

> *sich den Juden In dem als vertraulich vnntertanig zw machen, dem Crisstenpluet, zuhelffenn, ist widerwertig dann sy das lieber gar vertilgkten.*[21]
> *sich den Juden auf so vertraute Weise untertänig zu machen, dem Christenblut zu helfen, ist widerwärtig, da sie das viel lieber vertilgten.*

Hier handelt es sich um eine Anklage gegen jene Christen, die eine Behandlung durch jüdische Ärzte angenommen haben. In drastischen Worten wird kritisiert, dass ein Christ mehr den Fähigkeiten des jüdischen Mediziners vertraue als denen der christlichen Bader. Zudem sei die Unterordnung – *als vertraulich vnntertanig zw machen* – eines Christen unter einen Juden als solches „widerwärtig". Die Formulierung

---

[20] BayHStA, RR Lit. 298 1/2 fol. 49r.
[21] BayHStA, Gemeiners Nachlass, Kart. 32 fol. 17r.

gipfelt in der Verleumdung: Das Vertrauen in den jüdischen Arzt gebe dem Juden sogar die Gelegenheit, Blut des christlichen Patienten zu bekommen, und damit die mögliche Quelle für das Blut, von dem die Christen glaubten, dass Juden es für ihre Rituale bräuchten. Dies ist eine klare Anspielung auf die Ritualmordbeschuldigung, mit dem Vorwurf, Juden würden christliches Blut „vertilgen".[22] Es sei nicht nur verwerflich, dass Ärzte das Blut auf solche Art nutzen konnten, sondern extrem „widerwärtig", dass christliche Patienten ihr eigenes Blut freiwillig zur Verfügung stellten, obwohl sie wüssten, was mit ihrem Blut passieren könnte.

Christliche Patienten sollten sich nur von den christlichen Badern behandeln lassen! Darüber hinaus klingt ein weiterer Vorwurf an: Blut ist Leben und wenn es medizinisch behandelt wird, kann es positiv oder negativ beeinflusst werden. Und so kann Leben beeinflusst werden, in diesem Fall durch jüdische Ärzte, auf jede Art und Weise, wie es ihnen beliebe.

Die Passage endet mit dem eigentlichen Problem der Bader:

> komt vnns zu gespott, auch nachtail vnnd shaden.[23]
> Das macht uns zum Gespött und bringt uns Nachteil und Schaden.

Wie bereits angedeutet, hatten die Juden ein Ansehen, das sie aus Sicht der konkurrierenden Bader nicht verdienten. Als Konsequenz sahen sich die Bader als Gespött der Stadt.

Was bewog die Bader, dies zu glauben oder zumindest anzuführen? Ein Punkt könnte gewesen sein, dass die Leute tatsächlich jüdische Ärzte bevorzugten und mehr Vertrauen in sie setzten als in die Bader, die ihre Glaubensbrüder waren. Ein weiterer Aspekt könnte gewesen sein, dass die Arzneien und Behandlungen in den Badehäusern nicht so effektiv waren wie die jüdische Medizin, wodurch in den Badehäusern weniger Umsatz gemacht wurde.

Das von den Badern gewünschte Ziel ihrer Beschwerde, wie auch das der anderen Gewerke, war die Vertreibung der Juden: Es gäbe dann keine Konkurrenz mehr. Die Kranken hätten nicht mehr andere Möglichkei-

---

[22] Vgl. hierzu: Buttaroni, Susanna/Musiał, Stanisław (Hg.): Ritualmord. Legenden in der europäischen Geschichte, Wien, Köln, Weimar 2003.

ten, als zu den Badehäusern für eine Behandlung zu gehen, wenn sie nicht ein Vermögen bei einem gelehrten christlichen Doktor ausgeben wollten, der an einer Universität studiert habe. So würde man sich nicht länger über die Bader lustig machen, ihre Berufsehre wäre wieder hergestellt.

Festzustellen ist, dass Geld und materieller Schaden in der Beschwerde nicht als erstes genannt werden; stattdessen wird das vermeintliche Gespött als das größere Problem dargestellt. Es ist davon auszugehen, dass die Bader in ihren Badehäusern Konkurrenz hatten, ob nun tatsächlich durch die Juden oder nicht.[24] Konkurrenz bedeutet Nachteil und Schaden in einem materiellen und wirtschaftlichen Sinn.

Bemerkenswert ist, dass die Passage *dann sy das lieber gar vertilgkten*[25] die einzige Stelle in der Beschwerde der Bader ist, wo die Juden direkt angesprochen werden. Alle anderen Beschuldigungen wurden indirekt geführt, waren aber deswegen nicht weniger wichtig und wirksam.

Am 17. Juli 1518 erfolgte die Antwort der jüdischen Gemeinde auf diesen Beschwerdebrief, ca. sieben Monate vor ihrer endgültigen Vertreibung nach Kaiser Maximilians Tod. Die Juden gingen auf jeden einzelnen Punkt der Beschwerde ein, welche die Zünfte beim Reichsregiment in Innsbruck eingereicht hatten, und beantworteten so auch die Beschwerde der Bader:

> *es ist zu R. nit mer als ein J., der doch den wenigern thayl in der Stat zu artzneyen pfligt. darzu ist artzney ain freye kunst so gemayn, das alle mentschen, auch die alten weyber und die unvernuenftigen thier artzney treyben…*[26]
>
> Es ist zu Regensburg nicht mehr als ein Jude, der den geringeren Teil der Zeit in der Stadt zu praktizieren pflegt. Darüber hinaus ist die Arznei

---

[23] BayHStA, Gemeiners Nachlass, Kart. 32 fol. 17r.
[24] Zu Beginn des 15. Jahrhunderts wurden 13 Badehäuser in Regensburg betrieben, ab der Mitte des 15. Jahrhunderts gab es nachweislich noch mindestens sieben dieser Badstuben. Die Konkurrenz war also alleine durch die Anzahl der Badehäuser bereits gegeben, in denen wiederum meist mehrere Personen neben dem Bader arbeiteten, wie zum Beispiel der Aderlasser. Vgl. hierzu auch Forneck, Christian: Die Regensburger Einwohnerschaft im 15. Jahrhundert. Studien zur Bevölkerungsstruktur und Sozialtopographie einer deutschen Großstadt des Spätmittelalters, Regensburg 2000 (Regensburger Studien, 3), S. 83–87.
[25] BayHStA, Gemeiners Nachlass, Kart. 32 fol. 17r.
[26] Siehe Straus, Raphael, wie Anm. 12, Nr. 988, S. 355–361, hier: S. 360.

eine freie Kunst, so allgemein, dass alle Menschen, auch die alten Weiber und die unvernünftigen Tiere Arznei treiben.

Die Juden ignorierten die beiden ersten Anschuldigungen: Sie reagierten nicht auf den Vorwurf, gestohlene Güter als Hehlerware anzunehmen, und gingen auch nicht auf die angebliche Verwendung des Christenbluts ein. Stattdessen reagierten sie auf die Beschuldigungen zwischen den Zeilen. Sie wussten, dass das wirkliche, dahinterstehende Problem der Bader ein materielles war: Geld und die berufliche und wirtschaftliche Konkurrenz, die die Juden für die Christen im Allgemeinen darstellten. Die Regensburger Juden nahmen wohl an, dass die Anklagepunkte der Bader nicht nur nicht gerechtfertigt, sondern sogar lächerlich waren. Sie leugneten die Anwesenheit ihres Arztes nicht. Im Gegenteil, die jüdische Gemeinde betonte, dass es zu dieser Zeit nur einen einzigen jüdischen Arzt in Regensburg gab, dass dieser aber keine tatsächliche Konkurrenz für die Bader darstellte, vor allem weil er die meiste Zeit nicht innerhalb der Stadt praktizierte. Außerdem gab es aus jüdischer Sicht andere, viel schlimmere Individuen, wie die alten Weiber, die Medizin anboten, und darüber hinaus sogar *die unvernuenftigen thier*. Das sollte den Badern und Bürgern Anlass zur Sorge geben, anstelle des einen jüdischen Arztes in der Stadt. Bis zu diesem Punkt antworteten die Juden sachlich und praktisch.

Man kann aber vermuten, dass die Juden auch auf ein Vorurteil reagierten. Die Nennung der *unvernuenftigen thier* mag eine ironische Anspielung und Gegendarstellung zur antijüdischen Sicht unter Christen gewesen sein, wonach Juden Tiere wären, da ihnen die Vernunft fehle, Christus als Messias zu akzeptieren.[27]

Das Argument der jüdischen Gemeinde, dass Medizin eine „freie" Kunst sei, und alle Menschen, sogar die alten Weiber medizinische Hilfe anböten, kann auch als Kommentar zum medizinischen Niveau der Bader und der christlichen Doktoren gesehen werden, die immerhin an einer Universität studiert hatten, was den Juden verwehrt war. So betrachtet, war es fast schon absurd, Geld in eine akademische Ausbildung zu investieren, wenn tatsächlich Jeder kranke Menschen behandelte, als Teil einer „Volksmedizin", die in der Bevölkerung verwurzelt war.

---

[27] Vgl. Abulafia, Anna Sapir: Christians and Jews in the Twelfth-Century Renaissance, London/New York 1995, S. 127, S. 129 und vor allem S. 131.

Fazit

Die Frage zu Beginn war, ob es Beziehungen zwischen jüdischen und christlichen Medizinern in Regensburg gab, oder zumindest Wissen und Kenntnisse voneinander.

Wenn man sich den bereits erwähnten jüdischen Arzt Abraham noch einmal in Erinnerung ruft, so ist festzustellen, dass es Herzog Ludwig war, der die Aufnahme des Arztes in die Stadt empfohlen hat. Es ist anzunehmen, dass Abrahams medizinische Fertigkeit wohl der Hauptgrund für seine Empfehlung durch den Herzog war. Das Verbot, unter Christen zu praktizieren, betraf nicht die Behandlung der jüdischen Gemeindemitglieder und auch nicht die medizinische Betreuung des Herzogs. Dieses Beispiel macht deutlich, dass Christen Kenntnis von den Fähigkeiten der jüdischen Ärzte besaßen, in welchem Umfang ist unbekannt.

Ob es je eine Unterstützung der jüdischen Hebamme durch eine christliche gegeben hat, ist nicht zu sagen, da hierzu keine Quelle existiert. Die Juden hatten Kenntnis von der Regensburger Hebammenordnung, denn sie baten den Stadtrat um Unterstützung durch eine christliche Wehmutter, und nicht die Hebamme selbst. Da christliche und jüdische Hebammen grundsätzlich die gleiche Tätigkeit ausgeübt haben, wenn auch vielleicht die jeweilige Religion Einfluss auf die praktische Arbeit gehabt haben mag, ist eine gegenseitige Kenntnis naheliegend.

Wie anhand der Quellen zu den Badern zu sehen war, existierte Konkurrenz zwischen jüdischen und christlichen Medizinern. Das heißt aber nicht, dass nicht weitere Dokumente gefunden werden könnten, die das Gegenteil beweisen, nämlich eine konkrete Zusammenarbeit. Auch ist Vorsicht bei der Interpretation der letzten beiden Quellen geboten, weil sie aus einer Zeit stammen, als der Regensburger Stadtrat versuchte, die Juden zu vertreiben.

Die Regensburger Christen haben jede mögliche Taktik angewandt und Gründe vorgebracht, um die Juden in Verruf zu bringen und sie zu beschuldigen. Die Beschwerde lässt vermuten, dass die Bader Kenntnisse über die Aktivitäten der jüdischen Ärzte hatten und sie sich durch diese bedrängt fühlten. Die Juden scheinen dagegen ziemlich gelassen mit den christlichen Medizinern umgegangen zu sein. Die Antwort der jüdischen Gemeinde auf die Baderbeschwerde zeigt, dass die Juden in der Lage waren, einer Rivalität und den Anschuldigungen entspannt und diplomatisch zu begegnen. Sie antworteten nicht in der Art der Christen, sondern versuchten „auf dem Boden" zu bleiben und auf die tatsächliche Praxis einzugehen.

Zu beachten ist, dass in den hier verwendeten Quellen verschiedene Gruppen involviert waren und agierten: Während die Autoren der Hebammenordnung eine städtische Autorität waren, argumentierte im Beschwerdebrief eine Berufsgruppe gegen die jüdischen Ärzte, die mit praktischer Medizin und Behandlung zu tun hatte. Das ist deswegen so wichtig, weil im Fall der Hebammen nicht behauptet werden kann, dass es bei der Trennung von Juden und Christen um eine wirtschaftliche Rivalität ging, hier spielte die Religionszugehörigkeit wohl die größere Rolle. Anders verhält es sich bei den Badern, bei deren Beschwerde persönliche Befindlichkeiten zum Tragen kamen, die auf eine, zumindest „gefühlte", Konkurrenz zwischen den Parteien zurückzuführen sind. Im Fall des jüdischen Arztes Abraham handelte es sich um eine städtische Autorität, die ihm verbot, christliche Patienten zu behandeln. Möglicherweise sollte das Aufkommen einer möglichen Konkurrenz mit anderem medizinischen Personal verhindert werden. Jedoch war eine persönliche oder wirtschaftliche Konkurrenz zwischen den Parteien auszuschließen.

Veronika Nickel

Gewalt und Repression gegen die Regensburger Juden bis zu ihrer Vertreibung 1519[*]

Pogrome und Vertreibungen prägen das Potenzial an Gewalt gegen aschkenasische Juden im Mittelalter. Regensburg bildet dabei nur bedingt eine Ausnahme. Zwar gab es bis zur Vertreibung der Regensburger Juden im Jahr 1519 keine kollektive Ausweisung aus der Stadt, Verfolgungen blieben bis zum Ende des 15. Jahrhunderts weitgehend aus.[1] Dies änderte sich grundlegend mit einer Ritualmordbeschuldigung, die im Jahr 1476 von Seiten des Regensburger Bischofs lanciert und später vom Rat maßgeblich vorangetrieben wurde.[2] Einen Prozess in Trient adaptierend, wurden mehrere Juden über Jahre hinweg interniert, gefoltert und beschuldigt, Kinder aus rituellen Gründen getötet zu haben. Die Hinrichtung der Gefangenen scheiterte letztlich am Eingreifen Kaiser Friedrichs III., der nach erbitterten Auseinandersetzungen mit der Stadt die Freilassung der angeklagten Juden erwirkte. Die Juden-

---

[*] Der vorliegende Aufsatz basiert auf Forschungsergebnissen meines Dissertationsprojektes über die Vertreibung der Regensburger Juden 1519. Der Stadt Regensburg danke ich ausdrücklich für die Gewährung eines Promotionsstipendiums.
[1] Eine Ausnahme bildet insbesondere die kollektive Zwangstaufe im Zusammenhang mit dem Ersten Kreuzzug, vgl. Freimann, Aaron: Art. Regensburg, in: Elbogen, Ismar et al. (Hg.): Germania Judaica, Bd. 1, Tübingen 1963, S. 286. Zwangsmaßnahmen in Form der Besetzung des Judenviertels gab es aber beispielsweise auch während der sogenannten Schuldentilgung König Wenzels, vgl. Gemeiner, Carl Theodor: Regensburgische Chronik, Bd. 2, 2., unveränderter Nachdruck der Originalausgabe. Mit Einleitung, Quellenverzeichnis und einem Register, neu hg. v. Heinz Angermeier, München 1987, S. 274. Zu den Verfolgungen allgemein Toch, Michael: Die Juden im mittelalterlichen Reich, 3., um einen Nachtrag erweiterte Auflage, München 2013, S. 118–120; Mentgen, Gerd: Die Judenvertreibungen im mittelalterlichen Reich. Ein Forschungsbericht, in: Aschkenas 16/2 (2006), S. 367–403.
[2] Zu den Ritualmordbeschuldigungen der 1470er Jahre vgl. den Beitrag von Sophia Schmitt in diesem Band; Werner, Robert: Die Regensburger Ritualmordbeschuldigungen. Entwicklungen. SEX PUERI RATISBONAE, in: Verhandlungen des historischen Vereins für Oberpfalz und Regensburg (VHVO) 150 (2010), S. 33–117; Herde, Peter: Art. Regensburg, in: Maimon, Ayre et al. (Hg.): Germania Judaica, Bd. 3, 2. Teilband, Tübingen 1995, S. 1200; Stern, Moritz: Der Regensburger Judenprozeß 1476–1480, Berlin 1935.

gemeinde litt unterdessen nicht nur an der von der Stadt verhängten Absperrung des Judenviertels, sondern geriet durch die ihr von Kaiser und Stadt nach Beendigung der Ritualmordvorwürfe auferlegten hohen Geldzahlungen derart unter Druck, dass sie sich davon wirtschaftlich nicht mehr erholen sollte. Am deutlichsten zeigte sich dies am Unvermögen, regelmäßig die jährlichen Judensteuern zahlen oder gar die Schulden begleichen zu können.[3]

Nicht minder schwer als die Schuldenlast wogen die immer weitreichenderen Repressalien, die das Leben der Juden in einem Dickicht aus Verboten und Reglementierungen zu ersticken drohten.[4] Es gab kaum einen Bereich, auf den die Stadt nicht mit ihren Bestimmungen einwirkte oder einzuwirken versuchte. Im Fokus standen wirtschaftliche Aspekte, allen voran Darlehens- und Pfandgeschäfte, aber beispielsweise auch Kontakte zu auswärtigen Juden, deren besuchsweiser Aufenthalt oder Zuzug nach Regensburg durch finanzielle Hürden erschwert wurden. Neben den städtischen Restriktionen nahmen um die Jahrhundertwende antijüdische Hetzpredigten immer weiter zu. Parallel dazu, bzw. begünstigt davon, wuchs in Teilen der christlichen Bevölkerung die Forderung nach einer stärkeren Abgrenzung von Juden, die sich mitunter als offene Judenfeindschaft manifestierte. So weigerten sich die Bäcker geschlossen, Brot an Juden zu verkaufen. Die vielfältigen sozialen und ökonomischen Belastungen zeigten bald nicht nur bei einzelnen Mitgliedern, sondern im gesamten Gefüge der Judengemeinde Wirkung. Immer häufiger gab es Auseinandersetzungen um die interne Steuerveranschlagung.[5] Zu den ohnehin schwierigen Lebensbedingungen gesellte sich zusätzlich eine Vielzahl verbaler und tätlicher

---

[3] 1481 hatte Kaiser Friedrich III. der Judengemeinde ein einjähriges Moratorium sämtlicher Zahlungen an weltliche und geistliche Gläubiger gewährt, vgl. Straus, Raphael: Urkunden und Aktenstücke zur Geschichte der Juden in Regensburg 1453–1738, München 1960, S. 177–178, Nr. 525. Die Finanzlage sollte sich nicht verbessern. Noch nach der Vertreibung im Jahr 1519 forderten die Erben Herzog Georgs des Reichen von Bayern-Landshut die Zahlung ausstehender Schulden, vgl. ebda. S. 394–395, Nr. 1056.

[4] Vgl. Angerstorfer, Andreas: Die Regensburger Juden im Spätmittelalter, in: Stadt Regensburg (Hg.): Stadt und Mutter in Israel. Jüdische Geschichte und Kultur in Regensburg, Regensburg 41996, S. 168–169.

[5] Straus, Urkunden und Aktenstücke, wie Anm. 3, S. 239–242, Nr. 697–699. Hinzu kamen offenbar auch vermehrte gewaltsame Auseinandersetzungen innerhalb der Judengemeinde, wie eine interne Ordnung vermuten lässt, vgl. ebda. S. 228–230, Nr. 676.

Angriffe von Christen auf Juden, die sowohl innerhalb als auch außerhalb des Judenviertels erfolgten. Wie unerträglich die Situation war, zeigen zahlreiche Beschwerden und Hilferufe an den Kammerer und den Rat der Stadt, an Herzog Georg den Reichen von Bayern-Landshut, dem die Judengemeinde zu diesem Zeitpunkt verpfändet[6] war, und an Sigmund von Rorbach, Reichshauptmann in Regensburg. Der Reichshauptmann war Ende des 15. Jahrhunderts von König Maximilian I. eingesetzt worden, nachdem sich Regensburg für einige Jahre unter bayerische Herrschaft gestellt hatte. Anfänglich nur als Institution gedacht, die das Handeln der Stadt überwachen sollte, wurden die Zuständigkeiten des Reichshauptmannes nach und nach erweitert, so dass Rorbach auch für die Judengemeinde zunehmend an Bedeutung gewann.[7]

Am 6. März 1500 schlossen Judengemeinde und Stadt einen Vertrag.[8] Dieser hatte, ähnlich wie die zwei Tage zuvor verabschiedete Regimentsordnung, eine Art Stadtverfassung, zum Ziel, bestehende Missstände zu beheben und für Ruhe und Ordnung zu sorgen. Auch wenn von einer gleichberechtigten Verhandlungsposition der beiden Vertragsparteien nicht ausgegangen werden kann, so ist doch bemerkenswert, dass der konkrete Inhalt mit der Judengemeinde *ausgehandelt* wurde, diese also nicht ausschließlich als Objekt einer von oben aufgezwungenen, allenfalls noch in Absprache mit Herzog Georg dem Reichen als Pfandherrn der Regensburger Judengemeinde entwickelten Judenordnung fungierte. Die rund zwanzig Artikel umfassende Vereinbarung spiegelt die

---

[6] Die Verpfändung reichte in die Zeit Ludwigs des Bayern zurück, der im Jahr 1322 den Herzögen Heinrich XIV., Otto IV. und Heinrich XV. für deren Hilfe in der Schlacht bei Mühldorf unter anderem die Rechte an den Regensburger Juden verschrieben hatte. Diese Rechte wurden später nicht wieder ausgelöst und verblieben in der Hand der Wittelsbacher, bis sie, aufgrund der diversen bayerischen Landesteilungen, zuletzt in die Hände Herzog Georgs des Reichen von Bayern-Landshut gelangten. Die Regensburger Juden waren verpflichtet, dem Herzog eine jährliche Steuer zu zahlen.

[7] Zur Reichshauptmannschaft vgl. Beck, Tobias: Kaiser und Reichsstadt am Beginn der Frühen Neuzeit. Die Reichshauptmannschaft in den Regensburger Regimentsordnungen 1492–1555, Regensburg 2011.

[8] Der Vertrag ist in zwei Versionen überliefert, die sich in einigen Details unterscheiden, vgl. Bayerisches Hauptstaatsarchiv München, Reichsstadt Regensburg Urkunden, 1500 III 6. Siehe auch Straus, wie Anm. 3, S. 244–247, Nr. 708, wo die beiden Dokumente jedoch nicht immer korrekt wiedergegeben sind. Die datierte Fassung stammt vom königlichen Kommissar Heinrich Haiden, der auch bei den Verhandlungen zur Regimentsordnung beteiligt war.

Lebenssituation der Regensburger Juden eindrücklich wider. Bereits der allererste Artikel behandelte beleidigende Angriffe gegen Juden, wie *geschray, klopfn oder scheltwortn*[9], für die ein Strafmaß von einer Nacht Gefängnis veranschlagt war. Minderjährige sollten für entsprechende Ausschreitungen von ihren Vätern bzw. Herren gemaßregelt werden, was wohl einen nicht unerheblichen Prozentsatz jugendlicher Täter impliziert. Auffällig ist der Verzicht auf eine Geldstrafe. In Anbetracht der um die Jahrhundertwende überaus klammen Wirtschaftslage der Stadt hätte eine Geldbuße nahegelegen. Denkbar ist, dass die Judengemeinde sich die Überlassung der Geldbuße an den Geschädigten oder die Gemeinde ausbedungen hatte, was die Stadt, da es ihr keinen unmittelbaren Vorteil brachte, abgelehnt hatte. Dies ist aber wenig wahrscheinlich. Die Judengemeinde wäre aufgrund ihrer finanziellen Notlage mit einer auch nur anteiligen Auszahlung der Geldstrafe sicherlich einverstanden gewesen. Hinzu kommt, dass Geldbußen in nachfolgenden Artikeln sehr wohl vorkamen. Das veranschlagte Strafmaß scheint daher eher ein Hinweis darauf zu sein, dass es der Stadt lediglich darum ging, gegenüber der Judengemeinde bzw. ihrem Pfandherrn, Herzog Georg dem Reichen, guten Willen zu demonstrieren, und weniger darum, eine ernsthafte Verbesserung der Verhältnisse zu erreichen. Immerhin war eine öffentliche Bekanntmachung der Vorschrift ausdrücklich vorgesehen. Die Botschaft, dass man fortan mit einer Bestrafung zu rechnen hatte, wenn man Juden beleidigte, sollte also einer breiten Stadtbevölkerung ins Bewusstsein gebracht werden. Gleich im zweiten Artikel ging es um non-verbale, physische Gewalt gegen Juden, die abhängig von Art und Umfang des Vergehens geahndet werden sollte. Anders als in der ersten Vorschrift fehlte ein genau festgelegtes Strafmaß. Dies eröffnete zwar den Spielraum für eine an der Schwere der Tat orientierte Bestrafung, bot aber auch die Möglichkeit, der Stadtführung genehme Täter geringer zu bestrafen oder bei Gewaltakten gegen einzelne Juden, denen man ohnehin nicht wohlgesonnen war, etwa weil sie Gläubiger waren, eine geringere Strafe zu verhängen.

Sowohl die Ausdifferenzierung in verbale und tätliche Übergriffe als auch die prominente Stelle der beiden Tatbestände gleich zu Beginn des

---

[9] Straus, wie Anm. 3, S. 244, Nr. 708.

Vertrags unterstreichen das Klima der Gewalt, das knapp zwanzig Jahre vor ihrer Vertreibung gegen die Juden herrschte. In diesem Zusammenhang ist auch eine Regelung im hinteren Teil des Vertragswerks zu sehen, wo es um gewaltsame Angriffe auf Leichenzüge zum jüdischen Friedhof ging, die analog zu physischen Gewalttaten gegen Juden bestraft werden sollten. Der Judengemeinde wurde freigestellt, einen Stadtknecht zu engagieren, um für die Sicherheit der Beerdigungsgesellschaften zu sorgen. Der jüdische Friedhof lag unweit des Klosters St. Emmeram vor den Toren der Stadt und war einer der größten im Reich. Sein Einzugsbereich ging bis weit über die Grenzen Regensburgs hinaus.[10]

Nicht weniger virulent als die zunehmende Gewalt waren wirtschaftliche Repressalien, die Händler und Gewerbetreibende offenbar nach eigenem Gutdünken und, dies ist entscheidend, *über* die ohnehin schon bestehenden städtischen Regulierungen und Einschränkungen *hinaus* ausübten. Im Vertrag hieß es dazu, dass Juden am Geschäftsleben der Stadt genauso zu beteiligen wären wie Christen und zwar unabhängig von der Höhe der etwaigen Kaufsumme oder unabhängig von der Höhe der Bezahlung für einen geleisteten Dienst oder eine geleistete Arbeit. Vor allem aber sollten ihnen Produkte, die sie zum Leben benötigten, nicht vorenthalten werden, wobei die bereits erwähnten Bäcker als Negativbeispiel explizit benannt waren. Allein der Fall der Bäcker, aber auch die Tatsache, dass eine normale Teilhabe der Juden am Geschäftsleben überhaupt geregelt werden musste, macht deutlich, wie weit Boykott und Ausgrenzung bereits um sich gegriffen hatten. Der Stadtführung ging es dabei nicht um eine Gleichbehandlung von Juden, wie ein Artikel verdeutlicht, dem zufolge Juden erst am späten Vormittag auf dem Markt einkaufen durften. Im Vordergrund standen vielmehr die Begrenzung der Willkür Einzelner oder ganzer Gruppen und insofern die Bewahrung der ordnungspolitischen Machtposition. Dazu gehörte

---

[10] Zum mittelalterlichen jüdischen Friedhof vgl. Stoffels, Patrick: Die Wiederverwendung jüdischer Grabsteine im spätmittelalterlichen Reich, Trier 2012, S. 131–141; siehe auch den folgenden Beitrag von Andreas Angerstorfer über die jüdischen Friedhöfe in diesem Buch. Im Jahr 1325 hatte der Regensburger Bischof erlaubt, dass die Juden in Oberbayern und Niederbayern ihre Toten zollfrei zu Wasser und zu Land auf den Regensburger Friedhof bringen durften, s. Regensburger Urkundenbuch, Teilbd. 1, München 1912, S. 275, Nr. 494.

beispielsweise auch die im Vertrag festgeschriebene Stärkung der Stellung des Schultheißen bei Rechtsstreitigkeiten zwischen Juden und Christen, sowie Beschränkungen im Pfandhandel und bei der Ausstellung von Schuldbriefen.[11]

Die Gültigkeit der Vereinbarung zwischen Stadt und Judengemeinde war von der Zustimmung Herzog Georgs des Reichen abhängig. Als Pfandinhaber der Regensburger Juden war er vor allem daran interessiert, das wirtschaftliche Überleben der Juden zu sichern, damit diese ihm sowohl ausstehende Schulden als auch die jährlich fällige Judensteuer zahlen konnten. Da er dies nicht gewährleistet sah, lehnte er den Vertrag ab.[12] Aggression und Agitation gegen Juden gingen daher unvermindert weiter. Endgültig brisant wurde die Situation, als sich die Gewalt nicht mehr nur gegen Juden selbst richtete, sondern auch gegen Christen, die Juden beschützten bzw. beschützen sollten. So landete ein Stadtknecht auf Geheiß des Kammerers im Gefängnis, weil er einen Christen davon abgehalten hatte, einen Juden, der gerade beim Wasserschöpfen war, in die Donau zu werfen.[13] Mit seiner Entscheidung goutierte der Kammerer nicht nur implizit mögliche gewalttätige Übergriffe gegen Juden, sondern bestrafte konkret Handlungen, die einen Schutz von Juden intendierten. Die weitreichenden Konsequenzen zeigten sich unmittelbar: Die Stadtknechte weigerten sich, Juden fortan beizustehen. Auch in anderen Fällen zeigte der Kammerer eine deutlich judenfeindliche Haltung. Bei Streitigkeiten zwischen Juden und Christen entschied er grundsätzlich zu Gunsten der Christen und drohte Juden, die sich dagegen wehrten, ins Gefängnis zu werfen. Herzog Georg der Reiche intervenierte mehrfach und forderte die Stadt auf, die Juden zu schützen und sein Pfandrecht nicht zu gefährden.

---

[11] Über das ganze Spätmittelalter hinweg kam es wiederholt zu Streitigkeiten um Rechtsfragen, insbesondere um den Gerichtsstand der Juden, vgl. Cluse, Christoph: Stadt und Judengemeinde in Regensburg im späten Mittelalter. Das Judengericht und sein Ende, in: Cluse, Christoph u. a. (Hg.): Jüdische Gemeinden und ihr christlicher Kontext in kulturräumlich vergleichender Betrachtung. Von der Spätantike bis zum 18. Jahrhundert, Hannover 2003, S. 372–384. Einen Überblick zu den rechtlichen Verhältnissen der Regensburger Juden gibt Becker, Hans-Jürgen: Das Schicksal der jüdischen Gemeinde zu Regensburg aus rechtshistorischer Sicht, VHVO 147 (2007), S. 47–67.
[12] Straus, wie Anm. 3, S. 249–250, Nr. 714.
[13] Straus, wie Anm. 3, S. 257, Nr. 730.

Ausgerechnet der Tod Herzog Georgs des Reichen im Jahr 1503 brachte dann scheinbar die lang ersehnte Besserung. Im Verlauf des Landshuter Erbfolgekrieges sicherte sich, mit Zustimmung der Nachkommen Herzog Georgs, kein Geringerer als Maximilian I. das Pfandrecht an den Regensburger Juden.[14] Er übernahm das Pfandrecht aber dezidiert nicht als Römischer König, sondern als Erzherzog von Österreich, damit die Rechte an den Regensburger Juden im Fall seines Todes nicht dem Reich anheimfielen, sondern bei den Habsburgern verblieben. Der neue Pfandherr verfügte allein aufgrund seiner Stellung über mehr Machtfülle und Durchsetzungsvermögen als Georg der Reiche, so dass die Judengemeinde auf stärkeren Schutz hoffen konnte als bisher. Auf der anderen Seite verschärfte sich im Regensburger Klerus die antijüdische Agitation. Conrad Hermann, ein Regensburger Minorit, geißelte in einer Denkschrift die angeblichen Wucherpraktiken der Regensburger Juden.[15] Daraufhin genehmigte Herzog Wilhelm IV. von Bayern-München am 5. Januar 1508 dem Minoriten eine Geldsammlung zur Beibringung einer päpstlichen Bulle, durch die in Regensburg der sogenannte Wucher verboten werden sollte.[16] Am 7. Juni 1517 kam Papst Leo X. dem Gesuch tatsächlich nach. Die Judengemeinde wandte sich umgehend an Kaiser Maximilian I., der schließlich die Derogation (Aufhebung) der Bulle durchsetzte.[17] Eine wichtige Rolle spielte auch Balthasar Hubmaier[18], seit 1516 Domprediger in Regensburg und später einer der Hauptagitatoren im Zusammenhang mit der Kapelle *Zur Schönen Maria*, die nach Vertreibung der Juden und Zerstörung der Synagoge errichtet wurde.[19] Unterdessen bemühte sich die Stadtführung wiederholt, bei Maximilian I. eine Genehmigung zur Vertreibung der Judengemeinde, zumindest eine deutliche Reduzierung derselben zu

---

[14] Straus, wie Anm. 3, S. 261, Nr. 746.
[15] Straus, wie Anm. 3, S. 266, Nr. 762.
[16] Straus, wie Anm. 3, S. 267, Nr. 763.
[17] Straus, wie Anm. 3, S. 324–325, Nr. 916 und Straus, wie Anm. 3, S. 374, Nr. 1013.
[18] Hubmaier war vorher in Ingolstadt und hatte bei Johannes Eck studiert, vgl. Schwaiger, Georg: Balthasar Hubmaier an der Universität Ingolstadt (1512–1516), in: Brandmüller, Walter u. a. (Hg.): Ecclesia militans, Bd. 2, Paderborn 1988, S. 82–84.
[19] Vgl. Creasman, Allyson F.: The Virgin Mary against the Jews. Anti-Jewish Polemic in the Pilgrimage to the Schöne Maria of Regensburg 1519–25, in: The Sixteenth Century Journal 33/4 2002, S. 967; Stahl, Gerlinde: Die Wallfahrt zur Schönen Maria in Regensburg, in: Schwaiger, Georg/Staber, Josef (Hg.): Beiträge zur Geschichte des Bistums Regensburg, Bd. 2, Regensburg 1068, S. 59–65.

erwirken. Diesem Ersuchen wurde nicht stattgegeben, vielmehr wies der Kaiser die Stadt an, eine Ordnung zu erstellen, um die Missstände und Differenzen zu beseitigen.

Anders als im Jahr 1500 wurde mit der Judengemeinde nicht über ein mögliches Regelwerk verhandelt, sondern die Hanse mit der Ausarbeitung einer ‚Judenordnung' betraut. Reichskammermeister Balthasar Wolff stellte zu diesem Zweck die Judenordnungen von Weißenburg und Donauwörth zur Verfügung und empfahl im Übrigen, auch die Nürnberger Fassung zu berücksichtigen, obwohl die Juden von dort bereits seit 1499 vertrieben waren.[20] Der von der Hanse entwickelte Vorschlag bestand aus einem langen Katalog von Restriktionen, in denen den Regensburger Juden nahezu jede wirtschaftliche Tätigkeit verboten war.[21] Im Unterschied zum Vertrag von 1500 fanden Vergehen *gegen* Juden, gleich welcher Art, keinerlei Erwähnung mehr. Stattdessen gab es eine Reihe von Regelungen, die auswärtige Juden betrafen. So sah die Judenordnung beispielsweise vor, den Zuzug ortsfremder Juden zu verbieten und die Bestattung auswärtiger Juden auf dem Regensburger Friedhof anzeigepflichtig zu machen. Eine unerlaubte Beerdigung sollte eine vergleichsweise stattliche Geldbuße in Höhe von fünfzig Gulden nach sich ziehen. Neben der hohen Strafsumme offenbarte ein zusätzlicher Passus, wie ernst es der Hanse mit der Durchsetzung dieser Bestimmung war: Denunzianten sollten mit zwei Gulden entlohnt werden. Nicht nur die freie Beweglichkeit auswärtiger, auch diejenige der Regensburger Juden sollte stark eingeschränkt werden. War im Jahr 1500 lediglich festgelegt und damit die bisherige Handhabung bestätigt worden, dass die Judengasse während der Karwoche bis auf einen kleinen Zugang zur Aufrechterhaltung der dringlichsten Geschäfte und Besorgungen (von Juden und Christen gleichermaßen) versperrt bleiben sollte, sah nun die geplante Ordnung die vollständige Abriegelung der Judengasse vor. Dies sollte nicht nur für Ostern, sondern für zahllose weitere christliche Feiertage gelten. Öffentliche Plätze sollten für Juden bis auf zwei Tage die Woche, in denen Juden der Kauf am Markt noch gestattet war, verboten und ein Verlassen der Stadt nur nach vorheriger

---

[20] Straus, wie Anm. 3, S. 282, Nr. 807.
[21] Straus, wie Anm. 3, S. 293–298, Nr. 834.

Meldung beim Kammerer und Rat erlaubt sein, wobei eigens anzuzeigen war, wenn Pfänder oder Dokumente, Regensburger Bürger betreffend, mitgeführt werden wollten.

Aufgrund der weitreichenden Restriktionen lehnte die Judengemeinde diese Judenordnung als inakzeptabel ab. Die Stadt bestand hingegen auf einer Umsetzung und wandte sich an Kaiser Maximilian I., der, da ein Kompromiss nicht zustande kam, Anfang 1516 das Regiment in Innsbruck beauftragte, als zuständige Gerichtskommission die beiden Parteien zu einer gütlichen Einigung zu führen.[22] Bei den nunmehr folgenden Verhandlungen wurden nicht nur die geplante Judenordnung und die Interessen der Handwerker und Gewerbetreibenden diskutiert, sondern um eine Vielzahl rechtlicher Fragen gestritten, wobei die Stadt primär die Vertreibung der Juden forderte. Beiden Klageparteien war für die Dauer des Prozesses ein absolutes Stillhaltegebot auferlegt worden, das jegliche Neuerung, wie es hieß, untersagte. Dass sich die Stadt nur bedingt daran hielt, legen Beschwerden der Juden an Kaiser Maximilian I. nahe.

Zu diesen gehörte etwa der Vorwurf, Auseinandersetzungen zwischen Juden würden vor das Wachtgericht gezogen.[23] Regensburg war in acht Bezirke, auch Wachten genannt, eingeteilt, die lokale Streitigkeiten, zu denen auch bauliche Projekte gehörten, eigenverantwortlich entscheiden konnten. Im konkreten Fall ging es um ein Kellerfenster. Der Streit war zwischen zwei Juden entbrannt und intern beigelegt worden, so dass aus Sicht der Judengemeinde ein Eingreifen des Wachtgerichts obsolet geworden war. Die Stadt hingegen hielt daran fest, die Sache trotz allem vor dem Wachtgericht zu verhandeln. Der Edition von Straus zufolge kam im Verlauf der Ereignisse einer der beiden Juden im Gefängnis zu Tode:

> *Sie* [gemeint ist die Stadt] *haben Schnee und Mendle, trotzdem keiner von beiden klagte, vor ihr Wachtgericht gedrungen, den ersteren zu einem Einverständnisgelübde gezwungen, den letzteren bis an seinen Tod im Gefängnis gehalten.*[24]

---
[22] Straus, wie Anm. 3, S. 289, Nr. 828.
[23] Straus, wie Anm. 3, S. 330, Nr. 930.
[24] Straus, wie Anm. 3, S. 367, Nr. 993.

Die Darstellung bei Straus beruht auf der Zusammenfassung eines Schriftsatzes der jüdischen Klageseite. Der Inhalt ist jedoch, wie ein Blick in das Original ergibt, nicht ganz korrekt wiedergegeben:

> *Item, Mendle und Schnee, bayd Jüden, (...) umb ain kellervenster ain irrung gehapt, doch kainer den andern beclagt; hät der kamerer zü Regenspurg die gemelten Jüden für sich erfordert und Schnee, Jüden, zü gelüpt getrungen, sölhe handlung vor im auszütragen, und Mendle, Jüden, (...) vengklich angenommen und so lanng in vengknus behalten, untz [bis] er auch gelopt hät.*[25]

Mendel starb demnach nicht im Gefängnis, sondern wurde dort so lange eingesperrt, bis er zusicherte, eine offizielle Verhandlung um das Kellerfenster zu akzeptieren. Der Fehler in der Edition resultiert offenbar aus der Falschlesung des Buchstabens e und somit des Wortes ‚*gelept*‘ statt des Buchstabens o und damit des Wortes ‚*gelopt*‘. In den Quellen ist der genannte Mendel jedenfalls später noch nachweisbar. Dessen ungeachtet macht der Fall deutlich, wie prekär die Lage der Regensburger Juden trotz des Stillhaltegebots war.

Das Bestreben der Judengemeinde, den Prozess in Innsbruck schnell zu Ende zu führen, scheiterte an zahlreichen Verzögerungstaktiken seitens der Stadt, die im Übrigen erfolglos versuchte, das Verfahren vor das Reichskammergericht zu ziehen. Aus Kostengründen erklärte sich die Judengemeinde sogar bereit, den Prozess vor eine neue Schiedskommission nach Regensburg zu verlagern. Dabei sollte der Reichshauptmann den Vorsitz führen, zugleich aber die Möglichkeit bestehen bleiben, gegen ein von ihm gefälltes Urteil weitere Rechtsmittel einzulegen. Da die Stadt hierzu ihre Zustimmung verweigerte, verblieb das Verfahren in Innsbruck. Während des Augsburger Reichstags im Sommer 1518 bemühte sich der Regensburger Schultheiß, Hans Schmaller, trotz des noch anhängigen Prozesses in Innsbruck, eine Genehmigung des Kaisers zur Vertreibung der Juden zu erwirken. Schmaller erhielt Order aus Regensburg, Maximilian I. entweder einen einmaligen Betrag von bis zu 7.000 Gulden anzubieten oder aber zuzusichern, die jährlich von den Regensburger Juden an Maximilian I. zu zahlende Steuer zu überneh-

---

[25] Tiroler Landesarchiv Innsbruck, Maximiliana XIV, Karton 35, fol. 5v.

men.²⁶ Auch die Verwertung der Häuser im Judenviertel sowie der Steine des jüdischen Friedhofs wurden von Schmaller ins Spiel gebracht. Alle Bemühungen des Schultheißen verliefen jedoch im Sand. Ein inzwischen auf Oktober angesetzter Verhandlungstag in Innsbruck wurde auf den 14. Januar 1519 verschoben. Zwei Tage vorher starb Kaiser Maximilian I., so dass der Termin kurzfristig abgesagt werden musste. Die Verhandlung wurde auf Mitte Juli 1519 vertagt.

Am 21. Februar 1519 beschloss die Regensburger Stadtführung ad hoc die sofortige Vertreibung aller Juden.²⁷ Bereits wenige Tage später waren, bei eisigen Temperaturen und Schneetreiben, mehrere Hundert jüdische Frauen, Männer und Kinder zwangsdeportiert. Kurz darauf wurden das Judenviertel, allen voran die Synagoge, und der jüdische Friedhof vor den Toren der Stadt zerstört sowie die Leichen geschändet. Mindestens zwei Jüdinnen – Kindbetterinnen, wie die Quellen betonen – überlebten die Vertreibung nicht. Die Zahl derjenigen, die auf der Flucht oder als Folge derselben ums Leben kamen, ist unbekannt. Von Isaak ben Samuel ist überliefert, dass dessen Töchter Süssel und Hendel noch Monate später den Folgen der Strapazen zum Opfer fielen. Offenbar konnten nur wenige im nahegelegenen Stadtamhof, das damals nicht zu Regensburg gehörte, Unterschlupf finden. Die meisten mussten andernorts, bis nach Italien, Schutz und Aufnahme suchen.

1521, drei Jahre nach der Vertreibung, verzieh Kaiser Karl V. der Reichsstadt ihr gewalttätiges und widerrechtliches Vorgehen und untersagte dauerhaft eine Rückkehr der Juden in ihre Heimat. Das Ende einer der ältesten und bedeutendsten Judengemeinden im mittelalterlichen deutschen Reich war damit besiegelt.

---

26 Straus, wie Anm. 3, S. 371–372, Nr. 1004.
27 Zur Vertreibung der Regensburger Juden vgl. u. a. Codreanu-Windauer, Silvia: 21. Februar 1519. Die Vertreibung der Juden aus Regensburg, in: Schmid, Alois/Weigand, Katharina (Hg.): Bayern nach Jahr und Tag. 24 Tage aus der bayerischen Geschichte, München 2007, S. 193–215; Carlebach, Elisheva: Between History And Myth. The Regensburg Expulsion In Josel Of Rosheim's Sefer Ha-Miknah, in: Carlebach, Elisheva u. a. (Hg.): Jewish History and Jewish Memory. Essays in Honor of Yosef Hayim Yerushalmi, Hannover/London 1998, S. 40–53; Volkert, Wilhelm: Die Regensburger Juden im Spätmittelalter und das Ende der Judengemeinde (1519), in: DuBruck, Edelgard E./Göller, Karl Heinz (Hg.): Crossroads of Medieval Civilization. The City of Regensburg and Its Intellectual Milieu, Fifteenth-Century Symposium 1984, S. 139–169.

Andreas Angerstorfer

Die jüdischen Friedhöfe in Regensburg[1]

Die älteste urkundliche Nachricht, die sich auf Juden in Regensburg bezieht, stammt vom 2. April 981. Wo die ersten Regensburger Juden begraben liegen, wissen wir nicht. Der älteste Judenfriedhof soll weit draußen in einem Waldgebiet namens Hergle bzw. Argle gewesen sein, bei Großberg zwischen Regensburg und Bad Abbach.[2] Der Chronist Christoph Hoffmann „Ostrofrancus", Benediktinermönch von St. Emmeram (gest. 1534), verstand 1519 diese Ortsangabe als „Berg des Herkules". Es gibt keine Nachrichten über das Alter dieses Friedhofs, vermutlich wurden dort bis ins frühe 13. Jahrhundert alle Regensburger Juden beerdigt – die Generation, die 1096 in die Donau zur Zwangstaufe getrieben wurde, ebenso wie die ersten Generationen der Regensburger Talmudschule[3] und die Rabbis Isaak ben Mordekai, Moses ben Joel und Ephraim ben Isaak.

Der mittelalterliche Friedhof vor dem Peterstor

Am 24. September 1210 erwarben Rabbi Abraham ben Mose „der Große" und seine Kollegen vom Abt von St. Emmeram ein Grundstück auf der „Emmeramer Breit'n" zur Errichtung eines *Begräbnisplatzes für sich und alle auswärtigen Juden, die dort bestattet sein wollen (et sepul-*

---

[1] Der hier abgedruckte Artikel von Andreas Angerstorfer erschien in: Arbeitskreis Regensburger Herbstsymposion (Hrsg.): Tod in Regensburg. Kunst und Kultur um Sterben und Tod, Regensburg 2010, S. 35–40. Der Beitrag wurde überarbeitet u. im Schlussteil ergänzt.

[2] Dazu Angerstorfer, Andreas: Mittelalterliche Friedhöfe und Grabsteine, in: „Stadt und Mutter in Israel". Jüdische Geschichte und Kultur in Regensburg, Regensburg ⁴1996, S. 72–80.

[3] Angerstorfer, Andreas: Die Ausstrahlung der Talmudschule und des Bet Din von Regensburg von Frankreich bis nach Kiew (1170–1220), in: Feistner, Edith (Hg.): Das mittelalterliche Regensburg im Zentrum Europas, Regensburg 2006, S. 55–69; siehe dazu den Beitrag von Andreas Angerstorfer über die Talmudschule in diesem Buch.

turam suam et omnium Judeorum undecumque ibidem sepeliri cupentium libere).

Dieser vor dem Weih St.Peters-Tor gelegene, 1210/11 eröffnete Friedhof wuchs bis zum Pogrom vom Februar 1519 auf ca. 4.200 bis 5.000 Grablegen an. Zum Vergleich: Der jetzige jüdische Friedhof im Stadtpark hat über 900 Gräber.

Am 31. März 1227 beschwerten sich der Abt und der Konvent von St. Emmeram bei Papst Gregor IX., dass die Regensburger Juden eine Synagoge erbaut hätten, einige dem Kloster gehörende Ländereien widerrechtlich in Besitz genommen hätten und auf ihnen ihre Toten bestatteten – zum Hohn für das Kloster. Der Papst bestellte auf Bitten des Reichsstifts St. Emmeram den Prior von Prüll und den Propst von St. Mang als Schiedsrichter in dem Streitfall. Anscheinend verlief die Geschichte im Sand.

Einer der ersten Toten auf dem neuen Friedhof war sicher Rabbi Jehuda ben Samuel he-Hasid. Jehuda erkrankte am Schabbat, den 9. Adar 4977 (= 18. Februar 1217) und starb am folgenden Mittwoch, den 13. Adar (= 22. Februar 1217). Durch seine Lehrtätigkeit von 1195/96 bis zu seinem Tod war die Talmudschule (Jeschiwa) am Regensburger Neupfarrplatz zu einem Zentrum der Chassidej Aschkenaz („die Frommen Deutschlands") aufgeblüht.[4]

Der „Regensburger Zyklus" im jiddischen Ma'assebuch, im Buch der Geschichten (ma'assim), enthält in der Basler Druckausgabe von 1602 eine Wundergeschichte über den Leichenzug des großen Chassid:

> *In der Zeit von Rabbi Jehuda Chassid (Jehuda der Fromme) lebte in Regensburg ein Torwächter, der ein durch und durch böser Mensch (groiß rósche) war. Und wenn ein Jude starb, musste man die Leiche (meß) durch dieses Tor hinaustragen. Und wenn man dabei war, den Toten hinauszutragen, dann fing der Böse aus lauter Bosheit (grojß risches) zu läuten an.*
>
> *Als nun Rabbi Jehuda Chassid krank wurde und im Sterben lag, da schickte er nach der ganzen Gemeinde (kol ha-kókol) und sprach zu ihr: ‚Liebe Herren (rabójßaj), ich bin nun in Gottes Gewalt und ich werde sterben. Ich will euch ein Zeichen geben, woran ihr erkennen sollt, dass*

---

[4] [Chassidej Aschkenaz, eine mystische Bewegung innerhalb des Judentums. Vgl. dazu den Beitrag von Angerstorfer über die Talmudschule in diesem Buch S. 38.]

ich ein Sohn des Jenseits (ben áulom-hábo) bin. Und das soll das Zeichen sein: Wenn man mich zum Tor hinausträgt, welches der Bösewicht hütet, wird er wieder zu läuten beginnen, wie es seine Gewohnheit ist. Dann wird der Turm umstürzen, und man wird mich nicht durch dieses Tor hinaustragen können. Und wenn das geschieht, so sollt ihr wissen, dass ich ins Paradies (ganéjden) komme!'
Und als der Fromme (chóßid) nach Gottes Willen starb und man die Leiche zum Tor hinaustragen wollte, da hob der Bösewicht, sobald er dessen gewahr wurde, an zu läuten. Da plötzlich fiel der Turm um und erschlug den Torwächter, so dass man den Frommen durch jene Pforte nicht hinaustragen konnte.
Wenn einer das nicht glauben will, so gehe er nach Regensburg, da werdet ihr es sehen und hören. Warum nur? Diesen Turm kann man nimmermehr erbauen. Man hat ihn viele Male wieder aufgebaut, und so oft man ihn aufgebaut hat, so oft fiel er wieder ein und wollte nicht stehen bleiben.[5]

Das spätmittelalterliche Kolorit dieser Erzählung weiß um die antijüdische Stimmung und Haltung. Die Darstellung der Bosheit des Torwächters fehlt jedoch in der hebräischen Fassung der Sammlung des Rabbiners Nehemia Brüll. Dort schließt die Erzählung:

Die Christen erkannten es dann an, dass er ein Heiliger war im Leben und nach dem Tode.[6]

Der letzte Weg der Regensburger Juden ging hinaus durch das Peterstor, den südlichen Stadtausgang, der sich an der Stelle der porta decumana des römischen Legionslagers entwickelt hatte.

Auch von anderen jüdischen Gemeinden Altbayerns wurden Tote nach Regensburg gebracht. Am 19. Dezember 1325 gestattete der Regensburger Bischof Nikolaus von Ybbs[7] (1313–1340) auf Bitten der

---

[5] Der Tod des Rabbi Jehuda Chassid und der umgestürzte Regensburger Turm, in: Diederichs, Ulf (Hg.): Das Ma'assebuch. Altjiddische Erzählkunst. Mit 33 Bildern. Vollständige Ausgabe, München 2003, Nr. 183, S. 497–498.

[6] Brüll, Nehemia: Beiträge zur jüdischen Sagen- und Spruchkunde im Mittelalter, in: Jahrbücher für Jüdische Geschichte und Literatur 9 (1889), Nr. 36, S. 42–43. [Die Jahrbücher für Jüd. Geschichte u. Litteratur sind online in der digitalen Sammlung der Universitätsbibliothek Frankfurt zugänglich: sammlungen.ub.uni-frankfurt.de/cm/periodical/titleinfo/3111067]

[7] Staber, Josef: Kirchengeschichte des Bistums Regensburg, Regensburg 1966, S. 65–69; Hausberger, Karl: Geschichte des Bistums Regensburg, Bd. 1: Mittelalter und frühe Neuzeit, Regensburg 1989, S. 190–194.

Herzöge Otto und Heinrich von Bayern allen Juden in Ober- und Niederbayern, ihre Toten zollfrei zu Wasser und zu Lande auf den *Judenfreithof* in Regensburg zu bringen.[8]

Der Stadtrat erließ am 18. Juli 1388 ein Verbot für jeden Mann und jede Frau, den Judenfriedhof zu betreten.[9] Wer dennoch darin aufgegriffen wurde, hatte jedes Mal 60 dn [denarius, Pfennig] zu zahlen. Der Hintergrund dieser Anordnung bleibt unklar.

Spätestens ab 1489 wurde der jüdische Friedhof von einer christlichen Familie bewacht. Ihre Anstellung hatte eine 14-tägige Kündigungsfrist.[10]

Nachdem sich die Gewerbe bzw. Zünfte von Regensburg drei Jahre vor dem Pogrom von 1519 über die Juden beschwert hatten, versuchte ein Gutachten der Regensburger Hanse vom 29. März 1516 in einer neuen Judenordnung das Zusammenleben von Juden und Christen bis ins Kleinste zu reglementieren. Im Punkt 11 heißt es:

> Weiter soll der Jüdischheit hier verboten sein, dass sie keinen *fremden auswerdigen kranken oder toten Juden noch ihre Kinder hier in diese Stadt nicht bringen noch in ihren Friedhof nicht legen noch begraben sollen. Geschieht es trotzdem, soll jede der beteiligten jüdischen Personen 50 Gulden zahlen und jeder Torwächter oder wer auch immer, der so etwas anzeigt, dem soll man 2 rheinische Gulden geben.*[11]

Außerdem empfahl die Hanse, auch die Anzeigepflicht des christlichen Torwächters in die neue Judenordnung aufzunehmen. Die Stadt setzte sich damit beim Reichsgericht in Innsbruck durch – die Regensburger Juden durften nun keine fremde Leiche mehr auf ihrem Friedhof beerdigen.

Am 21. Juli 1518 antwortete die Stadt auf die Klagen der Juden beim kaiserlichen Regiment in Innsbruck. In Punkt 17 begründete die Reichsstadt eine Zuordnung von Stadtknechten bei jüdischen Leichenbegäng-

---

[8] Regensburger Urkundenbuch, Teilbd. 1: Urkunden der Stadt bis zum Jahre 1350, München 1912, S. 275, Nr. 494.
[9] Engelke, Thomas: Eyn grosz alts Statpuech. Das „Gelbe Stadtbuch" der Stadt Regensburg. Forschungen und Editionen, Regensburg 1995, Nr. 810.
[10] Straus, Raphael: Urkunden und Aktenstücke zur Geschichte der Juden in Regensburg 1453–1738, München 1960, Reg. Nr. 582, S. 198.
[11] Straus, wie Anm. 10, Reg. Nr. 834, S. 295.

nissen damit, dass die Leichenzüge *von mengklich ungeirrt bleiben* sollten. Es sei aber *dem christlichen Glauben spotlich, dass am Schabbat Gestorbene erst am Sonntag beerdigt werden.*[12]

Das jüdische Verbot, am Schabbat zu beerdigen, wurde nicht zur Kenntnis genommen oder gar respektiert, sondern als Verspottung der christlichen Sonntagsruhe empfunden. Die Protokollnotiz der Verhandlung am Reichsgericht deutet eine Entscheidung an, die Regensburger Juden sollten wie von alters her mit den toten *corporibus* beschirmt werden.[13]

Nach der Vertreibung der 500 jüdischen Männer und Frauen sowie der letzten 80 Studenten der Regensburger Talmudschule im Februar 1519 begannen nach den Chroniken des Administrator des Bistums, Pfalzgraf Johann III., Weltgeistliche, Mönche, vornehme Frauen und junge Mädchen damit, Judenhäuser niederzureißen. Drei Wochen nach der Vertreibung richtete sich die Aggressivität des christlichen Pöbels auch gegen die toten Juden.

In den Tagen vom 16. bis 20. März 1519 legte die tobende Menge mit einem Mauerbrecher Teile der Friedhofsmauer nieder, warf die Grabsteine um, zerstörte oder verschleppte sie; Enzelstücke gelangten bis nach Straubing, Cham, Kelheim, Neuburg a. d. Donau, Mangolding, Mintraching, Tegernheim, Wolkering und Sallern. Anfangs sollen bei der Zerstörung des Friedhofs auch Bauern, sog. *Landvolk*, aus Winzer, Steinweg und Reinhausen beteiligt gewesen sein – es gab ja Steine umsonst. Zu ihnen stießen nach dem Chronisten Christian Gottlieb Gumpelzhaimer *300 der vorzüglichsten Frauen und Jungfrauen der Stadt*, die sich des Mauerbrechers bemächtigten und mehrere Teile der Friedhofsmauer zerstörten.[14]

Das Friedhofsgelände wurde konfisziert und man ließ *auch die todten leich ausgraben, dieselben umbschlayfen, darein hauen, stechen, das wider alle gesatz und natur ist.* Nach Leonhard Widmanns Chronik von

---

[12] Straus wie Anm. 10, Reg. Nr. 845, S. 305.
[13] Straus, wie Anm. 10, Reg. Nr. 995, S. 368.
[14] Gumpelzhaimer, Christian Gottlieb: Regensburgs Geschichte, Sagen und Merkwürdigkeiten, von den ältesten bis auf die neuesten Zeiten, …, Bd. 2, Regensburg 1837, S. 691 f. Woher er seine Kenntnisse hat, ist schwer zu beurteilen.

Regensburg wurden 5.000 Grabsteine abtransportiert, von *fünf tausent grabestein* weiß auch ein antisemitisches Volkslied.[15]

Der Benediktiner Anselm Godin betont, die Juden hätten diesen Friedhof höher geschätzt als die berühmte frühgotische Synagoge. Sie seien bis aus Ungarn in großer Menge hierher *walfahrten gereist*, um die allda ruhenden Propheten – wie sie vorgaben – zu verehren. Sie besuchten die Grabstätten ihrer Vorfahren, unter denen sie viele für Propheten gehalten haben. Dementsprechend groß war die Trauer um diesen Friedhof bei den vertriebenen Juden, die in Stadtamhof (1519–1555), in der Hofmark Sallern (1519–1577) und andernorts Aufnahme fanden.

Auf dem verwüsteten Friedhof errichtete man drei Kreuze mit den Bildern Christi und der Schächer, also einen „Kalvarienberg". Ein antisemitisches Volkslied[16] deutet eine weitere üble Friedhofsschändung an, die in voller Absicht erfolgte Umwandlung des Geländes in eine Schweineweide:

> *Man möchte vil schreiben oder lesen, wi ir begrepnus*
> *sei gewesen*
> *weit und prait ganz wol versehen, thu ich mit der*
> *warheit jehen,*
> *greber, stain und sepultur. Aber da nun kam die ur,*
> *dass sie nimmer da sollten sein, wards ain gemaine*
> *waid der schwein.*

Ein Flurplan von 1585 zeigt das Gebiet zwischen dem Reichsstift St. Emmeram und Karthaus-Prüll. Aus der Stadtmauer kommen zwei Wege durch das Emmeramer Tor (?) und das Peterstor (Fröhliche-Türken-Straße). Der Plan vermerkt die Flurbezeichnung *Sankt Haimerambs Praitn* als *Purkfriede*.

Andreas Raselius lokalisiert den 1519 zerstörten jüdischen Friedhof 1599 in seinem „Stadtführer" oberhalb des kleinen Klosters Weih St. Peter, auf dem Gelände des Friedhofs der Bürger, der zwischen dem

---

[15] Liliencron, Rochus von: Die historischen Volkslieder der Deutschen vom 13. bis 16. Jahrhundert, Bd. 3, Leipzig 1867, Die Lieder 336–340 sind antisemitische Volkslieder über die Vertreibung der Juden und die Kapelle zur Schönen Maria zu Regensburg, hier Lied Nr. 338, Strophe 26, S. 331.

[16] Liliencron, Rochus von, wie Anm. 14, Lied Nr. 337, Vers 97–104, S. 327.

Weih St. Peterstor und dem Hochgericht am äußersten Berg (= Galgenberg, heute Regerstraße 4) liegt.[17] Dieses Kloster wurde 1552 abgebrochen.[18] Von 1804 bis 1873 diente das brachliegende Klostergelände als katholischer Friedhof, der sich an den 1453 eingerichteten evangelischen Friedhof anschloss. Dieses Gelände kann deshalb nicht zum jüdischen Friedhof gehört haben. Der evangelische Friedhof war nach dem Übertritt der Reichsstadt zur Reformation (1542) auf einem Weingarten des Abtes des Schottenklosters St. Jakob angelegt und 1564 erweitert worden.

Der Benediktiner Anselm Godin lokalisiert das einstige *begräbnuß* der Regensburger Juden 1729 ganz konkret *vor dem Weih St. Peters-Tor, wo jetzt ein Acker ist, der unserem Kloster gehört*.[19] Damit ist klar, dass der ehemalige jüdische Friedhof 200 Jahre nach dem Pogrom noch immer ein Acker im Besitz des Reichsstifts St. Emmeram war.

Die Chronisten des 19. Jahrhunderts, Carl Theodor Gemeiner (1821) und Christian Gottlieb Gumpelzhaimer (1830 ff.), verorten den 1519 zerstörten jüdischen Friedhof *hinter dem Petersklösterchen auf der Emmeramer Breite*.[20] Sie meinen das alte Schottenkloster von 1075 bis etwa 1100, bevor der Konvent neben die heutige Schottenkirche zog.

Über 90 Mazewot (Grabsteine) vom mittelalterlichen Friedhof sind mir heute bekannt. Sie wurden teilweise geraubt, als Spolien wiederverwendet oder in Kirchen, vor allem in der Neupfarrkirche, verbaut. Bei den Grabungen 1996 wurde am Neupfarrplatz das Fragment des Grabsteins der *Frau Guta, der Tochter des Mose, der Ehefrau des Herrn Jakob, des Sohns des Rabbi Isaak* gefunden.[21] Einige wurden zerschnitten zu Fens-

---

[17] Raselius, Andreas: Regensburg. Ein Stadtrundgang im Jahre 1599, hg. V. Peter Wolf, Regensburg 1999, S. 69.
[18] Walderdorff, Hugo Graf von: Regensburg in seiner Vergangenheit und Gegenwart, Regensburg u. a. [4] 1896 (Nachdruck 1973), S. 399; Scoti Peregrini in St. Jakob. 800 Jahre irisch-schottische Kultur in Regensburg, Regensburg 2005, S. 135 (Kunstsammlungen des Bistums Regensburg, Kataloge und Schriften, Bd. 21).
[19] Godin, Anselm: Ratisbona Politica. Staatisches Regensburg, Regensburg 1729, S. 303 f.
[20] Gemeiner, Carl Theodor: Der Regensburgischen Chronik vierter und letzter Band aus der Urquelle, den Königlichen Archiven und Registraturen zu Regensburg, Regensburg 1824 (Nachdruck München 1971), S. 365 f.; Gumpelzhaimer, wie Anm. 14, S. 691.
[21] Foto bei Brekle, Herbert E.: Das Regensburger Ghetto. Foto-Impressionen von den Ausgrabungen, Regensburg 1997, S. 25 f.

terstöcken, Schießscharten, Türschwellen und Treppenstufen. So geschah es in vielen Städten.

Aber in Regensburg wurden diese Steine nicht nur zur Schau in Klostermauern oder selbst im Domkreuzgang eingemauert, sondern auch als „Siegestrophäen" an Häusern angebracht und nachträglich mit deutschen Inschriften versehen, die die Vertreibung der Juden feiern.[22]

So ließ der am Pogrom beteiligte Bürgermeister Kaspar Aman den Grabstein der Rabbinertochter Gnenle (gest. 20.12.1516) mit folgender Inschrift ergänzen: *Anno domini 1519 am Montag am abent petri stuehlfeyer sein die Jude aus der Regenspurg geschafft und am achten tag danach keine mer gesehen.*

Es folgen noch zwei Wörter der lateinischen Liturgie: *Laus Deo*. Eine solche demonstrativ antisemitische Neuverwendung mit derartigen „Siegesinschriften" kenne ich aus keiner anderen deutschen Stadt.

1877 wurde der mittelalterliche jüdische Friedhof bei den Erdarbeiten für die Verlegung einer Röhrenleitung vom Maxtor (am Ende der Maxstraße) hinaus zum Hauptgebäude des Bahnhofs durchschnitten. *Der Israelit* von 1877 berichtet darüber[23], der Verfasser wird nicht genannt. Es ist m. E. jemand, der im Sinn der Rassenlehre denkt, aber archäologische und anatomische Kenntnisse hat.[24]

Demnach wurden bei dem Bodeneingriff 30 Gräber tangiert. *Die Leichen waren in Holzsärge gebettet,* die nur 2 bis 3 Fuß unter der Erde lagen.[25] Alle Gräber waren nach Osten ausgerichtet. Ein einziger Sarg hatte halbfußgroße geformte Nägel (aus Metall), alle anderen müssen vermutlich Holznägel gehabt haben. Es wurde auch ein Fragment eines hebräischen Grabsteins geborgen, das vielleicht eingesunken war. Bei einem Frauenskelett waren noch 1½ Ellen lange Goldbörtchen eines

---

[22] Beispiele bei Angerstorfer, Andreas: „Denn der Stein wird aus der Mauer schreien …" (Hab. 2,11). Jüdische Spolien aus Regensburg in antisemitischer Funktion, in: das münster, 2007, H. 1, S. 23–30.

[23] Der alte jüdische Friedhof zu Regensburg, in: Der Israelit V. 28.11.1877, S. 1150–1152. Für diesen Hinweis danke ich Prof. Christoph Dittscheid.

[24] [Der Artikel in Der Israelit wurde aus dem konservativ-katholischen „Regensburger Morgenblatt" wortgleich übernommen. Dort erschien der Artikel 14 Tage vorher, am 13.11.1877, im Feuilleton unter dem Titel „Ein jüdischer Friedhof aus alter Zeit", S. 941–943, gekennzeichnet mit dem Autorenkürzel „m". Geschrieben wurde der Artikel demnach von dem verantwortlichen Kulturredakteur Adalbert von Müller.]

vergangenen altertümlichen Textils erkennbar, ein Messingplättchen-Anhänger in der Größe eines Markstücks, grob geschmiedet und ohne Verzierung, sowie eine Brakteatenmünze des 12./13. Jahrhunderts.

Es wurden 20 ganze oder weitgehend vollständige Schädel geborgen, von denen sich 15 auswerten ließen. Diese stammten von hoch betagten Männern und Frauen und einem Kind. Das hohe Alter erklärt der Verfasser des Artikels über *die bekannte nüchterne Lebensweise ohne Unmäßigkeit*. Einer der Männerschädel zeigte zwei vernarbte Verletzungen, die von mächtigen Hieben herrührten. Die Verletzung oben an der Stirn zeigte 1877 noch abstehende Splitter. Als der Mann seitlich nach rechts zusammenbrach, traf ihn ein zweiter Hieb am Hinterkopf. Es handelt sich also um ein Mordopfer – die Zeitstellung ist nicht bekannt.

Was unser Autor sonst noch bringt, ist Germanenquatsch und der Schwachsinn von der jüdischen Mischrasse, den die Nazis später endlos propagierten. Über Gehirnvolumen definiert unser Autor einen *Stammbaum durch fast viertausend Jahre*, er findet, *etwas schief angelegte Augen, nebst orientalisch bekannten Profilen der Nasenbeine und leicht verderbende Zähne*. Zu den Unterschieden männlicher und weiblicher Unterkiefer meint er, das stark vortretende Kinn des Mannes beweise Energie und Zähigkeit, während das auffallend schmächtige Kinn jüdischer Frauen für deren Selbstlosigkeit und Hingebung spreche. Die durch Grabungen damals schon bekannten „Germanenweiber" sind für unseren Autor dagegen „Halbmänner".

Im Jahr 2009 kamen bei archäologischen Sondagen unter Leitung der städtischen Denkmalpflege am Ernst-Reuter-Platz in der gleichen Tiefe wie 1877 wieder Grabgruben des Friedhofs von 1519 zum Vorschein, wobei die einzelnen Bestattungen nicht angerührt oder beschädigt wurden.[26]

Die Reichsstadt Regensburg bestand nach dem Pogrom von 1519 darauf, „judenfrei" zu bleiben. So war es genau 150 Jahre lang, bis zum Immerwährenden Reichstag, der 1663 begann. 1669 kamen in Diensten von Reichstagsgrößen wieder Juden nach Regensburg. Die freie Reichs-

---

[25] Zwei Gräber lagen tiefer; sie beinhalteten *terra sigillata* [römisches Tafelgeschirr], sind also römisch.
[26] Vgl. Jüdischer Friedhof kein Hindernis für ein RKK, in: Mittelbayerische Zeitung V. 30.10.2009.

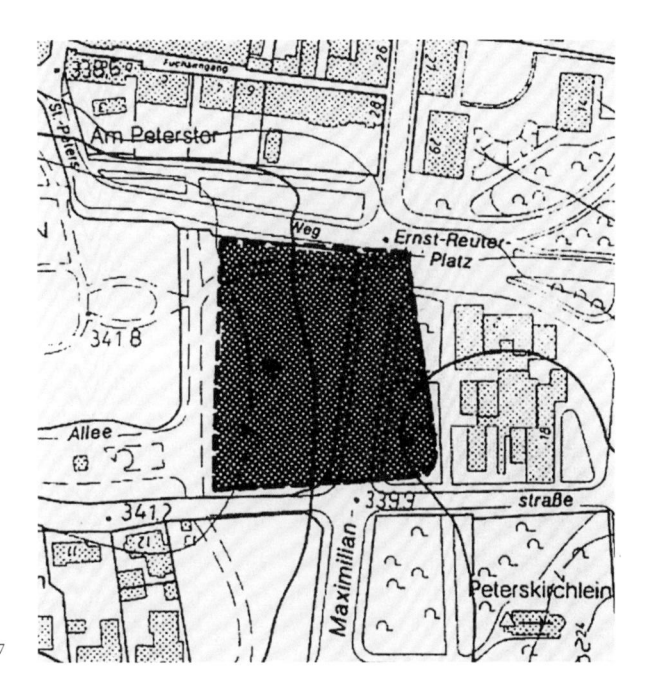

*Lage des mittel-
alterlichen jüdi-
schen Friedhofs*[27]

stadt wollte sie nicht, gab ihnen kein Bürgerrecht. Als „Reichstagsjuden" wurden sie direkt ihren Schutzherren zugeordnet.

Die Stadt des Immerwährenden Reichstags wollte nicht nur keine lebenden, sondern auch keine toten Juden. Starb ein „Reichstagsjude" in Regensburg, musste er bis 1822 mit dem Pferdefuhrwerk auf einen jüdischen Friedhof im Territorium seines jeweiligen Schutzherrn gebracht werden.

Pfalzgraf Christian August hatte dagegen für seine Gemeindeneugründung im Herzogtum Sulzbach schon im Jahr 1667 die Anlage eines eigenen jüdischen Friedhofs erlaubt, ebenso 1692 in Floß.[28] Das Zeichen der Toleranz, die Gewährung eigener jüdischer Friedhöfe, war verbunden mit finanziellen Einnahmen in Form von Leichenzoll.

---

[27] Der Hg. dankt Dr. Silvia Codreanu-Windauer vom Bayerischen Landesamt für Denkmalpflege, Regensburg, für die Abdruckerlaubnis.
[28] Angerstorfer, Andreas: Die Synagogenbauten 1771/72 in Floß und 1737/40 in Sulzbach im Kontext der Judenpolitik der Pfalzgrafen von Sulzbach, in: Stadt Sulzbach-Rosenberg (Hg.): „Die Mitten im Winter gründende Pfaltz". 350 Jahre Wittelsbacher Fürstentum Pfalz Sulzbach, Sulzbach-Rosenberg 2006, S. 181–186.

In Regensburg ging nichts in dieser Richtung. Die „Reichstagsjuden" von 1669 bis 1803 und darüber hinaus liegen auf den Friedhöfen von Pappenheim, Fürth, Georgensgmünd und Schnaittach. Sie mussten für viel Geld (Leichzoll) mit Fuhrwerken dorthin transportiert werden, im Sommer bei Hitze unter entwürdigenden Umständen und gegen die Forderung des jüdischen Religionsgesetzes, Tote, wenn es irgendwie geht, noch am Todestag zu beerdigen.

Der Friedhof an der Schillerstraße

Nachdem Bayern Königreich geworden war, wurden 1813 im *Edikt über die Verhältnisse der jüdischen Glaubensgenossen im Königreiche Baiern* die rechtlichen Verhältnisse der Juden geregelt. Paragraph 24 des Judenedikts erlaubte in Regensburg zunächst keinen jüdischen Friedhof, da das dafür erforderliche Minimum von 50 ansässigen jüdischen Familien nicht erreicht wurde. 1821 war die erforderliche Gemeindegröße erreicht. Am 18. November kaufte die Gemeinde *einen Teil des öden Gemeindeplatzes hinter der Schießstätte von der Größe eines halben Tagwerks.*[29] Dieses Grundstück hinter den Kugelfängen des Schießplatzes des Kgl. Bayerischen Militärs, das damals keiner wollte, ist der mittlere Teil des heutigen Friedhofs am westlichen Rand des Stadtparks, an der Schillerstraße. Mit den Kosten zur Errichtung des Taharahauses brachte die Gemeinde ohne staatliche Hilfe die Summe von 1.106 fl. 30 Kr. [1.106 Gulden u. 30 Kreuzer] auf.

Das erste Begräbnis war Leopold, ein Kind von Seligmann Rosenthal. Als zweiter wurde am 28. März 1823 der kurfürstliche Schutzjude Elias Gumperz (Arnulfsplatz 1) ins Grab gesenkt.

Da die Soldaten parallel zu den beiden angrenzenden christlichen Lazarusfriedhöfen feuerten, schlugen die Geschosse, die über die Erdwälle (Reste davon die heutigen Hügel am „Entenweiher") gingen, auf dem neuen jüdischen Friedhof ein. Die Gräber des ältesten Teils sind nicht nach dem Religionsgesetz in Ostrichtung angelegt, sondern schauen nach Norden, präsentieren also nach Osten nur die Schmalseite

---

[29] Wittmer, Siegfried: Regensburger Juden. Jüdisches Leben von 1519 bis 1990, Regensburg (1996), 2., verb. Auflage 2002, S. 152 ff.

als etwaige „Trefferfläche". So blieb wenigstens die „Information" des Grabsteins, seine Inschrift erhalten. Das Anlagemuster dieses jüdischen Friedhofs ist somit kein religiöses.

Die antisemitischen Unruhen im Vormärz[30] trafen den Regensburger Friedhof voll. Am 24. April 1845 wurden das eiserne Friedhofstor und alle Metallteile des Brunnens gestohlen, alle Fenster des Taharahauses eingeschlagen. Der Kachelofen wurde schwer demoliert, ebenso das Ziegeldach an der Ostseite. Es wurden üble Inschriften voller Judenhass geschmiert, der steinerne Waschtisch für die Leichen wurde mit Menschenkot beschmiert. Täter wurden keine ermittelt. Der Magistrat schickte jede Nacht um 20 Uhr sowie um 2 und 4 Uhr morgens Patrouillen zum Friedhof. Trotzdem wurden am 1. Februar 1846 alle Grabsteine umgeworfen. Ein Jahr später, in der Nacht vom 1./2. Februar 1847, wurden zwei junge Burschen vom Friedhofswächter gestellt. Einer konnte festgenommen werden.

Am 12. September 1848 übte das bayerische Militär wieder am Schießplatz. Um 8 Uhr morgens schlug eine Kugel durch das Fenster in die Wohnung des Friedhofswärters, ein Querschläger. Die Schießbahn verschwand. Um die Wende zum 20. Jahrhundert wurden die Bestattungen auf den christlichen Lazarusfriedhöfen eingestellt, sie wurden 1952 aufgelöst und dem Stadtpark angegliedert. Der jüdische Friedhof kam so zu seiner einzigartigen Idylle am Rande des Stadtparks.[31]

1867 war der Friedhof um ein Tagwerk erweitert worden. Die Stadt kassierte damals 500 Gulden. 1923/24 erfolgte eine neuerliche Vergrößerung um 0,114 Hektar (= 0,33 Tagwerk).[32] Es war Inflationszeit, das kleine Grundstück kostete rund 28 Milliarden Reichsmark, der Notar allein kostete 40.000 RM.[33] Noch vor der Einweihung wurden in der Nacht vom 14./15. August 1924 zehn Grabsteine mit Hakenkreuzen

---

[30] Dazu allgemein Rohrbacher, Stefan: Gewalt im Biedermeier. Antijüdische Ausschreitungen in Vormärz und Revolution (1815–1848/49), Frankfurt a. M./New York 1993; Grab, Walter: Der deutsche Weg der Judenemanzipation 1789–1938, München 1991.

[31] Bassermann, Friedrich J.: Der jüdische Friedhof in Regensburg, in: Regensburger Almanach 26 (1993), S. 154–159; Wittmer, Siegfried: Die sechs Friedhöfe der Regensburger Juden, in: Verhandlungen des Historischen Vereins für Oberpfalz und Regensburg 141 (2001), S. 81–93.

[32] Stadtarchiv Regensburg, ZR 15.665/461k.

[33] Näheres bei Wittmer, wie Anm. 29, S. 249.

Der heutige jüdische Friedhof an der Schillerstraße mit dem Taharahaus

beschmiert. Eingeweiht wurde der neue Teil erst am 11. Februar 1926. Am 7. Mai 1927 wurden wieder vier Grabsteine umgeworfen.

Schon im Jahr 1936 scheiterte ein erster Versuch der Stadt Regensburg, den jüdischen Friedhof zu enteignen. In der Pogromnacht von 9./10. November 1938 schlug ein SA-Trupp im Taharahaus ein Fenster ein und zerschnitt die Telefonleitungen. Am 5. Oktober 1942 – die Regensburger Juden waren zu diesem Zeitpunkt schon ermordet oder die „Senioren" im KZ Theresienstadt – kaufte die Stadt Regensburg den Friedhof für die Summe von 11.855, 50 RM.[34] 1943 fielen die Eisengitter und Ketten auf den Grabumfassungen der „Reichsmetallspende" zum Opfer. Nach dem Luftangriff auf die Messerschmittwerke im August

---

[34] [Im Bestand der Oberfinanzdirektion Nürnberg im Staatsarchiv Nürnberg/Lichtenau (Bund 15459) befindet sich der Kaufvertrag über den Jüdischen Friedhof. Er trägt das Datum 6. August 1943. Da es keinen Regensburger Vertreter der „Reichsvereinigung der Juden in Deutschland" mehr gab, trat der städtische Amtmann Hans Eckl bei Notar Reiser in der Doppelrolle des Käufers wie Verkäufers auf, um den Vertrag zum Kaufpreis von 11.855,50 RM notariell zu vollziehen. Bis zum 3. April 1945 bemühte sich Oberbürgermeister Schottenheim vergebens um die Genehmigung dieses dubiosen Kaufvertrags bei den zuständigen Reichsministerien. Der Eintrag ins Grundbuch konnte nicht vollzogen werden. Vgl. dazu Bierwirth, Waltraud: „Die Firma ist entjudet" – Schandzeit in Regensburg 1933–1945, Regensburg 2017, S. 195.]

1943 wurden ausgegrabene Blindgänger auf dem jüdischen Friedhof gelagert, was sich der alarmierte Nachbar im Generalsrang verbeten hat.

Gemäß den Planungen zum Bau der großen Nazi-Stadthalle im Regensburger Stadtpark[35], der bis nach dem „Endsieg" aufgeschoben wurde, sollte der Friedhof eingeebnet und durch zwei repräsentative Villen ersetzt werden. Durch die Niederlage Nazideutschlands blieb uns dieser Größenwahn erspart. Stadtpark und jüdischer Friedhof blieben erhalten.

In den Jahren 1983–1985 wurde der Friedhof saniert, d. h. die Steine wurden fundamentiert und begradigt. Heute befinden sich ca. 850 Gräber, davon 94 Kindergräber, auf dem Friedhof.

Der Friedhof am Dreifaltigkeitsberg[36]

Im September 1999 konnte die Jüdische Gemeinde Regensburg einen neuen Friedhof einweihen, eine Abteilung des städtischen Dreifaltigkeitsfriedhofs. Die Zeitschrift des Landesverbands der Israelitischen Kultusgemeinden in Bayern berichtete über die Eröffnung:

> *Am Dienstag, 7. September, um 15.00 Uhr, fand auf dem Dreifaltigkeitsfriedhof die offizielle Übergabe der neuen Friedhofsabteilung an die Jüdische Gemeinde statt. Durch die Zuwanderung von Kontingentflüchtlingen aus den GUS-Staaten war es dringend notwendig, einen neuen Friedhof zu errichten. Die Behörden der Stadt ... halfen uns, ein Gelände beim Dreifaltigkeitsfriedhof zu erlangen. Es ist ein gesondertes Gelände. Die Eingangstore sind jeweils mit einem großen Davidstern versehen, ebenso der Boden beim Brunnen, der von dem Künstler Heinz Treiber gestaltet worden ist. Alles ist mit einer schönen Hecke eingezäunt. Bei der Übergabe waren hohe Funktionäre der Stadt, auswärtiger jüdischer Gemeinden sowie Mitglieder der Jüdischen Gemeinde Regensburg anwesend. Unser Vorbeter Dannyel Morag sang mit seiner schönen Stimme die Gebete.*[37]

---

[35] Das Modell existiert noch.
[36] Der folgende Text wurde vom Herausgeber eingefügt.
[37] Soroka, Tanja: Aus der Gemeinde Regensburg, in: Der Landesverband der Israelitischen Kultusgemeinden in Bayern", 14. Jg. Nr. 81 vom Dezember 1999 S. 12.

Brunnen auf dem jüdischen Friedhof am Dreifaltigkeitsberg; auf der Vorder- und Rückseite ist der folgende Text auf Hebräisch und Deutsch eingraviert:

> *Zum Gedenken an die*
> *6 Millionen Menschen*
> *jüdischen Glaubens,*
> *die durch die*
> *Nationalsozialisten*
> *während der Jahre*
> *1933 – 1945*
> *ermordet wurden.*
> *Gott sei ihren Seelen*
> *gnädig*

Cornelia Berger-Dittscheid
Hans-Christoph Dittscheid

Adversus Judaeos ratisbonenses
Jüdische Kultur im Spiegel christlicher Kunst in Regensburg[1]

Propaganda um die Zerstörung der mittelalterlichen Synagoge

Im Vergleich zu Nürnberg und Augsburg ist Regensburg am Ende des 15. Jahrhunderts wirtschaftlich ins Hintertreffen geraten und hoch verschuldet, vor allem bei jüdischen Leihgebern. In dieser Situation wird sogar von der Kanzel des Doms keine Gelegenheit versäumt, mit Hinweis auf den angeblichen Wucher eine judenfeindliche Stimmung in Regensburg zu erzeugen, die auf die Vertreibung der jüdischen Gemeinde zielt. In ihrer Not soll sich die jüdische Gemeinde sogar hilfesuchend an Martin Luther gewandt haben, der 1540 in einer seiner Tischreden selbst davon berichtet. Demnach zitiert die jüdische Gemeinde in einem in Hebräisch an ihn gerichteten Brief den Psalm 130, den Luther mit „Aus tiefer Not schrei ich zu Dir" übersetzt und 1523/1524 auch als erstes seiner Kirchenlieder veröffentlicht.[2] Die erhoffte Hilfe aus Wittenberg bleibt jedoch aus. So genügt die Nachricht am 12. Januar 1519 vom Tod Maximilians, des kaiserlichen Schutzherrn der jüdischen Gemeinde, um das schon lange geplante Pogrom in die Tat umzusetzen und religiös zu rechtfertigen. Mit dieser Strategie folgt Regensburg der verbreiteten Judenfeindlichkeit vieler anderer Städte, wie etwa Nürnberg, Augsburg oder Würzburg.

---

[1] Bei diesem Text handelt es sich um die überarbeitete Fassung unseres Aufsatzes im Katalog der Ausstellung „Ein Tag im jüdischen Regensburg mit Joseph Opatoshu und Marc Chagall", hgg. von Sabine Koller, Regensburg 2009, S. 53–64.

[2] „A principio miserunt Judaei Ratisponsenses Germanicum psalmum [Ps 130]: Aus tieffer not ad Lutherum; scriptum Hebraeis literis. Ita placuit ipsis Lutherus", zit. Nach Kroker, Ernst (Hg.): Luthers Tischreden in der Mathesischen Sammlung. Aus einer Handschrift der Leipziger Stadtbibliothek, Leipzig 1903, S. 128.

Das Regensburger Pogrom gipfelt in der Zerstörung der Synagoge. Albrecht Altdorfers (um 1480–1538) zwei Radierungen mit Ansichten der mittelalterlichen Synagoge von Regensburg haben als Erinnerung an eine zum Untergang freigegebene Architektur eine zentrale Bedeutung. Die kleinformatigen Bilder entstehen im Februar 1519 unmittelbar vor dem Abbruch der Synagoge und dem Bau der provisorischen Wallfahrtskapelle zur *Schönen Maria*. Der Blick in den Innenraum des jüdischen Gotteshauses zeigt die zweischiffige, um 1220 in den Mauern des schlichten romanischen Vorgängerbaus errichtete Halle mit ihren drei Säulen, dem steinernen Almemor in der Mitte und der nur angedeuteten Blendarchitektur für den Thoraschrein im Osten.[3]

Bei der zweiten Radierung, einem Blick in die Vorhalle der Synagoge,[4] dominiert das Atmosphärische. Der Hell-Dunkel-Kontrast ist verstärkt und verleiht dem kleinen Raum mit den niedrigen Kreuzgratgewölben fast etwas Mystisches. Dazu tragen auch die zwei Personen bei, die die Vorhalle beleben und gleichzeitig charakterisieren: Die Gestalt eines jüdischen Gelehrten, erkennbar an der Kopfbedeckung und dem Folianten, wirkt in der Vorhalle gleichsam staffagehaft. Eine zweite Person betritt die Synagoge durch das Portal. Die Architektur zeigt gotische, dem christlichen Kirchenbau verwandte Formen. Die „einhüftige" Wölbung der Vorhalle lässt diese leicht als nachträgliche Addition an den Kernbau der Synagoge erkennen. Das Portal zur Synagoge erscheint allerdings stilistisch widersprüchlich: Um das Tympanon und seinen romanischen Rundbogen windet sich Astwerk, wie es erst um 1500 aufkommt. Dieses Detail hat wohl nichts mit dem tatsächlichen Befund zu tun, sondern bedeutet eine geringe künstlerische „Zugabe" von Seiten Altdorfers. Die Technik der Radierung hat dazu geführt, dass der Befund seitenverkehrt reproduziert ist.[5]

---

[3] Radierung 170 x 125 mm (Regensburg, Historisches Museum). Siehe Mielke Hans (Hg.): Albrecht Altdorfer. Zeichnungen, Deckfarbenmalerei, Druckgraphik (Eine Ausstellung zum 450. Todestag von Albrecht Altdorfer, Berlin/Regensburg), Berlin 1988, S. 224 (Kat. Nr. 117).

[4] Radierung 164 x 117 mm (Berlin, Kupferstichkabinett, Inv. Nr. 331-4). Siehe Mielke 1988, wie Anm. 3, S. 224 (Kat. Nr. 116).

[5] Zu den Grabungen und Befunden der mittelalterlichen Synagoge am Neupfarrplatz, die bewiesen haben, dass Altdorfers Radierungen weitgehend authentische Darstellungen der mittelalterlichen Synagoge von Regensburg sind, siehe Codreanu-Windauer, Silvia/Ebeling, Stefan: Die mittelalterliche Synagoge Regensburgs, in: Böning-Weis, Susanne u. a. (Hg.): Monumental. Festschrift für Michael Petzet (Arbeitshefte des Bayerischen Landesamtes für Denkmalpflege 100), München 1998, S. 449–464.

Albrecht Altdorfer, Radierungen 1519
Innenraum der Synagoge nach Osten   Vorhalle der Synagoge

Von diesen Einschränkungen abgesehen, ist hier von authentischen Architekturdarstellungen auszugehen, die zu den frühesten nördlich der Alpen gehören. So lassen die Synagogenradierungen innerhalb von Altdorfers künstlerischem Werk aber auch für die nordalpine Kunst des frühen 16. Jahrhunderts einen singulären Qualitätsstandard erkennen.[6] Angesichts des vedutenhaften Charakters der kleinen Bilder stellt sich umsomehr die Frage, was Altdorfers Beweggründe waren, das jüdische Gotteshaus von Regensburg abzubilden und es gar in einem auf Vervielfältigung abzielendem Medium einer breiten Öffentlichkeit zur Verfügung zu stellen. Sind die Darstellungen judenfreundlicher oder judenfeindlicher Natur?[7] Die Beschriftung der Innenarchitektur des Synago-

---

[6] Hauffe, Friederike: Architektur als selbständiger Bildgegenstand bei Albrecht Altdorfer, Weimar 2007.
[7] Winzinger, Franz: Albrecht Altdorfer. Graphik. Holzschnitte. Kupferstiche. Radierungen. Gesamtausgabe, München 1963, S. 173; Mielke 1988, wie Anm. 3, S. 224–225; Angerstorfer, Andreas: Die Regensburger Juden im Spätmittelalter (13.–15. Jh.), in: Stadt und Mutter in Israel. Jüdische Geschichte und Kultur in Regensburg (Ausstellungskatalog), Regensburg 1989, S. 161–172; Hauffe 2007, wie Anm. 6, S. 109–141.

genraums gibt darauf eine eindeutige Antwort, wenn es darin heißt, die Synagoge sei „nach Gottes gerechtem Ratschluss" dem Erdboden gleich gemacht worden.

Die Nachricht von der Vertreibung der Regensburger Juden und der ihr folgenden Einrichtung einer Marienwallfahrt verbreitet sich wie ein Lauffeuer und macht andernorts sofort Schule. Im mittelfränkischen Rothenburg ob der Tauber verfährt man 1519/1520 mit der jüdischen Gemeinde und ihren Bauten nach fast dem gleichen fatalen Muster: Dort heißt der gegen die Juden hetzende Stadtprediger Johannes Teuschlein. Er betreibt die Ausweisung sogar persönlich und lässt sich von einem auswärtigen Juristen beraten. Unter dem Vorwand, die Juden hätten den Auszug selbst gewünscht, wird die Tat nach außen hin gerechtfertigt. Die Synagoge wird allerdings nicht zerstört, sondern in eine Marienkapelle umgewandelt, indem dem Gotteshaus noch ein polygonaler Chor angehängt wird.[8] Die Juden im nahen Weißenburg werden im Juni 1520 gezwungen, einen Antrag auf „freiwillige Ausreise" zu unterschreiben, dem sie auch nachkommen. Anstelle der zerstörten Synagoge entsteht dort gleichfalls eine Marienkapelle.[9]

Die zeitgenössischen Medien schildern die Regensburger Judenvertreibung und erzielen eine enorme Breitenwirkung in Form von Predigten Passions- und Fastnachtspielen, Flugschriften und Volksliedern. Noch im Jahr 1519 wird in Augsburg der judenfeindliche Bericht des St. Emmeramer Mönchs, Christoph Hoffmann (Ostrofrankus), über die Vertreibung der Juden aus Regensburg publiziert. Die vermutlich im Auftrag des Rats der Stadt Regensburg verfasste Chronik rechtfertigt die Vertreibung gegenüber Kritikern und deutet sie als Gottes Wille.[10]

Auch im Volkslied hat die judenfeindliche Stimmung ihren Niederschlag gefunden. Ostrofrankus' Text aufgreifend, dichtet Hieronymus

---

[8] Berger-Dittscheid, Cornelia: Rothenburg ob der Tauber, in: Kraus, Wolfgang u. a. (Hg.), Mehr als Steine … Synagogen-Gedenkband Bayern II, Lindenberg 2010, S. 542–562, insbes. S. 548f.; Berger-Dittscheid, Cornelia: Die Synagogen in Rothenburg o.d.T., in: Geschichte und Kultur der Juden in Rothenburg o.d.T. (Franconia Judaica 7), Würzburg 2012, S. 67–97, insbes. S. 83f.

[9] Art. Weißenburg, in: Maimon, Arye u. a. (Hg.), Germania Judaica III.2, Tübingen 1995, S. 1570–1574.

[10] Kronseder; Otto: Christophorus Hoffmann, genannt Ostrofrankus (Programm des Königlichen Maximilians-Gymnasiums für das Schuljahr 1898/1899), München 1899, S. 41–51.

Ell in Knittelversen das „Lied in Tolner melodei die Ausschaffung der Juden von Regensburg bezaichnendt":[11]

1 Mit freuden will ich singen
auß frischem freien mut,
ich hoff mir soll gelingen,
die dach wirt werden gut;
groß wunder thut man spehen
zu Regenspurg in der stat,
wie es iez ist beschehen,
als mancher man mag sehen,
bei einem weisen rat. [...]

8 Got wolt den hochmut rechen,
gab uns in unser hand,
die synagog zerbrechen,
auch nehmen unser pfand;
kein wucher wöll wir geben
als wir lang haben than,
nach eren wöl wir streben,
es kost recht leib und leben
Mariam ruf wir an.

Die Nürnberger Drucker Jobst Gutknecht (gest. 1542) und Hieronymus Höltzl (gest. vor 1532) verbreiten ebenfalls judenfeindliche Hetzgedichte aus der Feder von Georg Harder, dem Regensburger Kaplan von Obermünster. Auf ihn gehen auch die seit 1519 publizierten Wunderbüchlein zur Marienwallfahrt zurück.[12]

Dass Altdorfers Synagogenradierungen aus dieser Atmosphäre der Judenfeindschaft heraus entstanden sind und als Einblattdrucke ihre Wirkung nicht verfehlt haben, wird an einem Beispiel der Augsburger Buchmalerei deutlich. Der Buchhalter der Fugger, Matthäus Schwarz (1497–1574), beauftragt den Miniaturisten Narziß Renner 1521, für ihn ein Gebetbuch herzustellen. Auf einer Folioseite des Büchleins[13] bildet die Vorhalle der damals bereits zerstörten Regensburger Synagoge den architektonischen Rahmen, getreu nach der Vorlage Albrecht Altdorfers.[14]

---

[11] Liliencron, Rochus von: Die historischen Volkslieder der Deutschen vom 13. bis 16. Jahrhundert, Bd. 3, Leipzig 1867, S. 316–339.
[12] Signori, Gabriela: Kultwerbung – Endzeitängste – Judenhaß. Wunder und Buchdruck an der Schwelle zur Neuzeit, in: Heinzelmann, M. u. a. (Hg.): Mirakel im Mittelalter. Konzeptionen, Erscheinungsformen, Deutungen, Stuttgart 2002, S. 433–472, insbes. S. 460.
[13] Buchmalerei auf Pergament, 113 x 82 mm (Berlin, Kupferstichkabinett, Hs 78 B 10, fol. 16v.). Merkl, Ulrich: Buchmalerei in Bayern in der ersten Hälfte des 16. Jahrhunderts. Spätblüte und Endzeit einer Gattung, Regensburg 1999, S. 333 (Kat. Nr. 35), Abb. 247.
[14] Habich, Georg: Das Gebetbuch des Matthäus Schwarz, in: Sitzungsberichte der Bayerischen Akademie der Wissenschaften, Philosophisch-Philologische und Historische Klasse, Bd. 8, München 1910; Mielke 1988, wie Anm. 3, S. 224; Merkl 1999, wie Anm.13, S. 333.

Narziß Renner, Gebetbuch des Fuggerschen Buchhalters Matthäus Schwarz, 1521; Darstellung der Synagogenvorhalle nach A. Altdorfer: Christus in der Rast und M. Schwarz als Adorant

Ikonographisch wird ein ins Christliche konvertierter Bildinhalt vermittelt, der sich demjenigen erschließt, der die Vorlage kennt: Inmitten des schmalen Raums sitzt Christus auf einem altarähnlichen, breiten Sockel. Er ist nur mit einem Lendentuch bekleidet. Schwer stützt sich sein Kopf mit der Dornenkrone auf den angewinkelten linken Arm, die Rechte ruht auf seinem ausgestreckten rechten Bein. Vor ihm kniet rechts im Bild Matthäus Schwarz als Adorant im wertvollen Pelzmantel. Er ist über sein Wappen zu identifizieren. Der hier überlieferte ikonographische Typus *Christus in der Rast* oder *Christus im Elend* ist ein um 1500 weit verbreitetes Andachtsmotiv, das hauptsächlich in der Skulptur umgesetzt wurde. Festgehalten ist der Moment der Passion, in dem sich der leidende Christus kurz vor seiner Kreuzigung auf dem Hügel Golgatha ausruht. Die Projektion dieser speziellen Andachtssituation in einen inzwischen zerstörten jüdischen Raum besitzt besondere Brisanz, indem hier als Begründung die diffamierenden Anschuldigungen gegen die Juden als Christusmörder aufgegriffen werden. Auf diese Deutung verweist die mit einem Dolch bewaffnete männliche Gestalt, die gerade eilig durch das Synagogenportal verschwindet. Sie ist durch ihre Attribute wie die rote, spitz zulaufende Kopfbedeckung, den gelben Mantel und pseudo-hebräische Schriftzeichen am Mantelsaum als Jude gekennzeichnet. Die Skizze am unteren Bildrand – ein Hase, der von einem Hund gejagt wird – allegorisiert die Vertreibung der Juden aus Regensburg.

Albrecht Altdorfer befindet sich zweifelsohne im Sog der judenfeindlichen Stimmungen ab Mitte des 15. Jahrhunderts. Der Maler und Regensburger Stadtbaumeister ist Mitglied des Äußeren Rats der Stadt und zeichnet mitverantwortlich für die Zerstörung des jüdischen Viertels und die „Austreibung der Juden". Unmissverständlich formuliert ist der Text der Inschrifttafel auf Altdorfers Synagogenradierung: ANNO D[OMI]NI D XIX IUDAICA RATISPONA SYNAGOGA IUSTO DEI IUDICIO FUNDIT[U]S EST EVERSA,[15] der die Zerstörung der Synagoge bis zu den Fundamenten mit der Berufung auf *Gottes gerechtes Gericht* (sic!) legitimiert. Damit bieten sich die Radierungen gewissermaßen als „didaktische", typologisch begründete Gegenstücke zu den gleichzeitigen Darstellungen der *Schönen Maria* an. Die der Bildkunst des Mittelalters vertraute Kontroverse zwischen Synagoga und Ecclesia wird traditionell zugunsten des christlichen Sinnbilds entschieden: Die Darstellung Synagogas als Verliererin stärkt die Position der Siegerin – der Gottesmutter und Ecclesia. Damit werden die niedrigen Beweggründe, die als eigentliche Ursache hinter dem Pogrom stehen wie wirtschaftlicher Niedergang, Schulden, Missgunst und daraus resultierend Hass und Verleumdungen, von Seiten der christlichen Stadtbevölkerung gewissermaßen idealisiert und die Verantwortung dafür auf die höhere göttliche Instanz abgewälzt. Als wirklichkeitsgetreue Abbilder der dem Untergang geweihten Regensburger Synagoge rücken Altdorfers Radierungen das jüdische Gotteshaus in die Perspektive des Historischen, um damit der *Schönen Maria* den Weg zu bereiten.

Der Bau der Kapelle Zur Schönen Maria

Um die in Regensburg schwelende Judenfeindschaft bis zum Pogrom zu steigern, bedurfte es allerdings entsprechender Agitation: Dafür sorgt der seit 1516 in Regensburg ansässige, aus Friedberg bei Augsburg stam-

---

[15] Mielke 1988, wie Anm. 3, Kat. Nr. 17.

mende Domprediger Balthasar Hubmaier. Er erwirbt sich geradezu den Ruf eines Demagogen und schürt von der Kanzel aus den Hass gegen die Juden.[16] Um ihn zum Schweigen zu bringen, strengt die jüdische Gemeinde gegen ihn 1518 in Augsburg einen Prozess an, dessen Erfolg allerdings nur von kurzer Dauer ist.[17] Wie intensiv der Domprediger mit dem Neubau der Kirche zur *Schönen Maria* verbunden ist zeigt sich daran, dass er den Gottesdienst bei deren Grundsteinlegung am 9. September 1519 hält und der Kapelle als Kaplan dauerhaft zugewiesen wird.

Während der Abbrucharbeiten an der Synagoge wird der Steinmetzmeister Jakob Kern unter zusammenfallendem Mauerwerk verschüttet, sodass mit seinem Tod gerechnet wird. Trotz der Schwere des Unfalls erscheint Kern jedoch kurz darauf wieder zur Fortsetzung der Zerstörungsarbeit. In diesem Ereignis glaubt man ein Wunder erkennen zu können, das dem Eingreifen der *Schönen Maria* zu verdanken sei. Diese Ansicht verbreitet sich und initiiert eine rasch anwachsende Marienwallfahrt. Die über der Synagoge gebaute Kapelle wird Zielpunkt der Wallfahrt. Spontan entsteht das Provisorium einer hölzernen, der *Schönen Maria* geweihten Kapelle. Der Bau derselben wird einen Monat nach dem Pogrom, am 21. März 1519, begonnen, ihr Altar nur vier Tage später, am 25. März, geweiht.[18] Zugunsten der Wallfahrt gewährt Papst Leo X. am 2. Juni 1519 einen Ablass, dessen illuminierte Urkunde Altdorfer und seiner Werkstatt zugeschrieben wird. Der Text der Urkunde bezeichnet die Ablösung der Synagoge durch die Marienkapelle als programmatisch:

> [...] die Kapelle und der Altar [ist] vor kurzem erbaut und eingerichtet in der Synagoge bzw. an dem Ort, wo die Hebräer oder Juden einst ihre Synagoge in Regensburg erbauten, zum Ruhm des allmächtigen Gottes und zur Ehre der gesegneten Jungfrau Maria unter Verleihung der Bezeichnung ‚zur gesegneten Schönen Maria' [...].[19]

---

[16] Westin, Gunnar/Bergsten, Torsten: Balthasar Hubmaier Schriften (= Quellen zur Geschichte der Täufer Bd. 9), Heidelberg 1962, S. 13.

[17] Kronseder 1899, wie Anm. 10.

[18] Zur Baugeschichte siehe Morsbach, Peter: „Es war schier jedermann toll". Fragen zur Entstehung der Kapelle zur Schönen Maria auf dem Judenplatz, in: Dallmeier u. a. (Hg.), Der Neupfarrplatz. Brennpunkt – Zeugnis – Denkmal, Regensburg 2002, S. 41–49.

[19] München, Bayerisches Hauptstaatsarchiv, RU Regensburg 1519 VI 2. Siehe Merkl, Ulrich: Eine illuminierte Ablaßurkunde aus der Altdorfer-Werkstatt, in: Pantheon 54 (1996), S. 181–189.

Das Äußere dieser Kapelle überliefern zwei Holzschnitte von Michael Ostendorfer (1490–1559). Der kleinere ziert den Umschlag eines Wallfahrtsbüchleins (s. S. 116), das 1522 erscheint und Dutzende von Heilungen und anderen Wundern aufzählt, die allesamt dem Wirken der Regensburger *Schönen Maria* zugeschrieben werden. Ihre Kleidung in Weiß und Blau zeigt die abgebildete Maria als Patrona Bavariae.

Die hölzerne Kapelle überragt ein steinerner Turm mit Spitzhelm, wodurch der Bau auf den ersten Blick als Kirche zu erkennen ist. Diese Programmatik ist wichtig, da Maria im Mittelalter nicht nur als Mutter Gottes, sondern auch als Ecclesia, die personifizierte Kirche, verehrt wird. Die Mariensäule und der daneben stehende Turm bilden somit ein ikonologisch zusammengehöriges Bedeutungspaar.

Dass die Marienkapelle genau auf dem Standort der zerstörten Synagoge errichtet wird, ein Phänomen, das Regensburg mit zahlreichen anderen mittelalterlichen Städten teilt[20], hat mehrere Gründe. An diesem Ort vollzog sich die wundersame Rettung des verunglückten Steinmetzen. Mit dem schnellen Abriss der Synagoge und dem unmittelbar darauf folgenden Neubau der Kapelle soll verhindert werden, dass der Nachfolger des 1519 verstorbenen Kaisers Maximilian, dem Schutzherrn der Juden, eine Wiederherstellung der Synagoge fordern könnte. Überdies bringt die Überbauung des Synagogengrundstücks mit einer Kirche den Dualismus zwischen Ecclesia und Synagoga zum Ausdruck. Dieser durchzieht die christliche Bildkunst des Mittelalters seit Jahrhunderten und wird beständig aktualisiert. Für die zahlreichen, über ehemaligen Synagogen entstandenen Marienkirchen wird daher der Begriff „Synagogenkirchen" vorgeschlagen.[21]

Einen gedrängten, detaillierten zeitgenössischen Bericht über die Regensburger Ereignisse liefert der ehemalige Priester Sebastian Franck in seiner 1536 erschienenen „Chronica". Sein Bericht kann wie ein Kommentar zu Ostendorfers Holzschnitt-Illustrationen der Wallfahrtskapelle *Zur Schönen Maria* gelesen werden, weshalb er im Folgenden in ganzer Länge zitiert wird:[22]

---

[20] Aus Süddeutschland seien nur Bamberg, Rothenburg, Nürnberg oder Würzburg erwähnt.
[21] Kloft, Matthias Theodor: „Die heilige Jungfrau ist gleichsam die Vollendung der Synagoge". Maria und die Juden in der Theologie des Hochmittelalters, in: Heil, Johannes/ Kampling, Rainer (Hg.), Maria – Tochter Sion?, Paderborn 2001, S. 59–68.
[22] Franck, Sebastian: Chronica, Ulm 1536 (Reprint Darmstadt 1969).

Titelblatt des Büchleins der Wallfahrt Zur Schönen Maria, *1522*

*Von der grossen Walfart gen Regenspurg zu der schönen Maria.
Anno MDXVI predigt Doctor Balthassar Huebmeyer hefftig wider die
Juden zu Regenspurg mit anzeigung, was nachteil nit alleyn auß jrm
glauben, sund[er] auch auß jrm wucher gantzer Teutscher Nation entstund, und wie ein unsägliche schatzung jr wucher trug. Da ward ein
rhat beredt, d[a]z sy beim keyser anhielten, darmit die Juden vertrieben
wurden. Also brach man jr Sinagog ab, auch vil jrer heuser, setzt an die
statt ein tempel, in d[ie] ehr Marie geweihet, deren sy den namen gaben*

die schön Maria. Diese suchten erstlich etlich heym, den soll in jhrem anligen geholffen worden sein. Da diß außkam und erschall, da war ein zulauff von allen orten, als weren die leut bezaubert, von weib, kind, knecht und magt, herren geystlich und weltlich, so ein langen weg etwan ungessen, etlich kind die den weg nit wißten, kamen mit eim stuck brot von weittem her, und kamen die leut mit so mancherley rustung, wie es eines, da es in der arbeit war, ankommen war. Das mit einer gelten milch, das mit einer strogabel. Etlich hetten in grosser kälte kaum an dz sy die scham bedeckten. Ettlich lieffen vil meil wegs ungeredt, als weren sy besessen halber, oder unsinnig. Ettlich kamen barfuß mitt rechen, beyheln, sicheln, von dem feld an außgeloffen, unnd yhrer herrschaft außgestanden.

Ettlich in eim hembd, das sy ongefarlich erwüscht hetten, als sy auffgestanden waren. Ettlich kam es zu mitternacht an. Ettlich liefen tag und nacht.

Und war in Summa ein solch zu laufen aus allerlei Landen, dass etwan allein auff ein tag vil tausent menschen darkamen. Da hett einer wunder gesehen, und so vil unnd mancherley opffer von silber, goldt, wachs bild, kleinot dargebracht. Item da wurden täglich so vil Mess gehalten, das ein pfaff dem andern vom altar nit entrinnen mocht. Wann einer das Commun laß, so knyet der and[ere] vorm altar mit seim Confiteor. Das trib man täglich schier biß über mittag, obwol vil altar ausser und inner dem tempel auffgemacht wurden, kunt doch ein pfaff dem and[ere]n nit entweichen. Die gelerten schlugen vil Carmina auff, zulob der schönen Maria, und ward mancherley Gottsdiensts erdacht von zeychen, pfeiffen und orglen. Vil krancken füret und trug man dahin, unnd auch (wie etlich glauben) todten, die man gesund unnd lebendig wider heym hat gefürt. ettlich vor freuden gesprungen, selbs gangen.[23] Da geschahen bede grosse unnd auch vil wunderzeychen, ungebürlich zusagen, davon ein eygen truck ist außgangen,[24] was yemandt gebrach, so er sich mit seinem opffer dahin gelobt, dem ward geholffen, nit alleyn von seinen kranckheyten, sunder die lebendigen namen auch jre todten wider, die blinden warden gsehend, die lamen liessen jre krucken im tempel, und giengen gerad darvon, ettlich luffen auß den kriegen dahin, ja die weiber von den männern, das kind wider

---

[23] Im Sinne von: sie konnten sogar wieder gehen.
[24] Eine eigene zeitgenössische Publikation ist dazu erschienen, als Hinweis auf die Wunderzeichen der Wallfahrt: Wunderberliche Czaichen vergangen Jars Beschehen in Regenspurg tzw der schönen Maria, o.O. 1522, Titelblatt (Exemplar im Landeskirchlichen Archiv Nürnberg, Außenstelle Regensburg).

den gehorsam vnd willen jrer ältern rolten dahin, unnd sagten sy möchten nit bleiben, hetten weder tag noch nacht kein rhu. Ettlich, so sy in den tempel kamen und das bild ansichtig wurden, fielen sy ernieder, als hett sy der tropff und donner erschlagen. Da diß der doll pofel[25] sahe, dz etlich fielen, meyneten sy, es wer Gottes krafft, es müßt yed[er] man an diser statt fallen, da hub sich ein solch fallen, das nichts dann ein eitler sinn und fürnemen war, und des Teüfels gespänst dz schier yederman, der dahin kam, an diser statt fiel. Vil auß dem pofel, die alda nit fielen, gedauchten sich des vnselig sein,[26] vnd not teeten sich gleich zufallen. Da ward ein rhat .... verursacht, solchs zu verbieten. Also höret diß zeychen und fallen auff.

Es ist ein wunder zusagen, mit was seltzamen instrumenten das volck dar kam geloffen, wie es einen an seiner arbeit (so es jn ankam) ergriff, so nam er jm nit der weiß diß, so er in der handt hett, von jm zulegen, sunder nam es mit jm und lieff eilends yederman ungesegnet daruon, getriben von seinem geist. Ob aber der gut heilig geyst also vnuersunnen rumor wider die gehorsam und die mutter also von jren kinden treibt, die fraw vom mann, den knecht und kind wider die gehorsam jrm herren und vatter schuldig, gib ich andern zubedencken. Vil glauben nit, das es Gottes werck künd sein, weil es wider sein wort, weiß, art, schrifft und sinn ist.

Nun diß lauffen hat ein gute zeit gweret, etwan sechs od[er] acht jar, aber jetz auffgehört, yedoch nicht gar, dann noch leüt darkummen wallen.[27] Aber dise schön Maria (ich meyn nitt die mutter Christi) wie man sy erzürnt hat, ist sy nicht meer so gnedig, so leücht sy nicht mer, sunderlich mit wunderzeychen vnd ist die walfart, wie alle zuletst, fast gar abkummen vnd erloschen. Dergleichen zeychen vnd walfart ist auch die Türckei voll, wie wir einmal, wils gott, hören werden, so wir der Welt so mancherley glauben in ein sunder buch[28] beschreiben werden.

In Francks „Chronica" kommen das Plötzliche und Ekstatische der Wallfahrt, die ungewöhnlich große Zahl der Wallfahrer, sowie Hass und Vertreibung der Juden als deren Auslöser zum Ausdruck. Franck lässt keinen Zweifel daran, dass „das Bild" – ein ganz bestimmtes Gnadenbild also – das Ziel der Wallfahrt ist und sein Anblick auf verschie-

---

[25] Das gemeine Volk.
[26] Sie dachten, nicht selig zu sein.
[27] Die Wallfahrt ist also immer noch nicht erloschen.
[28] Franck verweist auf ein eigenes, schon geplantes Buch.

Wallfahrtskapelle Zur schönen Maria *Holzschnitt von Michael Ostendorfer, um 1520*

dene Weise auf die Wallfahrer wirkt. Die Wallfahrt stellt das normale Leben auf den Kopf, sie reißt Familien auseinander, lässt Menschen ihre Arbeit plötzlich unterbrechen, deren Instrumente sie als Votive mitbringen. Auf Ostendorfers Holzschnitt erkennt man am Dachstuhl aufgehängte landwirtschaftliche Gerätschaften. Einige Wallfahrer liegen rund um die Mariensäule am Boden und drücken als Fallende oder am Boden Liegende ihre intensive Ergriffenheit aus. Als studierter Theologe lässt Franck einen erstaunlich distanzierten Blick erkennen, der die vorübergehenden „Wunderzeichen" zunächst ernst nimmt, bevor er deren exzessive Nachfolge zunehmend kritisch sieht und schließlich verurteilt. Vor allem verlässt er sich auf seine Autopsie.

Den Ansichten Ostendorfers ist zu entnehmen, dass vor der Westseite der provisorischen hölzernen Kapelle eine Skulptur der Muttergottes mit Kind über einem Rundpfeiler stand. Diese Statue hatte Erhard Heydenreich bereits 1516 geschaffen, mithin zu einem Zeitpunkt, als an die Synagogenzerstörung noch nicht gedacht wurde. Sie zeigt Maria, die das Kind auf dem linken Arm trägt, als Himmelskönigin und über der Mondsichel stehend. Aus den Baurechnungen der Regensburger Kapelle *Zur Schönen Maria* zeigt sich, dass der Steinmetz „Maister Karl" 1519 für die Arbeiten *an dem grossen Stock zu der schonen Marien gepeu* bezahlt wird.[29] Dieser Stock meint vielleicht den Rundpfeiler, der Heydenreichs Marienstatue trug. In jedem Fall ist eine *Mariensäule* entstanden, der Prototyp eines im Barock weit verbreiteten öffentlichen Marien-Andachtsbildes,[30] als dessen Ursprung bisher die von Carlo Maderno 1613 aufgerichtete Mariensäule[31] vor Santa Maria Maggiore in Rom galt. Diese steht auf einer antiken Spoliensäule aus der Konstantinsbasilika.

Auf der Ansicht Ostendorfers[32] und des von ihm gestalteten Wallfahrtsbüchleins[33] sieht man die Mariensäule umringt von Pilgern. Man erkennt im Inneren der Kapelle, durch die geöffnete Tür, das verehrte Bild der *Schönen Maria* als Tafelbild auf dem Altar stehend. Pilger drängen dicht an dicht zu diesem Ziel der Wallfahrt. Andere liegen zum Teil am Boden vor der Kapelle zu Füßen der Mariensäule und zeigen sich in merkwürdigen Verrenkungen zum Ausdruck einer bis zur Ekstase übersteigerten Marienverehrung. Der Chronist Sebastian Franck hat diese Auswüchse der Wallfahrt schriftlich bestätigt.[34]

Zu dem Bild der *Schönen Maria* im Innern der Kapelle findet sich in den Baurechnungen zur Kapelle ein aufschlussreicher Hinweis:[35]

> *Am Gestrigen Christabent / umb i C [100] nagl das waxen / pild mit schwartzer Leinwa[n]t / bei dem Vordern altar / In die Capellen Unser Lieben / Frawen der schonen Marien / zimerschlagen / Ij d[enar] = Pfennig] ij x [kreutzer].*

---

[29] Stadtarchiv Regensburg, Baurechnungen I (Jahre 1519/1520), fol. 16v.
[30] So schon Belting, Hans: Bild und Kult. Eine Geschichte des Bildes vor dem Zeitalter der Kunst, München 1990, S. 505.
[31] Blunt, Anthony: Guide to Baroque Rome, Granada 1982, S. 90.
[32] Holzschnitt um 1520, 548 x 377 mm. Siehe Mielke 1988, wie Anm. 3, Kat. Nr. 202.
[33] Wunderberliche Czaichen [...] 1522, wie Anm. 24.
[34] Siehe oben.
[35] Stadtarchiv Regensburg, Baurechnungen I (Jahre 1519/1520), fol. 14.

Bei dem erwähnten „waxen pild" handelt es sich wohl um Albrecht Altdorfers Tafelbild der *Schönen Maria*,[36] das dieser unter Bezug auf die hochmittelalterliche byzantinisierende Ikone der *Schönen Maria* aus der Alten Kapelle geschaffen hat. Die um 1220 in Süddeutschland gemalte Ikone gilt im Sinn der Volksfrömmigkeit als Werk des Evangelisten und Madonnenmalers Lukas und wird zum ‚Urbild' des Kults um die *Schöne Maria*.[37] Die stehende Maria trägt das Kind auf dem rechten Arm und folgt damit dem byzantinischen Typus der *Hodegetria*. Diese typologische Ausrichtung behält Albrecht Altdorfer bei, als er die altehrwürdige, wie eine Reliquie verehrte Ikone mehrfach, auch als Tafelbild, ‚kopiert'.[38] In stilistischer Hinsicht ‚modernisiert' Altdorfer das Bild jedoch deutlich und gleicht es damit dem Schönheitsideal der Renaissance an. Aufgrund restauratorischer Analyse gelang es Annette Kurella, das in der Kapelle verehrte Wallfahrtsbild als Altdorfers Tafelbild der *Schönen Maria* zu identifizieren.[39]

Etwa gleichzeitig variiert der Landshuter Bildhauer Hans Leinberger den Typus der Schönen Maria im Sinn einer ganzfigurigen Skulptur, die

---

[36] Winzinger, Franz: Albrecht Altdorfer. Die Gemälde, München/Zürich 1975, S. 31–34, Kat. Nr. 41.

[37] Achim Hubel, der die Genese des Bildes der *Schönen Maria* untersucht hat, folgert aus der Vielzahl von Kopien in verschiedenen Gattungen (Malerei, Zeichnung, Druckgraphik, Tafelbild), dass in Regensburg damals kein bestimmtes Bild der Maria, sondern das Wirken der Muttergottes an diesem Ort besonders verehrt worden sei. Siehe Hubel, Achim: Die Schöne Maria von Regensburg. Wallfahrten – Gnadenbilder – Ikonographie, in: Mai, Paul (Hg.): Ausstellungs-Katalog, München/Zürich 1977; Hubel, Achim: Das Gnadenbild der Alten Kapelle, in: Schiedermair, Werner (Hg.): Die Alte Kapelle in Regensburg, Regensburg 2002; Hubel, Achim: Die schöne Maria von Regensburg. Überlegungen zu den bildlichen Darstellungen und zum Ort der Wallfahrt, in: Fink, Alexandra u. a. (Hg.): Achim Hubel. Kunstgeschichte und Denkmalpflege. Ausgewählte Aufsätze (Festgabe zum 60. Geburtstag), Petersberg 2005, S. 201–214.

[38] Hubel 1977, wie Anm. 37; Mielke 1988, wie Anm. 3, Kat. Nr. 110, 115 (in zwei verschiedenen Varianten); Hubel 2002, wie Anm. 37; Hubel 2005, wie Anm. 37.

[39] Kurella, Annette: Altdorfers Tafelmalerei. Anmerkungen zur Technologie der Gemälde ‚Die beiden Johannes' und ‚Schöne Maria', in: Wagner, Christoph/Jehle, Oliver (Hg.): Albrecht Altdorfer, Kunst als zweite Natur, Regensburg 2012, S. 315–327, hier S. 324; Dittscheid, Hans-Christoph: „Zwischen den Epochen". Die Regensburger Wallfahrtskirche zur Schönen Maria – ein Zeugnis der „Nachgotik", in: Trapp, Eugen (Hg.): Zwischen Gotik und Barock. Spuren der Renaissance in Regensburg, Regensburger Herbstsymposion 2011, Regensburg 2012, S. 215–238, hier S. 222. Der Begriff *wax'n Bild* wäre demzufolge als das Gnadenbild zu verstehen, dem Wachskerzen zur Verehrung dargebracht werden, wie dies Ostendorfers Holzschnitt auch zeigt in Form einer übermannshohen Kerze, die ein Pilger von der rechten Seite her kommend heranträgt. Kleinformatige Kerzen sind außen am Schaft der Mariensäule ebenfalls erkennbar. Wachs war damals ein wertvoller Rohstoff, der sich für Votivgaben besonders eignete.

heute in der Alten Kapelle einen Altar schmückt.[40] Wie Franck bestätigt, gab es eine Mehrzahl von Altären an und in der Wallfahrtskapelle, an denen zum Teil gleichzeitig Messen gelesen wurden.

Es war der Intensität der Marienverehrung rund um die Kapelle wohl ausgesprochen zuträglich, dass sie am gleichen Ort stand wie zuvor die Synagoge, an die Altdorfers Radierungen dauerhaft erinnern.[41] An bestimmten Festtagen sollen tausende, einmal gar 50.000 Pilger an der Regensburger Wallfahrt teilgenommen haben. Regensburg zählt damals höchstens 10.000 Einwohner. Wohl bedingt durch Hubmaiers Weggang aus Regensburg 1522 kam die Wallfahrt allerdings bald zum Erliegen. Dazu trug vermutlich auch die massive Kritik Martin Luthers bei, der in mehreren Briefen an den Regensburger Stadtrat die zu intensive Marienverehrung tadelte.[42]

Die auf dem Pogrom gründende Marienverehrung ist Thema eines weiteren Holzschnitts, den Michael Ostendorfer um 1520 publiziert.[43] Dieser zeigt in repräsentativem Format Hans Hiebers Modell vom Bau der Kirche zur *Schönen Maria*, die das Provisorium der Kapelle dauerhaft ablösen soll (Grundsteinlegung am 9. September 1519). Das Holzmodell überliefert einen sechseckigen Zentralbau, dessen Gewölbe von einem Mittelpfeiler ausstrahlen.[44] An vier der Polygonseiten lehnen sich halbrunde Kapellen mit geschweiften Dächern an. Die östliche Polygonseite öffnet sich zu einem einschiffigen, von einem Turmpaar flankierten Chor. Mit diesem Chor wird der Bau begonnen.

Ostendorfer hat seine Ansicht des kirchlichen Idealprospekts eng an Hiebers Holzmodell angelehnt. Die Bildlegende bringt den geplanten Neubau mit dem Vorwurf des Wuchers durch die Juden, dem Pogrom und der Synagogenzerstörung plakativ in Verbindung und hält die Intensität der Wallfahrt fest:

---

[40] Schmidt, Michael: Leinbergers „Schöne Maria" in St. Kassian. Anmerkungen zu einem ungelösten Problem, in: Feil, Michael/Wanninger, Christian (Hg.): Die Stiftskirche St. Kassian. Regensburgs älteste Pfarrkirche, Regensburg 2015, S. 70–78.

[41] Weber, Annette: „… Maria ist der juden veind". Antijüdische Mariendarstellungen in der Kunst des 13.–15. Jahrhunderts, in: Heil, Johannes/Kampling, Rainer (Hg.): Maria – Tochter Sion?, Paderborn 2001, S. 69–116.

[42] Greiselmayer, Volkmar: Albrecht Altdorfers „Schöne Maria" in der Kritik Martin Luthers und Albrecht Dürers, in: Möseneder, Karl (Hg.): Streit um Bilder. Von Byzanz bis Duchamp, Berlin 1997, S. 73–93.

[43] Holzschnitt, 618 x 534 mm, um 1520 (nach Hiebers Holzmodell), Histor. Mus. Reg.

[44] Büchner-Suchland, Irmgard: Hans Hieber. Ein Augsburger Baumeister der Renaissance (= Kunstwissenschaftliche Studien 32), München 1962.

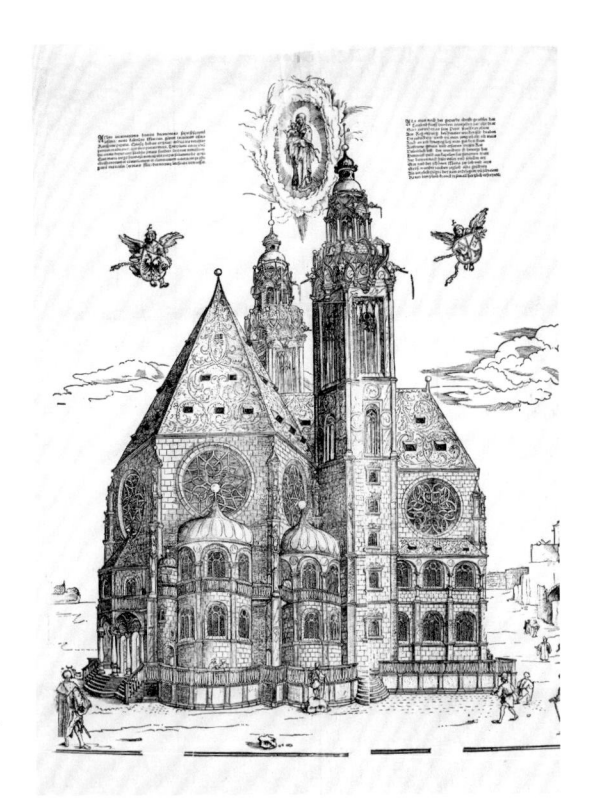

Hans Hiebers Modell für die Kirche Zur schönen Maria, *Holzschnitt von Michael Ostendorfer, um 1520*

Als man nach der Gepurdt christi gezelet hat/ Tausendt fünfhundert neunzehn Jahr, also drob/ Sint vertriben an Sant Peter Stuelfeyer abent/ Auss Regensburg, beschnitten wucherisch Knaben,/ Die Judischheit, Weyb vnd Man, jung vn alt, ich main/ Auch an jrer Synagog liess man gar kein stain./ Ain frume gmain, vnd ersamen weissen Rat/ Vnleidlich last des wuchers sy bewegt hat./ Zu bawen nach dieser visier vnd solcher arth Gott vnd der schönen Maria zu lob vnd Eern/ Gross wunderzeichen teglich aldo gescheen/ Als unzelich pilger bey jrem aydt sagent vnd schreient/ Krum lam plind kranck sy seind all hertzlich erfreyent.

Vom ausgelöschten jüdischen Viertel zeugen noch die Ruinen von Häusern an beiden Rändern von Ostendorfers Holzschnitt. Über der Kirche, zwischen den Türmen, schwebt das Bild der *Schönen Maria* im Strahlenkranz. In der himmlischen Vision findet Marias Triumph über die vertriebene Synagoga ihren stärksten Ausdruck. Ihr assistieren zwei Engel mit den Wappen des Reichs und der Stadt Regensburg.

Bedingt durch den baldigen Rückgang der Wallfahrt und daraus resultierender Finanznöte werden von Hiebers anspruchsvollem Modell nur der langgezogene Chor und die flankierenden Türme in vereinfachten Formen errichtet.[45] 1540 wird dieser Bauteil der Wallfahrtskirche geweiht und der Hochaltar aufgestellt. 1542 schließt sich die Stadt der Reformation an – der Bau wird die erste protestantische Kirche Regensburgs. Erst 1586 erhält der Chor seine Gewölbe. Die als Wallfahrtskirche begonnene Neupfarrkirche bleibt ein Torso. Über die Fundamentierung des Schiffs kommt man nicht hinaus. Erst 1860–1863 fügt Ludwig Foltz ein polygonales, im Radius stark verkleinertes Schiff in historisierenden Formen an.

Ecclesia und Synagoga im mittelalterlichen Regensburg

Bereits lange vor dem Pogrom von 1519 findet der christlich-jüdische Konflikt deutlich in Regensburger Bildwerken seinen Niederschlag. Aus der Buchmalerei ist das ottonische Uta-Evangelistar anzuführen.Es entsteht um 1025 im Skriptorium von St. Emmeram für Uta, die Äbtissin des Niedermünsterklosters.[46]

Die Illumination der Kreuzigung Christi zeigt zwei weibliche allegorische Figuren: „Vita", das Leben, zur rechten – somit ‚richtigen' – Seite des Kreuzes im Aufblick Christus anbetend, während ihr gegenüber „Mors", der Tod, vor einem astartigen Auswuchs des Kreuzstamms zurückweicht und sich die Spitze der zerbrochenen Lanze gegen die Schläfe richtet. Während „Vita" gekrönt und prachtvoll gekleidet ist, fallen an ihren Widersacher dessen orientalisierende Kleidung und das teilweise verhüllte Haupt auf. In halber Bildhöhe erscheinen in der Randleiste zwei ergänzende Figuren – auf der Seite von Vita die Eccle-

---

[45] Zur Baugeschichte siehe Dittscheid 2012, wie Anm. 39.
[46] Bayerische Staatsbibliothek München, Clm 13601, fol. 3v. Siehe Mütherich, Florentine/Dachs, Karl (Hg.): Regensburger Buchmalerei, Kat. d. Ausstellung, München 1987, Kat. Nr. 17, Taf. 10; Rütz, Jutta: Text im Bild: Funktion und Bedeutung der Beischriften in den Miniaturen des Uta-Evangelistars, Frankfurt a. M. 1991; Cohen, Adam S.: The Uta Codex: Art Philosphy and Reform in eleventh century Germany, University Park 2000; Klemm, Elisabeth: Die ottonischen und frühromanischen Handschriften der Bayerischen Staatsbibliothek, Wiesbaden 2004, Textband, Kat. Nr. 18, S. 45.

Uta Evangelistar, Kreuzigung Christi mit Vita/Ecclesia links und Mors/Synagoga rechts; Regensburg, St. Emmeram, um 1025

sia, auf der Seite von Mors die Synagoga. Von Synagogas Haupt sieht man nur einen Teil, der obere Teil des Kopfes ist als Ausdruck der Demütigung abgeschnitten. Wahrscheinlich sind auch die am Fuß des Kreuzes stehenden Figuren als Ecclesia und Synagoga zu deuten. Das Kreuz Christi entscheidet demnach darüber, dass Ecclesia lebt, während Synagoga dem Tod geweiht ist.

Auch in den folgenden Jahrhunderten bleibt die Regensburger Kunst erfindungsreich, wenn es darum geht, den Vorrang des Christlichen auf Kosten des Jüdischen zu demonstrieren. Im Bereich der Bauskulptur thematisiert der gotische Regensburger Dom wiederholt die Geringschätzung der jüdischen Religion. Zu Seiten des Nebenportals im Südseitenschiff taucht an der Stirnseite eines Strebepfeilers das Relief einer „Judensau" auf:[47]

Drei Männer in jüdischer Bekleidung machen sich an den Zitzen eines Schweins zu schaffen. Das Schwein gilt der jüdischen Religion bekanntlich als unreines Tier, dessen Nähe und Verzehr für Juden tabu sind. Wenn sich dennoch, wie auf dem Relief zu sehen, Juden an dem Tier vergreifen, um sich daran zu nähren, wird ihnen auf extrem entwürdigende Weise ein Bruch mit den orthodoxen jüdischen Glaubensregeln unterstellt und öffentlich zur Schau gestellt. Gleich beim nächsten Strebepfeiler nach Osten wird ein geschwänzter Drache als Sinnbild des Teufels aufgeboten, mit dem die Ablehnung des Jüdischen eine zusätzliche dämonische Dimension erhält. Die Reliefs entstanden wohl zwischen 1320 und 1335. Wie aufgeheizt dieStimmung gegen die Juden damals war, zeigt das fast zeitgleiche Pogrom im nahen Deggendorf 1338.[48]

An der gegenüberliegenden Flanke des Südportals antworten zwei Reliefs mit einem dezidiert christlichen Bildprogramm. Am ersten westlichen Strebepfeiler, der Seitentür unmittelbar benachbart, reitet

---

[47] Dittscheid, Hans-Christoph: Von Ecclesia und Synagoge zur „Synagogenkirche". Der christlich-jüdische Konflikt in der Ikonographie der Regensburger Kunst, in: das münster 60 (2007), S. 74–86; Hubel, Achim: Plastik des Doms, in: Hubel, Achim/Schuller, Wolfgang (Hg.): Der Dom zu Regensburg, 5 Bde., Regensburg 2012–2016, Bd. II, S. 268–271, Bd. III, S. 795 f. u. Bd. IV, S. 303–307.

[48] Eder, Manfred: Die „Deggendorfer Gnad", Deggendorf 1992. Hinweis von Andreas Angerstorfer (†).

Umzeichnung der „Judensau" vom Regensburger Dom, um 1848

Relief der „Judensau" am Regensburger Dom, südliches Seitenschiff, 1235/1240

ein langhaariger junger Mann auf einem Löwen. In ihm könnte Samson erkannt werden,[49] der in seiner Bezwingung des Löwen als alttestamentarischer Typus Christi erscheint. Wiederum an einem Strebepfeiler weiter nach Westen begegnet eine junge Frau, die ein Einhorn zähmt. In ihr ist ein typologisches Bild der Maria zu erkennen. Es kommt somit in der Bauskulptur an der zur einstigen Judenstadt gelegenen Südflanke des Doms zu einer christlich-jüdischen Konfrontation, die das verbreitete Ecclesia-Synagoga-Thema auf singuläre Weise abhandelt.

Am nordwestlichen Teil der Domfassade geht die Bauskulptur auf Begebenheiten der Moses-Geschichte ein. Diese Reliefs sind gegen 1420 entstanden. Auf einem Relief empfängt Mose die Gesetzestafeln aus Gottes Hand, während das jüdische Volk um das Goldene Kalb tanzt.[50]

Für das christliche Verständnis bedeutet diese Geschichte den Inbegriff der Idolatrie (Götzenverehrung) im Alten Testament. Man sieht fünf durch die Kopfbedeckung ausdrücklich als Juden charakterisierte Männer beim Tanz um das Kalb; einen sogar in andächtiger Anbetung. Die dämonischen Wesen in Konsolform, die in nächster Nähe dieses Treiben begleiten, lassen am judenfeindlichen Gehalt dieser Darstellung keinen Zweifel. Im Gegensinn dominiert das ecclesiologische Pro-

---

[49] Hubel, Achim/Kurmann, Peter: Der Regensburger Dom: Architektur, Plastik, Ausstattung, Glasfenster, München/Zürich 1989, S. 50.
[50] Hubel/Schuller 2012–2016, wie Anm. 47, Bd. II, S. 151, 155, 303, 315, 328, Bd. III, S. 661, Bd. 4, S. 276, Abb. 657.

Relief „Tanz ums Goldene Kalb", Westfassade des Regensburger Doms, um 1420

gramm die übrige Fassade zugunsten der Kirche: der mit den Apostelfiguren besetzte Freipfeiler und das mariologisch bestimmte Hauptportal sowie die Petrus-Darstellungen der südlichen Fassadenhälfte. Die Abwertung des Jüdischen wird dabei als Folie der christlichen Bildbotschaft instrumentalisiert. Die dauerhafte Präsenz dieser öffentlich am Regensburger Dom ausgestellten judenfeindlichen Bilder ist alles andere als singulär: An zahlreichen anderen mittelalterlichen Domen und Kirchen sind vergleichbare Varianten des Ecclesia-Synagoga-Diskurses anzutreffen.[51]

---

[51] Seiferth, Wolfgang: Synagoge und Kirche im Mittelalter, München 1964; Schiller, Gertrud: Art. Die Kirche, in: Ikonographie der christlichen Kunst, Bd. 4, 1, Gütersloh 1976, S. 45–66; Schreckenberg, Heinz: Christliche Adversus-Judaeos-Bilder. Das Alte und Neue Testament im Spiegel der christlichen Kunst, Frankfurt a. M. 1999.

Die „Judensteine" von Regensburg

Am ausgeführten, auf einen Torso beschränkten Bau der Wallfahrtskirche *Zur Schönen Maria* (Neupfarrkirche) lassen sich Spolien in Form wiederverwendeter Grabsteine vom jüdischen Friedhof nachweisen, z. B. in einem Sockel vermauert; ein weiteres Exemplar entdeckte man während der Grabungen 1995–1998. Im Südturm bildet ein jüdischer Grabstein die Bodenplatte der künstlerisch aufwendigen Doppelwendeltreppe.[52] Über die ganze Stadt verteilt finden sich vereinzelt jüdische Grabsteine, die demonstrativ in den Fassaden von Häusern vermauert sind. Besonders eindrucksvoll ist das Beispiel des Loibl-Turms (Haus Hinter der Grieb 2), in dessen Front ein jüdischer Grabstein der Frau Gnenle (Tochter des gelehrten Rabbi Jekutiel) vermauert und nachträglich mit dem „christlichen" Kommentar versehen ist:

> *Anno Domini 1519, am Montag, abent petri stuelfeyer (22. Februar) sein die Juden aus der stat regenspurg geschaft und am achten tag darnach keiner mer gesehen.* LAUS DEO

Jüdischer Grabstein, Hinter der Grieb 2, am sog. Loibl-Turm

---

52 Schmidt, Marianne: Neues zur Baugeschichte der Neupfarrkirche, in: Dallmeier/Hage/Reidel 2002, S. 29–39; Angerstorfer, Andreas: „Denn der Stein wird aus der Mauer schreien…" (Hab 2,11). Jüdische Spolien aus Regensburg in antisemitischer Funktion, in: das münster 60 (2007), S. 23–30; Dittscheid 2007, wie Anm. 47. Außer dem jüdischen Grabstein, der als Spolie für die Doppelwendeltreppe im Südturm verwendet wurde, sind heute noch zwei weitere jüdische Grabsteine inmitten des nordwestlichen Strebepfeilers vom Nordturm zu erkennen. Sie sind um 90 Grad gedreht und zum Neupfarrplatz ausgerichtet. Ferner fand sich im Sockel ein weiterer jüdischer Grabstein, der heute im Historischen Museum ausgestellt ist. Siehe Brekle, Herbert E.: Das Regensburger Ghetto, Regensburg 1997, S. 24f.

In der hebräischen Grabsteininschrift findet man den Namen „Caspar Aman", des damaligen Bürgermeisters. Er hat sich damit offensichtlich diesen Stein bei der Zerstörung des Friedhofs für den Verbau in seinem eigenen Anwesen „reservieren" lassen. Der Loibl-Turm, ein jahrhundertealter Wohnturm, bedurfte dieses Steins als Baumaterial nicht. Er sollte vielmehr als Spolie und religiöses Triumphzeichen dienen, wofür schon die Anbringung in Augenhöhe spricht.

Die in Regensburg verbauten jüdischen Grabsteine erweckten das besondere Interesse der frühneuzeitlichen Chronisten der Stadt.[53] Dabei wird wiederholt der über die Stadt verteilten Grabsteine gedacht. Zitiert sei im Folgenden aus einer um 1720 von einem anonymen evangelischen Theologen verfassten Chronik.[54]

> *Von den Juden hinterlassenen Steinen und ihren Begräbnussen.*
> *Gleich vor dem Thor daselbsten lieget ein Jüdischer grosser Stein von guten häbräischen Buchstaben gehauen, dergleichen auch in die Erde versenket und aufgerichtet gesehen wird, fast mitten in der Vorstadt beym Schöpff Brunnen, ist eines verstorbenen Juden Töchterlein Grabstein. / Solcher Jüdischen* MONUMENTEN *mit häbräischen Buchstaben und Schrift überschrieben findet man noch mehr hin und wider an und in denen Häusern auf den Plätzen, einestheils in die Erde eingegraben und aufgerichtet, sind etliche noch zu lesen und kenlich, davon so häbräischer Sprach kundig, dieweil aber nichts sonderliches an denenselben zu erkundigen allein das sie Grabschriften seyn, und in Sprach heiliger Schrifft altes Testaments aus denen Rabinen gnomen, hab ich unnöthig geacht derselben weitläuffiger und mit mehreren Worten zu gedencken, doch ist darneben zu mercken, daß die Juden allhier nun diese Stadt viel und mancherley Begräbnussen zu unterschiedlichen Zeiten gehabt haben derer sonderlich drey gar nahmhafft gewesen. Die erste und die da Älter, als der andern kleine war jenseits des Regens oberhalb Saller*

---

[53] Wolf, Peter: Bilder und Vorstellungen vom Mittelalter: Regensburger Stadtchroniken der frühen Neuzeit, Tübingen 1999, S. 102–106.
[54] Landeskirchliches Archiv Nürnberg, Außenstelle Regensburg, Nr. 74. Als Besitzer des Loibl-Turms wird in der Chronik in der Nachfolge von Caspar Aman ein gewisser (Johann) Andreas Weißböck, Waag- und Stubenmeister von Regensburg genannt. Dieser findet sich 1724 als Mitglied des Äußeren Rats der Stadt. Siehe Das jetzo Anno 1724 lebende Regensburg, Oder kurtz-gefäßte Nachricht Vom Gegenwärtigen Zustand der des Heil. Römischen Reichs Freyen Stadt Regensburg.

am Berglein, ist denen Bauren daselbsten noch mit Nahmen bekand; man heist's In der Judenau sollens innen gehabt haben und nachmahls zu ihrer Begräbnuß nach ihrer Ausschaffung allhier, weil sie noch am Regen oder Hoff gehauset, gebraucht haben; man hat gemerckt und wahrgenohmen, daß sie alle Sabbath mit großer Andacht und Reverenz häuffig in diesen Orth geloffen, und denselben besucht haben, daher vor Zeiten daß Sprichwort kommen: Es gehe einer nicht über die Bruck zu Regens Purg, dem nicht ein Jud begegnet, oder der nicht eine Glocke leuten höre. Die ander Begräbnuß haben die Juden gehabt zwischen der Stadt und Abbach am Berg Das Örgler genenet, dieweil es aber zumahl weit u: [und] verdrießlich mit ihren Todten mit grossen Unkosten so weit zu ziehen, haben sie eine Gelegenheit erkaufft über den Clösterlein weich St. Peter, jetzund den Freudhoff der Burger, was zwischen demselben hohen Gericht am euersten Berg lieget, dieselbe ganze weite haben sie zu ihren Begräbnussen gebraucht, über 309 Jahr. Da denn soviel Grabschrifften der verstorbenen Juden seynd aufgericht gewest, daß man derselben über 4.200 ausgegraben, und nach ihrer ausschaffung aus der Stadt herein geführet hat, sind hin und wider in mancherley Winckeln der Stadt eingemauert und verstecket, mehrentheils zum Grund und Bau der Neuen Pfaar verbraucht worden, wie man noch Anzeich[g]ung der Schrifften daselbst findet. Aber diese jezt gemeldete Orthe der begräbnuß der Jüden, ist bey ihnen so hoch gehalten, daß auch viel Juden aus Ungarn und andere Fremde NATIONES *hergezogen, und denselben mit aller Andacht besichtiget haben. Sie sollen sich auch noch heut zu Tag mehr darüber, weilen daselbsten Jüdische Propheten und Rabbi begraben liegen, daß es zerstöret worden, als über die eingerissene und verstörte Sinagog, die doch wie die alten Abriße und Holzschnitte davon bezeugen, ansehnlich und herrlich soll erbauet seyn gewesen, bekümmern. Es sind aber die Juden aus dieser Stadt vertrieben worden im Jahr Christi* ANNO *1519 den 20 Febr. da sie auf eine Meile von der Stadt weichen müssen und sollen ihrer über 580 gewest seyn, welches ein Mönch von St. Emeran Christoph Ostro Franck, der zur selbigen Zeit gelebet, u: den ganzen Handel beschrieben hat, sammt den Eck Stein beym Vier Eymern, und am Bach Zween andere bezeugen; Einer im Eckhauß zur Rechten, wie man von Bach in die Gasse, die Grüb genant hineingehet und selbiger Zeit Caspar Amans gewest, jeziger Zeit Herr Andreas Weißböcken berühmten Waag und Stubenmeistern gehörig, der ander ist besser aufwerts am Bach an der offentlichen Gassen gegen Aufgang der So[nne] zu lesen zu allernechst bey der Cappeln zum heiligen Creuz.*

Dieser Bericht erhellt, dass die jüdischen Grabsteine, als sie noch an ihrem Ursprungsort vorhanden waren, bereits eine „touristische" Attraktion darstellten, die Publikum bis aus Ungarn anlockte. Dass das Dokument die zwei Ausweichfriedhöfe in Sallern und bei Bad Abbach als angeblich älteste Friedhöfe nennt, ist neu aber nicht umfänglich zu akzeptieren, da diese vermutlich erst nach der Vertreibung 1519 angelegt wurden. Dem Dokument ist außerdem zu entnehmen, dass die meisten der 4.200 Grabsteine des zerstörten Friedhofs für den Bau der Wallfahrtskirche *Zur Schönen Maria,* seit 1542 *Neue Pfarre,* verwendet wurden. Der jüngst erfolgte Fund eines jüdischen Grabsteins im Mauerwerk der Neupfarrkirche verdeutlicht, dass er nur einer von Hunderten oder gar Tausenden von Grabsteinen ist, deren Wiederverwendung dem Bau der Marienwallfahrtskirche konzeptionell zugrundelag. Von daher erscheint die geplante Herauslösung dieses einzelnen Grabsteins aus dem baulichen Kontext geradezu absurd, weil dieser Grabstein nur Teil eines ikonologischen Gesamtkonzepts bedeutet, das Jüdisches in Christliches zu verwandeln suchte. Man müsste demnach die ganze Neupfarrkirche demontieren.[55]

---

[55] Es war nicht ungewöhnlich, dass Grabsteine bei Auflösung eines jüdischen Friedhofs für christliche Neubauten verwendet wurden. Dies zeigt das Beispiel von Würzburg, wo Fürstbischof Julius Echter von Mespelbrunn nach der Vertreibung der jüdischen Gemeinde sein neues Spital auf dem Grund ihres ehemaligen Friedhofs anlegen ließ und dessen Grabsteine zum Bau eines der Spitalsgebäude verwandte.

Eine neue Gemeinde entsteht

Die Israelitische Kultusgemeinde Regensburg

*Jakob Borut**

Die Juden in Regensburg, 1861–1933[2]

1. Bis zum Ersten Weltkrieg

Die moderne Geschichte der jüdischen Gemeinde in Regensburg beginnt am 10. November 1861, dem Tag der Aufhebung der Judenmatrikel in Bayern. Es folgte die Abschaffung der weiteren bis dahin geltenden gesetzlichen Einschränkungen für Juden. Die Juden wurden – zumindest von Amts wegen – gleichberechtigte Staatsbürger. Nach der Abschaffung der Judenmatrikel, die das Wohnrecht der Juden an einem Ort auf eine bestimmte Zahl begrenzt hatte, begannen Juden in hoher Zahl aus dem Umland nach Regensburg zu ziehen. Innerhalb von gerade einmal zwei Jahren wuchs die jüdische Gemeinde, die sich 1861 aus 17 Familien (circa 150 Personen) zusammengesetzt hatte, auf knapp das Doppelte: 1863 verzeichnete die Gemeinde schon 227 Mitglieder und wuchs ständig, so dass sie 1870 bereits 430 Mitglieder umfasste, 1880 waren es 675.[3]

Im Gegensatz zu den meisten anderen städtischen jüdischen Gemeinden in Bayern und Deutschland stagnierte das Wachstum der Regensburger Gemeinde – wie auch die wirtschaftliche Entwicklung der Stadt Regensburg – zu Beginn der 1880er Jahre. Während in den meis-

---

* Dieser geringfügig geänderte Beitrag wurde schon einmal veröffentlicht, in: Brenner, Michael/Höpfinger, Renate (Hrsg.): Die Juden in der Oberpfalz. München 2009, S. 159–181.
[2] Die Hauptquellen für diesen Beitrag sind Yad Vashem Archiv: PKG file Regensburg; Pinkas Hakehillot (Handbuch der Gemeinden) Germany – Bavaria, Jerusalem 1972 (in Hebräisch. Im Folgenden PKG volume); Das Regensburger Gemeindearchiv in den Central Archives for the History of the Jewish People (im Folgenden: CAHJP) in Jerusalem; Artikel aus der Deutsch-Jüdischen Presse; Wittmer, Siegfried: Regensburger Juden. Jüdisches Leben von 1519 bis 1990, Regensburg 1996. Der Autor dankt Dr. Andreas Angerstorfer (†) für die seinerzeitige Bereitstellung von Informationen und bibliographischen Angaben für diesen Beitrag.
[3] PKG volume, S. 178; PKG file Regensburg II; Wittmer, wie Anm. 1, S. 184. Für 1861 vgl. auch Meyer, Isaak: Zur Geschichte der Juden in Regensburg: Gedenkschrift zum Jahrestage der Einweihung der neuen Synagoge nach handschriftlichen und gedruckten Quellen, Berlin 1913, S. 81.

ten Städten in dieser Zeit der Geburtenrückgang, der für die städtische jüdische Bevölkerung charakteristisch war, durch den Zuzug vom Land mehr als kompensiert wurde und sich so die Anzahl der Juden in der Stadt nach wie vor erhöhte, war dies in Regensburg nicht der Fall. Die höchste Mitgliederzahl verzeichnete die Gemeinde 1880. Zehn Jahre später, 1890, war die Zahl der Mitglieder auf 585 zurückgegangen, 1910 waren es nur noch 493.[4]

Die Juden und das gesellschaftliche Umfeld

Im Zeitalter der Moderne wagten deutsche Juden in wachsender Zahl den Schritt aus der Isolation, aus den (manchmal unsichtbaren) Mauern des Ghettos heraus und fanden Aufnahme in Teilen der bürgerlichen Gesellschaft, die bereit waren, sie zu akzeptieren. Dieser Prozess, der sich im 18. und frühen 19. Jahrhundert überwiegend in großen Städten vollzog, erreichte im Lauf des 19. Jahrhunderts allmählich auch kleinere Städte wie Regensburg, wo die Juden in die Kreise des Bürgertums aufgenommen und Teil der örtlichen Gesellschaft wurden.

Der Antisemitismus war in Regensburg nicht signifikant. Der Regierungspräsident berichtete, dass *eine antisemitische Bewegung unter der Bevölkerung nicht zu vernehmen* sei. Im Oktober 1895 nahmen 250 Personen an einer Versammlung der Antisemitischen Volkspartei teil,[5] was belegt, dass es eine potentielle Basis für die Unterstützung dieser Partei gab. Aber antisemitische Organisationen entwickelten in Regensburg keine weiteren nennenswerten Aktivitäten. Die Katholische Kirche in Deutschland lehnte im Allgemeinen die antisemitische Bewegung ab, obwohl sie den Juden gegenüber außerordentlich kritisch eingestellt war, besonders weil diese den Liberalismus und die Moderne[6] unterstützten. In katholisch geprägten Städten existierte der Antisemitismus kaum offen. In Regensburg stellten sich führende Geistliche damals eindeutig gegen den Antisemitismus. So nahm zum

---

[4] PKG volume, S. 178; PKG file Regensburg II.
[5] Wittmer, wie Anm. 2, S. 218 (über den Bericht und das Treffen).
[6] Blaschke, Olaf: Katholizismus und Antisemitismus im Deutschen Kaiserreich, Göttingen 1997.

Beispiel Bischof Antonius von Henle (1851–1927) 1913 in einem Brief entschieden gegen die Ritualmordbeschuldigungen Stellung.[7] In der Tat waren die Juden in Regensburg gut in das öffentliche Leben der Stadt integriert. Als der Prinzregent 1902 für die feierliche Aufstellung eines Denkmals in Erinnerung an den bayerischen König Ludwig I. nach Regensburg kam, gehörte der Rabbiner der örtlichen Gemeinde neben dem katholischen Bischof und dem protestantischen Dekan zu den geladenen Gästen.[8] Als Bischof Henle 1907 feierlich in sein Amt eingeführt wurde, waren Rabbiner Seligmann Meyer und der jüdische Lehrer eingeladen, und der Rabbiner hielt sogar eine Rede, um den neuen Bischof zu begrüßen.[9]

Juden hatten Führungsrollen in der Wirtschaft der Stadt Regensburg inne, etwa David Funk, dem eine große Kalk- und Zementfabrik gehörte. Andere beteiligten sich an der Entwicklung einer ökonomischen Infrastruktur. Beispielhaft sei der Holzhändler Simon Maier Loewi genannt, der eine führende Rolle bei der Initiative einnahm, die sich schon 1845 für die Floßbarmachung des Regens einsetzte. Loewi regulierte auf eigene Kosten den Kolbersbach, was ihm ermöglichte, Baumstämme aus den nahe gelegenen Wäldern über diese Flüsse zu seinen Kunden zu bringen.[10] Den größten Beitrag zur Wirtschaft in Regensburg leisteten die Juden jedoch durch den Handel. Sie hatten führende Positionen beim Hopfen- und Viehhandel, im Handel mit Kleidung und Textilien, wie auch im Bankwesen und bei den Warenhäusern. 1888 wurden zwei Filialen der Tietz Kaufhaus-Kette von Israel Hirschfeld aus Birnbaum in Preußen gegründet. Tietz entwickelte sich zum größten Kaufhaus in Regensburg.

Neben Tietz existierten 1903 in Regensburg 64 Geschäfte[11], die im Besitz von Juden waren. Die folgende Tabelle gibt Aufschluss:

---

[7] Deutsche Israelitische Zeitung, Jg. 44, Nr. 21 vom 21.10.1927, S. 5.
[8] Wittmer, wie Anm. 2, S. 219.
[9] Deutsche Israelitische Zeitung, wie Anm. 7.
[10] Zu Fink siehe Wittmer, wie Anm. 2, S. 189 f.; zu Loewi ebd., S. 187–189.
[11] Die Geschäfte werden aufgelistet ebd., S. 221–226.

Geschäftszweige von Regensburger Juden

Branche	Anzahl der Geschäfte	Anmerkungen
Kleidung, Textilwaren und verwandte Produkte	22	17 Kleidungs- u. Textilgeschäfte, 2 Pelz- u. 2 Lederhandlungen, ein Schuhwarenlager
Lebensmittel	7	2 Handelsbetriebe für Getreide, Mehl- u. Landprodukte, 3 Wein- u. Spirituosenhandlungen, 2 Metzgereien
Viehhandel u. verwandtes Gewerbe	5	3 Viehhändler, 2 Häute-, Fell- u. Darmgeschäfte
Tabak, Zigaretten u. Rauchwaren	4	
Metalle und Alteisen	3	
Hopfenhandel	3	Ein Händler besaß u. betrieb eine Bierbrauerei
Bankgewerbe	5	

Bemerkenswert ist die Rolle und Bedeutung, welche die Juden im Bankgewerbe einnahmen. Der prominenteste unter den jüdischen Bankiers war Max Weinschenk, der 1883 die königliche Filialbank leitete und 1903 seine eigene Bank besaß.

Vier der 1903 existierenden Unternehmen waren Fabriken, die Kalk- und Zementfabrik David Funks sowie der große Textilbetrieb von Jakob Weiß und Emil Holzinger, der auch die Fabrikation von Woll- und Baumwollgarnen betrieb. Zwei kleinere Betriebe waren die Likörfabrik der Familie Binswanger sowie eine Fabrik im Besitz Albert Levys, die auf Bonbons, Nachspeisen sowie Oster- und Weihnachtsartikel spezialisiert war. Der Bankier Max hatte eine bankrotte Aktienziegelei ersteigert, vergrößerte und modernisierte sie und konnte so 200 Arbeitsplätze sichern. Carl und Max Nußbaum, die in ihrem Geschäft Herrengarderobe und Uniformen anboten, gehörten zu den königlich-bayerischen Hoflieferanten. Ein weiteres Großunternehmen war das

Herrenkonfektionsgeschäft der Gebrüder Adolf und Theodor Manes, das seine Tore 1904 öffnete (und deshalb nicht in die Statistik integriert ist). Wie in anderen mittelgroßen Städten in Deutschland gehörten die Juden in Regensburg zu den ersten, die moderne Technologien und Erfindungen einsetzten. Der bereits genannte Max Weinschenk war der erste, der ein Telefon bestellte, Simon Maier Loewi nutzte als einer der ersten die Eisenbahn zum Versand seiner Produkte.[12]

Juden waren darüber hinaus auch in freien Berufen aktiv, besonders häufig als Rechtsanwälte. Führende Rechtsanwälte waren Julius Uhlfelder, David Heidecker (beide waren zugleich Vorsteher der Gemeinde) und Alois Natzler und Isaak Meyer. Der Arzt Alfred Döblin arbeitete ein Jahr, von November 1905 bis Oktober 1906, in einem Regensburger Krankenhaus, bevor er nach Berlin umzog und ein bekannter Schriftsteller wurde.

Die deutschen Juden standen politisch den Liberalen nahe, denn diese unterstützten die Gleichberechtigung der Juden und stellten sich antisemitischen Vorurteilen entgegen. Die liberalen Parteien waren darüber hinaus die einzigen Parteien in Deutschland, die es den Juden gestatteten, führende Positionen innerhalb ihrer Organisationen einzunehmen, wohingegen die Juden, die das katholische Zentrum unterstützten – und davon gab es eine Menge in katholischen Regionen – in den Reihen dieser Partei nicht aufsteigen und in vielen Orten nicht einmal beitreten konnten. Auch in Regensburg bekleideten die Juden führende Positionen in den liberalen Organisationen. Adolf Buchmann und Samuel Eismann waren 1869 Mitglieder der Vorstandschaft des Liberalen Vereins Regensburg; Max Uhlfelder war seit 1903 Ausschussmitglied dieses Vereins. Er leistete darüber hinaus bei vielen Zusammenkünften als Redner einen Beitrag. Otto Hönigsberger trat 1903 der Vorstandschaft der Jungliberalen bei.[13] Juden waren außerdem Mitglieder in sozialen und Geselligkeitsvereinen, die den Liberalen und dem Bürgertum nahe standen und übernahmen auch in diesen führende Positionen. Max Uhlfelder war 1898 Präsident der Narragonia, Isidor

---

[12] Zu Weinschenk: Information von Andreas Angerstorfer, auf verschiedenen Quellen basierend. Wittmer, wie Anm. 2, S. 189 behauptet, dass es David Funk gewesen sei. Zu Loewi ebd., S. 188.

[13] Wittmer, wie Anm. 2, S. 217, sowie auch Dieter Albrecht: Regensburg im Wandel, Regensburg 1984, S. 93 ff., u. a. S. 101.

Lehmann Kassierer des Freimaurerkränzchens „Walhalla zum aufgehenden Licht". Die Villa von Max Weinschenk bildete den Treffpunkt für Künstler und Kunstsinnige.

Innerjüdisches Leben

1860 ernannte die Gemeinde nach dem Tod von Rabbiner Seligmann Schlenker, der wegen seines Reformwillens mit vielen Mitgliedern der Gemeinde durchgehend im Streit gelegen hatte, aufgrund von finanziellen Überlegungen[14] keinen neuen Rabbiner, sondern schloss sich dem regionalen Rabbinat Sulzbürg an. Der Distriktrabbiner, Dr. David Löwenmeyer, war nur zweimal im Jahr zur Predigt in Regensburg verpflichtet.

Auch ohne eigenen örtlichen Rabbiner entwickelte sich das innerjüdische Leben in Regensburg infolge des großen Zustroms neuer jüdischer Einwohner sehr stark. Das Wachstum der Gemeinde machte eine Vergrößerung des Friedhofs notwendig, die 1867 erfolgte. 1869 wurde zudem eine neue Leichenhalle gebaut, in die eine Wohnung für den Friedhofswärter integriert wurde.[15] Die jüdische Volksschule wuchs in dem Zeitraum von 1861 bis 1880 von 15–18 auf eine durchschnittliche Schülerzahl von 48.[16] 1882 erhielt sie ihr eigenes Gebäude am Neupfarrplatz E 157 (später Neupfarrplatz 14).[17]

1867 wurde eine „Cevra Kadischa" in der Gemeinde begründet, ein traditioneller jüdischer Verein, der sich darum kümmerte, dass die Verstorbenen entsprechend dem jüdischen Gesetz behandelt wurden, der die Toten beerdigte und deren Familien beistand. Im selben Jahr wurden auch die „Chewras Noschim" (Frauenverein) gegründet, ein Wohltätigkeitsverein von Frauen, der in fast jeder jüdischen Gemeinde in Deutschland existierte.

Eine neue Ära für das innerjüdische Gemeindeleben brach 1881 an, als die Entscheidung getroffen wurde, einen Rabbiner für die Gemeinde zu berufen. Rabbiner Seligmann Meyer aus Berlin, der die orthodoxe Zeitung „Jüdische Presse" herausgab, wurde zur Probepredigt einge-

---

[14] Vgl. Wittmer, wie Anm. 2, S. 185.
[15] Meyer, wie Anm. 3, S. 81; Information von Dr. Andreas Angerstorfer.
[16] Wittmer, wie Anm. 2, S. 191; PKG file Regensburg II, basierend auf CAHP A/164.
[17] Information von Dr. Andreas Angerstorfer.

laden und im Januar 1882 zum Rabbiner der Gemeinde in Regensburg gewählt. Rabbiner Meyer war eine kämpferische Natur und genoss großen Respekt und Einfluss in Regensburg und weit darüber hinaus, war aber in ständigem Konflikt mit denen, die sich seinen Ansichten und seinem Einfluss entgegenstellten, und diese Streitigkeiten beeinträchtigten das Gemeindeleben.

1884 begann Rabbiner Seligmann Meyer unter dem Namen „Laubhütte" eine Wochenzeitung herauszugeben – in ihrer Form eine Art jüdische Ausgabe der „Gartenlaube". Wenig später begann er die Veröffentlichung einer jüdischen Zeitung, der „Deutschen Israelitischen Zeitung", die Seligmann bis zu seinem Tod 1925 verlegte und in welche die „Laubhütte" als Beilage für die ganze Familie eingelegt wurde.

1884 war zugleich das Jahr, in dem Rabbiner Meyer mit den Mitgliedern des Vorstands der Gemeinde heftig aneinandergeriet, als diese einen Lehrer einstellten, ohne ihn um Rat bzw. Erlaubnis zu fragen. Die Behörden schalteten sich ein und legten fest, dass nach den bayerischen Gesetzen der Rabbiner über das Recht der Approbation und Autorisation der Kultusdiener verfüge, und so musste der Vorstand den Vertrag mit dem neuen Lehrer entsprechend modifizieren.[18]

Dieses Ereignis markiert den Beginn einer mit Problemen belasteten und angespannten Beziehung zwischen Rabbiner Meyer und der Leitung der Gemeinde. Einem Teil dieser Spannungen lag der Machtkampf zwischen Rabbiner und Gemeinde zugrunde – Meyer wollte mehr Macht und Einfluss auf die laufenden Geschäfte der Gemeinde haben als der Vorstand gewillt war, ihm zuzugestehen. Diese Ansicht kam deutlich in der Antwort des Rabbiners auf eine Anfrage von Seiten der Regierung zum Ausdruck, die 1900 an alle Rabbiner in Bayern verschickt worden war, um mehr über die Stellung der Rabbiner in ihrer Gemeinde in Erfahrung zu bringen. Meyer nutzte die Gelegenheit, um sich darüber zu beklagen, dass die Führung der Gemeinde ihm nicht die Rolle in der Gemeinde zugestand, die er meinte zu verdienen. Er werde nicht als Vorstandsmitglied angesehen, schrieb er, sondern nur gelegentlich zu Vorstandssitzungen eingeladen, bei denen Fragen des Kultus diskutiert würden, ohne jedoch Stimmrecht zu haben.[19]

---

[18] Wittmer, wie Anm. 2, S. 201 f.
[19] Wittmer, wie Anm. 2, S. 211.

Ein weiterer zentraler Aspekt, der zu Spannungen führte, waren die im letzten Viertel des 19. Jahrhunderts aufkommenden liberalen Tendenzen in der Regensburger Gemeinde, besonders in den Kreisen des gehobenen Mittelstandes, aus dem die Vorstandsmitglieder stammten. Der Liberalismus war neben Säkularismus und religiöser Indifferenz die maßgebliche Kraft unter den deutschen Juden im 19. Jahrhundert, aber seine Entwicklung verlief nicht uniform in ganz Deutschland. Man kann sagen, dass er in großen Städten früher und schneller als in kleinen Orten Zuspruch erhielt und sich im Norden und Osten Deutschlands schneller ausbreitete als im Süden und Südwesten. In Regensburg, einer bayerischen Gemeinde von mittlerer Größe, stand ein reformorientierter Rabbiner in der Mitte des 19. Jahrhunderts in ständigem Konflikt mit den Mitgliedern seiner Gemeinde und fand keinen Nachfolger. Signifikant begann der Liberalismus erst im letzten Viertel des Jahrhunderts zu wachsen, es war ein sehr gemäßigter Liberalismus, weit entfernt von dem Liberalismus im Norden Deutschlands oder in den größeren Städten Bayerns. Es gab weder Veränderungen im Stil der Gebete, wie zum Beispiel die Weglassung der Passagen, die dem Wunsch zur Rückkehr der Juden nach Zion Ausdruck verliehen, noch wurde der Versuch unternommen, eine Orgel in der Synagoge zu benutzen – zwei Streitfragen, welche die jüdischen Gemeinden in ganz Deutschland gespalten hatten. Die Gebete blieben in der traditionellen Form erhalten. Ein unbedeutendes Zeichen für den Liberalismus war die Klausel, die 1877 in das Gemeindestatut integriert wurde und festlegte, dass Juden das Beten des „Kol Nidre"-Gebets am Abend des Versöhnungstages untersagt war. Es war ein Gebet, das von Antisemiten angegriffen wurde, weil es den Juden angeblich erlaube, falsche Versprechen zu machen.[20] Dieses Vorgehen war eine sehr kleine Veränderung, die auch in orthodoxen Kreisen Zustimmung finden konnte. Aber der Vorstand lehnte es ab, dem Rabbiner eine führende Rolle bei der Festlegung des jüdischen Lebens zu übertragen, besonders wenn er eine orthodoxe Position vertrat. Ein Beispiel kann diese Konflikte veranschaulichen. Als der Rabbiner verlangte, dass jüdische Mädchen, die in Frauenschulen Kochen lernten, entsprechend der Regeln der Kaschrut (Speisegesetze) und

---

[20] Zu dem Gebet vgl. Wittmer, wie Anm. 2, S. 209 f.. Es integriert eine deutsche Übersetzung des Gebetstextes.

unter seiner Aufsicht unterrichtet werden sollten, weigerte sich die Gemeinde, diese Forderung zu unterstützen. Die städtischen Behörden wiesen sein Gesuch zurück. Im Gegensatz zu dem orthodoxen Rabbiner erkannte der Gemeindevorstand nichts Falsches, wenn jüdische Mädchen nicht koscher kochten.

Der Vorstand lehnte noch weitere Anträge von Rabbiner Meyer ab, die dieser aus orthodoxer Sicht für besonders wichtig erachtete. Von 1895 bis 1897 beantragte Meyer mehrmals Veränderungen im Ritualbad, der Mikwe: Wegen der Änderungen am Wasserversorgungssystem der Stadt sei das Bad nicht mehr nutzbar. Ein funktionstüchtiges Ritualbad ist jedoch für orthodoxe Juden äußerst wichtig – ohne das Bad ist Männern und Frauen der physische Kontakt untersagt. Dennoch weigerte sich der Vorstand, die notwendigen Änderungen, die der Rabbiner erbat, zu genehmigen.

Auf diese Weise gab es zwischen den zwei Seiten einen ständigen Konflikt, obwohl Rabbiner Meyer ein gemäßigter Orthodoxer und die Vorstandsmitglieder moderat liberal eingestellt waren. Zwei Ereignisse brachten die Spannung, deren Ursache in einer Kombination von persönlichen und ideologischen Faktoren begründet war, an den Rand der Explosion: 1890 brach ein heftiger Streit aus, als die Anstellung eines rituellen Schächters diskutiert wurde. Sowohl der Rabbiner als auch der Vorstand hatten ihre eigenen Favoriten und weigerten sich, den Kandidaten des jeweils anderen Lagers zu akzeptieren. Das Gesetz zugrundelegend, hatte der Vorstand das Recht, Kultusdiener zu berufen, aber die Anstellung dieser musste vom Rabbiner genehmigt werden. Der Vorstand entschied, seinen Kandidaten einzustellen. Als Reaktion darauf ernannte der Rabbiner seinen eigenen Kandidaten zum Hilfsschächter. Die Antwort des Gemeindevorstands war scharf: Er reduzierte das Gehalt des Rabbiners um fast ein Viertel.[21] Kurz darauf, im August 1891, akzeptierte die Gemeindeversammlung eine Entscheidung, die den Rabbiner scharf verurteilte. Meyer drohte, mit dem Anliegen vor Gericht zu gehen, was er jedoch nie tat. Die Auseinandersetzung ebbte ab, offensichtlich erhöhte der Vorstand das Gehalt des Rabbiners wieder auf das vor der Auseinandersetzung gezahlte Niveau.

---

[21] Wittmer, wie Anm. 2, S. 204.

Ein anderer Konflikt ergab sich 1901, als Rabbiner Meyer das „Kol-Nidre"-Gebet in der Synagoge sprach und damit die bereits erwähnte Entscheidung missachtete, die 1877 akzeptiert worden war. Der Vorstand stellte sich gegen den Rabbiner und ein heftiger Streit folgte, der drohte, die Gemeinde zu spalten. Letztendlich konnte man sich im Oktober 1902 auf einen Kompromiss einigen: Diejenigen, die das „Kol Nidre" beten wollten, durften sich vor dem Hauptgebet in einer abgetrennten Halle für ein „Privatgebet" versammeln. Es wurde ihnen jedoch verboten, das Gebet in gedruckter oder gesprochener Form bekannt zu machen.[22]

Diese Vorgänge machen deutlich, dass starker Einfluss von Gemeindemitgliedern geltend gemacht wurde, die keinen offenen Schlagabtausch zwischen orthodoxen und liberalen Ansichten wünschten, sondern friedliche Koexistenz anstrebten. Es scheint, dass die Mehrheit der Gemeindemitglieder in dieser Zeit die jüdischen rituellen Gesetze nicht mehr befolgte. Sie fühlten sich jedoch immer noch der religiösen Tradition verbunden. Deshalb konnten weder Orthodoxe noch Liberale in den aufkommenden Konflikten zu weit gehen.

Hinweise auf die religiösen Ansichten der Gemeindemitglieder erhalten wir aus einer Befragung, die von Seiten der Gemeinde im Hinblick auf den Synagogenbesuch 1895 durchgeführt wurde. Sie ergab, dass von 188 Familienvorständen 30 nie in die Synagoge gingen und 30 lediglich an drei Tagen im Jahr, den höheren jüdischen Feiertagen, dorthin kamen. An Samstagen und den anderen Feiertagen stieg die Zahl der Anwesenden auf etwa 60 Erwachsene und Jugendliche über 13 Jahren. An regulären Arbeitstagen erschienen höchstens 15 Personen zum Gebet. Ähnlich verhielt es sich mit den Zahlenverhältnissen bei den 124 Frauen, mit der Ausnahme, dass sie nicht an Werktagen in die Synagoge kamen.[23]

Diese Untersuchung zeigt, dass die große Mehrheit der Gemeindemitglieder nicht entsprechend der strengen orthodoxen Praxis lebte, denn sonst hätte die Anzahl der Synagogenbesucher deutlich höher sein

---

[22] Schwarz, Stefan: Ein Rabbiner kämpft um Kol-Nidre, in: Rot, Erich unter Mitwirkung von Fritz Bosch (Hg.): Festschrift Isaak Emil Lichtigfeld, Landesrabbiner von Hessen, zum 70. Geburtstag, Frankfurt a. M. 1964, S. 236–241; Wittmer 1996, wie Anm. 2, S. 209–211.
[23] Wittmer, wie Anm. 2, S. 213.

müssen. Tatsächlich existierte 1913 ein Minjan-Verein, der dafür sorgte, dass arme Juden die Synagoge an Wochentagen besuchten, um so die notwendige Zahl von zehn Betenden zu vervollständigen.[24] Seine Existenz beweist, dass die Anzahl orthodoxer Juden, die aus eigener Initiative zum Gebet in die Synagoge kamen, zurückgegangen war. Allerdings waren diejenigen, die nur an den höheren Feiertagen oder gar nicht in die Synagoge kamen, eine Minderheit, sie machten weniger als ein Drittel der Familienvorstände aus, während in den größeren deutschen Gemeinden diese zwei Gruppen die deutliche Mehrheit darstellten. Ein weiterer signifikanter Unterschied zwischen den Juden in Regensburg und denen der größeren Gemeinden war, dass keiner der jüdischen Haushalte in Regensburg einen Weihnachtsbaum hatte[25] – ein Zeichen der Verbundenheit der hiesigen Juden mit der jüdischen Tradition. Dennoch entwickelte sich zwischen Rabbiner Meyer und Fritz Oettinger, dem führenden Kopf der liberalen Partei in der Gemeinde, eine persönliche Animosität, die sich selbst nach Rabbiner Meyers Tod zwischen seinen Söhnen und Oettinger fortsetzte.[26]

1897 wurde das Regensburger Rabbinat ein regionales Rabbinat. 1911 wurden die Gemeinden aus Weiden und Floß diesem angegliedert. Der Synagogenbau in der Unteren Bachgasse, 1841 feierlich eingeweiht, war am Ende des 19. Jahrhunderts in sehr schlechtem Zustand, aber Aufrufe für eine Renovierung blieben unerwidert. Der Gemeindevorstand stelle sich dem Bau einer neuen Synagoge entgegen, offenbar eine weitere Demonstration seiner Konflikte mit dem Rabbiner. Erst als 1901 ein neuer Vorstand gewählt worden war, begann die Gemeinde, eine neue Synagoge zu planen und kaufte für diesen Zweck 1904 eine Grundstücksparzelle.[27] Im September 1907 fiel während eines Gebets ein großer Brocken vom Frauenbalkon in den Gebetsraum. Der Rabbiner erklärte daraufhin, dass die Synagoge unsicher sei und er sie deshalb nicht mehr betreten werde. Kurze Zeit später drängte er aus baupolizeilichen Gründen darauf, das Gebäude zu schließen. Nun musste die Gemeinde eine

---

[24] Wittmer, wie Anm. 2, S. 252.
[25] A.a.O., S. 232.
[26] Die Angaben basieren auf Dokumenten des Gemeindearchivs der CAHJP; vgl. auch Wittmer, wie Anm. 2, S. 255.
[27] Meyer, wie Anm. 2, S. 84 f. Die Ablehnung durch den vorhergehenden Vorstand ist indirekt beschrieben.

neue Synagoge bauen. Der Bau des Gebäudes verzögerte sich, da das bayerische Ministerium für Kirchen- und Schulangelegenheiten die Pläne für ein monumentales Gebäude ablehnte. Es forderte, dass es in der *gesünderen und einfacheren Bauweise* der *guten älteren Bauten Regensburgs* errichtet werden solle.[28] Die Pläne wurden entsprechend geändert, und die neue Synagoge wurde 1912 eingeweiht.[29] (Vgl. Abb. S. 195) Direkt daneben wurde ein Gemeindezentrum errichtet, das sowohl für einen Betsaal, eine Volksschule mit sieben Klassenzimmern, Gemeindebüros mit einem Konferenzraum als auch Appartements für einige der Gemeindefunktionäre und eine Mikwe Platz bot. In den Komplex war zudem ein Schlachthof für Geflügel integriert.

Die Einweihungsfeier bot eine Gelegenheit, die guten Beziehungen der Juden mit ihrer Umgebung zu demonstrieren. Als Zeichen der Wertschätzung ihrer jüdischen Mitbewohner erschienen fast alle lokalen Würdenträger, unter ihnen der Bürgermeister, fast der vollständige Magistrat sowie katholische und protestantische Geistliche. Es erwies sich als Ironie der Geschichte, dass der Bürgermeister in seiner Rede seine Zuhörer daran erinnerte, dass einst eine jüdische Synagoge in Regensburg zerstört worden war, und seiner Hoffnung Ausdruck verlieh, dass die „Fortschritte der Kultur" eine Wiederholung vergleichbarer Ereignisse zu verhindern in der Lage sein würden.[30] Es dauerte nur 26 Jahre, bis das Gegenteil bewiesen war.

Seit der zweiten Hälfte der 1890er Jahre begann eine jüdische „organisatorische Renaissance", während der sich in ganz Deutschland viele jüdische Vereine gründeten, so auch in Regensburg:

1898 wurde der Israelitische Verein Phoenix gegründet. Es war ein Geselligkeitsverein, der sich auch den Aufgabenbereichen Wohltätigkeit und Selbsthilfe widmete.[31] Im November 1902 folgte die Gründung einer Zionistischen Vereinigung.[32]

---

[28] Wittmer, wie Anm. 2, S. 228 f.
[29] Zur Synagoge vgl. Angerstorfer, Andreas/Berger-Dittscheid, Cornelia/Dittscheid, Hans-Christoph: Verlorene Tempel. Synagogen in Regensburg von 1788 bis 1938, in: Denkmalpflege in Regensburg 10, Regensburg 2006, S. 112–141, bes. S. 124–131. Vgl. dazu den Beitrag von Berger-Dittscheid u. Dittscheid über „Die neuzeitlichen Synagogen in Regensburg" in diesem Buch.
[30] Die Zeremonie wird sehr ausführlich bei Meyer vorgestellt, die Texte aus den wichtigsten Reden integrierend, Meyer, wie Anm. 3.
[31] Wittmer, wie Anm. 2, S. 217.
[32] Wittmer, wie Anm. 2, S. 218.

Die sinkenden Mitgliederzahlen in der Gemeinde und der Geburtenrückgang hatten starke Auswirkungen auf die Schülerzahl in der jüdischen Volksschule. Nur noch zehn Schüler besuchten 1907 den Unterricht.[33]

2. Erster Weltkrieg

Als der Krieg ausbrach, war ganz Deutschland von einer patriotischen Ekstase ergriffen, die Juden – die Regensburger eingeschlossen – bildeten hierbei keine Ausnahme. Rabbiner Meyer zum Beispiel schrieb, dass die waffenfähigen Männer auszogen,

> *um das teure Vaterland, deutsches Wesen und Kultur mit dem Schwerte zu schützen. Es ist die heilige Pflicht der Zurückbleibenden durch die verschiedenen Zweige der Hilfsarbeit, aber auch durch andächtiges Gebet die Aufgabe des tapferen Heeres mit Herz und Hand zu unterstützen.*

Aus diesen Gründen veranlasste er das Lesen von Psalmen in der Synagoge und verfasste ein Gebet, in dem er den Schöpfer bat, *nicht nur die Söhne und Brüder der Gemeinde, sondern auch die christlichen Söhne unseres Landes* zu beschützen. Er segnete jeden eingezogenen jüdischen Soldaten, bevor dieser an die Front aufbrach.[34] Die Juden spendeten zudem sehr großzügig. Beispielsweise übergaben sie 2.500 Mark im August 1914 an den Bürgermeister, um so die Familien der *ins Feld gezogenen Regensburger* zu unterstützen. Die Weinkellerei Karl Lehmann stellte 500 Flaschen Wein für verwundete Soldaten zur Verfügung, die in Lazaretten in Regensburg behandelt wurden. Der Hopfenhändler David Rosenblatt beteiligte sich 1917 mit 10.000 Mark an der Ludendorff-Spende.[35]

Es ist bekannt, dass 53 Regensburger Juden (es könnten auch mehr gewesen sein) sich freiwillig zum Armeedienst meldeten. Einer von ihnen, der zu jung war, fälschte sein Alter, um berücksichtigt zu werden. 16 von ihnen wurden Offiziere, mindestens drei erhielten das

---

[33] Der Israelit, Jg. 49, Nr. 7: 13.2.1908, S. 8.
[34] Wittmer, wie Anm. 2, S. 232 f.
[35] Wittmer, wie Anm. 2, S. 233.

Eiserne Kreuz. Fritz Firnbacher erhielt zusätzlich die Silberne Tapferkeitsmedaille. Elf Juden aus Regensburg wurden im Krieg getötet.[36]

3. Weimarer Zeit

Da es in der Weimarer Zeit mehr Sterbefälle als Geburten unter den Regensburger Juden gab, ging ihre Zahl – wie überall in Deutschland in dieser Zeit – kontinuierlich zurück. In den späten 1920er und frühen 1930er Jahren trug die Emigration aus dem krisengeplagten Deutschland das Ihre zu dieser Entwicklung bei. In der Volkszählung von 1925 wurden 514 Juden in Regensburg statistisch erfasst. 1931 waren es 489, und in der Volkszählung im Jahr 1933 wurden 427 Juden gezählt – ein Rückgang um 17% in acht Jahren. Sie machten 0,5% der Gesamtbevölkerung der Stadt aus, gegenüber 90,8% Katholiken, 8,2% Protestanten und 0,5% anderen.

Juden und das gesellschaftliche Umfeld

Nach dem Ende des Ersten Weltkriegs erlebte der Antisemitismus in Deutschland einen starken Aufschwung. Bayern war, zum Teil wegen der führenden Rolle, die Juden im linken Flügel der Revolution spielten, ein bedeutendes Zentrum dieses Antisemitismus. Die Mehrheit der bayerischen und Regensburger Juden distanzierte sich von den Revolutionären. Rabbiner Meyer rief in seiner Zeitung offen zur Unterstützung der Bayerischen Volkspartei auf:

> *Jude oder Christ,*
> *Wer gottesgläubig ist,*
> *Komme herbei*
> *Zur Bayerischen Volkspartei.*[37]

Am 10. Januar 1919 brach ein Volksaufruhr in Regensburg aus, währenddessen Soldaten in der Stadt stationiert wurden und Ortsansässige 18 Geschäfte plünderten. Sieben davon gehörten Juden.[38] Einer der fe-

---

[36] Eine Auflistung findet sich bei Wittmer, wie Anm. 2, S. 236.
[37] Deutsche Israelitische Zeitung, Jg. 36, Nr. 1: 2.1.1919, S. 1 – 4.
[38] Die Geschäfte sind aufgelistet bei Wittmer, wie Anm. 2, S. 238 f.

der führenden Antisemiten in Regensburg war der Architekt Lorenz Mesch. Einige hohe Geistliche in der Stadt stellten sich dem Antisemitismus entgegen, wie Wolfgang Prechtl, der am 24. März 1919 an der Seite von Rabbiner Meyer zu einer öffentlichen Veranstaltung gegen Antisemitismus erschien, und Bischof Antonius von Henle, der 1922 an dem gegen den Antisemitismus gerichteten Werk „Deutscher Geist und Judenhaß" mitwirkte.[39]

Der Regensburger Domdekan Franz Xaver Kiefl erblickte dagegen in den Juden das Grundübel für den Umbruch. Die Revolution sei jüdisch, die Monarchie dagegen verkörpere *das christliche Staatsideal*. Wem die Sympathien des Regensburger Dekans galten, wird deutlich, als er über den Eisner-Mörder Anton Graf von Arco äußert:

> *Selbstloser, reiner Idealismus, wie er mitten in unserem Zusammenbruch und Verfall in der Gestalt unseres jugendlichen Nationalhelden Grafen Arco aufflammte, kann allein in unserem Volke neues Leben entzünden.*[40]

Diese Schrift erschien im Manz-Verlag in Regensburg, der eine ganze Reihe ähnlicher Bücher veröffentlichte.[41]

In der Nacht vom 14. auf den 15. August 1924 wurden auf dem jüdischen Friedhof zehn Grabsteine mit Hakenkreuzen beschmiert. Ein weiterer Versuch, den Friedhof zu entweihen, wurde in den Nachtstunden zwischen dem 7. und 8. Mai 1927 unternommen. Die Täter wurden von den Friedhofswärtern bemerkt und entkamen nach dem Umwerfen von vier Grabsteinen.[42]

Einige der wichtigen Nazi-Propagandisten und – Führer wie Georg Strasser, Julius Streicher und Ludwig Münchmeyer erschienen in Regensburg und hielten antisemitische Reden. Der Gauleiter der Oberpfalz, Adolf Wagner, sprach im Oktober 1929 vor 450 Personen.[43] Aber

---

[39] Deutsche Israelitische Zeitung, Jg. 44, Nr. 21: 21.10.1927, S. 5.
[40] [Kiefl, Franz Xaver: Katholische Weltanschauung und modernes Denken. Essays über die Hauptstationen der neueren Philosophie, Regensburg 1922, S. VI.]
[41] Die Zitate finden sich auch in: Brenner, Michael: Von der Novemberrevolution bis zu den Adventspredigten. Zum Verhältnis zwischen Juden und Katholiken in Bayern zwischen 1918 und 1933, in: Schuller, Floria/Veltri, Guiseppe/Wolf, Hubert (Hg.): Katholizismus und Judentum. Gemeinsamkeiten und Verwerfungen vom 16. bis zum 20. Jahrhundert. Regensburg 2005, S. 270–281, hier S. 272.
[42] Central Verein Zeitung, Jg. 6, Nr. 19: 13.5.1927, S. 269; Israelitisches Familienblatt, Jg. 29, Nr. 20: 19.5.1927, 4. Seite; Wittmer, wie Anm. 2, S. 250.
[43] Wittmer, wie Anm. 2, S. 254.

wie in den meisten Städten mit überwältigender katholischer Mehrheit konnten die Nazis nicht viele Anhänger gewinnen. 1930 hatte die NSDAP nur ein Mitglied im Stadtrat.[44]

Die meisten Juden fühlten sich in der Stadt gut integriert. Jüdische Kaufleute prägten weiterhin das Stadtbild mit. Das größte Kaufhaus in Regensburg, Tietz, feierte im September 1928 sein 40-jähriges Betriebsjubiläum. Es hatte zwei Filialen in der Ludwigstraße und in Stadtamhof (Andreasstraße 2), in denen 130 Angestellte beschäftigt waren. Das zweitgrößte Kaufhaus war Schocken in der Pfauengasse. Beide befanden sich im Besitz von Juden.

Fritz Oettinger, der Vorsitzende der Gemeinde, saß für die Deutsche Demokratische Partei (DDP) im Stadtrat und war Vorsitzender der „Schlaraffia Ratisbona", einem Geselligkeitsverein, der bis heute existiert,[45] 1859 in Prag gegründet wurde, mit dem Ziel, Kunst, Humor und Freundschaft zu pflegen.

Ein typisches Beispiel waren die Beziehungen, welche die Juden zu den örtlichen Kriegervereinen unterhielten, gesellschaftlichen Organisationen, die in vielen Städten eine Basis für den radikalen rechten Flügel boten. Am 13. November 1927 hielten die Vereinigten Krieger- und Regimentsvereine Regensburgs einen Heldengedenktag für die Gefallenen des Ersten Weltkriegs ab. Die Gedenkfeier wurde im katholischen Dom veranstaltet, in einer protestantischen Kirche und in der jüdischen Synagoge. Einige der Kriegervereine schickten ihre Fahnen zur Synagoge, wo sie während des Festgottesdienstes hingen. Dies brachte den nationalsozialistischen „Völkischen Beobachter" in München auf, der behauptete, dass dies eine Pietätslosigkeit gegenüber den gefallenen bayerischen Soldaten wäre.[46] Wochen vorher hatte sich der Reichsbund jüdischer Frontsoldaten an der Einweihung des Regensburger Gefallenendenkmals beteiligt, was die Wut des nationalsozialistischen „Stürmer" hervorrief, der den Bund heftig attackierte. Die jüdischen Ex-Soldaten verklagten die Zeitung wegen Verleumdung, aber der Herausgeber, Julius Streicher, machte geltend, dass zu dem Zeitpunkt, als die Attacke veröffentlicht worden war, die Zeitung von dem Reichs-

---

[44] Wittmer, wie Anm. 2, S. 274.
[45] Wittmer, wie Anm. 2, S. 250.
[46] Deutsche Israelitische Zeitung, Jg. 44, Nr. 26: 29.12.1927, S. 4.

tagsabgeordneten Dietrich (NSDAP) herausgegeben worden sei, der wegen seiner Mitgliedschaft im Reichstag Immunität besitze. Das Gericht folgte dieser Argumentation.[47]

Am 29. Januar 1929 untersagte der bayerische Landtag das rituelle Schächten. Geflügel fiel nicht unter das Verbot, aber der Zwang, Fleisch aus anderen Teilen Deutschlands importieren und Steuern dafür zahlen zu müssen, machte den Konsum von koscherem Fleisch zu einem äußerst teuren Vergnügen. Das Schächtverbot war die erste Verletzung der Rechtsgleichheit von Juden, schon einige Jahre bevor die Nazis an die Macht kamen. Dies zeigt, dass der Antisemitismus in Bayern nicht nur unter den Nazis starken Zuspruch erhielt.

Innerjüdisches Leben

Rabbiner Seligmann Meyer war der Vorsitzende der Bayerischen Rabbinerkonferenz. Die Tatsache, dass er als Rabbiner einer mittelgroßen Gemeinde und eines mittelgroßen Bezirks diese Position innehatte, bezeugt das Ansehen, das er unter den anderen Rabbinern genoss. Sein Konflikt mit dem liberalen Gemeindevorstand, besonders mit dessem Vorsitzenden Fritz Oettinger setzte sich allerdings fort. Im Juni 1925 forderte Oettinger, Meyer solle von seinem Amt zurücktreten und den Platz für einen neuen Rabbiner freigeben. Meyer litt seit einiger Zeit an einer Herzkrankheit und konnte nur schwer all seinen Verpflichtungen nachkommen. Im Herbst 1925 erklärte er sich mit seiner Pensionierung einverstanden unter der Bedingung, dass die Gemeinde einen Schüler des Hildesheimerschen Rabbinerseminars[48] (einer gemäßigt orthodoxen Institution, in der Richtung, wie Meyer sie selbst vertrat) als neuen Rabbiner berufe. Wenig später, am 31. Dezember 1925, starb Meyer.

Die Menschen, die zu seiner Beerdigung kamen – Juden und Christen – versammelten sich so zahlreich, dass der Friedhof überfüllt war und die Trauergäste bis in die nahegelegene Schillerstraße standen. Unter den Anwesenden waren der Regierungspräsident der Oberpfalz, der Oberbürgermeister, der Fürstliche Thurn und Taxis-Hofmarschall, ein Domkapitular und andere Notabeln, Rabbiner und Repräsentanten

---

[47] Deutsche Israelitische Zeitung, Jg. 44, Nr. 21: 21.10.1927, S. 5.
[48] Wittmer, wie Anm. 2, S. 251.

anderer jüdischer Gemeinden. Zu denen, die eine Trauerrede hielten, gehörte auch Fritz Oettinger.[49] Bis zur Wahl eines neuen Rabbiners wurde das Rabbinat vorübergehend dem Distriktrabbiner von Neumarkt, Dr. Magnus Weinberg, unterstellt.

In der Weimarer Zeit stieg die Zahl der religiös-liberalen und säkularen Juden weiter, nur eine Minderheit hielt die jüdischen Gebote. Gleichwohl unterschieden sich die liberalen und religiös indifferenten Juden in Regensburg immer noch von denen in größeren Städten und in Norddeutschland (die Vereinigung für das liberale Judentum beklagte 1925, dass sie kein einziges Mitglied aus Regensburg habe[50]). Es gab einige Gebote und Traditionen, die nach wie vor eingehalten wurden. Aus religiöser Sicht gehörten diese allerdings – wie in vielen Gesellschaften, die mehr an Tradition als an Religion festhalten – nicht unbedingt zu den wichtigsten wie etwa die Beachtung des Schabbat. Die Beschneidung neugeborener Jungen blieb ein weitverbreitetes Phänomen, die Gebete in der Synagoge beließ man in orthodoxem Ritus. Viele der Regensburger Juden bauten Laubhütten in ihren Gärten oder auf ihren Balkonen und zündeten Chanukkakerzen an.[51]

Unter den Gemeindemitgliedern gab es viele, die – obwohl sie selber keine orthodoxe Lebensweise an den Tag legten – die Religiös-Liberalen ablehnten und die Idee einer traditionsbewussten Gemeindeführung unterstützten. Ihre Ansichten wurden von einer Partei vertreten, die sich „Religiöse Mittelpartei und Rechtsstehende liberale Juden" nannte. Während der gesamten Weimarer Zeit kämpfte sie mit der liberalen Partei um die Führung in der Gemeinde.

Im April 1926 empfahl Isaak Meyer, der Sohn von Rabbiner Seligmann Meyer und Führer der Konservativen in der Gemeinde, dass Frauen die Erlaubnis erhalten sollten, bei den Kommunalwahlen mitzustimmen. Dieser Vorschlag verdeutlicht den Unterschied zwischen den gemäßigten orthodoxen Führern in Regensburg und den orthodoxen Führungspersönlichkeiten in den größeren Städten, wo zumeist (mit wenigen Ausnahmen, wie beispielsweise Rabbiner Nehemia Anton Nobel aus Frankfurt am Main) orthodoxe Rabbiner sich dem Wahlrecht

---

49 Ebd.; Der Israelit, Jg. 67, Nr. 4: 21.1.1926, S. 5 f.
50 CAHJP A/103.
51 Wittmer, wie Anm. 2, S. 252.

für Frauen widersetzten. Meyers Empfehlung wurde bis Oktober nicht genehmigt. In der Zwischenzeit fanden im Juni 1926 die Gemeindewahlen statt. Die Liberalen gewannen eine Mehrheit, Fritz Oettinger wurde als erster Vorstand wiedergewählt. Jedoch mussten – nachdem ein neues Statut befürwortet worden war, in dem Frauen das Wahlrecht zugesprochen wurde – bald darauf Neuwahlen durchgeführt werden. Sie wurden auf den 5. Dezember 1926 festgesetzt. Beide Parteien hatten nun auch Frauen auf ihre Listen gesetzt.

Die jüdische Gemeinde in Regensburg wurde von zwei Organen geleitet: Einer 16-köpfigen Gemeindevertretung, die in gewisser Weise als zweite Kammer fungierte und mehrheitlich über finanzielle Angelegenheiten abstimmte, und einem Verwaltungsausschuss von vier oder fünf Mitgliedern, welcher die Angelegenheiten der Gemeinde führte. An seiner Spitze stand der erste Vorstand (oder Vorsitzende). In Regensburg wählten die Gemeindemitglieder sowohl die gesamte Gemeindevertretung als auch direkt den ersten Vorstand, wohingegen in den meisten Gemeinden nur die Gemeindevertretung gewählt wurde, deren Mitglieder dann den ersten Vorstand bestimmten.

Der Wahlkampf für die Neuwahlen im Dezember 1926 war sehr erbittert, beide Seiten attackierten einander. Die Konkurrenz zwischen Fritz Oettinger und den Söhnen des verstorbenen Rabbiner Meyer, die das konservative Lager der Gemeinde anführten, wurde manchmal persönlich ausgetragen. Nicht weniger als 95% der Wahlberechtigten gaben ihre Stimme ab – eine der höchsten Wahlbeteiligungen in der Geschichte der deutschen Juden. Nachdem die Stimmen ausgezählt worden waren, stand fest, dass die Religiös-Konservativen mit knapper Mehrheit gewonnen hatten. Sie erhielten 172 Stimmen gegenüber 149 Stimmern, welche auf die Liberalen gefallen waren. Erstere entsandten neun Mitglieder in die Gemeindevertretung. Die Liberalen erhielten sieben Sitze. Außerdem gewannen die Religiös-Konservativen die Vorstandswahl, wenn auch mit einem geringen Vorsprung: Ihr Kandidat, David Rosenblatt, erhielt 165 Stimmen, während der Liberale, Fritz Oettinger, 159 Stimmen auf sich vereinigen konnte.[52] Es hat den An-

---

[52] Wittmer, wie Anm. 2, S. 257; CAHJP A/104; Der Israelit, Jg. 67, Nr. 52: 29.12.1926, S. 5 f. Letztgenannter Artikel gibt fälschlicherweise an, dass die Konservativen zehn Repräsentanten hatten.

schein, als ob die Frauen, die im Regelfall deutlich traditioneller eingestellt waren als ihre Männer[53], die Mehrheitsverhältnisse zu Gunsten der Religiös-Konservativen verändert hatten.

Die Konservativen genossen darüber hinaus Unterstützung von den Ostjuden, Juden, die aus dem Osten Europas nach Deutschland gekommen waren. Die liberal eingestellten Entscheidungsträger in der Gemeinde waren – wie die jüdisch-liberalen Führer in ganz Deutschland – der Meinung, dass die Ostjuden, die weniger gut mit den Traditionen der deutschen Bildung vertraut waren und konstant von den Antisemiten attackiert und stigmatisiert wurden, nicht das Recht haben sollten, Einfluss auf das Leben der jüdischen Gemeinden zu nehmen. Deshalb wurden Beschränkungen ihres Wahlrechts festgelegt. In Regensburg erhielten die Ostjuden lediglich das aktive, nicht jedoch das passive Wahlrecht. Dennoch umging die Regensburger Gemeinde – anders als viele andere Gemeinden – das Festsetzen einer „Karenzzeit" für Ostjuden, einer befristeten Zeitspanne, in der ein Wähler in der Stadt leben musste, bevor er an Wahlen teilnehmen durfte. Dies mochte darin begründet sein, dass es in Regensburg nicht so viele Ostjuden gab, die bedeutenden Einfluss ausübten.[54]

Die konservative Gemeindeführung, die 1926 gewählt worden war, unternahm Renovierungen und Verbesserungen in Institutionen, welche die vorausgehende Führung ignoriert hatte. In einem Jahr – 1927 – modernisierte sie das Ritualbad, renovierte die Synagoge, installierte in der Synagoge eine Zentralheizung und baute zudem ein modernes Beleuchtungssystem ein.[55]

Der neue Vorstand wählte 1927 einen neuen Rabbiner, Dr. Harry Levy, der zugleich Bezirksrabbiner des Rabbinatsbezirks Regensburg wurde. Levy war Schüler des Hildesheimer'schen Rabbinerseminars (wie es sich Rabbiner Meyer gewünscht hatte) und hegte Sympathien für den Zionismus. Er zeigte außerdem Interesse an der chinesischen Sprache und Literatur. Er schaffte es, auf die Liberalen einen guten Ein-

---

[53] Zu Marion Kaplans These, jüdische Frauen seien im Kaiserreich traditionsbewusster als jüdische Männer gewesen, siehe Kaplan, Marion: The Making of the Jewish Middle Class, New York 1991, bes. Kap. 2.
[54] Zu dem Thema der Ostjuden in Deutschland vgl. Maurer, Trude: Ostjuden in Deutschland 1918–1933, Hamburg 1986, zu Regensburg vgl. S. 619.
[55] Israelitisches Familienblatt, Jg. 30, Nr. 22: 31.5.1928, 3. Seite.

druck zu machen und unterhielt gute Beziehungen zu beiden Lagern innerhalb der Gemeinde. Er stand darüber hinaus in gutem Kontakt mit dem Bischof von Regensburg, Dr. Michael Buchberger, der ebenfalls 1927 ernannt worden war.

Die Weimarer Zeit war eine Epoche, in der sich jüdisches Leben in Deutschland in vielfaltiger Hinsicht entwickelte.[56] Interessanterweise waren die späten 20er Jahre eine Zeit der besonders großen Ausweitung von Aktivitäten innerhalb der jüdischen Gemeinden in ganz Deutschland, obwohl dies zugleich Jahre schwerwiegender wirtschaftlicher Krisen waren, die sich auch auf die jüdischen Gemeinden auswirkten. Wegen des wirtschaftlichen Zusammenbruchs von vielen Familien und der aussichtslosen Situation für Jugendliche auf dem Arbeitsmarkt schlossen sich viele aus dem Kreis der jüdischen Jugend einer radikallinken Partei oder Organisation an. Die Gemeinden hatten Angst vor der großen Gefahr, welche die sogenannte „rote Assimilation" für die Juden darstellte, und unternahmen deshalb große Anstrengungen, ein jüdisches Umfeld aufzubauen, das junge Menschen anziehen und sie in der Gemeinde halten sollte. Gleichzeitig erlebten viele Juden in deutschen Vereinen und der deutschen Gesellschaft einen wachsenden Antisemitismus und suchten in jüdischen Vereinen und sozialen Institutionen Zuflucht, was zu deren Wachstum beitrug.

Regensburg stellte keine Ausnahme dar; unter der Führung des neu berufenen Rabbiners Levy entwickelte sich das Gemeindeleben kontinuierlich. 1928 gründete er einen Verein für Jüdische Geschichte und Literatur, der vielfaltige Aktivitäten entfaltete – nicht nur in Form von Vorträgen, sondern auch in der Veranstaltung von Kursen in jüdischer Geschichte und Bibelkunde. 1929 wurde eine Bücherei eröffnet. Levy gründete außerdem einen Talmud-Studienkreis. Die jüdischen Vereine, wie z. B. die Ortsgruppe des Centralvereins deutscher Staatsbürger jüdischen Glaubens (CV) und der Reichsbund jüdischer Frontsoldaten (RjF), der Frauenverein, die zionistische Ortsgruppe und der soziale Verein Phoenix erhöhten ihre Aktivitäten ebenso wie die bestehenden Jugendvereine in Regensburg: der orthodoxe „Esra"-Jugend-

---

[56] Brenner, Michael: The Renaissance of Jewish culture in Weimar Germany, New Haven 1996. [Deutsche Ausgabe, Brenner, Michael: Jüdische Kultur in der Weimarer Republik, München 2000.]

verein, der jüdische Jugendverein und die zionistische Sportgruppe „Makkabi".

Die Wirtschaftskrise war außerdem für die Gründung von jüdischen Organisationen verantwortlich, die Wohltätigkeitszwecken dienten. So wurde beispielsweise 1928 ein Mittagstisch für Personen mit geringem Auskommen ins Leben gerufen und 1931 eine „Jüdische Altershilfe Regensburg e. V.". Im Jahr 1929 gründete die Gemeinde einen Wohltätigkeitsausschuss, der die Arbeit der verschiedenen lokalen jüdischen Vereine, die sich im Bereich der Fürsorge engagierten, kontrollierte und koordinierte[57], eine von vielen Gemeinden in dieser Zeit gewählte Form, um sicherzustellen, dass das Geld, welches zur Verfügung gestellt wurde, so effizient wie möglich verwendet wurde. 1930 eröffnete die jüdische Gemeinde ein Altenheim. Die Genehmigung dafür hatte sie bereits 1920 erhalten, aber die Stiftung benötigte zehn Jahre, um die notwendigen Finanzmittel aufzubringen.

Die rechtliche Gleichstellung, die den Juden in der Weimarer Republik zugesichert worden war, beeinflusste die jüdische Volksschule, die 1919 einer öffentlichen Volksschule in fast allen Punkten gleichgestellt wurde; auch der Lehrer hatte die Stellung eines Staatsbeamten erhalten.[58] Die sinkenden Schülerzahlen führten jedoch in der Volksschule zu einer Reduzierung der Anzahl der Klassen von sieben auf vier. Ab der vierten Klasse wechselten die jüdischen Kinder auf eine nicht-jüdische Mittelschule. 1921 wurden 13 Kinder in den vier Klassen der jüdischen Volksschule unterrichtet.[59] Gegen Ende der 1920er Jahre stieg ihre Zahl, 1928 waren es 20 Schüler.[60] Der Anstieg in dieser Zeit kann als Ergebnis eines wachsenden Antisemitismus in den Schulen – sowohl von Seiten der Mitschüler als auch der Lehrer – in ganz Deutschland beobachtet werden. 1932 hatte die jüdische Volksschule 18 Schüler.[61]

Auch der Friedhof füllte sich, eine Ausdehnung des Geländes wurde dringend, aber für die Gemeinde war es schwierig, die notwendigen Finanzmittel aufzubringen.[62] Letztlich wurde er 1926 vergrößert. In

---

57 PKG file Regensburg II, basierend auf CAHJP A/288a.
58 PKG file Regensburg II, basierend auf CAHJP A/164.
59 Wittmer, wie Anm. 2, S. 246.
60 Israelitisches Familienblatt, Jg. 30, Nr. 22: 31.5.1928, 3. Seite.
61 PKG file Regensburg II, basierend auf CAHJP A/164.
62 Brief an den Bayerischen Iraelitischen Gemeindeverband im Jahr 1923 in: PKG file Regensburg II, basierend auf CAHJP O/8/5.

diesem Jahr erhöhte die Gemeinde die Steuer, die sie von ihren Mitgliedern erhob, und verlangte den höchsten Betrag, der je eingefordert wurde: 27 % ihrer Einkommensteuer. Diesen gegenüber standen 15 % Einkommensteuer, welche die Juden im Jahr zuvor bezahlt hatten. 1927 wurde die Steuer auf 17 % der Einkommenssteuer reduziert.[63]

Das Gedeihen jüdischen Lebens in den späten 1920ern konnte nicht das Gefühl von Hilflosigkeit aufwiegen, das durch die Kombination eines wachsenden Antisemitismus und der wirtschaftlichen Krise hervorgerufen wurde.

Die Leitungen der zwei sich bekämpfenden politischen Fraktionen stimmten, vom Bayerischen Israelitischen Gemeindeverband gedrängt, darin überein, dass die aktuellen Verhältnisse innerjüdische Streitigkeiten nicht mehr zuließen und die jüdische Einheit aufrecht erhalten werden müsse. Im November 1928 einigten sie sich auf eine gemeinsame Liste für die Gemeindevertretung, in der acht Liberale und acht Konservative Aufnahme fanden. Der Konservative David Rosenblatt war der einzige Kandidat für die Position des ersten Vorstands. Am 16. November 1929 fand eine Sitzung des Wahlausschusses statt. Dabei lief eine Art Zeremonie ab, die sich bis zum Untergang der Gemeinde mehrfach wiederholen sollte: Drei Listen mit Kandidaten wurden vorgelegt – eine der Liberalen, eine der „Religiösen Mittelpartei und Rechtsstehenden liberalen Juden" und die „Gemeinschaftsliste", die Kandidaten beider Parteien aufgenommen hatte. Nach dieser Formalität nahmen die Repräsentanten der zwei Parteien ihre Listen zurück, so dass die „Gemeinschaftsliste" als einzige übrig blieb. Die einzige Aufgabe, die dem Wahlausschuss zur Erledigung zukam, war die Überprüfung, ob diese Liste irgendwelche Abweichungen von festgeschriebenen Vorschriften aufwies. Auf diese Weise wurde eine Wahlkampagne überflüssig.

Dennoch brach kurze Zeit später ein Konflikt aus: Es ging um die Benennung eines neuen Repräsentanten nach dem Tod eines der konservativen Mitglieder der Gemeindevertretung im April 1930. Der nächste Kandidat auf der Gemeinschaftsliste war ein Liberaler – doch wenn er gewählt worden wäre, hätten die Liberalen in der Gemeinde-

---

[63] CAHJP A/503.
[64] Die ganze Angelegenheit ist beschrieben in CAHJP A/128. Vgl. auch PKG file Regensburg II, basierend auf CAHJP B/V/7.

vertretung über eine Mehrheit von 9 zu 7 Stimmen verfügt. Die konservative Verwaltung der Gemeinde wollte dies nicht zulassen und ernannte ein Mitglied ihrer Liste für die Gemeindevertretung, wodurch das Machtverhältnis von 8 zu 8 Stimmen beibehalten wurde.

Als Reaktion darauf legte Fritz Oettinger im Juni 1930 Berufung beim Landesschiedsgericht Bayerischer Israelitischer Gemeinden ein. Hier wurde am 30. Juni 1930 eine Entscheidung getroffen, welche die liberale Position begünstigte. Die Gemeinde strebte eine Berufung gegen diese Entscheidung an. Die Bearbeitung dieses Berufungsverfahrens wurde mehrmals verschoben und in der Zwischenzeit befasste sich auch der Stadtrat von Regensburg mit dieser Angelegenheit.[64] Schließlich war der Druck auf die streitenden Fraktionen groß genug, ihre Differenzen auszugleichen und ihren Streit beizulegen: Am 17. Dezember wurde ein Kompromiss unterschrieben, nach dem alle Fraktionen aufgelöst wurden. Das Gleichgewicht in der Gemeindevertretung wurde beibehalten und Fritz Oettinger wurde zum zweiten Vorsitzenden ernannt.[65]

Die Einheit wurde im April 1931 erneut bekräftigt, als ein weiteres Treffen des Wahlausschusses stattfand und die Konservativen und Liberalen wie bereits zuvor ihre eigenen Kandidatenlisten zurücknahmen und einer vereinigten Liste zustimmten, deren Kandidaten ohne Abstimmung akzeptiert wurden.[66]

Der konservative Erste Vorsitzende der Gemeinde, David Rosenblatt, litt zu dieser Zeit unter Gesundheitsproblemen. Im Februar 1930 wurde deshalb an seiner Statt Josef Lilienfeld zum ersten Vorstand ernannt. Im August desselben Jahres beendete Rosenblatt seine Mitgliedschaft im Verwaltungsausschuss.[67] Er beteiligte sich jedoch weiterhin aktiv in der Vertreterversammlung, fungierte als ihr Vorsteher und nahm 1931 sein Amt als Vorsitzender des Verwaltungsausschusses wieder auf.

In der Gemeinde bestand weiterhin keine völlige Harmonie. Rabbiner Levy lag im Streit sowohl mit einigen der führenden Liberalen wie auch persönlich mit Isaak Meyer. Zudem entwickelte sich die wirtschaftliche Lage der Gemeinde dahingehend, dass es schwierig wurde, die Zahlung seines Gehalts weiter fortzusetzen. Als Folge kündigte Levy 1931 seine

---

[65] CAHJP A/52 Protokollbuch, S. 98. Vgl. auch Oettingers Brief vom 20.1.1931 in CAHJP A/503.
[66] CAHJP A/52 Protokollbuch, S. 106a–106b.
[67] CAHJP A/52 Protokollbuch, S. 86–88, 95.

Stelle; das Distriktrabbinat Regensburg wurde mit dem Distriktrabbinat von Neumarkt zusammengelegt. Beide Distrikte zahlten nun gemeinsam das Gehalt eines Rabbiners. Der Rabbiner von Neumarkt war Dr. Magnus Weinberg, der schon nach dem Tod von Rabbiner Meyer 1926 vorübergehend die Pflichten des Regensburger Distriktrabbiners übernommen hatte. Nach dem Zusammenschluss zog Dr. Weinberg nach Regensburg, um das vergrößerte Distriktrabbinat zu leiten.

Dr. Magnus Weinberg

Die Reduzierung des Gehalts, das für den Rabbiner gezahlt wurde, war wichtig für die Gemeinde, die zu dem Zeitpunkt mit den Folgen der schweren wirtschaftlichen Krise kämpfte, und kam besonders dem Unvermögen vieler Mitglieder entgegen, ihre Kirchensteuer zu entrichten, welche die Haupteinnahmequelle der Gemeinde darstellte.

Während der zweiten Hälfte der 1920er Jahre stiegen die Ausgaben der Gemeinde signifikant, entsprechend dem Zuwachs der jüdischen Veranstaltungen, Aktivitäten für das Gemeinwohl eingeschlossen. Während 1924 der Etat 31.000 Mark umfasste (von denen 23.525 Mark aus Steuermitteln stammten), gab die Gemeinde 46.736 Mark im Jahr 1930 aus – ein Anstieg der Kosten um fast 50%. Es gelang der Gemeinde, ihre Ausgaben 1931 vor allem durch die Reduzierung der Bürokosten um 15% auf 40.721 Mark zu senken. Sie erreichte dies, ohne den Betrag zu kürzen, der für Gehälter der Angestellten ausgegeben wurde. Da man erwartete, dass die Einnahmen 1932 noch weiter zurückgehen würden, wurden die geplanten Ausgaben für 1932 auf 35.700 Mark reduziert. Dies sollte durch eine starke Senkung der Gehälter erreicht werden.[68] Deshalb war die Möglichkeit, das Rabbiner-Gehalt durch die

---

[68] Die Information ist entnommen aus CAHJP A/503, A/52 (Protokollbuch, s. besonders S. 126a); PKG volume, S. 188.

Zusammenlegung der Ditriktsrabbinate zu reduzieren, ein wesentlicher Faktor bei der Planung des Haushalts.

Die Einnahmen 1932 waren deutlich geringer als angenommen, die Gemeinde kämpfte, um ihre Geldmittel zu erhalten. Am 9. April 1932 kam die Gemeindevertretung überein, eine „Kopfsteuer" einzuführen, die jeder Jude zu zahlen hatte. Eine Woche später wurde sie in „Krisensteuer" umbenannt. Es gab sechs Tarifgruppen, die von einer bis zu zwölf Mark pro Monat reichten. Darüber hinaus musste jeder Jude, der Arbeitgeber war, 0,50 Mark pro beschäftigtem Angestellten entrichten. Die Idee dieser Art von Steuer stammte von den Gemeinden Augsburg und Würzburg; die Regensburger Gemeinde erbat von ihnen entsprechende Informationen. In Augsburg war die Steuer in fünf Klassen eingeteilt, die zwischen 10 und 120 Reichsmark zahlten – zehnmal mehr als der in Regensburg zu entrichtende Betrag.[69]

Fritz Oettinger wickelte als zweiter Vorstand die Steuereintreibung ab – eine schwierige Angelegenheit in der Zeit der wirtschaftlichen Krise. Auf diese Weise wurde er wohl die zentrale Figur bei der Erhaltung der Funktionstüchtigkeit der Gemeinde. David Rosenblatts Gemeindeführung wurde durch seinen schlechten Gesundheitszustand eingeschränkt. Zudem wuchs die Stärke der Liberalen innerhalb der Gemeinde. Oettinger war bei dem Treffen des Wahlprüfungsausschusses am 16. November 1932 der einzige Kandidat für das Amt des Ersten Vorsitzenden. David Rosenblatt führte bei dieser Versammlung den Vorsitz, was bestätigt, dass der Führungswechsel in gegenseitigem Einvernehmen stattfand.[70]

Trotz aller Not setzte sich jüdisches Leben fort. 1932 feierte die jüdische Volksschule ihr 100-jähriges Bestehen. Gleichzeitig verabschiedete sich Siegmund Stein in den Ruhestand, nachdem er 47 Jahre als Pädagoge gewirkt hatte. Seine bescheidene Abschiedsfeier wurde auch das Ende einer Epoche: Sie war die letzte Feierlichkeit, welche die Regensburger Juden als gleichberechtigte Staatsbürger in Deutschland abhalten konnten.

(Aus dem Englischen übersetzt von Andrea Sinn)

---

[69] CAHJP A/52 Protokollbuch, S. 131–133; A/503.
[70] CAHJP A/104; Wittmer, wie Anm. 2, S. 269.

Mathias Heider

Die jüdische Gemeinde in Regensburg und ihr Rabbiner Seligmann Meyer, 1881–1925[1]

Können religiöse und staatsbürgerliche Pflichten einander ausschließen? Sollte sich eine religiöse Minderheit der Mehrheit anpassen, um gesellschaftliche Anerkennung zu erlangen? Wie lassen sich Religions- und Rassenhass wirksam bekämpfen? Hochaktuelle Probleme, die heute hauptsächlich in Bezug auf den Islam diskutiert werden. Im 19. Jahrhundert war es jedoch das deutsche Judentum, das sich derartigen Fragen ausgesetzt sah. Mit der sukzessiven rechtlichen Gleichstellung im Gefolge der Französischen Revolution hatte sich die Lage der deutschen Juden in ihrer Gesamtheit erheblich verbessert. Zunehmende Integration und Assimilation brachten jedoch neue Probleme mit sich, die vor allem das Verhältnis von Religion, Tradition und Identität zur Moderne westlicher Prägung betrafen.

Das Judentum des 19. Jahrhunderts wurde geprägt vom Konflikt zwischen Reformbewegung und Orthodoxie. Zentral war dabei die Frage, inwieweit religiöse, kulturelle und soziale jüdische Traditionen angesichts des gesellschaftlichen Wandels der Moderne verändert oder beibehalten werden sollten. Liberale Juden plädierten dafür, religiöse Gebote, die nicht mehr zeitgemäß erschienen oder zur Abgrenzung von der christlichen Umgebung beitrugen, etwa die jüdischen Speisegesetze und die strenge Einhaltung des Schabbat, aufzuheben oder zu lockern; das orthodoxe Judentum bestand dagegen auf dem göttlichen Offenbarungscharakter der Gebote und bemühte sich entsprechend darum, die religiöse Tradition auch unter veränderten Bedingungen aufrecht zu erhalten.

---

[1] Der vorliegende Text ist die überarbeitete und veränderte Fassung des Beitrags „Die Laubhütte. Das Israelitische Familien-Blatt des Regensburger Rabbiners Seligmann Meyer, 1884–1900", der in den Verhandlungen des Historischen Vereins für Oberpfalz und Regensburg 152 (2012), S. 209–232, erschienen ist.

Um 1900 befand sich die liberale Reformbewegung auf dem Höhepunkt ihres Einflusses, doch es begann deutlich zu werden, dass viele der mit ihr verbundenen Hoffnungen nicht erfüllt würden. Dies galt insbesondere für die Bekämpfung des Antisemitismus. Zwar hatten Diskriminierungen von staatlicher Seite spätestens mit der deutschen Reichsgründung von 1871 ihr scheinbares Ende gefunden; dafür begann die Bewegung des politischen Antisemitismus, deren Gedankengut in weite Teile der Gesellschaft ausstrahlte, auf rassistischer Grundlage erneut die soziale Exklusion der Juden zu betreiben. Als Antwort auf den zunehmenden Judenhass betrat kurz vor der Jahrhundertwende schließlich der Zionismus mit seiner Idee vom jüdischen Nationalstaat die politische Bühne Europas. Angesichts dieser Situation standen auch die Mitglieder der jüdischen Gemeinde von Regensburg vor vielen neuen Fragen und Herausforderungen.

Die Regensburger Gemeinde in der zweiten Hälfte des 19. Jahrhunderts

Gegen Ende des 19. Jahrhunderts war Regensburg eine aufstrebende jüdische Gemeinde. Die Zahl ihrer Mitglieder stieg von rund 150 im Jahr 1861 auf 430 (1870) und schließlich 675 Personen (1880) an.[2] Den unmittelbaren Impuls zu diesem Wachstum hatte die Aufhebung der sogenannten Judenmatrikel am 10. November 1861 gegeben. War bis dahin die Anzahl der jüdischen Einwohner in den bayerischen Gemeinden gesetzlich beschränkt worden, begannen mit dem Wegfall dieser Bestimmung bayernweit Juden vom Land in die Städte zu ziehen.[3] Auch Regensburg gewann dadurch erheblich an Größe und Bedeutung:

> *Die hiesige altehrwürdige israel. Gemeinde, die vor acht Jahren noch nicht 20 Familien zählte, ist seit zwei Jahren auf deren 50 herangewachsen. Auch hat der hiesige Stadtmagistrat in ächt humaner Weise*

---

[2] Vgl. dazu den Beitrag von Jakob Borut in diesem Buch, hier S. 134ff.
[3] Vgl. Lowenstein, Steven M.: Alltag und Tradition. Eine fränkisch-jüdische Geographie, in: Brenner, Michael/Eisenstein, Daniela F. (Hg.): Die Juden in Franken (Studien zur jüdischen Geschichte und Kultur in Bayern 5), München 2012, S. 5–24, hier S. 14.

fast allen israel. Bewerbern bereitwilligst Aufnahme und Heimathsrecht gestattet.[4]

In der Folge musste die erst 1841 errichtete Synagoge in der Unteren Bachgasse 3/5 vergrößert, bald darauf auch der Friedhof erweitert werden. In den 1860er Jahren nahmen eine Beerdigungs-Bruderschaft (*Chewra Kadischa*)[5] sowie ein wohltätiger Frauenverein (*Chewras Noschim*) ihre Tätigkeiten auf, in den 1880er Jahren außerdem eine Armenkasse (*Zedaka*). Die Volksschule, die zwischen 1860 und 1880 von 15 auf 48 Schüler gewachsen war, erhielt neue Räume.[6]

Trotz ihres starken Wachstums besaß die jüdische Gemeinde während dieser Phase keinen eigenen Rabbiner. Der letzte Amtsinhaber, Dr. Seligmann Schlenker (1800–1860), hatte seit 1832 als Rabbinatsvertreter, ab 1849 dann als Rabbiner von Regensburg gewirkt.[7] Nach Schlenkers Tod beschloss der Gemeindevorstand, zunächst keinen neuen Rabbiner zu berufen, sondern sich stattdessen dem benachbarten Rabbinat von Sulzbürg anzuschließen. Die Gründe für diese Entscheidung waren einerseits finanzieller, vor allem aber religiöser Natur: Schlenker hatte in Glaubensfragen eine betont liberale, reformorientierte Linie verfolgt und war damit wiederholt in Konflikt mit traditionell gesinnten Mitgliedern des Gemeindevorstands geraten. Die religiösen Differenzen zwischen liberalen und orthodoxen Mitgliedern des Vorstands verhinderten die Einigung auf einen geeigneten Nachfolger auch in den folgenden Jahren.

In dieser Zeit vollzog sich innerhalb der jüdischen Bevölkerung Regensburgs ein tiefgreifender religiöser Wandel. Wie eine Umfrage der Gemeinde im Jahr 1895 ergab, besuchten von 188 Familienvorständen dreißig die Synagoge nie oder nur noch an höchsten Feiertagen. Etwa ein Drittel der jüdischen Familien hatte somit einen weitgehend säkularen Lebensstil angenommen. Im Vergleich zu größeren Gemeinden, wo säkulare Juden zu diesem Zeitpunkt bereits die Mehrheit stellten, lag

---

[4] Allgemeine Zeitung des Judenthums 26 (1862), Nr. 36: 2. September 1862, S. 507.
[5] Vgl. Allgemeine Zeitung des Judenthums 29 (1865), Nr. 7: 14. Februar 1865, S. 103.
[6] Vgl. Borut in diesem Buch, S. 139; Albrecht, Dieter: Regensburg im Wandel. Studien zur Geschichte der Stadt im 19. und 20. Jahrhundert (Studien und Quellen zur Geschichte Regensburgs 2), Regensburg 1984, S. 101.
[7] Vgl. Wittmer, Siegfried: Regensburger Juden. Jüdisches Leben von 1519 bis 1990, Regensburg 1996, S. 159–182.

diese Quote in Regensburg noch vergleichsweise niedrig.⁸ Die verbleibenden zwei Drittel der Regensburger Juden folgten – wie nicht zuletzt die Wahlen zum Gemeindevorstand zeigten – zu etwa gleichen Teilen einer liberalen beziehungsweise orthodoxen Glaubensauffassung. Das orthodoxe Judentum konnte sich in Regensburg folglich auf rund ein Drittel der jüdischen Bevölkerung stützen.

Zu Beginn der 1880er Jahre wuchs – auch von Seiten der Königlichen Regierung – der Druck auf den Gemeindevorstand, das Amt des Rabbiners nach über zwanzigjähriger Vakanz wieder zu besetzen.⁹ Die Wahl fiel schließlich auf den bis dahin in Berlin tätigen Dr. Seligmann Meyer.

Dr. Seligmann Meyer als Rabbiner in Regensburg

Seligmann Meyer war am 12. Oktober 1853 in Reichelsheim (Odenwald), Großherzogtum Hessen, als Sohn eines Kaufmanns geboren worden.¹⁰ Er absolvierte die orthodoxe Lehranstalt von Rabbiner Marcus Lehmann in Mainz und arbeitete danach als Religionslehrer in Wiesbaden, ab 1873 als Lehrer und Prediger in Wetzlar. Im gleichen Jahr übernahm er die Redaktion des *Jüdischen Boten* in Bonn. 1876 ging Meyer nach Berlin, wo er Chefredakteur der *Jüdischen Presse* wurde. Er besuchte das von Esriel Hildesheimer gegründete orthodoxe Rabbinerseminar und studierte parallel dazu an der philosophischen Fakultät der Berliner Universität. Sein Studium schloss er 1878 in Leipzig mit einer Dissertation zum Thema *Arbeit und Handwerk im Talmud*¹¹ ab.

Im Oktober 1881 wurde er zum Rabbiner von Regensburg gewählt – eine Aufgabe, die er 44 Jahre lang, bis kurz vor seinem Tod am 31. Dezember 1925, wahrnahm. Zu den Höhepunkten seiner Amtszeit zählte die Errichtung der neuen Synagoge, die 1912 eingeweiht werden konnte. Seit 1897 hatte Meyer als Distriktsrabbiner mit Zuständigkeit für große

---

⁸ Vgl. Borut in diesem Buch, S. 143.
⁹ Vgl. Der Israelit 22 (1881), Nr. 42: 19. Oktober 1881, S. 1038.
¹⁰ Zur Biografie Meyers vgl. Jansen, Katrin Nele (Bearb.): Die Rabbiner im Deutschen Reich 1871–1945, 2 Bde. (Biographisches Handbuch der Rabbiner 2), München 2009, hier Bd. 2, S. 433–434.
¹¹ Meyer, Seligmann: Arbeit und Handwerk im Talmud, Berlin 1878.

Teile der Oberpfalz und Niederbayerns fungiert.¹² Von 1918 bis 1923 war er Vorsitzender der von ihm mitbegründeten Bayerischen Rabbinerkonferenz. Neben seiner Amtsführung als Rabbiner war Meyer immer auch publizistisch tätig. Ab Januar 1884 gab er eine Zeitung unter dem Titel *Die Laubhütte – Illustrirtes Israelitisches Familien-Blatt* heraus. Die *Laubhütte* erschien zunächst zweimal pro Monat, ab Januar 1886 wöchentlich. Mit der Ausgabe vom 29. November 1900 wurde das Blatt

Dr. Seligmann Meyer

konzeptionell überarbeitet und in *Deutsche Israelitische Zeitung* umbenannt. Dass ein Rabbiner nebenberuflich eine eigene Zeitung herausgab, war für das letzte Viertel des 19. Jahrhunderts alles andere als ungewöhnlich. Die *Laubhütte* war Teil einer umfangreichen und vielfältigen deutsch-jüdischen Presselandschaft, die etwa seit der Mitte des 19. Jahrhunderts bestand.¹³ Ein großer Teil dieser Periodika wurde von Rabbinern herausgegeben, darunter die reformorientierte *Allgemeine Zeitung des Judentums* und die moderate *Israelitische Wochenschrift*. Als Exponent einer gemäßigten Orthodoxie galt die 1869 gegründete und ab 1882 von Esriel und Hirsch Hildesheimer herausgegebene *Jüdische Presse*. Auf Seiten der strengen orthodoxen Richtung standen

---

[12] Vgl. Eberhardt, Barbara/Hager, Angela: Mehr als Steine … Synagogen-Gedenkband Bayern, 2 Bde., Lindenberg im Allgäu 2007, hier Bd. 1, S. 270.

[13] Zur Einführung vgl. Borut, Jakob: Die jüdisch-deutsche Presse Ende des 19. Jahrhunderts als historische Quelle, in: Menora. Jahrbuch für deutsch-jüdische Geschichte 7 (1996), S. 43–60; Nagel, Michael: Zwischen Selbstbehauptung und Verfolgung. Anliegen und Bedeutung der deutsch-jüdischen Presse um 1900, in: Albrecht, Peter/Böning, Holger (Hg.): Historische Presse und ihre Leser. Studien zu Zeitungen, Zeitschriften, Intelligenzblättern und Kalendern in Nordwestdeutschland, Bremen 2005, S. 179–192; Nagel, Michael: Deutsch-jüdische Presse und jüdische Geschichte, in: Welke, Martin (Hg.): 400 Jahre Zeitung. Die Entwicklung der Tagespresse im internationalen Kontext, Bremen 2008, S. 379–394.

dagegen Samson Raphael Hirschs *Jeschurun* und Marcus Lehmanns *Der Israelit*. Die deutsch-jüdischen Periodika sind heute wertvolle historische Quellen für die Entwicklung von Reformjudentum und Orthodoxie im 19. und frühen 20. Jahrhundert. Seligmann Meyers Standpunkt in dieser Frage spiegelt sich insbesondere in der *Laubhütte* wider.

Zwischen Orthodoxie und Reform

Mit Seligmann Meyer berief die Regensburger Gemeinde einen Rabbiner, der zwar moderate Positionen vertrat, sich jedoch eindeutig auf Seiten der Orthodoxie positioniert hatte. Weshalb die liberalen Mitglieder des Gemeindevorstands seiner Wahl zustimmten, bleibt letztlich unklar; tatsächlich kam es schon bald nach Meyers Amtsantritt zu ersten Konflikten über religiöse Fragen. Im Zuge derartiger Auseinandersetzungen wurde der Orthodoxie von Seiten des Reformjudentums häufig vorgeworfen, jegliche Veränderung und Adaption an neuzeitliche Erfordernisse rundweg abzulehnen. Dies war jedoch keineswegs der Fall; das Leitbild vieler orthodoxer Juden bildete vielmehr das von Samson Raphael Hirsch entwickelte Konzept *Tora im Derech Erez* (Tora nach der Art des Landes). Eine Anpassung des jüdischen Lebens an die Moderne und die Kultur des jeweiligen Landes war demnach durchaus erlaubt und sogar geboten – jedoch nur und soweit dies bei unbedingter Befolgung aller unveränderten religiösen Vorschriften möglich war. Dieser Gedanke war auch für Seligmann Meyer die Richtschnur seiner Amtsführung als Rabbiner von Regensburg.

Zu *Tora im Derech Erez* gehörte für Meyer zunächst das selbstverständliche Bekenntnis zur Verwendung der Landessprache im Alltag. Mit Blick auf das in den östlichen Teilen Europas fortbestehende traditionelle Judentum, das noch das Jiddische pflegte, schrieb er:

> *Es ist nicht zu begreifen, warum man sich der Kenntniß der Landessprache widersetzt. […] Ist denn das jüdisch-deutsche Kauderwälsch heilig? heiliger wie die Landessprache!! Dieser Standpunkt ist gar nicht zu begreifen.*[14]

---

[14] Durch Erfahrung wird man klug, in: Die Laubhütte 13 (1896), S. 563–564.

Zur Annahme der deutschen Kultur gehörte in erster Linie der Erwerb weltlicher Bildung. Nur in der Verbindung von religiöser und säkularer Bildung werde das Judentum seine Anziehungskraft, gerade auf die Jugend, bewahren.[15] Grenzen hatte die Anpassungsbereitschaft da, wo eine völlige Assimilation zu drohen schien. So beklagte Meyer beispielsweise die geläufige Praxis jüdischer Eltern, ihren Kindern deutsche Vornamen zu geben, auch wenn er zugleich einräumte, dass der zivile Name keine religionsgesetzliche Bedeutung habe.[16]

Vorsicht schien insbesondere geboten, wenn es um Veränderungen an Ritus und Kultus ging. Das Abrücken von bestimmten traditionellen Formen des Gottesdienstes und die Bevorzugung eines geordneten, gesetzteren Ablaufs (*Andächtig und ruhig beten, so ist es recht.*[17]) waren für die jüdische Orthodoxie des 19. Jahrhunderts längst zum unumstrittenen Standard geworden. Eine auf diese Weise moderat reformierte Gottesdienstordnung besaß die Regensburger Gemeinde bereits seit 1841. Sie sah – auch in Anlehnung an Elemente des christlichen Gottesdienstes – unter anderem regelmäßige deutsche Predigten und einige deutschsprachige Lieder vor.[18] Derartige Neuerungen durften jedoch nur religionsgesetzlich neutrale Elemente des Kultus betreffen. Eine Veränderung oder Streichung von Bestandteilen, die in Tora und Talmud eindeutig vorgeschrieben waren, stand für Meyer außerhalb jeder Diskussion. Diese Haltung führte wiederholt zu Konflikten mit liberalen Gemeindeangehörigen.

So lag der einzig wirklich reformatorische Aspekt der Regensburger Gottesdienstordnung in der Streichung des Gebetes *Kol Nidre* am Versöhnungstag (*Jom Kippur*). Durch das *Kol Nidre* werden alle Versprechen, Eide und Gelübde, die der Betende im vergangenen Jahr gegenüber Gott geleistet hat, aufgehoben. Indem sie wahrheitswidrig behaupteten, dass dadurch auch alle Versprechen gegenüber Nicht-Juden

---

[15] Vgl. Rabbiner Samson Raphael Hirsch, in: Die Laubhütte 6 (1889), S. 11–12 u. S. 21–23, hier S. 11–12.
[16] Vgl. Der schöne Name und der gute Name, in: Die Laubhütte 1 (1884), S. 402–406 u. S. 422–423.
[17] Heilige und profane Unruhe, in: Die Laubhütte 7 (1890), S. 1–2, hier S. 2.
[18] Vgl. Wittmer, Siegfried: Geschichte der Regensburger Juden im Zeitalter des Liberalismus und Nationalismus zwischen 1841–1902, in: Verhandlungen des Historischen Vereins für Oberpfalz und Regensburg 128 (1988), S. 81–112, hier S. 103–104 u. S. 111.

ungültig würden, weshalb Juden das Brechen von Verträgen erlaubt sei, missbrauchten Antisemiten dieses Gebet regelmäßig für ihre Agitation. Viele Gemeinden, so auch Regensburg, schafften das *Kol Nidre* daher schon frühzeitig ab. Meyer hatte diese Maßnahme stets nur widerstrebend akzeptiert und sorgte für einen Eklat, als er das Gebet am Versöhnungstag des Jahres 1901 dem Verbot zum Trotz öffentlich in der Synagoge sprach. Der Vorstand versuchte, seinen Rabbiner zur Einhaltung der Synagogenordnung zu zwingen. Meyer gab jedoch nicht nach und erreichte, dass das *Kol Nidre* künftig vor Beginn des offiziellen Gottesdienstes am Versöhnungstag für alle Interessierten gesprochen werden durfte.[19]

Diesem Konflikt war bereits eine Reihe weiterer Auseinandersetzungen zwischen Gemeindevorstand und Rabbiner vorangegangen. Sie drehten sich unter anderem um die Berechtigung, einen Religionslehrer einzustellen beziehungsweise zu bestätigen, um die bauliche Eignung der *Mikwe* des jüdischen Ritualbades, um das Recht des Rabbiners, am Sabbat außerhalb der Synagoge private Andachten zu halten, um die Hinzuziehung eines ortsfremden Rabbiners durch liberale Gemeindemitglieder sowie die Zulassung eines in Ehe mit einer Christin lebenden Gemeindemitglieds zur Tora-Lesung.[20] Nicht selten wurden dabei die Stadtverwaltung, die Regierung der Oberpfalz und staatliche Aufsichtsbehörden bis hin zum Königlichen Kultusministerium in die Kontroversen miteinbezogen. Seinen Höhepunkt fand der innergemeindliche Konflikt im Streit um die Anstellung eines Schächters. Nachdem Meyer diese letztlich eigenmächtig durchführte, kürzte der Gemeindevorstand sein Gehalt, woraufhin der Rabbiner mit einer Schließung der Synagoge drohte. Eine gerichtliche Auseinandersetzung konnte nur knapp verhindert werden.[21]

Die Schärfe der Auseinandersetzungen lag sicher auch in Seligmann Meyers kompromissloser Haltung gegenüber der jüdischen Reformbewegung begründet. Seinen eigenen Standpunkt, den er nicht etwa als „orthodox", sondern schlicht als „gläubig", „gesetzestreu" und „fromm" bezeichnete, erkannte Meyer als einzig legitime Form des Judentums

---

[19] Vgl. Borut in diesem Buch, S. 143; Wittmer, wie Anm. 7, S. 209–211.
[20] Vgl. Wittmer, wie Anm. 18, S. 98–102.
[21] Vgl. ebenda, S. 99–101.

an. Dies schloss die unbedingte Verpflichtung des Einzelnen zu einer gesetzeskonformen Lebensführung ein. Demnach war beispielsweise das Rasieren mit Messern nicht erlaubt; sämtliche Speisegesetze waren auf das Genaueste zu befolgen; der *Kaddisch* zum Gedenken an die Toten musste genau wie vorgeschrieben gesprochen werden; Mischehen mit nicht-jüdischen Partnern waren nicht zugelassen.[22] Diese und alle anderen Gebote der *alten, überlieferten, unreformierten Thora* waren ganz selbstverständlich zu erfüllen – sie galten als *Gottes-Wort, das nicht reformierbar ist.*[23]

Hirschs Programm *Tora im Derech Erez* hatte es möglich gemacht, die göttliche Offenbarung auch in Zeiten einschneidender politischer und gesellschaftlicher Veränderungen zu bewahren. Wer sich dieser Lösung verweigerte, beging also bewusst *Verrath am heiligen Vätererbe.*[24] Dieser Logik folgend sah Seligmann Meyer in der religiösen Reformbewegung den größten Widersacher des Judentums. Seiner Ansicht nach stellte die Reform nicht weniger als eine katastrophale Erscheinung und große Gefahr für den Fortbestand der Religion dar. Entsprechend harte Worte wählte er ihr gegenüber: Die Reformer pflegten eine *Abart des Judenthums*[25] wie die *früheren Sadducäer, Hellenisten, Karäer.*[26] Ihr neuer Ritus sei längst nicht mehr jüdisch zu nennen,[27] und ihr letztendliches Ziel bestehe in der *völlige[n] Beseitigung des Judenthums.*[28] Meyer kritisierte sämtliche Veränderungen an religiösen Regelungen, die das liberale Judentum vorgenommen hatte, wobei die Einführung von Orgeln in den Synagogen für ihn eine besonders wichtige Rolle spielte. *Die Orgeltöne, welche die Gemeinden zerreißen,* erschienen als Symbol einer Niedergangsphase des Glaubens, die sich von der *Vororgel-Zeit*[29] abhob. Häufig kritisierte Meyer außerdem die Ver-

---

[22] Vgl. Warum verbietet die Thora das Rasiren?, in: Die Laubhütte 1 (1884), S. 110–111; Das Schächten und das israelitische Speisegesetz, in: Die Laubhütte 1 (1884), S. 446–447; Wald, Max: Das Kaddischgebet, in: Die Laubhütte 1 (1884), S. 203–206; Mischehen vor dem jüdischen Gesetz, in: Die Laubhütte 1 (1884), S. 383–384.
[23] Die Weisheit der jüdischen Gesetze, in: Die Laubhütte 6 (1889), S. 64–65, hier S. 65.
[24] Rabbiner Samson Raphael Hirsch, wie Anm. 15, S. 12.
[25] Ebenda, S. 11.
[26] Heilige und profane Unruhe, wie Anm. 17, S. 1.
[27] Vgl. Ein deutscher Judentag, in: Die Laubhütte 17 (1900), S. 561–564, hier S. 564.
[28] [Briefmappe], in: Die Laubhütte 1 (1884), S. 516.
[29] Die Vorgänge in der Synagogengemeinde Hannover, in: Die Laubhütte 17 (1900), S. 149–150, hier S. 149.

legung des Schabbat auf den Sonntag[30] – eine Maßnahme, die allerdings auch von den meisten reformorientierten Juden als zu weitgehend abgelehnt wurde. Wie nicht anders zu erwarten, habe eine derartige Missachtung der Religionsgesetze bereits zu Verlusten am inneren Glauben geführt: Die Tempel der Reformer blieben leer, tief empfundenes Gebet und wirkliche Andacht seien dort nicht mehr anzutreffen.[31]

In erster Linie warf Meyer der Reformbewegung jedoch vor, *die Spaltung in's Judenthum getragen*[32] und die Orthodoxie dazu gezwungen zu haben, die traditionelle Einheit der jüdischen Gemeinden aufzugeben. Schon zu seiner Zeit als Chefredakteur der *Jüdischen Presse* in Berlin hatte er das sogenannte Austrittsgesetz unterstützt, das 1876 vom preußischen Landtag erlassen wurde und das orthodoxen Juden erlaubte, die von progressiven Kräften dominierten Einheitsgemeinden zu verlassen. Ohne zur gänzlichen Aufgabe der Religionsgemeinschaft gezwungen zu sein, wurde es dadurch möglich, offiziell anerkannte orthodoxe Gemeinden zu begründen. Grundsätzlich befürwortete Meyer diese Möglichkeit auch noch in seiner Regensburger Zeit. Es sei gesetzestreuen Juden nicht zuzumuten, mit ihren Steuergeldern reformierte Tempel zu finanzieren, weshalb der Austritt und die Gründung eigener Gemeinden aus Gewissensgründen zu gestatten sei.[33] In der Praxis allerdings zog Seligmann Meyer eine gütliche Einigung staatlichen Eingriffen vor. Gesetzestreu lebende Juden sollten nach Möglichkeit in den Gemeinden verbleiben, sich aber um den Erwerb kleiner Synagogen bemühen und dort Gottesdienste nach unreformiertem Ritus abhalten. Formelle Trennungen würden so verhindert und weitere Gesetzesänderungen unnötig gemacht. Folglich lehnte Meyer den Erlass einer gesetzlichen Austrittsregelung für Bayern – und damit auch eine mögliche Spaltung der Regensburger Gemeinde – ab.[34]

Seligmann Meyers Auffassung zufolge drohte die Reformbewegung, das Judentum von innen heraus zu spalten. Deshalb sollte sie auch im

---

30 Vgl. Sabbath und Sonntag, in: Die Laubhütte 6 (1889), S. 31–32; Der Sonntagsgottesdienst, in: Die Laubhütte 15 (1898), S. 132–134.
31 Vgl. Sabbath und Sonntag, wie Anm. 30, S. 31; Heilige und profane Unruhe, wie Anm. 17, S. 2.
32 Ein deutscher Judentag, wie Anm. 27, S. 562.
33 Vgl. Rabbiner Samson Raphael Hirsch, wie Anm. 15, S. 22–23; Durch Erfahrung wird man klug, wie Anm. 14, S. 563.
34 Vgl. [Rundschau], in: Die Laubhütte 4 (1887), S. 69–70.

Inneren bekämpft werden. Einen wichtigen Ansatzpunkt stellten dabei Bildung und Erziehung dar: Die Hauptursache für die zu beobachtende Entwicklung sah Seligmann Meyer nicht zuletzt im allgemeinen Mangel an religiöser Bildung – einer verbreiteten Unkenntnis der jüdischen Lehre, die einen großen Teil der deutschen Juden bereits vom wahren Glauben entfremdet habe. Progressive Tendenzen ließen sich deshalb am wirksamsten durch eine Intensivierung der religiösen Erziehung bekämpfen.

Schule, Erziehung und Familie

Vor der Befolgung der Religionsgesetze stand zunächst deren gründliche Kenntnis, was den traditionell hohen Stellenwert des Lehrens und Lernens im Judentum erklärt. Diese Einstellung wirkte auch in liberal und säkular gesinnten Kreisen fort – so besuchten 1883 über 60 Prozent der jüdischen Kinder in Regensburg eine höhere Schule.[35] Als Rabbiner erteilte Meyer dort selbst den Religionsunterricht und war darüber hinaus auch für die Aufsicht über den Unterricht an den übrigen Schulen zuständig.[36] Insbesondere die Israelitische Volksschule galt ihm als größtes Heiligtum der Gemeinde,[37] für das er sich in besonderem Maß einsetzte. Die Schule war für Seligmann Meyer die *erste und wichtigste Stätte, in welcher das Feuer der Thora unterhalten werden soll*.[38] Ihr Verantwortungsbereich erstreckte sich über die gründliche Erziehung sowohl *im Deutschen wie im Hebräischen, im Profanen, wie im Religiösen*.[39]

Den Religionsunterricht in seiner bestehenden Form hielt Meyer zu diesem Zweck allerdings nicht für zuträglich. Bayern gehörte zu denjenigen deutschen Ländern, in denen der jüdische Religionsunterricht an staatlichen Schulen obligatorisch erteilt wurde.[40] Wie in allen Territorien, in denen die religiöse Bildung im Lauf des 19. Jahrhunderts unter

---

[35] Vgl. Wittmer, wie Anm. 7, S. 212.
[36] Vgl. Wittmer, wie Anm. 18, S. 97–98.
[37] Vgl. Meyer, Seligmann: Die Thora ist im Feuer gegeben, in: Die Laubhütte 2 (1885), S. 139–143.
[38] Ebenda, S. 141.
[39] Zum Sukkaus- und Schlußfeste, in: Die Laubhütte 6 (1889), S. 385–388, hier S. 387.
[40] Vgl. Breuer, Mordechai: Jüdische Orthodoxie im Deutschen Reich 1871–1918. Sozialgeschichte einer religiösen Minderheit, Frankfurt am Main 1986, S. 97–99.

staatliche Aufsicht gelangt war, wurde in den Lehrplänen zwischen dem Bereich des Glaubens und dem der Gesetze unterschieden – eine Differenzierung, die dem Reformjudentum entgegenkam, bei der Orthodoxie aber auf Ablehnung stieß.[41] Eine gründliche Unterweisung im Religionsgesetz fand nun nicht mehr statt; im Mittelpunkt des Unterrichts standen stattdessen abstrakte Glaubensprinzipien. Das Hebräische kam lediglich in Grundbegriffen vor, die zum Verständnis einiger Gebete nötig waren. Das traditionelle „Lernen", das Studium von Tora und Talmud im Originaltext, hatte im Unterricht der jüdischen Kinder und Jugendlichen somit keinen Platz mehr – eine Situation, die den allgemeinen Unmut der deutschen Orthodoxie erweckte.[42] Ihre Forderung nach einer Wiedereinführung der Unterweisung in Tora und hebräischer Sprache war politisch allerdings nicht durchsetzbar.[43]

Auch in Regensburg stieß Seligmann Meyer mit seinen schulpolitischen Forderungen auf Widerstände. So versuchte er erfolglos, die Aufsicht über den Kochunterricht für Mädchen zu erlangen, um dadurch die Verbreitung nicht-koscherer Rezepte und Speisen unter Juden verhindern zu können.[44] Gleichfalls ohne Erfolg setzte er sich gegen die Teilnahme mancher jüdischer Kinder am protestantischen Religionsunterricht ein.[45] Ursächlich für diese Entwicklung waren einerseits die engen staatlichen Vorgaben, andererseits aber auch die Ansichten eines inzwischen mehrheitlich säkular oder liberal gesinnten jüdischen Bürgertums, das weltliche Bildung dem traditionellen religiösen Unterricht vorzog. Der wichtigste Ansatzpunkt für Meyers Erziehungsprogramm lag somit nicht auf staatlicher, sondern auf privater Ebene: Zuallererst musste wieder die Familie zum zentralen Ort der religiösen Unterweisung gemacht werden.

Die religiöse Sozialisation der Kinder war schon immer hauptsächlich innerhalb der familiären Umgebung erfolgt, wo traditionell die Frauen über die Einhaltung der Religionsgesetze im Alltag wachten. Meyer pflegte ein entsprechend konservatives, idealisierendes Bild der

---

[41] Vgl. Gotzmann, Andreas: The Dissociation of Religion and Law in Nineteenth-Century German-Jewish Education, in: Leo Baeck Institute Yearbook 43 (1998), S. 103–126, hier S. 109.
[42] Vgl. Breuer, wie Anm. 40, S. 97–99.
[43] Vgl. Gotzmann, wie Anm. 41, S. 107–108.
[44] Vgl. Borut in diesem Buch, S. 141f.
[45] Vgl. Wittmer, wie Anm. 18, S. 98–99.

Geschlechterrollen, in dem die Frau dem Mann zwar grundsätzlich untergeordnet blieb, als *treue Gattin, als liebende, zärtliche, erziehende Mutter, als waltende, sittsame Hausfrau*[46] aber in Haus und Familie die erste und verantwortungsvollste Position einnahm. Die Bedeutung einer gründlichen religiösen Bildung der Mädchen wurde besonders betont,[47] da es mit dem Wegfall geregelter Tora-Studien nun vor allem an den Müttern war, für eine Weitergabe der religiösen Gebote an die nächste Generation zu sorgen. Doch auch hier lag nach Meinung Meyers schon vieles im Argen. Die meisten Eltern, selbst die gesetzestreuen, hatten nicht die nötige Befähigung und insbesondere nicht die Zeit dazu, ihre Kinder in den Glaubenslehren ausreichend zu unterweisen.

An diesem Punkt hielt es Seligmann Meyer für eine seiner zentralen Aufgaben als Rabbiner, die Familien in ihren erzieherischen Pflichten zu unterstützen. Hierbei sollten rationale Belehrung und emotionale Ansprache der Gläubigen Hand in Hand gehen. Die Vermittlung abstrakten Wissens – etwa durch religionsgesetzliche Gutachten oder die Erläuterung schwieriger Schriftstellen – stand dabei nicht im Vordergrund; vielmehr musste in den Kindern und Jugendlichen wieder ein Gefühl für den Glauben geweckt werden. Meyers Ziel bestand darin, die emotionalen Bande zum Judentum zu stärken und den Sinn für die besondere Atmosphäre der traditionellen jüdischen Lebensweise zu schärfen. Hierzu konnten unterhaltende Predigten und einfühlsame Gespräche, aber auch die Literatur beitragen. Eine wichtige Rolle spielte dabei Meyers Zeitung *Die Laubhütte*. Der Konzeption eines *Israelitischen Familien-Blattes* folgend, gab sie *der Familie eine angenehme religiöse Lektüre [...], die das Herz erwärmt und den Geist anregt.*[48] Durch Gedichte, Erzählungen und Romane religiösen Inhalts sollte die innere Bindung der Leserschaft an das traditionelle Judentum gestärkt werden. Seligmann Meyer verband damit zum einen die Hoffnung, einer weiteren Verbreitung der Reformbewegung entgegenzuwirken. Vor allem aber sollten die Kinder und Jugendlichen dadurch bei der Abwehr des immer stärker werdenden Antisemitismus gestärkt werden.

---

[46] Danziger, G. A.: Das Weib, in: Die Laubhütte 1 (1884), S. 508–510, hier S. 508.
[47] Vgl. Mocatta, F. D.: Religiöse Erziehung der jüdischen Kinder, in: Die Laubhütte 11 (1894), S. 176–177 u. S. 194–195, hier S. 176.
[48] An unsere geehrten Leser!, in: Die Laubhütte 17 (1900), S. 729–731, hier S. 731.

Der Kampf gegen den Antisemitismus

Die seit den 1870er Jahren zu beobachtende Ausbreitung der antisemitischen Bewegung und ihrer rassistischen Ideologie versetzte den zu diesem Zeitpunkt bereits vollständig assimilierten deutschen Juden zunächst einen Schock. Nach dem langwierigen Kampf um vollständige staatsbürgerliche Gleichberechtigung, der mit der Reichsgründung 1871 endgültig abgeschlossen schien, musste die erneute Erfahrung gesellschaftlicher Ausgrenzung nun als umso bitterer empfunden werden.

Antisemitische Hetze wurde dabei, obwohl rassistisch motiviert, häufig an vermeintlichen religiösen Praktiken des Judentums festgemacht. Hauptziele der Verunglimpfungen und Verleumdungen bildeten *Talmud* und *Schulchan Aruch*. Auf Grundlage dieser jüdischen Gesetzestexte versuchten antisemitische Autoren immer wieder, die religiöse Verpflichtung der Juden zu unmoralischen Handlungsweisen scheinbar wissenschaftlich zu belegen.[49] An vorderster Front standen hierbei August Rohling und Aron Brimann: Rohling, Professor der katholischen Theologie, veröffentlichte 1871 eine Hetzschrift mit dem Titel *Der Talmudjude*; Brimann, ein zum Christentum konvertierter Jude, verfasste 1883 unter dem Pseudonym „Dr. Justus" sein Pamphlet *Der Judenspiegel*. Beide Schriften, während der folgenden Jahrzehnte wiederholt neu aufgelegt, wurden noch in den 1920er und 1930er Jahren von den Nationalsozialisten zitiert. Ihren unmittelbaren Niederschlag fanden derartige Werke in den seit den 1880er Jahren wieder regelmäßig erhobenen Ritualmord-Beschuldigungen, die im Deutschen Reich sogar zu mehreren Gerichtsprozessen gegen Juden führten.

Derartigen Angriffen trat Seligmann Meyer stets vehement entgegen, wozu er sich öffentlicher Auftritte und Predigten, insbesondere aber publizistischer Mittel bediente. Regelmäßig veröffentlichte er Artikel, Debattenbeiträge und Leserbriefe. Zu einem wichtigen Forum seiner Arbeit wurde die *Laubhütte*, die sich dadurch immer mehr vom Familienblatt in ein politisches „Abwehrblatt" gegen den Antisemitismus verwandelte. Dabei kamen verschiedene Strategien zum Einsatz: Eine bestand darin, die von Antisemiten erhobenen Vorwürfe sachlich zu

---

[49] Vgl. Groß, Johannes T.: Ritualmordbeschuldigungen gegen Juden im Deutschen Kaiserreich (1871–1914), Berlin 2002, S. 187–188.

widerlegen und ihre Haltlosigkeit anhand religiöser Quellen oder wissenschaftlicher Gutachten zu beweisen.[50] Häufig wurden daneben Äußerungen angesehener Christen veröffentlicht, die sich gegen die judenfeindliche Agitation einsetzten.[51] Dazu kamen Anekdoten über Alltagsvorfälle, die den Lesern Verhaltensregeln für den Umgang mit Antisemiten nahelegten.[52] Den wohl größten Anteil an den der Abwehr gewidmeten Texten hatten schließlich Artikel über juristische und politische Vorgänge mit Antisemitismus-Bezug. Berichtet wurde vor allem über Niederlagen, die Antisemiten in den Gerichts- und Parlamentssälen erlitten hatten. Ihre Behauptungen wurden dort sozusagen von Amts wegen widerlegt; überdies konnte gezeigt werden, dass Verleumdungen auch strafrechtliche Konsequenzen hatten.

Seligmann Meyer gab sich indes keinen Illusionen hin, was die Wirksamkeit seiner Abwehrstrategien nach außen anging – ihm war klar, dass weder sachliche Erwiderungen noch Polemik auch nur einen einzigen Antisemiten umstimmen würden.[53] Seine Abwehrarbeit richtete sich daher primär nach innen. Den jüdischen Lesern sollten Wissen, Argumente und Strategien an die Hand gegeben werden, die zur Verteidigung ihres Glaubens im Alltag notwendig waren. Es nütze wenig, dass alle Angriffe gegen den Talmud längst widerlegt seien, wenn selbst jüdische Lehrer und Professoren keine Kenntnis des Textes mehr besäßen und antisemitisch motivierten Behauptungen deshalb nichts entgegnen könnten.[54] Oberstes Ziel müsse es daher schon in der Erziehung sein, dafür Sorge zu tragen, *daß die Kinder einst Rede und Antwort geben können im Leben, wenn man das Judenthum angreift und verläumdet.*[55] Dazu brauchten sie nicht nur Wissen, sondern vor allem Selbstvertrauen und den Mut, sich vorbehaltlos zu ihrer Herkunft und Religion zu bekennen. *Wir wundern uns manchmal, daß es*

---

[50] Vgl. Wie der Herr Dr. Justus den Talmud versteht, in: Die Laubhütte 1 (1884), S. 424; Magin, J./Moelter, L.: Gutachten bayerischer Thierärzte über das Schächten, in: Die Laubhütte 11 (1894), S. 81–83 u. S. 92–94.
[51] Vgl. Urtheile hochberühmter christlicher Männer über das Judenthum, in: Die Laubhütte 1 (1884), S. 431–432; Fürst Auersperg über die Antisemiten, in: Die Laubhütte 1 (1884), S. 458–459.
[52] Vgl. Der muthige Antisemit, in: Die Laubhütte 6 (1889), S. 286–287.
[53] Vgl. An unsere geehrten Leser, wie Anm. 48, S. 730.
[54] Vgl. Dr. H.: „Akkum", in: Die Laubhütte 1 (1884), S. 457–458, hier S. 457.
[55] Meyer, wie Anm. 37, S. 141.

Antisemiten giebt, so Meyer, *und wir sind in vieler Hinsicht selber Antisemiten.*[56] Alle Formen jüdischen Selbsthasses waren entschieden zu bekämpfen; die Juden sollten wieder Stolz auf ihre Identität entwickeln – einen Stolz, der es ihnen erlauben würde, antisemitischen Angriffen innerlich gestärkt zu begegnen.

Die Parallelen dieses Ansatzes zu Meyers religiösem Erziehungskonzept sind unverkennbar. Der äußeren Gefahr des Judenhasses sollte auf die gleiche Weise abgeholfen werden wie der inneren Bedrohung durch die Reformbewegung. Dabei war die Haltung zum Reformjudentum in dieser Hinsicht durchaus ambivalent. Einerseits hatte die Ausbreitung des Antisemitismus zu einem gewissen Solidarisierungseffekt innerhalb des deutschen Judentums geführt: Liberale Juden verteidigten vielfach religiöse Praktiken, die sie persönlich ablehnten.[57] Dafür kam es für die Orthodoxie zu keiner Zeit infrage, sich in ihrem Kampf gegen die Reform mit Antisemiten zu solidarisieren.[58] Andererseits erhoben die Anhänger der unterschiedlichen religiösen Richtungen wechselseitig auch schwere Vorwürfe gegeneinander: Progressive Juden machten die vorgeblich rückständigen, zu gesellschaftlicher Abgrenzung beitragenden Praktiken der Orthodoxie für die zunehmende Judenfeindschaft verantwortlich; viele Orthodoxe waren dagegen überzeugt, dass gerade religiöse Beliebigkeit und Assimilationsbestrebungen das Judentum in den Augen der Christen verächtlich gemacht hätten.[59]

Diese Ansicht klingt an einer Stelle auch bei Seligmann Meyer an, wenn es heißt:

> *Der beste Schutz [gegen den Antisemitismus] ist das treue Festhalten am Gottesgesetz und die ganze Calamität ist lediglich eine Gottesstrafe für seine Verletzung.*[60]

---

[56] Der schöne Name und der gute Name, wie Anm. 16, S. 402.
[57] Vgl. Lowenstein, Stephen M.: Ideologie und Identität, in: Umstrittene Integration 1871–1918 (Deutsch-Jüdische Geschichte in der Neuzeit 3), München 1997, S. 278–301, hier S. 283; Paucker, Arnold/Suchy, Barbara: Deutsche Juden im Kampf um Recht und Freiheit. Studien zu Abwehr, Selbstbehauptung und Widerstand der deutschen Juden seit dem Ende des 19. Jahrhunderts, Teetz 2003, S. 42.
[58] Vgl. Breuer, wie Anm. 40, S. 308–310.
[59] Vgl. Schorsch, Ismar: Jewish Reactions to German Anti-Semitism 1870–1914, New York u. a. 1972, S. 108.
[60] Notiz, in: Die Laubhütte 6 (1889), S. 298–299, hier S. 299.

Die Vorstellung, der erstarkende Antisemitismus sei eine gerechte Strafe Gottes für die Sünden der liberalen Juden und außerdem ein göttliches Mittel, um die völlige Assimilation des auserwählten Volkes zu verhindern, war in streng orthodoxen Kreisen durchaus verbreitet. Ein aktiver Abwehrkampf wurde deshalb aus religiösen Gründen teilweise abgelehnt.[61] Meyer war hingegen zutiefst davon überzeugt, dass der Kampf gegen die Agitation der Antisemiten entschlossen geführt werden müsse. Diese Überzeugung bildete die Richtschnur seines Denkens und Handelns, insbesondere in politischer Hinsicht.

Politik und Parteien

Auf parteipolitischem Gebiet ließ Seligmann Meyer im Allgemeinen große Zurückhaltung walten. In Übereinstimmung mit der deutschen Orthodoxie betonte er in öffentlichen Verlautbarungen insbesondere deren Überparteilichkeit und Königstreue. Auf Bayern bezogen war die unbedingte Loyalität zum Monarchen jedoch nicht nur *eine religiöse Pflicht*,[62] sondern Herzenssache. Hier hatte *in Folge der Fürsorge unseres Landesvaters der Antisemitismus nicht Platz gegriffen*, war im Unterschied zum übrigen Reich *der den Horizont verdüsternde Nebel der Racenfeindschaft*[63] nicht vorgedrungen. Trotz einer nach wie vor verbreiteten religiös-sozialen Judenfeindschaft hatte der rassistische, politische Antisemitismus in Bayern tatsächlich keine Erfolge verzeichnen können[64] – eine Entwicklung, die dem König beziehungsweise dem Prinzregenten persönlich zugeschrieben wurde.

Dies galt auch und gerade für Regensburg, wo lediglich von einer einzelnen antisemitischen Versammlung (im Oktober 1895) berichtet

---

[61] Vgl. Paucker, Arnold: Zur Abwehr des Antisemitismus in Deutschland in den Jahren 1893 bis 1933 – Jüdischer Widerstand 1933 bis 1945, in: Jüdisches Museum der Stadt Wien (Hg.): Die Macht der Bilder. Antisemitische Vorurteile und Mythen, Wien 1995, S. 290–304, hier S. 293.

[62] Zeitgemäße Reminiscenzen, in: Die Laubhütte 4 (1887), S. 125–128 u. S. 140–141, hier S. 127.

[63] Ludwig II. König von Bayern, in: Die Laubhütte 3 (1886), S. 213.

[64] Vgl. Sharfman, Glenn R.: Bavarians and Jews. A Study in Integration and Exclusion during the Nineteenth Century, in: Journal of Religious History 19 (1995), S. 125–140, hier S. 137 u. S. 140.

wird.⁶⁵ Antisemitische politische Organisationen bestanden hier während des gesamten 19. Jahrhunderts nicht. Das Judentum wurde überwiegend bereits als dritte, gleichberechtigte Konfession neben Katholizismus und Protestantismus wahrgenommen. Siegfried Wittmer spricht von einer *Symbiose von Israeliten und Christen, welche zu Beginn des 20. Jahrhunderts jedermann in Regensburg sehen und miterleben konnte*.⁶⁶ Besonders deutlich wurde diese Symbiose anlässlich der Einweihung der neuen Synagoge im Jahr 1912, bei der nicht nur Bürgermeister und Stadträte, sondern auch Vertreter des Offizierskorps und führende Repräsentanten der örtlichen Kirchen zugegen waren.⁶⁷

Auf Reichsebene stellte sich die Lage der Juden oftmals weniger positiv dar. Bis zu Otto von Bismarcks konservativer Wende hatte die überwiegende Mehrheit der jüdischen Wähler aller religiösen Richtungen bei Reichstagswahlen die Nationalliberale Partei unterstützt. Als sich antisemitisches Gedankengut selbst innerhalb des Nationalliberalismus auszubreiten begann, wandten sich die meisten deutschen Juden dem Freisinn zu: In den 1880er und 1890er Jahren wählten etwa zwei Drittel von ihnen Kandidaten aus dem linksliberalen Spektrum.⁶⁸ Deutlich wurde diese Präferenz auch in Regensburg, wo profilierte Lokalpolitiker jüdischer Herkunft am Ende des 19. Jahrhunderts fast ausschließlich linksliberalen Parteien und Vereinen angehörten.⁶⁹ Um die Jahrhundertwende kam dazu eine verstärkte Annäherung an die Sozialdemokratie, zu der sich viele der meist den bürgerlichen Schichten angehörenden jüdischen Deutschen aufgrund des Antisemitismus der übrigen Parteien genötigt sahen.⁷⁰

Die Orthodoxie, der sich um 1900 etwa 10 bis 20 Prozent der jüdischen Bevölkerung Deutschlands zurechnen ließen, konnte sich aufgrund ihrer konservativen Grundhaltung jedoch nicht zur Unterstützung linker Parteien durchringen. Für sie wurde, zumal in Bayern, das

---

65 Vgl. Borut in diesem Buch, S. 135.
66 Vgl. Wittmer, Siegfried: Geschichte der Regensburger Juden zwischen Monarchie und Diktatur (1903–1935), in: Verhandlungen des Historischen Vereins für Oberpfalz und Regensburg 128 (1988), S. 113–148, hier S. 123.
67 Ebd.
68 Vgl. Schneider, Karlheinz: Judentum und Modernisierung. Ein deutsch-amerikanischer Vergleich 1870–1920, Frankfurt a. M. 2005, S. 316–317.
69 Vgl. Borut in diesem Buch, S. 138; Wittmer, wie Anm. 7, S. 216–217.
70 Vgl. Paucker/Suchy, wie Anm. 57, S. 17–18.

Zentrum zur Partei der Wahl. Wie die jüdische Orthodoxie folgte auch die politische Interessenvertretung der Katholiken einem religiös bestimmten Leitbild, unter anderem in der Familien- und Erziehungspolitik. Auf Reichsebene selbst in der Position einer konfessionellen Minderheit, trat die Zentrumspartei dem politischen Antisemitismus in der Regel entschieden entgegen.[71] Zahlreiche führende Vertreter der jüdischen Orthodoxie wurden somit zu Unterstützern des politischen Katholizismus.[72] Seligmann Meyer hielt sich in dieser Hinsicht dagegen weitgehend bedeckt. Seine entschiedene Ablehnung erfuhren lediglich die Sozialdemokratie[73] sowie die mit den antisemitischen Parteien verbündeten Konservativen. Erst nach der Revolution von 1918 rief er auch öffentlich zur Wahl der Bayerischen Volkspartei (BVP), der Nachfolgeorganisation des bayerischen Zentrums, auf: *Jude oder Christ, wer gottesgläubig ist, komme herbei zur Bayerischen Volkspartei.*[74]

Für Seligmann Meyer stand indes nicht Parteipolitik, sondern die konsequente politische Bekämpfung des Antisemitismus im Mittelpunkt. In den letzten Jahren des 19. Jahrhunderts wollte sich eine Minderheit der deutschen Juden mit derartigen Maßnahmen jedoch nicht mehr zufrieden geben. Des andauernden Abwehrkampfes gegen den Antisemitismus leid, begannen sie, sich einer neuen Idee zuzuwenden, die eine ganz anders geartete Antwort auf den in ganz Europa erstarkenden Judenhass bot.

Zionismus

Mit der Zunahme antisemitischer Gewalt und sich verschlechternden Lebensbedingungen im Osten Europas, vor allem in Russland und Rumänien, wurde Palästina – neben den Vereinigten Staaten von Ame-

---

[71] Vgl. Sharfman, wie Anm. 64, S. 136–137; einschränkend dazu Ludyga, Hannes: Antisemitismus und Recht in Bayern zwischen 1870 und 1900, in: Botsch, Gideon u. a. (Hgg.): Politik des Hasses. Antisemitismus und radikale Rechte in Europa, Hildesheim u. a. 2010, S. 43–53.
[72] Vgl. Breuer, wie Anm. 40, S. 299.
[73] Vgl. E. B.: Die Socialdemokratie und die jüdische Bibel, in: Die Laubhütte 9 (1892), S. 63–64.
[74] Deutsche Israelitische Zeitung 36 (1919), Nr. 1, vom 2. Januar 1919, S. 1; vgl. Langer-Plän, Martina: Jüdisches Gemeindeleben, in: „Stadt und Mutter in Israel". Jüdische Geschichte und Kultur in Regensburg, Regensburg ⁴1996, S. 192–199, hier S. 193.

rika – zu einem Wunschziel vieler Auswanderer. Die persönliche Erfahrung des verbreiteten Judenhasses war auch maßgeblich für die Vordenker der Zionistischen Bewegung um Theodor Herzl und Max Nordau, deren Ideen sich in ihrer radikaleren Ausprägung entscheidend von der traditionellen Zionssehnsucht abhoben. Ausschlaggebend waren für sie nicht mehr religiöse, sondern nationale Motive: Die Juden Palästinas sollten sich nicht länger mit ihrer Abhängigkeit vom Osmanischen Reich begnügen, sondern einen eigenen, souveränen Staat begründen; dieser Staat schließlich sollte nicht nur den bedrängten osteuropäischen, sondern potenziell allen Juden zur neuen Heimat werden können.[75] Die Ideen des Zionismus verbreiteten sich auch in Regensburg, wo im November 1902 eine Zionistische Vereinigung gegründet wurde.[76]

Die große Mehrheit der deutschen Juden, ob liberal oder orthodox, reagierte auf die nationale Komponente des Zionismus jedoch ablehnend. Insbesondere das Reformjudentum, das das Konzept des „deutschen Staatsbürgers jüdischen Glaubens" vertrat, musste sich durch die Vorstellung einer jüdischen Nationalität angegriffen fühlen. Doch auch die Orthodoxie stand dem Zionismus kritisch gegenüber, wenn auch aus anderen Gründen: Hier spielte vor allem die Überzeugung, erst der erwartete Messias sei dazu berechtigt, ein jüdisches Reich im Heiligen Land zu errichten, eine Rolle. In ihrer Ablehnung des Zionismus war sich eine Mehrheit der reformorientierten und orthodoxen Rabbiner folglich einig; in einer Erklärung des gemeinsamen *Rabbiner-Verbandes Deutschlands* vom Juli 1897 wurde ihre unverbrüchliche Bindung an die deutsche Nation besonders betont.[77]

Seligmann Meyers persönliche Haltung zum Nationaljudentum war dagegen durchaus ambivalent. Noch 1896 erklärte er, den zionistischen Gedanken abzulehnen, und begründete dies folgendermaßen:

---

[75] Zur Geschichte des Zionismus vgl. Brenner, Michael: Geschichte des Zionismus, München 2002; Laqueur, Walter: Der Weg zum Staat Israel. Geschichte des Zionismus, Wien 1972; Rubinstein, Amnon: Geschichte des Zionismus. Von Theodor Herzl bis Ehud Barak, München 2001.
[76] Vgl. Wittmer, wie Anm. 7, S. 218; Eberhardt/Hager, wie Anm. 12, S. 270.
[77] Vgl. Zur, Yaakov: Die deutschen Rabbiner und der Frühzionismus, in: Carlebach, Julius (Hg.): Das aschkenasische Rabbinat. Studien über Glaube und Schicksal, Berlin 1995, S. 205–217, hier S. 206.

> *Aus deutsch-patriotischen, jüdisch-religiösen und praktischen Gründen müssen wir uns [...] gegen einen von Menschen zu gründenden Judenstaat in Palästina erklären.*[78]

Was die deutsch-patriotischen Gründe anbelangte, so ging die allgemeine Befürchtung dahin, ein Bekenntnis zu Zion werde die Vaterlandsliebe und -treue der Juden zweifelhaft erscheinen lassen und damit den Antisemitismus weiter stärken – eine Überlegung, die auch unter liberalen Juden weit verbreitet war.[79]

Zentral für Meyers Argumentation waren jedoch religiöse Bedenken. Der Messias-Glaube stand dabei allerdings nicht im Zentrum seiner Argumentation: Entgegen einer weit verbreiteten Ansicht musste die Überzeugung, erst der erwartete Erlöser werde den Tempel in Jerusalem wiedererrichten, nicht zwangsläufig zur Ablehnung eines weltlichen Judenstaates führen. Tatsächlich war die deutsche Orthodoxie in der Frage, inwieweit der Glaube an den Messias dem politischen Zionismus entgegenstand, durchaus gespalten.[80] Weitaus schwerer wog für Meyer in jedem Fall, dass es sich bei den meisten Zionisten um „Fortschrittsjuden" handelte, die selbst nicht gesetzestreu lebten und die der Religion in ihrem Konzept keinen besonderen Stellenwert einräumten.[81] Das Leben im Heiligen Land erfordere im Vergleich zu dem in der Diaspora die Befolgung zusätzlicher religiöser Gebote. Hierfür Sorge zu tragen, wurde den Führern des Zionismus – Meyer bezeichnete ihre Haltung zur Religion als *sehr bedenklich*[82] – von den meisten Orthodoxen zu Recht nicht zugetraut.

Den dritten Einwand gegen die Etablierung eines jüdischen Staates bildeten schließlich die praktischen Hindernisse auf dem Weg dorthin. Nach Meyers Überzeugung würden die christlichen Mächte und das

---

[78] Der Judenstaat. Versuch einer modernen Lösung der Judenfrage von Th. Herzl, Doctor der Rechte, in: Die Laubhütte 13 (1896), S. 176–178, S. 189–194 u. S. 203–205, hier S. 192.
[79] Vgl. Wunsch, Beate u. a.: „Die Macht der vollendeten Tatsachen". Die deutsch-jüdische Presse und der Erste Basler Zionistenkongreß, in: Jüdischer Almanach des Leo Baeck Instituts 1998/5758, S. 138–157, hier S. 150.
[80] Vgl. Haumann, Heiko: „Eine jüdische Schweiz auf Actien"? Innerjüdische Opposition gegen den Zionismus, in: Ders. (Hg.): Der Erste Zionistenkongress von 1897 – Ursachen, Bedeutung, Aktualität, Basel u. a. 1997, S. 331–334; Zur, wie Anm. 77, S. 212–214.
[81] Vgl. Meyer, Seligmann: [Vorbemerkung zu] Bierer, Reuben: Die Stellung der Rabbiner und jüdischen Zeitungen zu dem Zionismus, zu der Dr. Herzl'schen Broschüre „der Judenstaat", in: Die Laubhütte 13 (1896), S. 253–258, hier S. 253–254.
[82] Colonisation oder Judenstaat, in: Die Laubhütte 4 (1897), S. 485.

Osmanische Reich ihre jeweiligen heiligen Stätten in Jerusalem niemals aufgeben. Ganz im Gegenteil werde eine Nationalbewegung das Misstrauen der Hohen Pforte gegenüber jüdischen Einwanderern verstärken und so womöglich *die segensreiche Colonisation Palästinas hemmen und vielleicht ganz inhibiren.*[83] Tatsächlich hatte sich Seligmann Meyer schon zu seiner Zeit als Chefredakteur der *Jüdischen Presse* in Berlin für die jüdische Siedlungsbewegung in Palästina eingesetzt. Das Hauptziel zahlreicher Hilfs- und Spendenaktionen, die seit der ersten Hälfte des 19. Jahrhunderts maßgeblich von der deutschen Orthodoxie getragen wurden, lag darin, den im Heiligen Land siedelnden Juden ein den religiösen Vorschriften gemäßes Leben zu ermöglichen.[84] Auch in seiner Regensburger Zeit rief Meyer wiederholt zu Spenden für die jüdischen Kolonien Palästinas auf.[85] Wie eine Vielzahl orthodoxer Rabbiner, darunter Esriel und Hirsch Hildesheimer, unterschied er zwischen der fortgesetzten Siedlung in Palästina, die befürwortet wurde, und allen weitergehenden, abzulehnenden Staatsgründungsplänen.[86]

Bei alldem gibt es einige Hinweise, dass Seligmann Meyer der jüdischen Nationalidee bereits zu diesem Zeitpunkt positiver gegenüberstand, als er es öffentlich zugeben wollte. So räumte er Anhängern der zionistischen Bewegung in der *Laubhütte* auffällig viel Platz zur Propagierung ihrer Ideen ein. Insbesondere in den Jahren 1896 und 1897, im Zuge der Debatten um den Ersten Internationalen Zionistenkongress in Basel, nahm die Zeitung beinahe den Charakter eines pro-zionistischen Blattes an. Aus den Kommentaren der Redaktion wurde dabei immer wieder ersichtlich, dass die nationaljüdische Idee – unabhängig von ihren politischen Zielen – durchaus Seligmann Meyers Sympathie weckte. Wie ihm ging es auch dem Zionismus um eine Bekämpfung des Antisemitismus aus eigener Stärke heraus. Was Meyer durch eine Rückbesinnung auf den Glauben anstrebte, versuchten die Zionisten durch ein neues Konzept von der nationalen Zugehörigkeit der Juden zu erreichen. An diesem Punkt wiesen religiöse Orthodoxie und politischer

---

[83] Ebd.
[84] Vgl. Eliav, Mordechai: Der „Israelit" und Erez Israel im 19. Jahrhundert, in: Bulletin des Leo Baeck Instituts 8 (1965), S. 273–301.
[85] Vgl. Dr. Löwenstein: Ein Wort für Palästina, in: Die Laubhütte 1 (1884), S. 174–176; [Sammlung für den Verein *Esra*], in: Die Laubhütte 1 (1884), S. 281–283.
[86] Wie Anm. 77, hier S. 210–211.

Zionismus oft übersehene Parallelen auf: Die Ablehnung der vollständigen Assimilation und ein uneingeschränkt positives Selbstbild des Judentums.[87] Meyer zeigte sich beeindruckt von der allgemeinen Begeisterung und Einmütigkeit, welche die national-jüdische Bewegung auszeichneten.[88] Als neues Ideal der jüdischen Jugend werde sie deren Selbstbewusstsein steigern und dadurch die vollständige Assimilation, auch in religiöser Hinsicht, verhindern. Mit der neuen Bewegung verband Meyer die Hoffnung, die von ihr ausgelöste Begeisterung werde zumindest den Indifferentismus der Jugend beseitigen und sich eines Tages auch auf die Religion übertragen.[89]

Ihren Höhepunkt fand Seligmann Meyers Hinwendung zum Zionismus anlässlich der Gründung der Zionistischen Vereinigung von Regensburg. Diese hatte unter anderem die Stärkung des jüdischen Volksbewusstseins, die Erziehung der Jugend im jüdischen Geist sowie die Verbreitung der Kenntnisse in hebräischer Sprache und Literatur als Vereinsziele in ihre Statuten aufgenommen.[90] Von der Gründungsversammlung am 16. November 1902 berichtete *Der Israelit* unter dem Titel „Bezirksrabbiner Dr. Meyer's Uebergang zum Zionismus".[91] Demnach ergriff Meyer bei der Veranstaltung das Wort und verglich in seiner Rede das jüdische Volk mit einem Gefäß, die Religion aber mit dessen Inhalt. *Sei durch den Zionismus erst das Gefäß wieder stattlich hergestellt*, so Meyer, *werde es auch an seinem Inhalte nicht fehlen*.[92] Im Anschluss rief er ausdrücklich zur Unterstützung der zionistischen Bewegung auf, woraufhin zahlreiche Anwesende der Regensburger Zionistischen Vereinigung beitraten. Was die Dauerhaftigkeit der Meinungsänderung Meyers anging, zeigte sich *Der Israelit* allerdings äußerst skeptisch.[93]

Tatsächlich kehrte Seligmann Meyer spätestens mit Beginn des Ersten Weltkriegs zu seiner früheren antizionistischen Haltung zurück.

---

[87] Vgl. Nagel, wie Anm. 13, S. 188.
[88] Vgl. Der Zionisten-Congreß, in: Die Laubhütte 14 (1897), S. 489–491 u. S. 507–509, hier S. 489.
[89] Vgl. Der Judenstaat, wie Anm. 78, S. 192.
[90] Vgl. Wittmer, wie Anm. 7, S. 218.
[91] Bezirksrabbiner Dr. Meyer's Uebergang zum Zionismus, in: Der Israelit 43 (1902), S. 1929–1930.
[92] Ebenda, S. 1929.
[93] Vgl. ebenda, S. 1930.

Während des Krieges wurde er für seine besonders patriotischen, deutsch-nationalen Predigten bekannt. Die *Deutsche Israelitische Zeitung*, die er in *Frontstellung gegen den aufkommenden Zionismus*[94] gebracht hatte, vertrat fortan eine betont nationale und antizionistische Haltung.[95] Entscheidend für diese Neuorientierung war wohl das Erlebnis des Ersten Weltkriegs. Der von Kaiser und Reichsregierung erweckte Eindruck, schuldlos vom Feind überfallen worden zu sein, führte zunächst zu einem enormen Solidarisierungseffekt innerhalb der sozial und konfessionell tief gespaltenen deutschen Gesellschaft. Angesichts der gemeinsamen Herausforderungen wurde nun vorübergehend nicht nur Katholiken und Sozialdemokraten, sondern auch Juden das Gefühl gegeben, ein integraler Bestandteil der deutschen Nation zu sein.[96] Angesichts ihrer großen nationalen Opferbereitschaft – allein unter den Gefallenen der Stadt Regensburg waren elf Juden[97] – verbreitete sich in der jüdischen Bevölkerung Deutschlands die Hoffnung, Ausgrenzung und Antisemitismus endgültig hinter sich gelassen zu haben. Das Gegenteil war freilich der Fall.

Nach 1918

Bereits während des Krieges nahm der Antisemitismus in Deutschland ungeahnte Ausmaße an. Im Januar 1919 kam es in Regensburg zu Ausschreitungen und Plünderungen, von denen zwar auch nicht-jüdische Geschäfte betroffen waren, die jedoch von antisemitischen Parolen begleitet wurden.[98] Im März desselben Jahres begannen in der Stadt hetzerische Flugblätter und Plakate aufzutauchen, deren Erscheinen von antisemitischen Veranstaltungen begleitet wurde.[99] 1924 wurde der jüdische Friedhof geschändet.[100] Trotz seines sich verschlechternden Gesundheitszustands trat Seligmann Meyer diesen Vorgängen ent-

---

[94] Breuer, wie Anm. 40, S. 157.
[95] Vgl. Langer-Plän, wie Anm. 74, S. 193.
[96] Vgl. Volkov, Shulamit: Die Juden in Deutschland 1780–1918, München ²2000, S. 67–68.
[97] Vgl. Wittmer, wie Anm. 7, S. 240.
[98] Vgl. Wittmer, wie Anm. 66, S. 128–129.
[99] Vgl. ebenda, S. 131–132.
[100] Vgl. ebenda, S. 134.

schlossen entgegen. Dennoch fassten nunmehr auch in Regensburg antisemitische, völkische und nationalsozialistische Gruppierungen Fuß.[101] Mit der Machtübernahme durch die Nationalsozialisten im Januar 1933 wurde schließlich die Vernichtung des jüdischen Lebens in Regensburg eingeleitet. Die Zionistische Vereinigung bereitete etwa hundert Personen auf die Emigration nach Palästina vor. Insgesamt gelang 233 Regensburger Juden die Auswanderung, über 200 wurden in den Vernichtungslagern ermordet.[102]

Seligmann Meyer, der sich sein Leben lang gegen den Antisemitismus eingesetzt hatte, starb am 31. Dezember 1925. Im Rückblick erscheint gerade die von ihm geprägte Zeit als „goldene Ära" der jüdischen Gemeinde in Regensburg, geprägt von Wachstum, kultureller Blüte und gleichberechtigtem Zusammenleben. Trotz mancher Konflikte war es Meyer letztlich gelungen, Anerkennung für seine Leistungen zu finden und höchstes Ansehen bei Juden wie Nichtjuden zu erlangen. Auch nach 1945 blieb er für das Regensburger Judentum eine positive Identifikationsfigur: In den 1990er Jahren verlieh die Jüdische Gemeinde in unregelmäßigen Abständen einen „Seligmann-Meyer-Preis", mit dem Nichtjuden für ihren Einsatz im Sinne des jüdischen Regensburg ausgezeichnet wurden.[103] Damit wurde auch eine Persönlichkeit gewürdigt, die dieses Regensburg im späten 19. und frühen 20. Jahrhundert ganz entscheidend geprägt hatte.

---

[101] Vgl. Borut in diesem Buch, S. 148.
[102] Vgl. Angerstorfer, Andreas: Bis zum Holocaust. Die Geschichte bis zum Holocaust Teil II – Von der Vertreibung der Juden aus Regensburg 25. Februar 1519 bis zum Holocaust. URL: http://www.jg-regensburg.de/bis_zum_holocaust, 30.07.2017.
[103] Ich danke Herrn Dr. Klaus Himmelstein für diese Information.

Cornelia Berger-Dittscheid
Hans-Christoph Dittscheid

Die neuzeitlichen Synagogen in Regensburg
Blüte und Zerstörung[1]

Schwieriger Neubeginn im 18. Jahrhundert

Auch wenn im Verlauf der Reichstage jüdische Händler die Stadt passieren und Juden seit dem Immerwährenden Reichstag als *Pappenheimer Reichstagsjuden* in Regensburg wohnen dürfen, sind *die Synagog oder Haltung der Schulen und des Laubhüttenfestes* zunächst verboten.[2] Erst das Reglement vom 23. April 1733 gestattet den Regensburger Juden,

> *ihren Gottesdienst und Ceremonien in der Stille und sich dabey samt denen ihrigen in der Schule bescheiden, ehrbar und friedlich [zu] halten bey 15 fl. Straf, sooft sie dawider handeln oder denen Ihrigen solches zu thun gestatten werden.*[3]

Die jüdischen Gottesdienste finden anfangs in verschiedenen privaten Gebetsräumen statt.[4] Indessen entbrennt zwischen dem Reichserbmarschall von Pappenheim, dem Schutzherrn der Juden, und der Stadt Regensburg ein heftiger Streit, der die Anzahl der Juden mit Wohnrecht und die Bedingungen ihres Verbleibs in der Stadt betraf. Trotzdem sind 1747 in der Stadt bereits sieben jüdische Familien ansässig.[5]

---

[1] Es handelt sich hierbei um die überarbeitete Fassung unseres Aufsatzes im Katalog der Ausstellung: Ein Tag im jüdischen Regensburg mit Joseph Opatoshu und Marc Chagall, hgg. v. Sabine Koller, Regensburg 2009, S. 64–77.

[2] Zum Erlass des Grafen von Pappenheim vom 31. Januar 1695, in: Meyer, Isaak: Zur Geschichte der Juden in Regensburg. Gedenkschrift zum Jahrestag der Einweihung der neuen Synagoge, Berlin 1913, hier S. 29.

[3] Meyer, wie Anmerkung 2, hier S. 32.

[4] Eberhardt, Barbara/Berger-Dittscheid, Cornelia: Art. Regensburg, in: Kraus, Wolfgang u. a. (Hg.): Mehr als Steine ... Synagogen-Gedenkband Bayern, Bd. 1, Lindenberg 2007, S. 261–285, hier S. 264.

[5] Meyer, wie Anm. 2, S. 31.

Es ist wohl kein Zufall, dass es zur selben Zeit (1747) in Regensburg zu einem Wiederaufleben des Kults um die *Schöne Maria* kommt. Dieser ist fokussiert auf Hans Leinbergers ganzfiguriges Holzbildwerk der Muttergottes von 1520, das als Altarfigur nach St. Kassian übertragen wird. Der Augsburger Rokoko-Maler Gottfried Bernhard Göz (1708–1774) stattet in diesem Zusammenhang den Innenraum der Pfarrkirche mit einem komplexen Marienzyklus aus (1756–58), der die Übertragung von Leinbergers Marienstatue voraussetzt.[6] Das Gewölbe im westlichsten Joch des südlichen Seitenschiffs nimmt dabei unmittelbar Bezug auf die Vertreibung der Juden aus dem mittelalterlichen Regensburg:

Die Bildachse ist bestimmt von der Mariensäule, die mit ihrem eingravierten Datum 1519 unmissverständlich auf das Pogrom zurückverweist. Vor ihr steht als zentrale Hauptfigur *Ratisbona*, die personifizierte Stadt Regensburg, erkennbar an den gekreuzten Schlüsseln über ihrem Haupt. Sie steht in voller Aktion mit wehendem Gewand und herrisch ausgestreckten Armen erhöht auf einem Stufenpodest. Ihre Haltung bezieht sich auf vier männliche Gestalten, die zu ihrer Rechten wild gestikulierend zu flüchten versuchen und dabei zu Boden fallen. Pluderhosen und turbanähnliche Kopfbedeckungen charakterisieren sie als Juden. Einer der Männer hält ein Steinfragment der mosaischen Gesetzestafeln in der einen Hand, eine Schriftrolle in der anderen. Göz illustriert damit die unter anderem durch Ostrofrankus bereits 1519 kolportierte Legende, dass die Juden bei ihrer Flucht aus Regensburg ein Stück der Gesetzestafeln und ein Dokument mit sich genommen hätten.[7] Der Legende nach habe die Regensburger jüdische Gemeinde bereits 300 Jahre vor Christi Geburt bestanden. Bei dem Dokument handele es sich um einen Brief, in dem ihnen ihre Glaubensgenossen in Jerusalem über die Kreuzigung Christi berichtet hatten.[8] Diese fiktive Überlieferung, ähnlich auch von den Wormser Juden überliefert, sollte die Unschuld der Regensburger Juden am Kreuzestod Christi beweisen.[9]

---

[6] Isphording, Eduard: Gottfried Bernhard Göz 1708–1774. Ein Augsburger Historienmaler des Rokoko und seine Fresken, Weißenhorn 1997.

[7] Kronseder, Otto: Christophorus Hoffmann, genannt Ostrofrankus (Programm des Königlichen Maximilians-Gymnasiums für das Schuljahr 1898/99), München 1899, S. 48.

[8] Herde, Peter: Gestaltung und Krisis des christlich-jüdischen Verhältnisses in Regensburg am Ende des Mittelalters, in: Zeitschrift für Bayerische Landesgeschichte 22 (1959), S. 359–395, hier S. 360 f. nach Ostrofrankus.

[9] Raspe, Lucia (Frankfurt a.M.) in einem Vortrag v. 27.4.2017 (Tagung Zwischen Pogrom und Nachbarschaft in Mainz).

Vertreibung der Juden aus Regensburg; Deckenfresko mit Ratisbona von 1758;
Kirche St. Kassian, rechtes Seitenschiff

Zu Füßen von *Ratisbona* liegt auf den Stufen ein Jude mit einem Messer in der Hand, vor ihm übereinander getürmte Kinderleichen neben zwei prall gefüllten, überquellenden Geldbeuteln. Damit werden die seit dem Mittelalter verbreitete Ritualmordlüge und der Topos vom Wucherzins betreibenden reichen Juden aufgegriffen und drastisch ins Bild gesetzt. Auch hier folgt der Maler den gehässigen Mutmaßungen des Ostrofrankus, der den berüchtigten Ritualmordprozess von Trient wieder aufleben lässt, indem er behauptet, man habe in den verlassenen Häusern der Juden Beweise dafür gefunden, dass sie „Christenkinder" ermordet hätten. In unterirdischen Schmelzöfen hätten sie auch kirchliche Geräte umgeschmolzen, um sie zu Geld zu machen.[10]

Rechts im Hintergrund des Bildes sind Männer mit Spitzhacken dabei, ein Gebäude mit Rundbogenfenstern – die mittelalterliche Synagoge mit den Gesetzestafeln an der Fassade – abzureißen; links ist die Steinerne Brücke mit dem Auszug der flüchtenden Juden nach Stadtamhof zu erkennen. Das Deckengemälde von St. Kassian orientiert sich offensichtlich an Ostendorfers Holzschnitt der *Schönen Maria*. Die bei Ostendorfer rings um die Säule ekstatisch am Boden liegenden Pilger verwandeln sich bei Göz in die im Fallen begriffenen Juden. Somit wird das Fresko zum sprechendsten Ausdruck des Antijudaismus in Regensburg im 18. Jahrhundert.[11]

Dank der Schutzherren von Pappenheim leben 1777 bereits 86 Juden in der Freien Reichsstadt. Auf Verlangen des Magistrats wird zwar 1783 die Größe der jüdischen Gemeinde halbiert,[12] steigt dann aber bis Anfang des 19. Jahrhunderts erneut auf etwa 110 Personen an. Es sind vor allem der aufgeklärte und gelehrte Rabbiner Isaak Israel Alexander (1722–1802) und der Thurn-und-Taxis'sche Hoffaktor und spätere Gemeindevorstand Philipp Reichenberger (1750–1818), die sich kraft ihres

---

[10] Kronseder, wie Anm. 7, S. 46 f.
[11] Meyer, wie Anm. 3, S. 30–35. Es fällt auf, dass die jüngste, nach der Restaurierung erschienene Publikation des Kollegiatstifts Unserer Lieben Frau zur Alten Kapelle (Die Stiftskirche St. Kassian: Regensburgs älteste Pfarrkirche, Regensburg 2015) den judenfeindlichen Aspekt der barocken Deckenmalerei von St. Kassian ignoriert und das Deckengemälde auch nicht abbildet.
[12] ~~Meyer, wie Anm. 3, S. 31.~~
[13] Mitteilung von Andreas Angerstorfer (†).

Synagoge von 1788–1841; ehemaliges Bäckerhaus, Hinter der Grieb 5

Einflusses um die rechtliche Gleichstellung ihrer jüdischen Glaubensbrüder in Regensburg verdient machen.

Die erste öffentliche Synagoge nach 1519 richtet die jüdische Gemeinde vermutlich im Jahr 1788 in dem ehemaligen Bäckerhaus Hinter der Grieb 5 ein. Das schmal-hohe giebelständige Wohnhaus besitzt im Erdgeschoss zwei große Arkaden. Der Betsaal mit 35 Plätzen für die männlichen Synagogenbesucher im ersten Obergeschoss hat sich bis heute substanziell erhalten. Die Frauen hatten ihren Betraum mit 28 Plätzen im Geschoss darüber. Eine größere Öffnung im Fußboden des Frauengeschosses, deren Spuren noch heute erkennbar sind, stellte die Verbindung zum Männerbetsaal her; so konnte der Gottesdienst von dort, zumindest akustisch, verfolgt werden.[13]

Seit Sommer 2008 befindet sich an dem Gebäude eine Gedenktafel mit Hinweis auf den Philosophen und Theologen Isaak Israel Alexander, den ersten Rabbiner in Regensburg nach der Vertreibung der Juden.

---

[14] Stadtarchiv Regensburg (StR), Zentralregistratur I, Nr. 1572 vom 13. Oktober 1813:

Die Synagoge in der Unteren Bachgasse – Zeichen der Aufklärung und Emanzipation

Das 19. Jahrhundert gestaltet sich für die Regensburger Juden sehr erfolgreich. Kurfürst Carl Freiherr von Dalberg sorgt dafür, dass die jüdische Bevölkerung das kleine Bürgerrecht erhält; treibende Kraft ist dabei der Hoffaktor Philipp Reichenberger. Die jüdische Gemeinde besteht nur aus zwölf Familien, obwohl das *Judenedikt* die Mindestzahl von 50 Familien für die Gründung einer neuen jüdischen Gemeinde voraussetzt.[14] Im Jahr ihrer rechtlichen Gleichstellung in der Reichsverfassung 1871 leben 430 jüdische Bürger in Regensburg.

Die Gemeinde erwirbt im Januar 1838 für 8.000 Gulden einen ansehnlichen Gebäudekomplex in der Unteren Bachgasse (3/5). Es handelt sich dabei um das sogenannte Ruckersche Haus zum Goldenen Brunnen, ehemals Steyrer- und Wollerhaus (Lit. E 2).[15] Das anfängliche Vorhaben, in dem Anwesen lediglich eine neue Mikwe einzurichten, wird bald ausgedehnt und schließlich sogar ein Gemeindezentrum etabliert. Am 25. Mai 1839 schreibt Bürgermeister Gottlieb von Thon Dittmer an das Rabbinat:

> *Zur amtlichen Kenntniß erhalten, dass die israelitische Gemeinde das Gut Lit E No 2 erkauft u[nd] die Absicht habe in dasselbe ihre Synagoge, Schule, Lehrerwohnung und Frauenbad einzurichten.*[16]

Auf einer vermutlich zur Einweihung angefertigten Darstellung des Komplexes flankieren zwei mittelalterliche Wohntürme ein großes mehrachsiges Wohngebäude. Im nördlichen Turm ist die israelitische Schule untergebracht, das Wohnhaus dient hauptsächlich als Spital, beherbergt jedoch auch einen Sitzungsraum, eine Lehrerwohnung und einen Raum für mittellose Gemeindemitglieder. Die Synagoge befindet sich im südlichen Wohnturm, die im Süden angrenzende mittelalterliche Verenakapelle dient als Synagogennebenraum. Anlässlich der

---

Schreiben der jüdischen Gemeinde an die Polizeidirektion Regensburg. Siehe dazu Eberhardt/Berger-Dittscheid 2007, wie Anm. 4, S. 265.
15   StR, Zentralregistratur I, Nr. 644 (Entwurf des Kaufvertrags).
16   StR, Zentralregistratur I, Nr. 686, fol. 13.

Synagoge und Gemeindezentrum von 1841; Untere Bachgasse 5, Holzschnitt

feierlichen Einweihung am 2. April 1841[17] erhält Bürgermeister Gottlieb von Thon Dittmer von der israelitischen Kultusgemeinde 25 Gulden zur Verteilung an christliche Arme.[18]

Für die Einrichtung der Synagoge werden der Turm und die Fassade der mittelalterlichen Kapelle umgebaut. Rechteckige Öffnungen und Okuli ersetzen die ehemaligen gotischen Maßwerkfenster, deren orientalisierende Füllungen das Gebäude nun von außen als jüdisches Gotteshaus charakterisieren. Mit der hebräischen Inschrift זה שער לה auf der Synagogenfassade *Dies ist das Tor zu Gott* (Ps 118,20) zeigt die jüdische Gemeinde deutlich und selbstbewusst ihr erstes repräsentatives Gotteshaus nach 322 Jahren.

Die Synagoge bietet Platz für 60 Männer im Saal und 60 Frauen auf den Emporen. Die Holzgewölbe sind mit einem Sternenhimmel verziert. Toraschrein und Bima, beide im neugotischen Gewand, stehen als Zeichen der reformorientierten Ausrichtung der Israelitischen Kultusge-

---

17 Das Programm des Einweihungsgottesdienstes ist unter dem Titel „Programm der gottesdienstlichen Feier bei Einweihung der Synagoge in Regensburg" im Bestand der Staatlichen Bibliothek Regensburg auch als Digitalisat zugänglich.

Innenraum der Synagoge   *Programm zur Einweihungsfeier*

meinde Regensburg nah beieinander. Darauf verweisen auch die unvergitterten Emporen. Der Innenraum der Synagoge zeigt durchgängig neugotische Formen. Auch die ehemalige gotische Hauskapelle bleibt innen weitgehend erhalten und dient als Nebenraum für die Synagoge. Der neugotische Innenraum der Regensburger Synagoge kann als Besonderheit des Synagogenbaus angesehen werden, da der neugotische Baustil im 19. Jahrhundert vornehmlich christliche Sakralbauten auszeichnete.[19]

Die zwischen 1841 und 1907 genutzte Synagoge wird im Oktober 1938 trotz Intervention von Baurat Adolf Schmetzer und des Landesamts für Denkmalpflege wegen Baufälligkeit abgerissen.[20] An dem heute an derselben Stelle errichteten modernen Geschäftshaus befindet sich eine Tafel, die auf den ehemaligen Standort der Synagoge verweist.

---

18 StR, Zentralregistratur I, Nr. 686: Schreiben vom 29. März 1841.
19 Ausführlich zur Synagoge in der Unteren Bachgasse siehe Angerstorfer, Andreas u. a.: Verlorene Tempel. Synagogen in Regensburg von 1788 bis 1938, in: Denkmalpflege in Regensburg 10 (2006), hier S. 112–141, S. 114–117; Eberhardt/Berger-Dittscheid 2007, wie Anm. 4, S. 266–268.
20 StR, Registratur Regensburg, Bauwesen, Akte Untere Bachgasse 5 (ab 16.10.1937). Siehe Wittmer, Siegfried: Regensburger Juden. Jüdisches Leben von 1519 bis 1990, Regensburg ²2002, S. 313f.

Die neue Synagoge von Koch und Spiegel (1911/12)

Hauptansicht der neuen Synagoge, Ecke Schäffnerstraße/ Luzengasse

1908 kann die jüdische Gemeinde einen Wettbewerb für einen Neubau ausschreiben. Ihn gewinnt Wilhelm Stiassny, ein Architekt aus Wien, der damals als Koryphäe auf dem Gebiet des Synagogenbaus gilt. Doch sein Projekt wird von der königlichen Baubehörde in München abgelehnt, da der in Formen der Neorenaissance gehaltene Bau nicht in die vom Mittelalter geprägte Regensburger Altstadt passe.

Erst dem Regensburger Architektenbüro von Joseph Koch und Franz Spiegel gelingt es, einen Plan vorzulegen, den Prinzregent Luitpold von Bayern am 6. Februar 1911 genehmigt.[21] 1911/1912 entsteht die Neue Synagoge in der Schäffnergasse. Das Projekt umfasst die Synagoge sowie ein Gemeindehaus mit Werktagsbetsaal, Schule und Mikwe.

Das neue Gotteshaus beschreibt einen Zentralbau über dem Grundriss eines Ovals. Für die Grundrissform bot die Synagoge in Wien ein Vorbild, die Joseph Kornhäusel 1824–1826 errichtet hatte. Allerdings

---

[21] Wittmer, wie Anm. 20, S. 229. Die früheren Planungen von Stiassny und Heinrich Hauberrisser ließen sich bisher nicht auffinden. Zur Planungs-, Bau- und Zerstörungsgeschichte der neuen Synagoge siehe Angerstorfer, Andreas u. a., wie Anm. 19, S. 118–141.

Entwürfe und Vorprojekte Koch & Spiegel

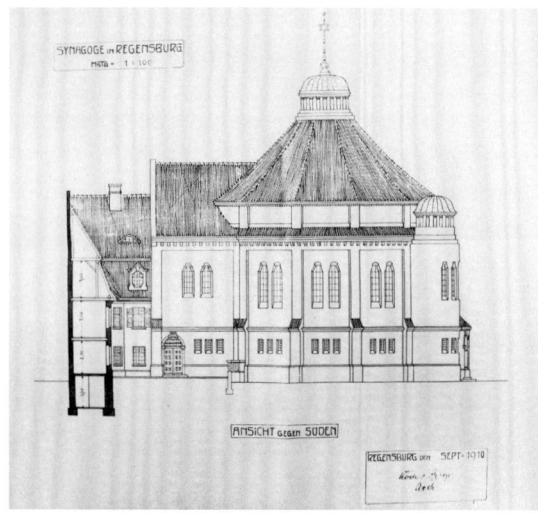

Ostansicht der Hauptfassade

Aufriss von Süden

Entwurf für den Thoraschrein

Längsschnitt, Vorschlag zur Gestaltung, nicht ausgeführt; aquarellierte Bleistiftzeichnung von G. Vogel

durfte diese nach außen hin nicht als Sakralbau in Erscheinung treten. Die Synagoge von Koch und Spiegel stellt sich dagegen selbstbewusst der städtebaulichen Situation und reagiert darauf mit monumentaler Geste.

Wie die Ansicht (S. 193) und die Postkarte von 1913 (s. Abb. 198) zeigen, ist die gesamte Komposition von Synagoge und Gemeindehaus auf die Ecklage hin konzipiert.

Von hier aus sieht man in der Diagonalen die Hauptfassade mit den drei Arkaden des Eingangs für die Frauen, die ihre Empore über die beiden Treppentürme an der Straßenfront erreichen. Die kuppelförmig abschließenden, kleinen Tempeln ähnelnden Dächer der ovalen Treppentürme behaupten sich räumlich suggestiv gegenüber dem Dach des ovalen Hauptraums. Dieses kulminiert in einem kugelförmigen Knauf, der auf einer hohen Stange den Davidstern in die Luft hebt. Die paarweise angeordneten Fenster markieren das mit der Frauenempore identische Obergeschoss, in dessen Höhe ein Rundfenster mit Davidstern die Mitte der Hauptfassade anzeigt. Genau diese repräsentative Übereckansicht hält die von den Gebrüdern Metz in Tübingen gefertigte Photographie fest. Die weitgehende Übereinstimmung zwischen Entwurf und Ausführung ist evident.

Dem für eine Synagoge idealen Oval[22] folgt nicht nur der Grundriss des Gebäudes, sondern auch die Frauenempore, ja sogar der genau im Zentrum stehende Almemor sowie der Kronleuchter darüber. Mit der konsequent durchgehaltenen Zentrierung entspricht der Bau einer Form, die offenbar den Regensburger Distriktsrabbiner Dr. Seligmann Meyer mit seiner orthodoxen Einstellung überzeugt hat. Der Thoraschrein ist als kostbares architektonisches Gehäuse wie ein eigenständiger Tempel im Osten situiert: Er bildet das klar erkennbare Ziel und den Höhepunkt der Raumkomposition.

Trotz der historisierenden, neobarocken Gesamthaltung der Synagoge tendieren einige Teile wie etwa die Treppentürme der nach Osten weisenden Fassade stilistisch zur Neuen Sachlichkeit. Wesentliche

---

[22] Im Unterschied zum seit dem 18. Jahrhundert (Wörlitz) häufiger anzutreffenden kreisförmigen Grundriss erlaubt das Oval eine eindeutige Orientierung nach Osten, wie sie von jeder Synagoge verlangt wird.

Innenansicht der Synagoge, mit Thoraschrein und Almemor

Elemente wie das polygonale zeltartige Dach oder das große östliche Rundfenster mit dem *Magen David* (Davidstern) und dem darin in hebräischer Schrift eingefügten Baudatum „1912", erst recht aber die hebräische Bauinschrift der Hauptfassade זה שער לה „Dies ist das Tor zu Gott" (Ps 118,20) verweisen mit Stolz auf die Funktion des Gebäudes als Synagoge. Eine vorwärts weisende Modernität der Architektur ist in bautechnischer Hinsicht vor allem an der Wahl der Materialien abzulesen. Ungeachtet ihrer historisierenden Formen, sind die ionischen Säulen des Innenraums wie die gesamte Frauenempore und ebenso die Decken aus Beton gegossen. Der Dachstuhl besteht dagegen überwiegend aus Eisen. Eisen und Beton sollen eine möglichst weitgehende Feuerfestigkeit und somit ein langes Leben des Gebäudes garantieren.

Aus der souveränen Verknüpfung von Tradition und Moderne spricht ein gesundes Selbstbewusstsein, wie es Distriktsrabbiner Seligmann Meyer auch gegenüber der Baubehörde zuvor gefordert hat:

> Es kann von der israelitischen Kultusgemeinde hier nicht verlangt werden, dass sie ein Gotteshaus in rein christlichem Style errichte, die Synagoge soll auch im Äußern den Charakter eines israelitischen Gotteshauses bekunden.[23]

Das macht Meyer am 13. September 1909 unmissverständlich klar. Der 1912 vollendete Bau von Koch und Spiegel in seiner realisierten

---

[23] StR Regensburg, Registratur, Bauwesen, Akte Am Brixener Hof Nr. 2.

Form tritt gegenüber den ihn umgebenden zahlreichen Kirchen – allen voran der Alten Kapelle – eigenständig auf. Meyers hochgespannte Erwartungen haben die Architekten baukünstlerisch kongenial umgesetzt.

Die neue Synagoge versteht sich als Summe einer bewegten Geschichte der jüdischen Gemeinde in Regensburg und Wegweiser in eine bessere Zukunft. Das belegt eindrucksvoll die Gedenkschrift, die Isaak Meyer „zum Jahrestage der Einweihung der neuen Synagoge" im Jahr 1913 vorlegt.[24] Am Ende des Bandes verleiht Meyer der hoffnungsfrohen Stimmung der jüdischen Gemeinde Regensburgs Ausdruck. Er schreibt sein Buch in dem stolzen Bewusstsein, dass Regensburg im 15. und 16. Jahrhundert bis zum Pogrom von 1519 als „Mutter" der jüdischen Gemeinden in Deutschland gegolten hat:

> *Die aufgehende Morgensonne der Humanität und der Toleranz hat in Deutschland längst die äußeren Fesseln beseitigt, unter denen unsere Vorfahren seufzten. [...] Die Thora, der einst vor vielen Jahrhunderten unsere Ahnen nach dem Untergange des jüdischen Staatswesens in Regensburg eine Heimstätte bereiteten, sie ist auch für uns noch das Panier, um welches wir uns scharen, das Ideal, für das wir noch heute mit Wort und Tat kämpfen. Die Thora allein ist der ruhende Pol in der schicksalsreichen Geschichte des jüdischen Volkes. [...] So ist die Thora uns heute noch der Führer auf dem Meere des Lebens, wie sie einst unsern Vätern sichere Zuflucht gewesen in langer Leidenszeit. [...]. Nach dem Gebote der Thora: ‚Sie sollen mir ein Heiligtum bauen, damit ich in ihrer Mitte wohne', errichteten wir wieder ein neues Gotteshaus, nachdem fast vier Jahrhunderte seit der Zerstörung des ersten hier erbauten verflossen waren. [...]. Das Judentum ist keine Antiquität, sondern ein ewiger Lebensquell, zu dem uns die Vergangenheit hinführt, um uns die Bahnen einer glücklichen Zukunft zu öffnen.*[25]

Die Zerstörung der neuen Synagoge in der Reichspogromnacht

Das neue Gotteshaus hat jedoch nur 26 Jahre Bestand. Es wird in der Nacht vom 9. auf den 10. November 1938 zerstört: Gauleiter Fritz

---

[24] Zur Denkschrift von Isaak Meyer siehe den Beitrag in diesem Band.
[25] Meyer, wie Anm. 2, S. 135 f.

Postkarte der Neuen Synagoge, 1912

Wächtler telefoniert mit dem Regensburger Oberbürgermeister Dr. Otto Schottenheim um 22.30 Uhr im Ratskeller und teilt ihm mit:

Ich habe den Befehl gegeben, dass heute Nacht die Synagoge anzuzünden ist bzw. zu verschwinden hat. Kein Stein soll auf dem andern bleiben.[26]

Mitglieder von SS, SA und dem NSKK (Nationalsozialistisches Kraftfahrerkorps), angeführt von Wilhelm Müller-Seyffert, geben den Befehl an die Schüler der Motorsportschule weiter. Deren Leiter Richard Platzer erteilt den über 250 Schülern den Auftrag, die Synagoge in Brand zu setzen, was diese mit Begeisterung vornehmen. Anwohnern, durch den mitternächtlichen Lärm aufgeschreckt, wird beschieden, *der Schandfleck* müsse *weg*. Zunächst werden die Fenster eingeschlagen und die Synagoge geplündert. Nachdem eine Vielzahl von Benzinfässern ausgegossen wurde, brennt gegen 0.30 Uhr die Synagoge. Erst gegen 1.14 Uhr wird die Feuerwehr alarmiert, die bereits von dem Anschlag weiß und ihn aufgrund der enormen Gefährdung für die Regensburger Altstadt verhindern will. Ihr wird jedoch untersagt, einzu-

---

[26] Mittelbayerische Zeitung vom 2.10.1948.

greifen und zu löschen. Gegen 4 Uhr bricht die in Kupfer gedeckte Kuppel in sich zusammen.

Am 10. November ziehen etwa 800 Plünderer durch Regensburg, um jüdische Geschäfte zu zerstören. Die Mitglieder der jüdischen Gemeinde werden ab 11 Uhr in einem „Schandmarsch" durch die Stadt getrieben.

OB Schottenheim schreibt am 11. November an das Brandversicherungsamt, er beantrage,

> der Stadt Regensburg die Kosten, die durch den Abbruch des abgebrannten Anwesens Schäffnerstraße 2 in Regensburg, der Synagoge, entstehen, zu ersetzen. Ich bemerke hierzu, dass [durchgestrichen: nach Lage der Verhältnisse] ein Wiederaufbau und die dazu erforderliche baupolizeiliche Genehmigung nicht in Frage kommen.[27]

Als Leiter der Baupolizei informiert Schottenheim am 12. Dezember 1938 das Finanzamt mit der nicht weniger zynischen Bemerkung:

> Der israel. Kultusgemeinde Regensburg wird hiermit auf Ansuchen bestätigt, dass das Synagogengebäude Schäffnerstr. 2 [...] am 10.11.38 abgebrannt ist und die restlichen Teile [durchgestrichen: wegen Baufälligkeit] gegenwärtig abgebrochen werden. Das Bauwerk kann daher nicht mehr benutzt werden.[28]

Die jüdische Gemeinde wird somit in mehrfacher Hinsicht getroffen: Sie hat nicht nur ihr Gotteshaus verloren, sondern muss auch noch dessen Abbruch bezahlen.

Sofort nach dem Krieg, im Jahr 1946, beabsichtigt man, die zerstörte Synagoge zu rekonstruieren, doch es bleibt bei dem Vorsatz.[29] Anstelle der Synagoge entsteht 1968/1971 ein moderner Gemeindesaal. Eine Tafel gedenkt dort seit 1986 der aus Regensburg deportierten Juden. Die verlorene Synagoge von 1912 erlebt in einer 3-D-Visualisierung[30] ihre virtuelle Auferstehung und hält auf diese Weise die Erinnerung an das großartige Bauwerk lebendig.

---

[27] StR, Registratur, Bauwesen, Akte Am Brixener Hof Nr. 2.
[28] StR, Registratur, Bauwesen, Akte Am Brixener Hof Nr. 2.
[29] Unterlagen dazu in StR, Registratur, Bauwesen, Akte Am Brixener Hof Nr. 2.
[30] Herausgegeben von Prof. Dr. Thekla Schulz-Brize, Institut für Baugeschichte, FH Regensburg (2007).

Dani Karavans „Misrach"[31] auf dem Neupfarrplatz

Dem Ausmaß der Vernichtung von 1519 kommt man 1995 unerwartet auf die Spur, als bei Grabungen auf dem Neupfarrplatz die Reste der beiden mittelalterlichen Synagogen und der zerstörten jüdischen Häuser zutage treten.[32] Der international bekannte Bildhauer Dani Karavan (geb. 1930) aus Jerusalem wird beauftragt, den Grundriss der beiden Synagogen sichtbar zu gestalten. Er entwirft ein begehbares Relief, das in stark abstrahierender Weise die aufgefundenen Mauerzüge, Dienste und Säulen in weißem Feinbeton nachzeichnet. Nach der bei der Enthüllung geäußerten Vorstellung des Künstlers soll das Material bewusst einen der Zukunft zugewandten Bau assoziieren. In Erinnerung an die Orientierung der einstigen Synagoge nach Jerusalem nannte Karavan das Relief „Misrach" (Osten).

Am Tag der Enthüllung, dem 13. Juli 2005, entfaltete das Relief eine besondere plastische Qualität: Im noch verhüllten Zustand wehte der Wind unter die Plane, die kurz darauf von Dutzenden von Regensburger Schülerinnen und Schülern abgehoben wurde. Der Standort des Reliefs, vom Künstler vor allem als Ort der Begegnung konzipiert, hat sich inzwischen auch zu einem Ort des Gedenkens entwickelt, der Erinnerung an die dunkelsten Tage in Regensburgs Geschichte.

Zu solcher Erinnerung würde freilich auch eine schuld- und verantwortungsbewusste Kommentierung der „Judensau" am Dom gehören, die trotz zahlreicher Mahnungen bis heute nicht gelungen ist.[33] Stattdessen muss man am Sockel der Dom-Südseite unterhalb des Reliefs folgende „Belehrung" entgegen nehmen:

---

[31] Bei der Schreibweise von „Misrach" wird die im Deutschen übliche verwendet. Da der hebräische Lautwert „Zajin" in מזרח stimmhaft ausgesprochen wird, wäre allerdings „mizrah" treffender.
[32] Greipl, Egon Johannes: Wege zur Erinnerung. Denkmalpflege, Kunst und politischer Konsens. Bemerkungen zur Neugestaltung des Neupfarrplatzes in Regensburg, in: Böning-Weis, Susanne u. a. (Hg.), Monumental. Festschrift für Michael Petzet, München 1998, S. 465–470.
[33] Siehe dazu Michael Brenner, der die augenblicklich angebrachte Inschrift als *ein Beispiel dafür, wie man mit Steinen die Geschichte glätten, ja verharmlosen will*, bezeichnet: Brenner, Michael/Höpfinger, Renate (Hg.): Die Juden in der Oberpfalz, München 2009, S. 8.

13. Juli 2005: Einweihung des begehbaren Reliefs am Standort der mittelalterlichen Synagoge (Neupfarrplatz)

> Oben an diesem Pfeiler, der zum mittelalterlichen Judenghetto wies, befindet sich die Spottfigur der sog. Judensau. Dargestellt wird ein Schwein, an dessen Zitzen sich Juden zu schaffen machen. Diese Skulptur als steinernes Zeugnis einer vergangenen Epoche muss im Zusammenhang mit ihrer Zeit gesehen werden. Sie ist in ihrem antijüdischen Aussagegehalt für den heutigen Betrachter befremdlich. Das Verhältnis von Christentum und Judentum in unseren Tagen zeichnet sich durch Toleranz und gegenseitige Achtung aus.

Diese Sätze sind in ihrer Banalisierung und Unempfindlichkeit für den weltweit, auch und gerade in Deutschland wiederaufgeflammten Antisemitismus, eher eine Blamage insbesondere für eine Stadt, die den Anspruch erhebt, UNESCO-Weltkulturerbe zu repräsentieren. Eine ungleich eindringlichere kritische Auseinandersetzung mit einer mittelalterlichen „Judensau" gelang dagegen an der Marienkirche in Wittenberg, und das sogar noch zu Zeiten der DDR.[34]

---

[34] Im Zuge des aktuellen Lutherjahrs 2017 gibt es Versuche, das Relief der Wittenberger „Judensau" kurzerhand zu entfernen, womit der Geschichtsklitterung Tür und Tor geöffnet würde. Auch in Regensburg taucht ein solcher Vorschlag zur Entfernung des

Authentische Nähe zu dieser zwiespältigen Historie vermittelt das nahe, unter dem Neupfarrplatz gelegene „document", wo Keller von Häusern des beim Pogrom 1519 zerstörten jüdischen Wohnviertels von einem Nazi-Bunker aus Beton buchstäblich ‚gestört' werden. Der archäologische Befund dokumentiert die Leidensgeschichte der Regensburger Juden auf eindringliche Weise.

Regensburgs Geschichte blickt auf ein Jahrtausend zurück, in dem hoffnungsvolle Ansiedlung von Juden durch Vertreibung derselben und Vernichtung ihrer Synagogen mehrfach einander abwechselten. Wenn die von Isaak Meyer 1913 beschworene „Morgensonne der Humanität" zu leuchten schien, war die nächste Katastrophe nicht fern. Das aktuelle Vorhaben, anstelle der 1938 zerstörten eine neue Synagoge zu errichten, an deren Finanzierung die Stadt Regensburg sich dank der Zusage von Oberbürgermeister Wolbergs und dem Stadtrat namhaft beteiligt, bedeutet daher ein ermutigendes Zeichen für die Zukunft.

Reliefs immer wieder einmal auf. In Wittenberg entschieden inzwischen politische und kirchliche Kreise, sich nicht auf diese Weise aus der historischen Verantwortung zu stehlen und ein Denkmal (wozu übrigens auch der judenkritische Luther selbst gehört!) nachträglich „reinzuwaschen". Siehe URL: http://www.mdr.de/sachsen-anhalt/dessau/stadtrat-zu-judensau-relief-wittenberg–100.html (Aufruf am 26.07.2017).

Klaus Himmelstein

Isaak Meyer, Chronist der Israelitischen Kultusgemeinde Regensburg

Im Verlag von Louis Lamm in Berlin erschien 1913 das Buch von Isaak Meyer „Zur Geschichte der Juden in Regensburg – Gedenkschrift zum Jahrestage der Einweihung der neuen Synagoge". Isaak Meyer stellt zunächst die Geschichte der Regensburger Juden vom Mittelalter bis zur Neuzeit dar. Sein Schwerpunkt liegt jeweils auf der rechtlichen Situation der Juden. Im letzten, dem dritten, Teil seines Buches dokumentiert Isaak Meyer die Einweihung der neuen Synagoge am 29. August 1912. Aus diesem Abschnitt stammen die Auszüge, die in diesem Beitrag abgedruckt sind.

1. Zur Biografie von Isaak Meyer

Ich bin am 6. VIII. 1890 als Sohn des Bezirksrabbiners Dr. Seligmann Meyer und seiner Ehefrau Mathilde, geb. Hahn, in Regensburg geboren, bin israelitischer Konfession und bayerischer Staatsangehöriger.

So beginnt Isaak Meyer sein Curriculum vitae, seinen Lebenslauf, der seiner Dissertation beigelegt ist.[1] Er war der älteste Sohn des Ehepaares Meyer, das in der Von-der-Tann-Straße 26 ein Haus gebaut hatte. Der orthodoxe Rabbiner Seligmann Meyer war Ende 1881 von der Israelitischen Kultusgemeinde in Regensburg in dieses Amt gewählt worden. Von Anfang an trat er den liberalen Tendenzen in der Gemeinde sehr energisch entgegen und ging dafür keinem Konflikt mit dem Gemeindevorstand aus dem Weg.

Isaak und seine drei Brüder, Jakob, Leo und Nathan, wuchsen in der intellektuell konfliktträchtigen Atmosphäre zwischen Orthodoxie und liberaler Reformbewegung in Regensburg auf. Das gesetzestreue, ortho-

---

[1] Universitätsarchiv der Friedrich-Alexander-Universität Erlangen-Nürnberg, Promotionsakte Isaak Meyer, C2/3 Nr. 4596.

doxe Bekenntnis und eine konservative, deutsch-jüdische Haltung wurden für sie selbstverständlich ebenso wie die aufmerksame Beobachtung der Entwicklung des Antisemitismus in ihrer Zeit.[2]
Isaak Meyer besuchte von 1896 bis 1900 die israelitische Volksschule in Regensburg. Im September 1900, nach den Aufnahmeprüfungen, wurde er Schüler des Königlich Neuen Gymnasiums (heute Albrecht-Altdorfer-Gymnasium). Auch seine Brüder Leo und Nathan besuchten dieses Gymnasium und erlebten ihren Vater beim Religionsunterricht. Seligmann Meyer gab dort den durchschnittlich 9 jüdischen Schülern pro Schuljahr Religionsunterricht. Am 14. Juli 1908 erhielt Isaak Meyer bei einem feierlichen Festakt gemeinsam mit 35 Mitschülern das Abiturzeugnis und damit die Hochschulreife.[3]

Er studierte Jura in München, Heidelberg, Berlin, Würzburg und schließlich in Erlangen, wo er sein Studium am 23. Juli 1913 mit dem ersten juristischen Staatsexamen für den höheren Justiz- und Verwaltungsdienst abschloss.[4] Als Rechtspraktikant war er zunächst beim Amtsgericht Nürnberg und dann am Landgericht Regensburg tätig. Während dieser Zeit schrieb er sein Buch „Zur Geschichte der Juden in Regensburg" als Gedenkschrift zum Jahrestag der Einweihung der neuen Synagoge.

Als im August 1914 der Erste Weltkrieg begann, wurde Isaak Meyer eingezogen und leistete seinen Militärdienst bis zum Februar 1919. Nach seiner Entlassung aus dem Militärdienst setzte er seinen juristischen Vorbereitungsdienst fort: zunächst beim Landgericht München II, sodann bei der Polizeidirektion München und schließlich bei einem Münchner Rechtsanwalt. In dieser Zeit erhielt er von der bayerischen Regierung eine Beihilfe von 200 Mark. Im Juni 1920 legte er erfolgreich sein zweites juristisches Staatsexamen ab. Eine juristische Laufbahn als Richter oder Staatsanwalt im bayerischen Justizdienst war ihm trotz der in der Verfassung verankerten Gleichstellung praktisch verwehrt. Die

---

[2] Über Seligmann Meyers religiöse und intellektuelle Tätigkeit sowie die angesprochene Konfliktlage in der Regensburger Gemeinde vgl. die Beiträge in diesem Buch von Jakob Borut und Mathias Heider.
[3] Vgl. dazu Jahresbericht des Königlich Neuen Gymnasiums in Regensburg für das Studienjahr 1908/1909, S. 59.
[4] Bayerisches Hauptstaatsarchiv (BHStA), Akten des Staatsministeriums der Justiz, Personalakte Dr. Isaak Meyer, MJU 21435. Die Darstellung der Tätigkeit und Laufbahn Isaak Meyers als Anwalt beruht auf seiner Personalakte.

Isaak Meyer, Anfang der 20er Jahre

extrem konservative bayerische Staatsregierung blockierte diesen Weg für jüdische Juristen. *Dieser Verfassungsbruch auf dem Verwaltungsweg* bestimmte bis 1933 das rechts- und personalpolitische Verhalten der bayerischen Staatsregierung gegenüber den jüdischen Juristen.[5]

So wählte Isaak Meyer, wie die meisten seiner jüdischen Kollegen, den freien Beruf des Rechtsanwalts, 1920 zunächst in München. Am 30. September 1921 erhielt er die Zulassung als Rechtsanwalt beim Landgericht Regensburg und wohnte zunächst bei den Eltern in der Von-der-Tannstraße.[6] Sein Anwaltsbüro lag im Zentrum der Stadt, am Neupfarrplatz 14 und dort im 1. Stock.

Im folgenden Monat, am 15. November 1921, wurde er an der Erlanger Friedrich-Alexander-Universität zum Dr. jur. utr. (Doctor iuris utriusque) promoviert. Für seine Dissertation wählte er ein rechtshistorisches

---

[5] Vgl. dazu Weber, Reinhard: Das Schicksal der jüdischen Rechtsanwälte in Bayern nach 1933, München 2006, S. 5–37, Zitat S. 12.
[6] Stadtarchiv Regensburg (StR), Meldekarte Dr. Isaak Meyer.

Thema: „Das Erbmarschallamt des Heiligen Römischen Reiches Deutscher Nation". In vier Kapiteln stellt er zunächst die Entstehung und Entwicklung des Amtes der Reichserbmarschälle dar, sodann deren Befugnisse und Aufgaben. Von besonderer Bedeutung ist das dritte Kapitel der Dissertation. Hier beschäftigt er sich mit der „Judenschutzgerechtigkeit des Reichs-Erbmarschalls", sodann mit den Reichserbmarschällen als Schutzherren der Juden, vor allem mit dem Judenschutz als subjektivem Herrschaftsrecht und den daraus folgenden Regelungen der Schutzherrschaft. Dafür wertete er das Archiv des Gräflichen Hauses zu Pappenheim aus. Außerdem griff Meyer hier auf sein Buch zur *Geschichte der Juden in Regensburg* zurück. Dort hatte er sich im Abschnitt über „Die Juden in Regensburg während der Neuzeit" mit der „Gemeinde unter der Regierung der Reichserbmarschälle Grafen von Pappenheim" in den Jahren 1669 bis 1805 beschäftigt.[7] Die von Pappenheim übten ihre Funktion auf dem Immerwährenden Reichstag in Regensburg aus. Im vierten und abschließenden Kapitel seiner Dissertation geht es um die Einkünfte des Reichserbmarschalls. Die Dissertation wurde nicht veröffentlicht.

Meyers Geschichte der Juden in Regensburg und seine Dissertation belegen sein ausgeprägtes historisches Interesse an der Entwicklung der rechtlichen Stellung der Juden in Deutschland. Der mühsame Weg der allmählichen, jedoch in zentralen gesellschaftlichen Bereichen nur formalen Anerkennung der Juden als gleichberechtigte Bürger steht dabei im Mittelpunkt. Von seinem Interesse an der Geschichte der Juden in Regensburg zeugen auch zwei Beiträge in der von seinem Vater herausgegebenen „Deutschen Israelitischen Zeitung": 1914 über die „Rechtsstellung des Hauptrabbiners (Hochmeisters) der israelitischen Gemeinde in Regensburg zu Zeit des Mittelalters" und 1930 „Von den Ausgrabungen der mittelalterlichen Synagogenreste".[8] Hier geht es um einen jüdischen Grabstein, der aus der Umfassungsmauer der Neupfarr-Kirche herausgelöst wurde, und vor allem um den möglichen Rest der Fassadenmauer der 1519 zerstörten Synagoge.

---

[7] Meyer, Isaak: Zur Geschichte der Juden in Regensburg – Gedenkschrift zum Jahrestage der Einweihung der neuen Synagoge, Berlin 1913, S. 27–53.
[8] In: Deutsche Israelitische Zeitung, (31), Nr. 27: 9.7.1914, S. 6–7 u. Deutsche Israelitische Zeitung, (47), Nr. 17: 7.8.1930, S. 1–2.

Hochzeit von Isaak Meyer und Hilda Aschermann, 1924

Kurz vor seiner Hochzeit 1924 mit der Österreicherin Hilda Aschermann zog Isaak Meyer bei seinen Eltern in der Von-der-Tann-Straße aus und mietete im Kramwinkel 2 im dritten Stock eine Wohnung. Die Hochzeit fand am 28. August 1924 in Wien statt, in der Synagoge in der Turnergasse, im 15.Bezirk.[9] Drei Töchter hatte das Ehepaar Meyer. Die älteste, Johanna, wurde am 16. Juli 1925 geboren, Edith am 19. August 1926 und schließlich Elisabeth am 5. September 1929.

Isaak Meyer war erfolgreich als Anwalt. Er verdiente gut und war ein angesehenes Mitglied der Gemeinde. Der Beginn der Naziherrschaft 1933 beendete jedoch abrupt seine anwaltliche Tätigkeit und die seiner

---

[9] BHStA, Entschädigungsakt Isaak Meyer, LEA 24363 (Kopie Trauungs.Zeugnis). Die Darstellung der Lebensverhältnisse Isaak Meyers beruht auf dieser Akte.

fünf jüdischen Kollegen in Regensburg.[10] Die bayerische Naziregierung betrieb von Anfang an die Politik der „Ausschaltung" der jüdischen Juristen mit besonderem Eifer. Am 1. April 1933, dem Tag des „Judenboykotts", untersagte sie den jüdischen Rechtsanwälten *bis auf weiteres ... das Betreten der Gerichtsgebäude*.[11] Eine Woche später, am 7. April, traten gleichzeitig zwei Gesetze auf Reichsebene in Kraft, welche die weitere Richtung vorgaben, den jüdischen Juristen ihren Beruf zu nehmen: das „Gesetz zur Wiederherstellung des Berufsbeamtentums" und das „Gesetz über die Zulassung zur Rechtsanwaltschaft". Dieses Gesetz ermöglichte es, dass bis zum 30. September 1933 die Zulassung jüdischer Anwälte zurückgenommen werden konnte. Gleichzeitig starteten die Nazi-Zeitungen „Völkischer Beobachter" und „Bayerische Ostwacht" Hetzartikel gegen die „Judenanwälte". Am 30. Mai 1933 stellte der kommissarische Vorstand der Anwaltskammer des Oberlandesgerichts-Bezirks Nürnberg, zu dem auch Regensburg gehörte, beim Präsidenten des Oberlandesgerichts einen Sammelantrag auf Zurücknahme der Zulassung einer Reihe jüdischer Anwälte, so auch des *nichtarischen Rechtsanwalts Dr. Isaak Meyer*.[12]

Isaak Meyer wartete die Folgen der massiven Personalpolitik gegen die jüdischen Juristen in Bayern und im Deutschen Reich nicht ab. Er war sich mit seiner Frau einig: Auswanderung nach Palästina. Er übergab seine Kanzlei dem nichtjüdischen Rechtsanwalt Alfons Goppel[13] und reiste im März 1933 im D-Zug von Regensburg nach Nizza. Dort ging es weiter mit dem Schiff nach Haifa. Im Gepäck hatte er 22.000 RM, etwa die Hälfte seines Barvermögens, das ihm nach der Regelung seiner Steuerangelegenheiten geblieben war.[14]

---

[10] Adolf Bloch, Julius Lehmann, Karl Michel, Fritz Oettinger und Siegfried Weiner. Vgl. dazu Hofmann, Klaus: Die Verdrängung der Juden aus öffentlichem Dienst und selbständigen Berufen in Regensburg 1933–1939, Frankfurt a. M. 1993, S. 165 ff. und Bierwirth, Waltraud: „Die Firma ist entjudet – Schandzeit in Regensburg 1933–1945, Regensburg 2016, S. 24 ff.
[11] Bayerische Staatszeitung und Bayerischer Staatsanzeiger, 21. Jg., Nr. 78: 2./3. 4. 1933, S. 15.
[12] BHStA, Personalakte Dr. Isaak Meyer, MJU 21435.
[13] Vgl. hierzu März, Stefan: Alfons Goppel, Regensburg 2016, S. 29, März nennt in der Biographie merkwürdigerweise nicht den Namen Isaak Meyers, von dem Goppel die Kanzlei übernahm.
[14] Staatsarchiv Amberg (StA), Finanzamt Regensburg, Steuerakten rassisch Verfolgter, 147/4 u. 147/5; über den weiteren Umgang mit dem Vermögen der Meyers s. Bierwirth, Waltraud, wie Anm. 10, S.150–152.

Hilda Meyer blieb zunächst in Regensburg, löste den Haushalt auf und bereitete den Umzug vor. Am 23. August 1933 meldete sie die Familie beim Einwohnermeldeamt ab. Mit den 3 Töchtern nahm sie den gleichen Weg wie ihr Mann über Nizza und von dort weiter mit der „Roma" nach Haifa. In Palästina lebte die Familie in Montefiori, heute ein Stadtteil von Tel Aviv. Isaak Meyer versuchte sich als Grundstücksmakler, doch er konnte in der Branche nicht Fuß fassen. So lebte die Familie vom Einkommen Hilda Meyers, sie hatte eine Gastwirtschaft eröffnet. Im Juni 1938 wurde die Familie Meyer eingebürgert,[15] doch im Jahr darauf verließ sie Palästina und zog in die Vereinigten Staaten. Die Tochter Johanna Meyer, 14 Jahre alt, blieb jedoch in Palästina.

Doch auch in den USA, in New York City, fand Isaak Meyer keine passende Tätigkeit. Wieder war es Hilda Meyer, der es gelang, das Einkommen der Familie zu sichern. Sie mietete ein Haus und betrieb dort ein Boardinghouse, ein „Zuhause auf Zeit". Ein Jahr nach der Ankunft in den USA, am 30. Dezember 1940, starb Edith Meyer, die zweitgeborene Tochter der Meyers. Sie wurde 14 Jahre alt. Am 3. März 1943 wurde Isaak Meyer in das Mount Sinai Hospital im Stadtbezirk Manhattan von New York City eingeliefert. Drei Tage später, am 6. März, ist er dort verstorben.

Isaak Meyer gelang es nicht, nach seiner Flucht aus Deutschland an seinen Anwaltsberuf wieder anzuknüpfen oder eine andere Tätigkeit aufzunehmen. Seine Frau Hilda Meyer stellte im Rückblick dazu nüchtern fest: *Er war einfach nicht in der Lage, irgend eine andere Tätigkeit auszuüben*, eine andere als die des Rechtsanwalts ist zu ergänzen.

Wie weit der kulturelle Verlust, den die Flucht aus Nazi-Deutschland bedeutete, Isaak Meyer wurzellos werden ließ, inwieweit der Verlust des Berufs ihm das Gefühl gab, nicht mehr dazu zu gehören, darauf geben die vorliegenden Quellen keine ausreichende Antwort.

2. Die Gedenkschrift zum Jahrestag der Einweihung der neuen Synagoge

Im Vorwort seines Buches gibt Isaak Meyer 1913 der Hoffnung Ausdruck, es möge *die unüberwindliche, die Jahrhunderte überdauernde*

---

[15] StR, Familienbogen Isaak Meyer.

Lebenskraft des Judentums darstellen, diese Lebenskraft, welche bitteres Leid und harte Stürme im stets wechselnden Kampfe der Zeiten siegreich überdauert hat. (S.7)

Doch 20 Jahre später, 1933, zerschlug die Herrschaft des Nationalsozialismus diese Hoffnung auch in Regensburg grundlegend. Die Nazis ermordeten die Mitglieder der Israelitischen Kultusgemeinde Regensburg, soweit sie nicht geflohen waren. Das Buch Isaak Meyers blieb erhalten. Es ist heute auch in digitalisierter Form in der Freimann-Sammlung der Universitätsbibliothek Frankfurt zugänglich.[16] Der Bibliothekar Aron Freimann (1871–1948) baute an der Stadt- und Universitätsbibliothek in Frankfurt bis 1933 eine der bedeutendsten Spezialsammlungen über die Geschichte und die Wissenschaft des Judentums in Europa auf. Louis Lamm (1871–1943), der Meyers Buch verlegt hatte, war ein bedeutender Berliner Antiquar, Buchhändler und Verleger, der eine Vielzahl von Büchern über Themen des Judentums veröffentlichte und selbst als Autor tätig war.[17] Isaak Meyer hat ihn wohl während seines Jura-Studiums an der Friedrich-Wilhelms-Universität in Berlin kennengelernt.

Isaak Meyer gliedert sein Buch in drei Abschnitte.

Im <u>ersten Abschnitt</u> gibt er einen „Überblick über die Geschichte der Juden in Regensburg während des Mittelalters", beginnend mit der Ansiedlung der Juden in Regensburg im 10. Jahrhundert bis 1519, ihrer Vertreibung aus der Stadt. Dabei stützte er sich auf veröffentlichte Quellen wie die vierbändige Quellensammlung von Carl Theodor Gemeiner, „Die Regensburgische Chronik". Weiterhin benutzte er populärwissenschaftliche Bücher jüdischer Autoren und Historiker wie Adolph Kohuts (1848–1917) „Geschichte der deutschen Juden. Ein Hausbuch für die jüdische Familie", das 1898 erschien, und die dreibändige „Volkstümliche Geschichte der Juden" des Historikers Heinrich Graetz (1817–1891) aus den Jahren 1888 und 1889. Hintergrund dieser Ausführungen war Graetz' 11-bändige, komplexe Darstellung der „Geschichte der

---

[16] URL: http://sammlungen.ub.uni-frankfurt.de/freimann/content/titleinfo/657790
[17] Louis Yehuda Lamm wurde 1871 in Wittelshofen in Mittelfranken geboren, lebte in Berlin, emigrierte 1933 mit seiner Familie in die Niederlande, wurde im November 1943 mit seiner Tochter Ruth nach Auschwitz deportiert und dort ermordet, dazu: Opferkartei von Yad Vashem; Family sheet Max Lamm of Wittelshofen + Buttenwiesen im Internet.

Juden", erschienen in den Jahren 1856 bis 1876, ein Standardwerk dieses bedeutendsten jüdischen Historikers des 19. Jahrhunderts.[18] Vielleicht hatte Isaak Meyer Graetz' *Volkstümliche Geschichte der Juden* als Geschenk zur Bar Mitzvah-Feier erhalten, was in seiner Zeit oft geschah.

Nach Graetz' Auffassung war nur die Geschichte in der Lage, das Judentum als Gesamtheit zu erfassen, als Fortdauer einer religiösen Kultur, die dem jüdischen Leser ein Gefühl jüdischer Einheit und jüdischen Selbstbewusstseins vermitteln könne. Diese Intention griff Isaak Meyer in seiner Darstellung der Geschichte der Juden in Regensburg auf.

Der zweite Abschnitt seines Buches, „Die Juden in Regensburg während der Neuzeit", ist in drei Kapitel unterteilt. Meyer wertet in diesem Abschnitt die Bestände über die Regensburger Juden im Königlichen Kreisarchiv Amberg aus, vor allem das umfangreiche Archiv seiner Gemeinde. Dieses Archiv der Israelitischen Kultusgemeinde Regensburg befindet sich heute in Jerusalem, in den Central Archives for the History of the Jewish People (CAHJP).[19]

Im ersten Kapitel „Die Gemeinde unter der Regierung der Reichserbmarschalle Grafen von Pappenheim (1669–1805)" beschreibt Meyer die erneute Ansiedlung und die Lebensbedingungen von jüdischen Familien in Regensburg während der Zeit der Reichstage. Die Rechtslage stand im Spannungsfeld des „Judenschutzes" durch die Reichserbmarschälle und dem Bestreben der Regensburger Stadtgesellschaft, die Juden aus der Stadt fern zu halten. Von besonderem Interesse in diesem Kapitel ist Meyers Eingehen auf den Rabbiner Isaak Alexander (1722–1802), der zu den ersten deutschen Juden zählte, die schon vor Moses Mendelsohn philosophisch-religiöse Schriften als auch Gedichte nicht nur in hebräischer, sondern vor allem in deutscher Schrift veröffentlichten.[20] Dieses erste Kapitel bildet dann, wie schon dargestellt, die Grundlage eines Kapitels in seiner Dissertation.

Im folgenden Kapitel „Die Gemeinde unter der Regierung des Fürstprimas Karl von Dalberg (1805–1810)" geht es um die fortdauernden großen beruflichen Einschränkungen und rechtlichen Bedrü-

---

[18] Vgl. dazu Brenner, Michael: Propheten des Vergangenen. Jüdische Geschichtsschreibung im 19. und 20. Jahrhundert, München 2006, S, 79 ff.
[19] Vgl. dazu den Beitrag von Klaus Himmelstein über das Archiv der Israelitischen Kultusgemeinde in diesem Buch.
[20] Meyer, wie Anm. 7, S. 37 ff.

ckungen der jüdischen Familien in Regensburg am Beginn des 19. Jahrhunderts. Es ist die Zeit, da Regensburg die Selbständigkeit als Freie Reichsstadt verliert.

Im dritten Kapitel schließlich stellt er „Die Gemeinde unter Königlich bayerischer Regierung (1810–1912)" dar und die schrittweise im 19. Jahrhundert erlangte, formale bürgerliche Gleichstellung der Juden mit den positiven Folgen für die Entwicklung der jüdischen Gemeinde in Regensburg. Meyer schließt dieses Kapitel mit der Vorgeschichte und dem Bau der neuen Synagoge 1912. Sie wurde in ein dreiviertel Jahren gebaut und kostete rund 300.000 Mark, das entspricht heute, der Umrechnungsquote des Statistischen Bundesamtes folgend, rund 1,5 Millionen Euro.

Der dritte Abschnitt des Buches, „Die Einweihung der neuen Synagoge am 29. August 1912", besteht vorwiegend aus Dokumenten der Ereignisse vor und während der Feierlichkeiten, die Meyer durch eigene Darstellungen verbindet. Er hat diesen Abschnitt in drei Kapitel unterteilt: „Der Festakt vor dem Einzug in die neue Synagoge", „Die Einweihungsfeier in der Synagoge" und schließlich „Die Festfeier am Abend des Einweihungstages im großen Saal des Velodroms".

3. Zur Textauswahl

Die Auswahl der folgenden Texte ist auf den Festakt vor der Einweihung der neuen Synagoge 1912 konzentriert. Damit soll besonders daran erinnert werden, welch große Hoffnung die jüdische Gemeinde in ihre Zukunft setzte.

Die beiden hier abgedruckten Reden beim Festakt, vom damaligen Vorsitzenden der Jüdischen Gemeinde, Rechtsanwalt Dr. David Heidecker (1868–1930) sowie dem Ersten Bürgermeister Dr. Otto Geßler (1875–1955), drücken angesichts der neuen Synagoge die Erwartung aus, dass diese *auf Jahrhunderte hinaus*, so Geßler, zum festen und sicheren Mittelpunkt des religiösen und kulturellen Lebens der Gemeinde wird.

Den beiden Reden sind im Folgenden zwei Texte aus Meyers Buch vorangestellt: einmal ein Artikel aus der Zeitschrift „Die Bauwelt"[21]. Hier wird die neue Synagoge beschrieben. Ein erster Entwurf für eine

---

[21] Die Bauwelt, 3. Jg., Nr. 43: 24. Oktober 1912, S. 33.

neue Synagoge, den die Gemeinde ursprünglich realisieren wollte, stammte von dem renommierten jüdischen Architekten Wilhelm Stiassny (1842–1910) in Wien. Dieser an die Frührenaissance angelehnte Entwurf wurde von der zuständigen königlichen Regierungsbaubehörde in München verworfen. Er passe nicht zum mittelalterlichen Stadtbild Regensburgs, hieß es. Die Pläne Stiassnys und ein Gipsmodell des Entwurfs sind nicht erhalten. Zum Zug kam schließlich das in Regensburg und München ansässige Architekturbüro Joseph Koch und Franz Spiegel.[22] Der Artikel in der Bauwelt stammte von Joseph Koch (1873–1934). Isaak Meyer hat ihn an einigen Stellen geringfügig verändert und die beiden Abbildungen weggelassen. Die Änderungen werden im Folgenden jeweils mit einer Fußnote kenntlich gemacht, die zwei Abbildungen sind wieder in den Artikel eingefügt.

Im Anschluss an den Artikel aus der „Bauwelt" folgt der Text der Urkunde, die in den Schlussstein der neuen Synagoge gelegt wurde. Es ist ein konziser Rückblick auf die Geschichte der Juden und ihrer Gemeinden in Regensburg. Die Urkunde wurde im Dezember 1938, einen Monat nach der Pogromnacht, beim Abbruch der niedergebrannten Synagoge in einer Blechhülse im Mauerwerk der Ruine gefunden. Die Gestapo übergab die Hülse mit der Urkunde dem damaligen Stadtmuseum, heute Historisches Museum, zur Aufbewahrung. Im Eingangsbuch des Museums ist der Fund mit der Inventarnummer K 1938/69 versehen. Die Urkunde mit der Blechhülse ist heute allerdings nicht mehr im Bestand des Museums auffindbar. Ihr Verbleib ist – merkwürdigerweise – unbekannt.[23]

Als nächstes werden die beiden schon genannten Reden in der Reihenfolge, in der sie gehalten wurden wiedergegeben: zunächst die Ansprache des Vorsitzenden der jüdischen Gemeinde Dr. David Heidecker, sodann die des Ersten Bürgermeisters von Regensburg, Dr. Otto Geßler. Er übergab nach seiner Ansprache symbolisch den Schlüssel der neuen Synagoge an Rabbiner Seligmann Meyer. Geßler, von 1911 bis 1914 Ers-

---

[22] Nähere Einzelheiten zur Biographie Stiassnys und seinen Entwurf für Regensburg s. Tanaka, Satoko: Wilhelm Stiassny (1842–1910). Synagogenbau, Orientalismus und jüdische Identität, Diss. Wien 2009, hier besonders S. 98 ff. Zu den Einzelheiten der Baugeschichte vgl. den Beitrag von Cornelia Berger-Dittscheid und Hans-Christoph Dittscheid über die neuzeitlichen Synagogen in diesem Buch.
[23] Ich danke Frau Waltraud Bierwirth für diese Information.

ter Bürgermeister, gehörte 1918 zu den Mitbegründern der Deutschen Demokratischen Partei (DDP). Er zählte zum äußersten rechten Flügel der Partei und blieb zeitlebens, nach eigener Aussage, ein Monarchist.[24] Von 1920 bis 1928 war er Reichswehrminister.

Zum Schluss der Einweihung sprach Rabbiner Seligmann Meyer bei der Weihe des Almemor ein Gebet für den Prinzregenten Luitpold von Bayern. Darin kommt die monarchische Orientierung der Gemeinde zum Ausdruck. Dieses Gebet ist ebenfalls abgedruckt. Am Abend des Tages fand im großen Saal des Velodroms ein Fest der Gemeinde statt mit einem Festmahl, mit Ansprachen und Grußworten benachbarter Gemeinden sowie einigen Vorführungen.

---

[24] Vgl. dazu Möllers, Heiner: Reichswehrminister Otto Geßler. Eine Studie zu „unpolitischer" Militärpolitik in der Weimarer Republik, Frankfurt am Main u. a. 1998, S. 373 ff.

Isaak Meyer

Die Einweihung der neuen Synagoge am 29. August 1912

1. Vorgeschichte und Bau der neuen Synagoge 1912[1]

Unter den von einer größeren Anzahl von Architekten ausgearbeiteten Plänen wählte die Gemeinde die in künstlerischer Hinsicht hervorragendsten Pläne des K[aiserlichen] K[öniglichen] Baurates Stiaßny in Wien aus. Diese Pläne waren das letzte Werk dieses bald darauf verstorbenen Architekten, der viele Synagogen in Österreich gebaut hat. Der Plan, den er für Regensburg ausgearbeitet hatte, war ein monumentaler Kuppelbau von bedeutender Höhe, dessen große Kosten die Kultusgemeinde opferfreudig bewilligte. Die Pläne wurden vom Regensburger Magistrat und der K[öniglichen]Regierung genehmigt, dagegen von dem bayerischen Kunstausschusse in München verworfen, weil der geplante Bau sich nicht dem Regensburger Stadtbild anpasse. Ein nochmaliges Gesuch der Gemeinde um Genehmigung der Pläne mit entsprechenden Änderungen blieb erfolglos, so daß man auf ihre Ausführung verzichten mußte. Ein Gipsmodell dieses projektierten Baues befindet sich noch im Besitz der Kultusgemeinde.

Durch diesen Mißerfolg und die hierdurch hervorgerufene Mißstimmung waren die Vorarbeiten für den Synagogenneubau ins Stocken geraten. Man dachte sogar daran, die alte Synagoge umzubauen und zu vergrößern, bis man schließlich nochmals Pläne für den Synagogenneubau von Regensburger Architekten ausarbeiten ließ. Die Gemeinde wählte die Pläne des Herrn Architekten Josef K o c h, der Firma Koch u. Spiegel, welche nach einigen Abänderungen schließlich von allen Instanzen genehmigt wurden. Die Ausführung des Baues wurde ebenfalls der Firma Koch u. Spiegel übertragen und im Frühjahr 1911 begonnen. An sämtlichen Sabbathen und israel[itischen] Feiertagen wurden keine Abbruch- und

---

[1] Meyer, Isaak: Zur Geschichte der Juden in Regensburg – Gedenkschrift zum Jahrestag der Einweihung der neuen Synagoge, Berlin 1913, woraus dieser Beitrag zitiert.

Bauarbeiten für das neue Gotteshaus verrichtet. Der genehmigte Plan ist ein origineller Rundbau mit zwei Straßentürmen und einem spitz zulaufenden Dach mit kleinem Kuppelaufsatz. Die in der Lage der Straßenfront nach Osten liegenden Schwierigkeiten sind in geschickter Weise gelöst. Als bautechnische Beschreibung des Äußeren und Inneren der Synagoge lassen wir hier einen Bericht der „Bauwelt" in Berlin folgen:

Eine Synagoge als Zentralbau[2]
Der Neubau in Regensburg

In Regensburg ist kürzlich ein Bauwerk vollendet worden, das dem alten Straßenbild der Schäffnerstraße ein anderes Gepräge verleiht. Neben dem Reichsbankgebäude ist die neue Synagoge entstanden, ein Werk von monumentaler Wirkung; sie ist das Ergebnis eines Wettbewerbes unter den lokalen und bedeutenden auswärtigen Architekten, aus dem die Architekten K o c h u . S p i e g e l in Regensburg als Sieger hervorgegangen sind.

Die Arbeit wurde durch den nahezu quadratischen Bauplatz sehr erschwert, da die Seite gegen die Schäffnerstraße zu nach Osten liegt und nach den rituellen Vorschriften die Stellung des Altares nach Osten angeordnet sein muß; es mußte Raum für 290 Männer- und 180 Frauensitze geschaffen werden. Von der sonst üblichen rechteckigen Grundrißform von Synagogen machten sich die Architekten frei und, dem Bauplatz sich anpassend, entstand in origineller Weise eine ovale Grundrißform, ein Zentralbau. Die Kuppel ist nicht orientalisch[3]; die Architekten betonen besonders[4] die Straßenfront, die durch zwei Türmchen vorteilhaft belebt ist; das gesamte Bild mit dem rückwärts gelegenen, angebauten Gemeindehaus ist ein ungemein reizvolles. Die Architekten versuchten, den Synagogenbau mit freien Barockformen zum Ausdruck zu bringen.

Durch einen Vorhof betritt man die Vorhalle des Einganges für Männer, ein Raum, der durch einen Brunnen, rituellen Zwecken dienend, geschmückt ist. Das Innere der Synagoge selbst macht durch die gediegenen Stuckarbeiten und durch das imposante Kuppelgewölbe einen überwältigenden Eindruck. Die in Eisenbeton ausgeführten Emporen

---

[2] Eine Synagoge als Zentralbau, in: Die Bauwelt, 3. Jg., Nr. 43: 24. Oktober 1912, S. 33. Meyer lässt diese Überschrift aus.
[3] Im Artikel steht: Von der Anlage der üblichen Kuppel wurde abgesehen, ...
[4] Im Artikel steht: mehr

Zeichnung der Neuen Synagoge, 1912

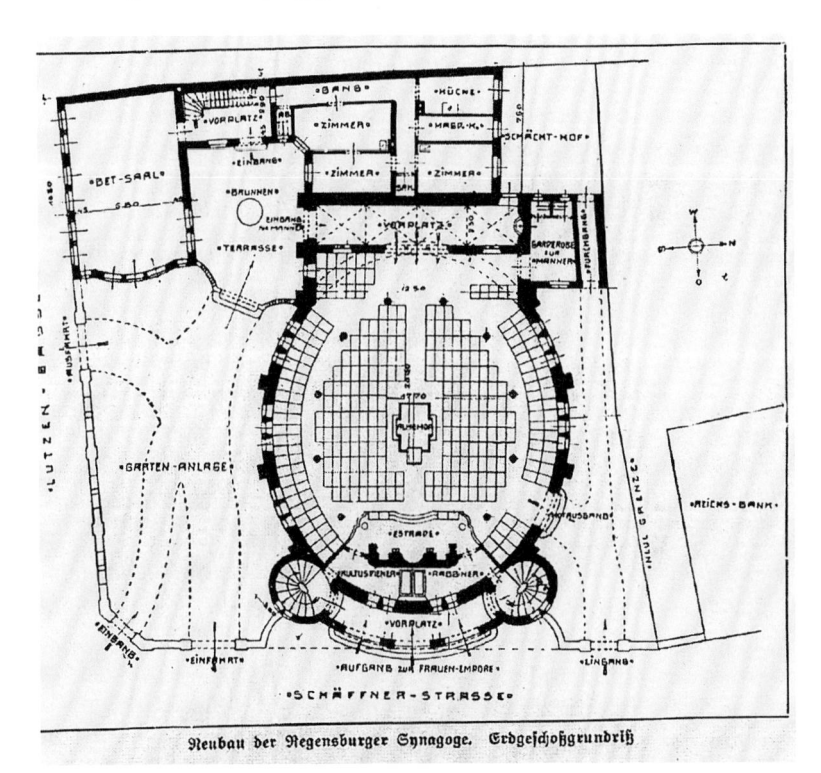

Grundriss der Synagoge mit anschließendem Gemeinde- und Wohnbereich

ruhen auf schlanken Säulen. Der Einbau des Allerheiligsten mit der Estrade ist harmonisch eingefügt und gibt dem ganzen Raum infolge seiner Ausführung in Marmor eine weihevolle Stimmung. In der Mitte des Synagogenraumes ist der Almemor aufgestellt, die Stätte, von wo aus der Gemeinde die Thora[5] verlesen wird. Eine große Zahl von Beleuchtungskörpern und Lüstern sowie kräftig behandelte Glasgemälde steigern die Wirkung. Der Eingang für die Frauen befindet sich, um die verlangte Trennung herbeizuführen, in den beiden Türmen gegen die Straße. Im Gemeindehaus ist ein Betsaal, die Wohnungen für den Kantor, Kultusdiener und Hausmeister, das Ritualbad[6] und die Zentralheizungsanlage untergebracht.

2. Die Urkunde, welche in den Schlussstein gelegt wurde[7]

Isaak Meyer führt weiter aus: *Am 4. August 1912 wurde eine Urkunde von folgendem Wortlaut in den Schlußstein gelegt:*

פ״ע״ה״

Mit Hilfe Gottes!

Unsere Stadt Regensburg, deren Geschichte nach Jahrtausenden zählt, war auch in der ältesten Zeit schon der Sitz einer jüdischen Gemeinde, deren Gründer wohl zur Römerzeit nach Regensburg kamen.

Im Jahre 1519 wurde die jüdische Gemeinde aufgelöst, die Synagoge, welche auf dem Neupfarrplatz stand, niedergerissen und an deren Stelle eine Kirche erbaut. Jetzt steht daselbst die protestantische Neupfarrkirche. Seit dieser Zeit ist hier keine Synagoge als solche erbaut worden.

Die nunmehr mit Gottes Hilfe vollendete, in deren Schlußstein diese Urkunde eingefügt wird, soll nach 393 Jahren die erste wieder sein.

Im Jahre 1669, also 150 Jahre nach Ausweisung der Juden, erlangten einzelne Juden wieder die Erlaubnis, sich hier anzusiedeln. Sie verdankten dieselbe dem größeren Verkehr, welcher durch den Reichstag, der hier versammelt war, hervorgerufen wurde. Die Juden durften wohl Gottes-

---

5   Im Artikel steht: die Thorarollen verlesen werden.
6   Im Artikel steht: die nötigen Wohnungen, die Bäder.
7   Meyer 1913, wie Anm. 1, S. 88–92.

dienst abhalten, aber keine Synagoge bauen. Ihre Toten mußten sie nach Pappenheim oder Fürth bringen, da ihnen die Anlegung eines Friedhofes in Regensburg nicht gestattet wurde. Sie hielten ihren Gottesdienst über 140 Jahre in dem Hause Lit. B Nr. 91"Hinter der Grieb"[8] ab.

Im Jahre 1839 kaufte die aus etwa 16 Familien bestehende israelitische Kultusgemeinde das ehemalige Gasthaus zum „Goldenen Brunnen". Dieses Haus war das Stammhaus der Steyrer. Es hatte eine eigene Kapelle, die schon 1350 erwähnt wird. Diese Kapelle, „Steyrerkapelle am Bach" genannt, welche inzwischen verschiedenen Zwecken gedient hatte, wurde 1841 als Synagoge adaptiert und am 2. April desselben Jahres feierlich eingeweiht. Sie diente der israelitischen Kultusgemeinde 66 Jahre als Andachtsstätte.[9]

Schon im Jahre 1867 stellte eine Anzahl Gemeindemitglieder beim Stadtmagistrate den Antrag, die israel[itische] Kultusgemeinde zum Bau einer neuen Synagoge zu veranlassen. Die Gemeinde ging jedoch nicht darauf ein.

Seit mehr als 30 Jahren erwies sich die Synagoge an den hohen Feiertagen als zu klein und es mußte in einem Saale ein zweiter Gottesdienst abgehalten werden. Das Verlangen nach einer neuen, würdigen Synagoge verstummte indessen nicht.

Als nun am Sabbath, den 14. September 1907, während des Morgengottesdienstes Mauerwerk in den Betraum fiel, wurde die Synagoge auf Antrag des Herrn Distrikts-Rabbiners Dr. M e y e r an die israelitische Kultusverwaltung und von dieser an den Stadtmagistrat, untersucht und, wegen nicht genügender Sicherheit, geschlossen. Nun mußte gebaut werden.

Unter der Vorstandschaft des Herrn Rechtsanwalts Dr. J u l i u s U h l f e l d e r s[eligen] A[ngedenkens] und des Großhändlers Herrn D a v i d R o s e n b l a t t wurde der Kauf eines Bauplatzes eingeleitet und der Bau einer neuen Synagoge beschlossen.

Unter der hierauf folgenden Vorstandschaft der Herren Rechtsanwalt Dr. D a v i d H e i d e c k e r und Großhändler D a v i d R o s e n b l a t t sowie eines neben der Verwaltung geschaffenen Bau- und Finanzausschusses wurden die Beratungen über den Neubau weiter geleitet und zu Ende geführt.

---

[8]   Heute Hinter der Grieb Nr. 5, s. dazu den Artikel von Berger Dittscheid/Dittscheid, S. xxx ff.
[9]   Vgl. dazu Berger-Dittscheid/Dittscheid, S. xxx ff.

Als Rabbiner fungiert zur Zeit: Herr Distriktsrabbiner Dr. Seligmann Meyer und zwar im 31. Dienstjahre.
Die Verwaltung besteht aus den Herren: Dr. David Heidecker, Rechtsanwalt, I. Vorstand; David Rosenblatt, Großhändler, II. Vorstand; Max Oberdorfer, Kaufmann; Leopold Niedermaier, Bankier; Gabriel Oettinger, Bankier; Herm Süß-Schülein, Kaufmann; Josef Haymann, Bankdirektor; Emil Holzinger, Kaufmann; Salomon Schwarzhaupt, Kaufmann, Ausschuss-Mitglieder.

Der Bau- und Finanzausschuss aus den Herren: Alois Natzler, Prokurist; Louis Kahn, Großhändler; Adolf Neuburger, Ziegeleidirektor; August Strauß, Bankier; Rudolf Grünhut, Kaufmann; Max S. Uhlfelder, Kaufmann.

Als Regierungspräsident fungiert z. Zt. Se[ine] Exzellenz Herr Anton Freiherr von Aretin und als I. Bürgermeister der Stadt Regensburg Herr Dr. jur. Otto Geßler.

Die ursprünglich vom k[aiserlich] k[öniglichen] Baurat Stiaßny in Wien ausgearbeiteten, von Magistrat und Regierung genehmigten Pläne wurden von dem Kunstausschusse in München aus ästhetischen Gründen verworfen. Ein Modell dieses projektierten Baues ist im Besitze der isr[aelitischen] Kultusgemeinde.

Die genehmigten Pläne wurden ausgearbeitet vom Herrn Architekten Josef Koch und dessen Firma Koch & Spiegel hat den Bau ausgeführt.

Als technischer Beirat der Gemeinde wurde der städtische Bauamtsassessor, jetzige Baurat in Meran, Herr Dr. Friedrich Sch mi d t, zugezogen.

Das Haus sei dem einzigen Gotte geweiht und der Beobachtung der Thora, die wir darin aufbewahren wollen.

Möge Allen, welche bei der Einfügung der Urkunde in den Schlußstein zugegen sind, auch gegönnt sein, an der Einweihung teilzunehmen, und möge die Vollendung des Baues weiter ohne jeden Unfall vor sich gehen.
Das walte Gott!

„Es sei die Huld des Herrn unseres Gottes über uns und das Werk unserer Hände gelinge uns und das Werk unserer Hände lasse Er gelingen." (Ps[alm] 90, 17)

Isaak Meyer fügt ein: *Dann folgt dieser Satz in hebräischer Sprache.*

Regensburg, im Juli 1912/Tammus 5672.
Das Distriktsrabbinat:
Unterschrift.

Der Vorstand und die Verwaltung der Kultusgemeinde.
Unterschriften.

Meyer schließt an die Urkunde das Folgende an:
Nach 1¾jähriger Bautätigkeit prangte das imposante Gebäude in seinem Äußeren und Inneren im Schmucke der Vollendung und am 29. August 1912 (16. Elul 5672) kam der langersehnte Tag, an dem wir Chanukas habajis, die Weihe unseres Gotteshauses feierten. ... Es war wohl der schönste Tag in der mehr als tausendjährigen Geschichte der Juden in Regensburg.

Die neue Synagoge, eines der prächtigsten jüdischen Gotteshäuser in Bayern, wird mit Gottes Hilfe noch in späten Zeiten als ein Wahrzeichen des Judentums und eine Zierde unserer Vaterstadt Zeugnis ablegen von der Opferfreudigkeit und dem religiösen Sinn unserer Gemeindemitglieder.

3. Der Festakt vor dem Einzug in die neue Synagoge[10]

Nach vorausgegangener regnerischer Witterung war der 29. August mit prachtvollem, heiterem Wetter und strahlendem Sonnenschein erschienen. An ihm sollte sich das verwirklichen, wonach sich unsere Gemeinde seit drei Jahrzehnten gesehnt hatte. Heute sollte unsere neue Synagoge in der Schäffnerstraße, die nunmehr in der Vollendung Schönheit prangt, ihrer hohen Bestimmung übergeben werden. Ein kurzer, ergreifender Abschiedsgottesdienst vor der alten Synagoge, die seit längerem wegen Baufälligkeit geschlossen ist, war bereits am vorhergehenden Tage abgehalten worden. Um 11 Uhr sollte der feierliche Akt der Einweihung beginnen. Schon lange vorher war der Bau von einer zahlreichen Menschenmenge umlagert, die außerhalb des Gebäudes etwas von dem Feste sehen und hören wollte. Die jüdische Gemeinde und zahlreiche Gäste versammelten sich in festlicher Kleidung in dem Gemeindehaus und dem die Synagoge

---

[10] Meyer 1913, S. 95–101.

umschließenden Garten. Erschienen waren die Spitzen sämtlicher Behörden, Vertreter des Offizierskorps und der katholischen und protestantischen Geistlichkeit. Der Magistrat – an seiner Spitze der erste Bürgermeister Dr. G e ß l e r, angetan mit der goldenen Amtskette – nahm fast vollzählig an der Feier teil, das Gemeindekollegium überaus zahlreich, ferner die Stadtverwaltung Stadtamhof. Die israelitischen Kultusgemeinden Straubing, Weiden, Floß, Neumarkt i. O. und Cham hatten Vertreter zur Feier entsandt.

Der erste Teil des Festes spielte sich vor dem Eingang zur Synagoge ab. In feierlichem Zuge wurden die Thorarollen aus dem Betsaal im Gemeindehaus auf die Terrasse verbracht. Dann erklang, von einem Bläserchor vorgetragen, die feierliche, alte, in unserer Gemeinde traditionelle Melodie des „Waj'hi hinsoa" „Und es war als die Bundeslade auszog" (die der verstorbene Kantor Samson Landenbacher s[eligen] A[ngedenkens] an Feiertagen gesungen), über die Versammelten hin.

ANSPRACHE DES KULTUSVORSTANDES, HERRN RECHTSANWALT DR. HEIDECKER.

Hochverehrte Festversammlung!
Mit Stolz und Genugtuung begeht heute die Kultusgemeinde Regensburg die Feier der Einweihung ihres neuen Gotteshauses.

Mit Stolz, weil sie aus eigener Kraft, gestärkt durch die Opferfreudigkeit und Opferwilligkeit eines großen Teiles ihrer Mitglieder, ohne Unterstützung von Stadt und Staat, ein würdiges Gotteshaus erbauen konnte; mit Genugtuung, weil sie in Gegenwart der Spitzen der Behörden, der Geistlichkeit und der städtischen Kollegien für deren zahlreiches, die Gemeinde in so hohem Maße ehrendes Erscheinen ich im Namen der Kultusgemeinde ergebensten und verbindlichsten Dank sage, die längst herbeigesehnte Stunde feierlich begehen kann.

Die Mitglieder der Gemeinde haben durch ihr einmütiges, freudiges Zusammenwirken, als es galt, die Frage eines Neubaues zu lösen und die bei der Durchführung des Baues sich entgegentürmenden Schwierigkeiten aus dem Weg zu räumen, gezeigt, daß sie dort, wo es sich um die Betätigung des Judentums handelt, fest und treu zusammenhalten, daß sie nach außen bekennen, daß sie Juden sind, wenn es gilt, das Judentum und das innerste Wesen ihrer Religion zu erhalten.

Die israelitische Kultusgemeinde Regensburg war es sich schuldig, ein würdiges Gotteshaus zu bauen, denn die Verhältnisse waren im Laufe der Jahrzehnte unhaltbar geworden, zum Schluß waren Gesundheit und Leben der Andächtigen in dem nunmehr verlassenen Gotteshause gefährdet. Es mußte der Raum verlassen werden, in dem ca. 70 Jahre lang Gottesdienst abgehalten worden ist. Der Raum, welcher im Jahre 1841 umgebaut worden und als Synagoge geweiht worden ist, war ursprünglich eine Kapelle, die „Steyrerkapelle am Bach" genannt und gehörte zu dem ehemaligen Gasthaus zum Goldenen Brunnen, welches früher das Stammhaus der Steyrer war und schon im Jahr 1350 erwähnt worden ist. Vorher wurde der Gottesdienst und zwar 140 Jahre lang in dem Hause Lit. B Nr. 91 Hinter der Grieb abgehalten.

Die Geschichte der Juden in Regensburg ist jedoch viel älteren Datums. Regensburg war schon in der ältesten Zeit der Sitz einer jüdischen Gemeinde, deren Gründer wohl zu Römerzeiten nach Regensburg gekommen sind. Die Gemeinde entwickelte sich und baute ein Gotteshaus, das auf dem Platz stand, auf welchem sich heute die Neupfarrkirche befindet.

Im Jahre 1519 wurde die jüdische Gemeinde Regensburg aufgelöst, die Juden aus Regensburg vertrieben, ihre Synagoge niedergelegt.

Das war in den Zeiten des Mittelalters, in denen der Jude grundlos verfolgt, rechtlos gestellt und der Geringschätzung der Allgemeinheit preisgegeben war.

Das konnte in einer Zeit geschehen, in welcher von oben herab, von den Fürsten und Regierungen der schrankenlosen Willkür den Juden gegenüber Widerstand nicht entgegengesetzt werden konnte, von den Behörden manchmal auch nicht entgegengesetzt werden wollte, in den Zeiten, in welchen Vorurteile bestanden und finstere Mächte die Oberhand gewonnen hatten

Diese Zeiten sind vorüber, sie sind der Zeit gewichen, welche allgemein und den Juden insbesondere die Freiheit des Glaubens, die Freiheit der Person und die Gleichberechtigung mit allen übrigen Staatsbürgern brachte.

Die Einweihung des von den Gemeindemitgliedern erträumten, mit großen Opfern erbauten Gotteshauses erfolgt in einer Zeit, in welcher der Jude geachtet in der Welt, im anerkannten Wettstreit unter den Völkern in Handel und Gewerbe, in Kunst und Wissenschaft, in den freien Berufen sich des Schutzes der Regierung ebenso wie jeder andere Untertan anderen

Glaubens erfreut, in einer Zeit, in welcher ein Fürst das Land regiert, der als die hehrste Aufgabe seines hohen Herrscherberufes erachtet, den Frieden unter den Konfessionen zu schützen und zu erhalten und der in seiner Liebe zu seinen Landeskindern ohne Unterschied des Glaubens dafür sorgt, daß seine Minister, seine Räte, in dem gleichen Sinne wirken, so daß jeder seiner Untertanen ungestört seinem Gotte dienen kann.

Dies bildet das Leuchten im Augenblick der Einweihung und den Hoffnungsstrahl für die Zukunft, dies bringt uns die Zuversicht, daß das Haus, das wir zur Ehre und zur Verehrung Gottes erbaut haben, und seiner Bestimmung zuführen, in treue Obhut kommt, wenn wir es dem Schutze unseres Vaterlandes, dem Schutze unserer Vaterstadt übergeben.

Hat doch Regensburg schon im Jahre 1669 seine Tore den Juden wieder geöffnet und die Gründung einer neuen Gemeinde ermöglicht. Nach und nach ist die Gemeinde unter dem Schutz der Stadt Regensburg wieder erstarkt, so daß sie heute eine ansehnliche Gemeinde bildet.

Die Räte der Stadt und die Bürgermeister haben im Laufe der Jahre erkannt, daß die jüdischen Bürger sich des ihnen gewährten Schutzes würdig erwiesen haben, und mitzuhelfen bestrebt sind, ihre Vaterstadt groß und glücklich zu machen. Bürgermeister und Stadtvertretung haben deshalb auch stets die israelitische Kultusgemeinde und die einzelnen Mitglieder geschützt.

Die israelitische Kultusgemeinde Regensburg übergibt, überzeugt, daß das neue Gotteshaus für alle Zukunft geschützt bleibt, ihre neue Synagoge gerne voll froher Zuversicht der Obhut und dem Schutz der Kreishauptstadt Regensburg.

Nehmen Sie, hochgeehrter Herr Bürgermeister, als der berufene Vertreter der Kreishauptstadt Regensburg unsere Synagoge in Ihre getreue Hut.

Nach dieser Ansprache trug die Tochter von Heidecker, die 13-jährige Alice Heidecker, einen in Verse gefaßten „Prolog" vor und übergab auf einem Kissen dem Ersten Bürgermeister die Schlüssel der Synagoge.

ANSPRACHE DES HERRN 1. BÜRGERMEISTERS DR. GESSLER.
SCHLÜSSELÜBERGABE AN HERRN DISTRIKTSRABBINER
DR. MEYER.

Hochverehrter Herr Vorstand! Bevor ich die mir anvertrauten Schlüssel weitergebe, drängt es mich, der israelitischen Kultusgemeinde namens der Stadtverwaltung die wärmsten Glückwünsche zu dem heutigen Feste auszusprechen. Groß und stattlich steht der neue Tempel da als Werk langer Mühe und Arbeit, eine neue Zierde unserer Stadt, aber auch ein glänzendes Zeugnis von dem Opfersinne unserer israelitischen Kultusgemeinde. Mit herzlicher Anteilnahme hat die Stadtverwaltung Ihre langjährigen Bestrebungen, ein neues würdiges Gotteshaus zu bauen, verfolgt und nach Möglichkeit gefördert, sie freut sich heute mit Ihnen auch des prächtigen Erfolges. Gerne übernimmt sie das Haus in ihren Schutz und Schirm. Uns allen ist bekannt, daß die Geschichte der Israeliten unserer Stadt auch düstere Blätter enthält. Sie erzählen von blutigem Haß und Verfolgung und wir wissen, daß bei einer solchen Gelegenheit schon einmal ein prächtiger Tempel, nicht weit von dieser Stätte, zerstört wurde. Allein der Fortschritt der Kultur und Gesittung hat in unserem Vaterlande hoffentlich für immer derartige Ausbrüche konfessioneller Leidenschaft unmöglich gemacht. Wir stehen unter dem Schutz einer Verfassung[11], die nicht nur dem Einzelnen die Freiheit der Religionsausübung sichert, sondern auch ihr staatskirchliches Ideal in dem friedlichen Wetteifer und dem bürgerlichen Zusammenleben der Konfessionen erblickt. Wir dürfen deshalb hoffen, daß unsere Stadt selbst von Kriegsnot und gemeiner Gefahr verschont bleiben möge, so auch der neue Tempel auf Jahrhunderte hinaus den festen und sicheren Mittelpunkt für das Kultusleben der Regensburger Israeliten bilden und Ihnen selbst daraus reiches Leben erblühen möge. Möge auch das Verhältnis der Kultusgemeinde zur Stadtverwaltung immer gut und vertrauensvoll bleiben und mögen unsere

---

[11] Geßler bezieht sich hier wahrscheinlich auf die Verfassung des Deutschen Reiches von 1871. Dort war im Artikel 3 für ganz Deutschland ein gemeinsames Indigenat festgelegt, d. h. eine für alle Bundesländer ohne Einschränkungen gleich wirksame Staatsbürgerschaft mit gleichen Rechten und Pflichten für alle Staatsbürger. Dies beinhaltete die schon in der Vorläuferverfassung des Norddeutschen Bundes (1867) enthaltene Bestimmung, dass „Alle noch bestehenden, aus der Verschiedenheit des religiösen Bekenntnisses hergeleiteten Beschränkungen der bürgerlichen und staatsbürgerlichen Rechte" aufgehoben werden.

israelitischen Mitbürger sich immer als gleichberechtigte und geschätzte Glieder unserer Gemeinde fühlen. Alle diese Wünsche fasse ich, wenn ich nun, hochverehrter Herr Rabbiner, Ihnen den Schlüssel weiter gebe, in dem einen Geleitwort zusammen: „Gott schütze und schirme dies Haus und alle, die in ihm gehen ein und aus."

Es folgt ein Absatz von Isaak Meyer:
> Herr Distriktsrabbiner Dr. M e y e r nahm den Schlüssel in Empfang und schritt in Begleitung der Träger der Thorarollen zum Eingang. Mit den Worten: Pis'chu sch'orim w'jovau goi zaddik schaumer emunim, Öffnet die Pforten, daß einziehe ein gerechtes Volk, das den Glauben wahrt und Pis'chu il schaare zedek usw. öffnete er die Pforte des neuen Gotteshauses.

Isaak Meyer schildert sodann die Einweihungsfeier in der Synagoge und dokumentiert die Ansprachen. Es spielte das 11. Königlich-Bayerische Infanterieregiment, währende alle Anwesenden in die Synagoge einzogen, dort sang der Synagogenchor „Mah tauvu auholecho Jaakauv", Wie schön sind Deine Zelte, Jakob. Die Träger der 13 Thorarollen zogen dreimal durch die Synagoge, unterstützt vom Gesang des Kantors und brachten die Thorarollen zu dem von Rabbiner Meyer geöffneten Thoraschrein. Es folgten die Ansprachen des Distriktrabbiners Dr. Magnus Weinberg (1867–1943) aus Neumarkt und des Nürnberger Rabbiners Dr. Arnold Klein (1875–1961) vom orthodoxen Verein „Adas Israel". Die Lade des Thoraschreins wurde geschlossen, es folgte die Festpredigt von Rabbiner Seligmann Meyer. Sie endete mit der Weihe des Almemor und einem Gebet:

GEBET FÜR DEN PRINZREGENTEN LUITPOLD VON BAYERN[12]

Nachdem wir Auge, Herz und Hand zum König aller Könige erhoben und den Schutz des Allmächtigen, der regiert im Himmel und auf Erden, erfleht haben, lasset uns zu unserem Landesfürsten in Ehrfurcht empor-

---

[12] Meyer, wie Anm. 1, S. 124–125.

schauen, dem Gott in seiner Gnade Macht gegeben hat, zu regieren auf Erden, zu Seiner Königlichen Hoheit unserem allergnädigsten Prinz-Regenten und Herrn, dem alle Bayern in Liebe und Treue ergeben sind, in dem sie das edle Vorbild aller Mannestugenden verehren. Durch das Gebet für das greise, ehrwürdige Haupt unseres Königshauses sei diese Stätte, welche zur Verlesung der Thora bestimmt ist, von der Sabbath für Sabbath das Gebet für unseren vielgeliebten Regenten und das Königliche Haus zum Himmel emporsteigen soll, geweiht und geheiligt. Dies sei das erste Gebet, das von dieser Stätte aus verrichtet wird.

Herr Gott und Vater, König aller Könige! Der Du Hilfe verleihst den Königen und Herrschaft den Fürsten, segne, beschütze und bewahre vor jedem Leid und vor jeder Gefahr unseren allergnädigsten Landesherrn, Se[eine] K[önigliche] Hoheit den P r i n z - R e g e n t e n L u i t p o l d v o n B a y e r n!

Sei bei ihm mit Deiner Gnade in seinem hohen Alter und schütze sein teures Haupt. Erhalte ihn in körperlicher Rüstigkeit und geistiger Frische, daß er noch lange zum Stolze aller treuen Bürger des Landes den Thron seiner Vorfahren ziere. Mögest Du mit Deiner Weisheit bei ihm sein und seine Entschlüsse lenken zum Heile des teuren Vaterlandes!

Gib seinen Unternehmungen und jeglichem Beginnen zum Heile des Volkes und des Landes Förderung, Gedeihen und Fortgang, Ruhm und Herrlichkeit seiner Regierung, Blüte und Wohlstand dem Lande. Verleihe Heil und Segen dem ganzen Königlichen Hause, segne die Räte der Krone und gib ihnen Weisheit und Kraft, zum Wohle des Vaterlandes zu wirken; segne die Regierung unseres Kreises, die Väter und Vertreter dieser Stadt und die Verwaltung unserer Kultusgemeinde, welche zur Aufrechterhaltung und Kräftigung des Glaubens wirkt. Halte fern von dieser Stadt und ihren Bewohnern wie von dem gesamten Vaterlande jedes Verderben und Weh, jede Störung und Ungemach, gib Gelingen dem Fleiße ihrer Bewohner in jeder redlichen Tätigkeit, auf daß Segen und Wohlfahrt aller Orten herrsche und sich ausbreite. Also sei es Dir wohlgefällig Herr, in Deiner Gnade! Amen.

Abends fand im großen Saal des Velodroms ein Fest statt. Es begann mit einem Festmahl, mehrere Ansprachen und Tischreden wurden gehalten. Der Gemeindevorsitzende David Heidecker beendete seine Begrüßung der Anwesenden mit einem Hoch auf den Prinzregenten. *Die Versammlung stimmte begeistert ein und sang im Anschluß daran ste-*

hend die Königshymne. Auch ein Telegramm des Prinzregenten, unterzeichnet von Generaladjutant Wiedemann, wurde *unter allgemeinem Jubel* verlesen, der Prinzregent habe *die treuempfundene Huldigung der zur Einweihungsfeier festlich versammelten israelitischen Kultusgemeinde gern entgegengenommen.*

Isaak Meyer schreibt zum Schluss der Festveranstaltung: *Nach Schluß des offiziellen Teiles blieb man noch bis morgens 3 Uhr in vergnügtem Beisammensein vereinigt. Es war ein echt jüdisches Freudenfest, das wohl allen Teilnehmern unvergeßlich sein wird.*

Die Israelitische Kultusgemeinde Regensburg in der Zeit des Nationalsozialismus

Waltraud Bierwirth

Jahre der Ausgrenzung und Verfolgung, 1933–1938

Otto Schottenheim liebte es zackig-schneidig, so wie seine schwarze SS-Uniform mit dem Totenkopf an der Dienstkappe, die schwarze Reithose und die schwarzen Stiefel. Der überzeugte Nationalsozialist, Rassist und SS-Mitglied übernahm am Abend des 20. März 1933 das Amt des kommissarischen Bürgermeisters von Regensburg. Für die Nacht ordnete er scharfe Kontrollen durch eine um 80 Mann verstärkte Nazi-Hilfspolizei an. Nur zwei Tage später verkündete er dem einbestellten Stadtrat, dass er die Geschäfte rechtswirksam übernommen habe: *Der Verantwortliche für die Stadt bin ich*. Widerspruchslos akzeptierten die Stadträte und die städtische Beamtenschaft die handstreichartige Übernahme durch die Nazis. Ohne jemals gewählt zu werden, übte Otto Schottenheim zwölf Jahre das Amt des Oberbürgermeisters von Regensburg aus.

Mit der Amtseinsetzung Schottenheims profilierte sich in Regensburg die antijüdische Politik der Stadtverwaltung. Zu diesem Zeitpunkt gab es im Stadtgebiet 113 Gewerbebetriebe mit jüdischen Besitzern. Den größten Teil stellte mit 80 Geschäften der Groß- und Außenhandel einschließlich der Kaufhäuser. Deutliche Schwerpunkte bildeten der Textilbereich mit Damen- und Herrenkonfektion sowie der Viehhandel. Im Industriebereich existierten acht jüdische Betriebe, wobei die Kalkwerke Walhalla von David Funk neben der Walk- und Strickwarenfabrik N. Forchheimer zu den größten Arbeitgebern zählten. Mit über 300 Arbeitsplätzen zählte das Funk-Werk zu den wichtigsten Steuerzahlern der Stadt. Von großer Bedeutung war das Arbeitsplatzangebot von Nathan Forchheimer in der Dechbettener Straße 13 für die Erwerbsarbeit von Frauen in Regensburg. Zu den über 100 Jobs für Näherinnen, Stricker-, Spuler- und Kettlerinnen kamen mehr als zwei Dutzend Heimarbeitsplätze hinzu.

Neben zwei jüdischen Handwerksbetrieben gab es 13 selbständige Handelsvertreter, sechs Rechtsanwälte, drei Ärzte und einen Zahnarzt. Zum größten Teil waren die jüdischen Unternehmer und Kaufleute auch Mitglieder der Jüdischen Gemeinde. Diese zählte 1933 etwas über 400 Mitglieder, was etwa 0,5 Prozent der Bevölkerung entsprach. Der mit der Machtübernahme Adolf Hitlers am 30. Januar 1933 sofort einsetzende Terror traf die bürgerliche jüdische Minderheit mit brutaler Härte. Die in den zurückliegenden Krisenjahren verschärfte antisemitische Propaganda und Hetze entfaltete ihre Wirkung. Der ideologische Kern der Nazi-Hetzkampagnen zielte auf die völlige Ausgrenzung der Juden und ihre physische Vernichtung. Populäre Zielscheibe von Anschlägen, Schmierereien und Boykottaufrufen waren jüdische Geschäfte und Kaufhäuser.

Die erfahrenen, alteingesessenen jüdischen Inhaber der Kaufhäuser wie Manes, Schocken, Tietz, die Textilgroßhandlung Weiß & Holzinger in der Maxstraße oder das Schuhhaus Lilienfeld am Neupfarrplatz hatten die Krisenjahre der Weimarer Republik dank der sorgsam gebildeten Rücklagen glimpflich überstanden. Ihnen stand nun eine in der NSDAP organisierte Riege von Kaufleuten gegenüber, die bei der Kundschaft eher zweite Wahl war. Am Tag von Schottenheims Einzug ins Rathaus hatten einhundert „arische" Kaufleute den „NS-Kampfbund für den gewerblichen Mittelstand" gegründet. Das erklärte Ziel: Ausschaltung der jüdischen Konkurrenz. Elf Tage nach der Gründung demonstrierten die Mitglieder des „Kampfbundes" mit ihren jeweiligen Innungen in der Stadt, um die „deutschen Volksgenossen" zum Boykott alles Jüdischen zu überzeugen. Auf ihren Plakaten standen die üblichen Beschimpfungen und Parolen gegen die „Jüdischen Volksverderber". Vor der Minoritenkirche hielt Otto Erbersdobler, SA-Sonderkommissar bei der IHK, eine Rede gegen die *Machenschaften der Börsen- und Bankenjuden*. Danach schrien die arischen Kaufleute Sieg-Heil, sangen ihr Horst-Wessel-Kampflied und zogen ab. Ein lächerlicher Aufzug, der jedoch bloßlegte, wie aggressiver Hass, Neid und Missgunst mobilisiert wurden. Es war der Auftakt für die erste große Verfolgungs- und Boykottaktion der neuen Machthaber gegen die jüdische Bevölkerung.

Der erste Boykott und 107 Verhaftungen

Für den Beginn des ersten reichsweit geplanten Boykotts hatten die Nazis den 1. April 1933 festgesetzt. In etlichen Städten im gleichgeschalteten Bayern, so auch in Regensburg, begann der Terror bereits am 27. März. In den frühen Morgenstunden startete die Ordnungs- und Kriminalpolizei, unterstützt von SA-Hilfspolizisten, eine Verhaftungswelle. 107 jüdische Geschäftsleute und Rechtsanwälte wurden in „Schutzhaft" genommen. Treibende Kraft in Regensburg war Polizeidirektor Oberst Hans Georg Hoffmann, der die von den Nazis erlassene „Verordnung zum Schutz von Volk und Staat" zum ersten Mal praktisch anwandte. Diese Verordnung hob die bürgerlichen Grund- und Freiheitsrechte auf. Damit war der Kern der demokratischen Verfassung der Weimarer Republik außer Kraft gesetzt.

Zu den willkürlich Verhafteten gehörte der 73-jährige Alfred Binswanger, Inhaber der Likörfabrik Jacobi auf dem Unteren Wöhrd. Seit 1853 betrieb die von seiner Familie gegründete Firma, die auch in Augsburg und München vertreten war, die Herstellung von Likören und Spirituosen sowie die Lagerung von Weinen. Der Firmensenior Binswanger notierte, was ihm widerfuhr:

> *Nachmittags 4 Uhr kamen zwei SA-Leute ins Geschäft und verlangten, dass ich mit ihnen gehe. Ich fragte, was ich verbrochen habe und da antwortete der eine SA-Mann: er hätte den Auftrag, alle <u>von der Rasse</u> zu verhaften. Es wurde mir gestattet, ein Auto zu nehmen. Andere Juden wurden aber zu Fuß durch die Stadt geführt und vom Pöbel verfolgt. Als ich im Untersuchungsgefängnis in der Augustenstraße ankam, war dort im Hofe eine große Zahl von Glaubensgenossen, auch Frauen, Geschäftsinhaberinnen, versammelt. Ich selbst verbrachte die Nacht auf einem Strohsack mit noch fünf Herren zusammen im Verhörzimmer.*

Binswanger war in seinem eigenen Auto von der SA zum Gerichtsgefängnis gefahren worden. Der Personenwagen wurde anschließend *entliehen für den Streifendienst zum Schutz des hiesigen Judentums*. So quittierte es SS-Unterführer Stauffer. Alfred Binswanger wurde auf Empfehlung des Arztes Dr. Bunz am nächsten Tag entlassen. Er starb im November 1933 – die anhaltenden Schikanen der Nazis hatten seine Gesundheit zerrüttet. Seine Frau Lina Binswanger verließ 1935 Regensburg, zog für kurze Zeit zu ihren Verwandten nach München, bevor sie sich in die USA rettete.[1]

---

[1] Vgl. Bierwirth, Waltraud: „Die Firma ist entjudet" – Schandzeit in Regensburg 1933–1945, Regensburg 2017, S. 20 f.

Berufsverbot für sechs Rechtsanwälte

Zu den ersten Opfern antisemitischer Verfolgung gehörten die jüdischen Rechtsanwälte. In den Großstädten glänzten die von den Nazis verhassten jüdischen Juristen als gesuchte Steuerexperten und Strafverteidiger. Auf sie hatte es der ehemalige bayerische Justizminister Franz Gürtner persönlich abgesehen. Der Sohn eines Lokführers aus Regensburg hatte es in der NSDAP weit gebracht: Reichskanzler Hitler hatte mit Machtantritt Gürtner zum Reichsjustizminister bestellt. Am 7. April 1933 trat das von Gürtner vorbereitete „Gesetz zur Wiederherstellung des Berufsbeamtentums" zeitgleich mit dem „Gesetz über die Zulassung zur Rechtsanwaltschaft" in Kraft. Ab sofort waren Rechtsanwälte *nicht arischer Abstammung* vogelfrei. Ihnen konnte willkürlich die Zulassung entzogen werden. Frontkämpfer aus dem 1. Weltkrieg wurden zunächst ausgenommen. Ab 1938 war es auch damit vorbei. Als „Konsulenten" durften sie bis zur „Endlösung" ausschließlich jüdische Klienten beraten.

Das faktische Berufsverbot traf in Regensburg sechs jüdische Rechtsanwälte, ein Siebtel der Rechtsanwaltschaft der Stadt: Siegfried Weiner, Dr. Isaak Meyer, Dr. Justin Lehmann, Dr. Fritz Oettinger, Justizrat Dr. Adolf Bloch und Dr. Karl Michel. Alle sechs waren erfolgreich in ihrem Beruf, gesellschaftlich engagiert und angesehen. Als Frontkämpfer und Offiziere hatten sie – bis auf den bereits älteren Justizrat Bloch – am Ersten Weltkrieg teilgenommen und waren für Tapferkeit ausgezeichnet worden. Zu den bekanntesten Anwälten in Regensburg zählte Dr. Fritz Oettinger, der bei der Kommunalwahl im Dezember 1924 mit einem guten Ergebnis für die DDP (Deutsche Demokratische Partei) in den Stadtrat von Regensburg gewählt worden war.

Ende März 1933 verließ Rechtsanwalt Isaak Meyer, Sohn des langjährigen Rabbiners Seligmann Meyer, mit 43 Jahren die Stadt. Seine erfolgreiche Kanzlei am Neupfarrplatz 14 hatte er an den jungen Rechtsanwalt Alfons Goppel, den späteren Ministerpräsidenten von Bayern, abgetreten. Der Name des meinungsstarken Rechtsanwalts Isaak Meyer stand auf der Nazi-Sammelliste der für immer aus ihrem Beruf auszuschließenden Rechtsanwälte. Meyer emigrierte mit seiner später nachfolgenden Familie, Ehefrau Hilda und den drei Töchtern Johanna, Edith und Elisabeth nach Palästina.

Für die Auswanderung nach Palästina entschied sich auch der 47-jährige Rechtsanwalt Siegfried Weiner. Der Einser-Jurist, SPD-Anhänger und überzeugte Zionist gab seine Kanzlei nach massiven Drohungen bis hin zur Erpressung mit KZ-Haft im September 1933 auf. Vier Wochen später traf er mit Ehefrau Paula und den beiden Kindern Lore (18) und Franz (13) in Haifa ein.

Ende März 1933 wurde Rechtsanwalt Justin Lehmann gemeinsam mit seinem nichtjüdischen Sozius Josef Artmann verhaftet. Die Polizei begründete die Verhaftung mit „Schutzhaft" vor dem Volkszorn. Mit der wochenlangen Gefängnishaft der beiden Rechtsanwälte erzwangen die Nazis die „freiwillige" Aufgabe der Sozietät. Im Oktober 1937 verließ der 47-jährige Lehmann mit seiner Frau Susanne (36) und den beiden Kindern Walter (10) und Nora (8) die Stadt. Die Familie emigrierte in die USA.

Nur mit knapper Not gelang Rechtsanwalt Fritz Oettinger, dem letzten Vorsitzenden der Jüdischen Gemeinde, im August 1939 die Emigration mit seiner Familie über England nach Palästina. Bereits 1933 inhaftierten die Nazis Oettinger mit anderen Stadträten wochenlang im Gerichtsgefängnis. Nach Kriegsende schrieb Oettinger 1945 aus Haifa an den von den Amerikanern eingesetzten SPD-Oberbürgermeister Gerhard Titze in Regensburg:

> *Am 9. November 1938, dem Tag, an dem die Synagoge niedergebrannt wurde, wurde ich ins Konzentrationslager Dachau gebracht. Dies zwang mich, meine Auswanderung zu betreiben und mich allen Maßnahmen zu unterwerfen, welche gegen mich getroffen wurden. Ich und meine Frau wanderten mit je 10 Mark in der Tasche aus. Alles weitere von meinem in einem Leben ehrlicher Arbeit erworbenen Vermögen wurde mir unter allen möglichen Vorwänden weggenommen.*

In der Terrornacht des 9. November 1938, als die Synagogen brannten, holten SA-Kommandos Justizrat Adolf Bloch aus seiner Wohnung und schleppten ihn zur Polizeidirektion am Minoritenweg. Dem 62-Jährigen blieb nichts erspart: Strafexerzieren auf dem eiskalten, nassen Gelände der NSKK-Motorsportschule, begleitet von Kolbenhieben und weiteren Misshandlungen. Dann der demütigende „Schandmarsch" der Juden durch Regensburg. Die Tortur endete für Bloch im KZ Dachau. Nach fünf Wochen kehrte er nach Regensburg zurück, lebte in einem

Zimmer im „Judenhaus" in der Gesandtenstraße, knapp am Hungertod vorbei. Am 4. April 1942, es war Samstag vor Ostern, wurde der 66 Jahre alte Adolf Bloch gemeinsam mit 213 Juden aus Regensburg nach Piaski im Bezirk Lublin in Polen deportiert. Er wurde im Vernichtungslager Belzec vergast.

Mit 29 Jahren erhielt Dr. Karl Jakob Michel 1926 seine Zulassung als Rechtsanwalt in Regensburg. Im Dezember 1939 heiratete er Edith Rosenwald. Das am 14. Juli 1941 geborene Baby Denny hatte keine Überlebenschance. Es starb einen Tag nach der Geburt an Mangelernährung. Am 13. Juli 1942 wurde das Ehepaar Michel von Regensburg in einem Sammeltransport in den Tod deportiert. Es stark im Vernichtungslager Belzec.[2]

Die Auswanderungsliste der Gemeinde

Nach der ersten Verhaftungswelle und dem tagelangen Boykott ab Ende März 1933 sollten die Juden in Regensburg nie mehr einen normalen Alltag leben. In der überschaubaren Provinzstadt Regensburg, wo irgendwie jeder jeden kannte, zog eine Atmosphäre der Bespitzelung ein. Wer in jüdischen Geschäften kaufte, riskierte, von Nachbarn, Konkurrenten oder „hilfswilligen" Bürgern beobachtet und notiert zu werden. Namentlich fand man sich in der Nazi-Zeitung wieder, öffentlich beschimpft und bedroht. Das Betreten eines jüdischen Geschäfts erschien vielen als nicht mehr vertretbares Risiko. Erst recht, wenn am frühen Morgen auf das Schaufenster gepinselt war: *Sei auf der Hut, kauf nicht beim Jud*. Oder wie beim Kaufhaus Schocken: *Nur Volksverräter kaufen bei Juden*. Zusätzlich postierten sich nachmittags fanatische Nazis vor den Eingangstüren der Geschäfte.

1933 sollte auch in Regensburg das Jahr mit dem höchsten Anteil jüdischer Emigration werden. Reichsweit verlassen 37.000 Juden Nazi-Deutschland. Fast eine halbe Million bleiben und gedenken, den schweren politischen Unwettern in Deutschland zu trotzen. Spiegelbildlich dazu ist die Entwicklung in Regensburg. Das macht die von der Israeli-

---

[2] Zu den Anwälten vgl. Bierwirth, wie Anm. 1, S. 24 ff.

tischen Kultusgemeinde angefertigte „Auswanderungsliste" deutlich.[3] Danach verlassen 1933 ein Viertel der Gemeindemitglieder, nämlich 107 Männer, Frauen und Kinder die Stadt.

Insgesamt werden bis September 1938 die Namen von 282 Gemeindemitgliedern notiert. Sie werden unterstützt vom Central-Verein, der mit 500 Ortsgruppen einflussreichsten jüdischen Organisation, deren Regensburger Ortsgruppe Rechtsanwalt Justin Lehmann leitet. Diese Liste belegt aber auch, dass trotz aller Demütigungen, Schikanen und Verfolgungsmaßnahmen der Wille, die Stadt zu verlassen, kontinuierlich abnimmt. Bis es zu spät sein sollte.

Den unvorhersehbaren Gang der Ereignisse abzuschätzen wie den Vernichtungswillen der Nazis zu begreifen, überstieg das Vorstellungsvermögen des durchschnittlichen deutschen, meist konservativen Juden. In diesen Jahren der Verfolgung und Fluchten zogen aus den kleinen jüdischen Landgemeinden in der Oberpfalz und in Franken regelmäßig Familienangehörige und entfernte Verwandte nach Regensburg, so dass sich die Größe der Gemeinde ständig veränderte. Im Durchschnitt lebten bis zum Novemberpogrom 1938 etwa 400 Juden in Regensburg.

Die antijüdischen Gesetze: Rassenwahn und Mord an Kranken

1935 beherrschte der Nationalsozialist und bekennende Antisemit Otto Schottenheim das Regensburger Rathaus. Die große Mehrheit der rund 500 städtischen Beschäftigten – bis 1938 werden es über 700 sein – gehörte der NSDAP an. Wer nach der großen Werbeaktion vom Mai 1935 noch zögerte, dem half der Oberbürgermeister auf die Sprünge: *Er erwarte, dass diesem letzten Appell von all jenen, die noch nicht Mitglied der Partei sind, Folge geleistet wird.*[4]

In der Stadt unterhielt die NSDAP ein Rassenpolitisches Amt, um Tausende mit „Arier-Nachweisen" oder dem „Ehegesundheitsgesetz für

---

[3] Central Archives for the History of the Jewish People (CAHJP), Jerusalem, Gemeindearchiv Regensburg, D/Re5/161. Ich danke Ilse Danziger, der Vorsitzenden der Jüdischen Gemeinde Regensburg, die mir eine Kopie der Liste zur Verfügung stellte.

[4] Zitiert bei Halter, Helmut: Stadt unterm Hakenkreuz. Kommunalpolitik in Regensburg während der NS-Zeit, Regensburg 1994, S. 83.

die Reinerhaltung des deutschen Blutes" zu schikanieren. Wochenlang zogen die Regensburger durch die rassistische Ausstellung „Leben und Gesundheit". Ein Erbgesundheitsgericht, zugeordnet dem Amtsgericht, entschied über die Unfruchtbarmachung von angeblich Erbkranken und Alkoholikern. In der Heil- und Pflegeanstalt Karthaus nahm die „Erbbiologische Station" ihr unheilvolles Wirken auf. Die Basis für dieses Treiben lieferte das „Gesetz zur Verhütung erbkranken Nachwuchses", das im Januar 1934 in Kraft trat.

Im Zusammenhang mit dem Sterilisierungsgesetz entfaltete die rassistische Propaganda über „Rasse und Blut" eine verheerende Wirkung. Denunziationen über *jüdisch versippte Parteigenossen und SS-Mitglieder* waren an der Tagesordnung. Der städtische Sozial- und Gesundheitsreferent Zwick brachte es im Zusammenwirken mit dem Bezirksarzt Pius Scharff zu trauriger Berühmtheit: Er meldete Alkoholkranke der Polizei als „Volksschädlinge" und beantragte ihre Einweisung ins KZ Dachau. So geschah es. Zusätzlich lief das Programm der Zwangssterilisation. Diesem gewalttätigen Eingriff unterzogen die Ärzte in Karthaus bis Kriegsbeginn 634 Männer und Frauen.

Zu den Opfern gehörte auch die 19-jährige Ida Ammon, die einzige Tochter von Käthi und Hugo Fritz Ammon, dem letzten Inhaber der 1934 in Konkurs gegangenen Bleistiftfabrik Rehbach. Nach dem Krieg sagte Ammon im Spruchkammerverfahren gegen Schottenheim aus, dass dessen extremer Antisemitismus den Ruin der Firma mit verursacht habe. Ferner habe er erklärt, *die jüdisch verseuchte Familie Ammon sei erbbiologisch auszurotten.*

Die aufgeweckte, sprachbegabte Ida Ammon, Schülerin des Städtischen Lyzeums, wurde 1936 zwangssterilisiert. Sie emigrierte nach Frankreich und wurde französische Staatsbürgerin.[5]

Anfang 1940 lebten zwölf jüdische Patienten in der Heil- und Pflegeanstalt Karthaus-Prüll: vier Frauen und acht Männer. Eine von ihnen war Jette Gutmann, 73 Jahre alt und altersverwirrt. Schon bald nach ihrer Aufnahme als Patientin leitete die NS-Regierung die von Hitler persönlich unterzeichnete Mordaktion „Gnadentod" ein. In der Berliner Euthanasie-Zentrale, in der Tiergartenstraße 4 (T4-Zentrale), organisierten im Frühjahr 1940 die Mord-Funktionäre eine reichsweite

---

[5] Bierwirth, wie Anm. 1, S. 45.

Sonderaktion gegen die jüdischen Kranken. Nach bisherigem Forschungsstand wurden innerhalb kurzer Zeit 192 jüdische Patienten aus den bayerischen Anstalten, unter ihnen auch die 12 aus Regensburg, in die Anstalt in Eglfing-Haar gebracht. Am Morgen des 20. September 1940 führte das Pflegepersonal die jüdischen Kranken zum eigenen Gleisanschluss. Arglos wie alle stieg auch Jette Gutmann in den Zug, der sie in das umgebaute Schloss Hartheim in Oberösterreich brachte. Nach ihrer Ankunft brachte Pflegepersonal die Kranken in den Entkleidungsraum im Erdgeschoß, wo sie ausgezogen und nackt in die Gaskammer geführt wurden. Wenn die luftdichten Türen verschlossen waren, öffneten die jeweils zuständigen Ärzte vom Nebenraum aus den Gashahn und Kohlenmonoxyd strömte ein. Nach 10 bis 15 Minuten waren die Menschen in der Gaskammer tot.

Die grauen Busse der „Gekrat" (Gemeinnützige Kranken-Transport GmbH) kamen erneut nach Regensburg. In fünf Transporten ab 4. November 1940 bis 5. August 1941 wurden 641 nichtjüdische Patienten aus Karthaus zur Tötung in das Mordzentrum Hartheim bei Linz gebracht. Am 24. August 1941 mussten die Nazis die Aktion T4 aufgrund zunehmender Unruhe in der Bevölkerung stoppen. Der Münsteraner Bischof Clemens August Graf von Galen hatte öffentlich protestiert. Doch das Morden in den Krankenanstalten ging mit dem Hungerkost-Erlass weiter. Jetzt ließ man die Kranken verhungern.[6]

Der Raubzug an jüdischem Eigentum

Den Finanzbehörden fiel beim Raubzug der Nazi-Administration an jüdischem Eigentum eine entscheidende Rolle zu. Bereits im Oktober 1934 wurden die Weichen im Steueranpassungsgesetz gestellt. Ab sofort hatte die vermeintlich unpolitische Behörde den Leitsatz anzuwenden: *Die Steuergesetze sind nach nationalsozialistischer Weltanschauung auszulegen.*

Für jüdische Steuerzahler galten nun Sonderregeln. Fortan bestimmte die Rassenzugehörigkeit über Freibeträge und Vergünstigun-

---

[6] Bierwirth, wie Anm. 1, S. 161 ff.

gen. Die üblichen Steuerermäßigungen entsprechend dem Familienstand und der Zahl der Kinder wurden gestrichen. Für Juden galt nun die höchste Steuerklasse. Die für eine Finanzverwaltung wichtigsten Grundprinzipien wie das Allgemeinheitspostulat, die Gleichmäßigkeit und Gerechtigkeit der Besteuerung, das Neutralitätsprinzip und die Leistungsbezogenheit wurden für Juden außer Kraft gesetzt. Die Finanzbeamten setzten die Nazi-Verordnungen bis aufs i-Tüpfelchen um. Jahr um Jahr verschärfte das devisenschwache und für einen neuen Krieg rüstende Deutschland die fiskalische Verfolgung, um an jüdisches Vermögen zu kommen. Von den Finessen des „legalen" Raubzuges per Verordnung hatten die Opfer in den allermeisten Fällen nicht die geringste Ahnung.

Max Rosengold: beraubt, verhaftet, ermordet

Max Rosengold, Inhaber des Herren- und Knabenbekleidungsgeschäftes Gebr. Manes in der Goliath- Ecke Brückstraße, war immer ein pünktlicher, zuverlässiger Steuerzahler. Noch als junger Mann mit 29 Jahren hatte er die Immobilie in der damals besten Lage der Stadt für 110.000 RM gekauft und unverzüglich abreißen lassen. Binnen eines Jahres entstand ein neues Wohn- und Geschäftshaus vom Feinsten.[7]

Das 1912 fertiggestellte Anwesen, 15 m an der Brück-, 13 m an der Goliathstraße, erwies sich von Anfang an als Publikumsmagnet. Das Konzept des Bekleidungshauses mit dem jungen Inhaber Max Rosengold überzeugte die Regensburger durch Qualität und Preis.

In den 20er Jahren lebte Max Rosengold mit seiner Familie, seiner Frau Therese und dem zweijährigen Sohn Hans, in der Gumpelzhaimer Straße 15. Nach ihrer Scheidung von dem Bankier Adolf Niedermayer hatte Max Rosengold Therese geheiratet und ihren zwei Jahre alten Sohn Hans adoptiert.

Das großbürgerliche, behagliche Leben der Familie Rosengold beendeten die Nazis: Boykott, Anfeindungen, willkürliche Verhaftungen.

---

[7] Staatsarchiv Amberg (StA), Regierung der Oberpfalz 16260.

Als Sohn Hans 1934 als Elfjähriger die Oberrealschule, das heutige Goethe-Gymnasium, verlassen musste, zog der nunmehr 52 Jahre alte Max Rosengold den Schlussstrich in Regensburg. 1935 verkaufte er für 80.000 RM die stattliche Villa an den Regensburger Rechtsanwalt Oswald, zog nach Berlin, um von dort aus die Auswanderung seiner Familie zu organisieren. Über den Verkaufserlös seiner Villa, eingezahlt auf ein Sperrkonto, ließ ihn das Finanzamt nicht verfügen.

Da gab es die progressiv gestaffelte Reichsfluchtsteuer, die eine Abgabe von mindestens einem Viertel des aktuellen Gesamtvermögens festlegte. Nach Verkäufen von Immobilien oder Wertgegenständen kam der Erlös auf ein „Sperrmarkkonto", das der jüdische Verkäufer bei der Deutschen Golddiskontbank einrichten musste. Bei Umtausch dieses Geldes in Devisen oder Transfer ins Ausland wurde ebenfalls ein Abschlag erhoben. Dieser betrug im Juni 1935 bereits 68 Prozent. Auswanderungen von vermögenden jüdischen Emigranten, die legal mit Pass und den notwendigen „Unbedenklichkeitsbescheinigungen" des Finanzamtes das Land verlassen wollten, kamen in Regensburg ab 1936 nicht mehr vor.

Den umtriebigen Max Rosengold, der auch in Berlin über Immobilienbesitz verfügte, focht das zunächst nicht an. Von Berlin aus betrieb er den Verkauf seines Regensburger Bekleidungshauses. Im Herbst 1938 hatte er mit dem Aschaffenburger Unternehmer Josef Büttner einen Käufer gefunden. Am 25. November 1938 beurkundete der Regensburger Notar Luther den rechtsgültigen Kaufvertrag, der allerdings keinen Bestand haben sollte.

NSDAP-Gauleiter Fritz Wächtler und Oberbürgermeister Schottenheim griffen ein, stoppten das bereits beurkundete Verfahren, um ihren Günstlingen die begehrte Immobilie in Regensburg zu verschaffen. Per Beschluss genehmigte Schottenheim als Oberbürgermeister am 30. Januar 1939 den Verkauf der Firma an seine Parteifreunde: den NS-Ehrenzeichenträger Walter Carlson, den PG Heinz Cloppenburg und den SS-Führer Wilhelm Gutbrod. Das Trio stellte die Carlson KG dar, die auch das Warengeschäft übernommen hatte. Das „arisierte" Bekleidungshaus Carlson sollte Krieg und Nachkriegszeit viele Jahre überdauern. Von dem Kaufpreis über 120.000 RM nur für die Gebäude sah der in Berlin ausharrende Max Rosengold keinen Pfennig. In einem mehrseitigen Gutachten hatte das Liegenschaftsamt der Stadt das Anwesen, *das mit erstklassigem Baumaterial errichtet wurde,* zuvor mit 160.000 RM als *volkswirtschaftlich gerechtfertigten Preis* bewertet.[8]

Für die Unterzeichnung des zweiten Kaufvertrags, wieder bei Notar Luther, hatte Max Rosengold den Berliner Konsul Dr. Erwin Respondek nach Regensburg entsandt. Die notariell beglaubigte Vollmacht, die Respondek vorlegte, macht deutlich, dass Max Rosengold den Vernichtungswillen der Nazis nicht erkannte und mit großer Naivität auf die Redlichkeit seiner Vertragspartner setzte:

> *Konsul Dr. Respondek ist berechtigt, über das mir gehörige Grundstück Brückstraße 9 in Regensburg zu verfügen, dasselbe insbesondere zu veräußern und aufzulassen, den Kaufpreis in Empfang zu nehmen und darüber zu quittieren.*

Den Kaufpreis von 120.000 RM händigte das Carlson-Trio natürlich nicht dem Rosengold-Bevollmächtigten aus, sondern zahlte den Betrag auf ein Sperrkonto ein, das unter der Kontrolle der Devisenstelle und des Finanzamtes stand. Max Rosengold hatte keinen Zugriff.

Im Oktober 1939 legte im Hafen von Triest der Dampfer „Oceania" zur Überfahrt nach Buenos Aires in Argentinien ab. An Bord waren der 16 Jahre alte Hans und seine Mutter Therese Rosengold (43). Max Rosengold plante, die Steuerfragen mit dem Finanzamt zu klären und mit dem nächsten Dampfer nachzukommen. Es sollte ihm nicht mehr gelingen. Unermüdlich schrieb der von ihm beauftragte Konsul Erwin Respondek Briefe an die Stadt, das Finanzamt und die Regierung der Oberpfalz und Niederbayern und bat vergebens um rasche Abwicklung der offenen Steuerfragen. Die Behörden antworteten gar nicht oder ausweichend. Max Rosengold wurde im Frühjahr 1942 von der Gestapo in seiner Wohnung am Kurfürstendamm verhaftet. Er starb am 11. Juni 1942 in Gestapohaft. Er wurde 60 Jahre alt.

In einem letzten Brief an den Regierungspräsidenten teilte der als Nachlasspfleger eingesetzte Konsul mit: *Die Erben leben im Ausland und sind Juden im Sinne des Reichsbürgergesetzes.* Es war eine Feststellung mit Konsequenzen: *Das den jüdischen Erben anfallende Vermögen verfällt nach der 11. Verordnung zum Reichsbürgergesetz dem Reich.*[9]

---

[8] StA, Regierung der Oberpfalz 16260.
[9] Ebd.

1949 kehrte Hans Rosengold in seine Geburtsstadt Regensburg mit seiner Mutter zurück. Über den Tod seines Adoptiv-Vaters im Berliner Gestapo-Gefängnis vermochte er zeitlebens nicht zu sprechen.

Das Pogrom am 9. November 1938

Es war eine Explosion von Gewalt und Sadismus. Sie brach auf allen Ebenen aus. In der höchsten Führung der Nazipartei ebenso wie in allen unteren Parteigliederungen. Abgrundtiefer Hass auf alles Jüdische war diesem Angriff zu eigen. Das Ziel war, die Juden mit allen Mitteln zu verletzen, sie zu demütigen und zu erniedrigen, Männer, Frauen und auch Kinder.

Im Dienstauto mit Fahrer fuhr der 33 Jahre alte Wilhelm Müller-Seyffert, Brigadeführer des Nationalsozialistischen Kraftfahrkorps (NSKK), am 9. November 1938 von Regensburg nach München. Sein Ziel war das Alte Rathaus in München. Dort, im Rathaussaal, trafen sich zur Erinnerung an den gescheiterten Hitler-Putsch vom 9. November 1923 stets am Jahrestag die „Alten Kämpfer".

Ein abgefeimtes Stück Demagogie gegen die Juden Deutschlands inszenierte die NS-Führung mit ihrem Propagandaleiter Joseph Goebbels an diesem Abend des 9. November im Münchner Rathaussaal. Gegen 17.30 Uhr war der zwei Tage zuvor von dem jungen Herschel Grynszpan angeschossene Diplomat Ernst vom Rath in Paris an seinen Verletzungen gestorben. Die Feier begann gegen 20 Uhr und wurde vom Münchner Oberbürgermeister eröffnet. Hitler sprach entgegen seinen Gepflogenheiten kurz und verließ absprachegemäß gegen 21.30 Uhr das Rathaus. Einpeitscher Goebbels übernahm ab 22 Uhr den Part, den „Volkszorn" zu schüren. Kühl kalkulierte die NS-Führung den Zeitpunkt für den Beginn des Pogroms, das allein in dieser Nacht über tausend Juden in Deutschland den Tod brachte. Erschlagen, erschossen, verbrannt.

Das Pogrom wird organisiert

Nach der Hetzrede von Goebbels machten sich die „Alten Kämpfer" unverzüglich ans Werk, die mündlich gegebenen Weisungen sogleich und schlagartig in örtlichen Aktionen gegen die jüdischen Einwohner zu organisieren. Für Brigadeführer Müller-Seyffert konnten Aktionen gegen die Juden nicht radikal genug sein. Sein Anruf aus München in der Regensburger Motorsportschule erreichte den Schulwart Hohner gegen 22.30 Uhr mit der knappen Anweisung: Er solle den nicht in der Schule wohnenden Schulleiter, Oberstaffelführer Sebastian Platzer, sofort herbeischaffen und die gesamten Mannschaften der Schule zum sofortigen Einsatz alarmieren. In dieser Nacht gehe es gegen die Juden in Regensburg, die Synagoge solle niedergebrannt werden.

Auch in Regensburg hatte der Vorabend des nächtlichen Pogroms mit dem Gedenken an die „Alten Kämpfer" des Putsches von 1923 begonnen. Der 9. November war ein Pflichttermin für alle Nazigrößen der Stadt. In der mit rotem Tuch ausgeschlagenen Jahnturnhalle am Oberen Wöhrd hatten sich alle Gattungen von Uniformträgern mit starken Abordnungen versammelt, um Stunden später den Terror in die Stadt zu tragen: Die Schwarzen der SS, die Braunen der SA und die Olivgrünen der Motorsportschule mit ihrem Kommandoführer, dem Fahrlehrer Liebscher.

Im Speisesaal der Motorsportschule hatten sich unterdessen, so wie es der Alarmplan vorsah, 200 bis 220 Lehrgangsteilnehmer versammelt. Hauptfahrlehrer Wilhelm Wieferink hatte mit seinen Leuten 10 bis 12 Lastkraftwagen sowie einige Personenwagen bereits startklar gemacht. Sämtliche Fahrzeuge waren mit zusätzlichen Treibstoffkanistern bestückt. Auf Schulleiter Platzers Ansprache: *Die Synagoge in Regensburg ist zu zerstören, wenn möglich niederzubrennen*, reagierten die Männer *sehr begeistert, mit starkem Beifallgeschrei*.[10]

Um Mitternacht verließ der Tross die Motorsportschule in der Maxhüttenstraße. Schulleiter Platzer fuhr voraus, ließ die Kolonne in der Thundorferstraße stoppen und erteilte seine Befehle.

Hauptfahrlehrer Wilhelm Wieferink in seiner späteren Aussage:

> *Ich selbst wurde von Platzer dazu bestimmt, mit einigen mir zugeteilten Gruppenführern die Straßenzugänge zur Synagoge abzuriegeln. Das waren die Kreuzungen Schäffner-/Königsstraße; Schäffner-/Schwarze Bärenstraße und Luzengasse/Weisse Bräuhausgasse. Außerdem war ich*

---

[10] StA, Staatsanwaltschaft Regensburg 3763.

für die Fahrzeugwachen verantwortlich. Nach Erledigung dieser Weisungen, die nur geraume Zeit in Anspruch nahm, hörte ich bald darauf Schläge.

Die wuchtigen Schläge galten der versperrten Synagogentür. Mit demontierten Sitzbrettern aus den Lastwagen hämmerten die Kommandos auf die Tür ein, umringt von SS-Männern, die sich darüber aufregten, dass die NSKK-Motorsportschule die Brandlegung vornahm, das sei ihre Angelegenheit. Kanister mit Treibstoff, manche der Zeugen sprachen von Kübeln, wurden angeschleppt. Gemeinsam stürmten die Motorsportschüler und die SS-Männer in das Innere des Bethauses.

Die einen haben die Bundeslade hinausgetragen, einer schlug mit einem Fußschemel die Fenster ein, einer hatte eine lange Stange und schlug damit die oberen Fenster ein, berichtete der 63-jährige Johann Fischer, Invalidenrentner und Hausmeister der Gemeinde, was sich eine halbe Stunde nach Mitternacht vor seinen Augen abspielte. In der Mitte der Synagoge, direkt unter der Kuppel, türmten sich Bänke, Stühle, Polsterungen und anderes Mobiliar.[11]

Alles, was kostbar oder von Nutzen war, wie Teppiche, silberne Sakralgegenstände, Leuchter oder religiöse Banner schleppten die uniformierten Trupps aus der Synagoge. Wer letztendlich das Feuer an den mit Treibstoff übergossenen Haufen unter der Kuppel legte, konnte nach 1945 in den Synagogenbrandprozessen nicht zweifelsfrei geklärt werden. Mit der Ausbreitung des Feuers erschien die lokale NS-Führung mit NSDAP-Kreisleiter Wolfgang Weigert samt Gefolgschaft, Oberbürgermeister Schottenheim, Polizei und Gestapo am Brandplatz.

Hunderte sahen zu, wie sich das Feuer in der Synagoge rasend schnell ausbreitete. An den abgesperrten Kreuzungen drängten sich die Menschen. Hier hatte inzwischen die Schutzpolizei die Trupps der NSKK-Motorsportschüler ersetzt.

Die Synagoge brennt – Die Feuerwehr löscht nicht

Um 1.14 Uhr, als sich ein mächtiger Funkenflug weit über den Neupfarrplatz ausbreitete, durfte der Löschzug der Hauptfeuerwache end-

---

[11] StA, Staatsanwaltschaft Regensburg 3768.

Die Synagogenruine nach dem Pogrom: Noch am selben Tag begannen die Abbrucharbeiten. Die Kosten dafür wurden der jüdischen Gemeinde auferlegt.

lich ausrücken. Der Widerschein eines gewaltigen Feuers färbte den Nachthimmel. Im ersten Fahrzeug saß Brandmeister Wolfgang Seidl, im zweiten Brandmeister Friedrich Hopp. Die beiden erfahrenen Feuerwehrmänner wussten seit Mitternacht, dass Brandstifter in ihrer Stadt unterwegs waren, Feuer legten und sie nicht löschen durften. So hatte es ihnen ihr junger Chef, Julius Gräfe, nach einer Unterredung mit Oberbürgermeister Schottenheim aufgetragen. Diese Nacht werde die Synagoge abbrennen. Er, Julius Gräfe, solle sich bereithalten. Ausrücken dürfe er aber erst nach Schottenheims Anruf.

Gegen 2 Uhr stürzten Kuppel und Dachkonstruktion der Synagoge in den Innenraum, der Funkenflug war begrenzt und die unmittelbare Feuergefahr für das Viertel unter Kontrolle. Noch waren Schottenheim, Polizeimajor Lutz, Nazi-Kreisleiter Weigert, Gestapo und SD-Leute am Brandplatz. Jeder von ihnen wusste, dass beauftragte Terrorkommandos bereits durch die Stadt zogen. In der Regensburger NSDAP-Zentrale nahm Geschäftsführer Fritz Schmidbauer seine vorbereitete „Judenliste" zur Hand und schrieb auf Zettel Namen und Adressen. Der alles überlagernde Geruch des Synagogenbrandes, das Klirren zerbrechender Schaufensterscheiben und der randalierende Nazi-Mob hatten die Bewohner der Innenstadt zuhauf auf die Straßen gebracht. Sie wurden Zeugen und vielfach zu Beteiligten von Gewaltaktionen gegen ihre jüdischen Nachbarn.

Die Terrornacht

In einem Auszug aus der Urteilsbegründung der 1. Strafkammer des Landgerichts Regensburg am 17. November 1948 gegen fünf SA-Männer wird der Ablauf der Terrornacht zusammengefasst:

> *In der Nacht vom 9. auf den 10. November 1938 war in Regensburg etwa in der Zeit zwischen Mitternacht und sechs Uhr morgens in der ganzen Innenstadt die öffentliche Ordnung durch die von einzelnen Gruppen der NS-Gliederungen verübten Gewalttätigkeiten gegen die Synagoge, die jüdischen Geschäfte und gegen jüdische Personen gestört. Die einzelnen Gruppen traten zwar räumlich getrennt auf, standen aber unter einer einheitlichen Oberleitung und handelten damit in einem inneren, jedem Angehörigen dieser Gruppen bewussten Zusammenhang. Die*

Zahl der Teilnehmer an diesem Zerstörungswerk war nicht beschränkt, es konnte sich jeder beteiligen, der des Weges kam. Tatsächlich haben sich außer den befohlenen Mitgliedern der NS-Gliederungen auch andere Personen aus freien Stücken an den Ausschreitungen beteiligt.[12]

Stellvertretend für alle Gewalttaten in dieser Nacht steht der Überfall auf die Familie Brandis in der Maximilianstraße 16. Dort befanden sich seit vielen Jahren die Geschäftsräume des Familienbetriebs Weiß & Holzinger, eine bekannte Adresse in Regensburg, wenn es um Woll- und Strickwaren ging. Inhaber des in der dritten Generation geführten Geschäfts war der 48 Jahre alte Karl Brandis, Familienvater von vier Kindern im Alter von 9 bis 14 Jahren.

Gegen 1 Uhr nachts wurde die Familie durch anhaltendes Läuten der Haustürklingel geweckt. Gleich darauf wurde mit Eisenstangen gegen die Haustür gehämmert. Bevor die Tür nachgab, ging Karl Brandis aus der Wohnung im 1. Stock zur Haustür und öffnete. Faustschläge und Schmähungen prasselten auf ihn ein. Männer des NSKK-Kommandos trieben ihn stoßend und knüppelnd die Treppe hinauf in die Wohnung. Das „Wehegeschrei" der Brandis-Kinder schallte weithin auf die Maxstraße, so hörten es Zeugen, begleitet vom Bersten umstürzender Möbel, von splitternden Fensterscheiben, klirrendem Glas und Porzellan. Lange, sehr lange blieben die NSKK-Täter in der Wohnung, um sie zu Kleinholz zu machen. Als der Trupp endlich mit dem für verhaftet erklärten Karl Brandis abzog, leistete der im gleichen Haus wohnende Arzt Heinrich Reger ärztliche Hilfe. Die 60-jährige Oma der Kinder hatte das Bewusstsein verloren. Die Wohnung samt Einrichtung lag in Trümmern, selbst die Türfüllungen hatten dran glauben müssen. Das Geschäft im Erdgeschoss bot ein Bild der Verwüstung. Eingeschlagene Schaufenster, geplünderte Auslagen und eine demolierte Inneneinrichtung.

Viele Male sollte sich das in der Pogromnacht wiederholen. In vielen Nachkriegsprozessen und Augenzeugenberichten ist der Verlauf des Novemberpogroms von 1938 in den Städten beschrieben worden. Dabei wird ein Grundmuster sichtbar:

Die Terrorkommandos verschafften sich gewaltsam Zugang zu jüdischen Wohnungen, misshandelten deren Bewohner, entwendeten

---

[12] StA, Staatsanwaltschaft Regensburg 135.

*Zertrümmertes Schaufenster und eine verwüstete Inneneinrichtung
des Herren-Konfektionsgeschäfts Manes*

> *Schmuck, Bargeld, Schuldscheine und verschiedenste Wertgegenstände
> und verwüsteten systematisch die Wohnungseinrichtungen. Aus vielen
> Schilderungen geht hervor, dass solche Wohnungszerstörungen vielfach
> über Stunden anhielten, wobei die Täter nicht eher ruhten, bis buchstäblich jeder Gegenstand zerkleinert oder unbrauchbar gemacht worden war.*[13]

Die Polizei schützte nicht

An Polizeikräften mangelte es in der Pogromnacht in Regensburg nicht. Alle Abteilungen des Überwachungsstaates waren im Dienst: Schutzpolizei, Gestapo und der SD (Sicherheitsdienst). Weil Polizeidirektor und Gestapo-Chef Fritz Popp noch beim Nazi-Gedenktreffen in München weilte, waren in Regensburg die Stellvertreter dran: Polizeimajor Franz Lutz für die Schutzpolizei und Kriminalkommissar Franz Eisinger, zuständig bei der Gestapo für die Abteilung II, Judenreferat.

---

[13] Longerich, Peter: Politik der Vernichtung. Eine Gesamtdarstellung der nationalsozialistischen Judenverfolgung, München/Zürich 1998, S. 203.

Im 1. Polizeirevier am Minoritenweg saß der wachhabende Polizeibeamte Johann Kammerseder am Telefon:

> *Während der Nacht war es am Telefon bei uns sehr lebendig, weil vielfach Anrufe seitens der jüdischen Bewohner kamen, die Hilfe von uns anforderten. Es wurde dann ungefähr dem Sinne nach mitgeteilt, ‚wir können nichts machen, weil Anordnungen von oben her vorliegen'.*[14]

Wie seine untätigen Wachtmeister verhielt sich auch ihr Chef, Polizeimajor Franz Lutz. Er nutzte in der Pogromnacht die „Alarmkartei" und ließ alle Männer der Ordnungspolizei mobilisieren. Sie ersetzten die NSKK-Motorsportschüler an den Absperrungen zur brennenden Synagoge, sie lösten SA-Posten an bereits demolierten und geplünderten Geschäften ab, sie übernahmen die von Terrorkommandos willkürlich verhafteten, misshandelten und verängstigten Menschen, um sie polizeilich zu registrieren. *Insgesamt standen mir etwa 100 Mann zur Verfügung,* gab Lutz in seiner Vernehmung 1949 zu Protokoll. In keinem Fall kamen diese hundert Schutzpolizisten ihrer Aufgabe nach: Menschen vor Willkür und Gewalt zu schützen, Einbruch und Raubzug zu verhindern.

SS und Gestapo waren in der Gestapo-Leitstelle Regensburg eine Einheit. Junge Polizisten, die ab 1933 Karriere als Kriminalkommissar machen wollten, stellten sich in den Dienst der Gestapo und wurden SS-Mitglied. Nicht Ausnahme, sondern Regel ist die Biografie des Kriminalkommissars und SS-Hauptsturmführers Franz Eisinger. 1919 entschied sich Eisinger für den Polizeiberuf. Zehn Jahre später war er Hauptwachtmeister und sah sein Weiterkommen im mittleren Polizeidienst. Die Prüfungen bestand er als Erster unter 200 Bewerbern mit der Note sehr gut. 1931 nahm er seinen Dienst in der politischen Abteilung der Kriminalpolizei auf. Der „gut katholische" Franz Eisinger tat alles, was ihm nützlich war und seine Vorgesetzten erwarteten: Er wurde SA-, SS- und Parteimitglied der NSDAP. Damit machte er Karriere in der Gestapo-Leitstelle Regensburg, wurde stellvertretender Gestapo-Chef und Leiter der Abteilung II, dem Judenreferat.

---

14 StA, Staatsanwaltschaft Regensburg 129.

In der Pogromnacht fiel es ihm als Stellvertreter des späteren Kriegsverbrechers Fritz Popp zu, als polizeiliche Exekutive zu handeln, aber gleichzeitig als SS-Mann den Willen der Naziführung zu exekutieren:

> *Nachdem ich die Befehle von Heydrich erhalten hatte, veranlasste ich sogleich, die Alarmierung der Beamten und Angestellten meiner Abteilung, die ich größtenteils mit dem PKW abholen ließ Sodann wurden die Befehle an die Landkreise übermittelt. Ich kann noch folgende Landkreise namhaft machen: Straubing, Weiden, Amberg, Sulzbach-Rosenberg, Neumarkt/Oberpf., Passau, Deggendorf und Schwandorf. An die größeren Orte gab ich die Befehle selbst durch.*[15]

Allein im Regierungsbezirk Oberpfalz/Niederbayern wurden fünf Synagogen zerstört, 224 Juden verhaftet und ins KZ Dachau deportiert.

Der „Schandmarsch"

Die infame Inszenierung des „Regensburger Schandmarsches", der im Auftrag der Nazi-Zeitung „Bayerische Ostmark" von dem Fotografen Max Lang festgehalten wurde, geht auf das Konto Müller-Seyfferts. Gleichwohl handelte er mit dem Einverständnis der örtlichen Parteileitung und des Oberbürgermeisters, für die es ein Leichtes gewesen wäre, diese demonstrative Zurschaustellung und Erniedrigung von jüdischen Bürgern der Stadt zu unterbinden.

Noch in der Maxhüttenstraße teilte Müller-Seyffert die bewaffnete Begleitmannschaft für den „Umzug" ein. Er ließ das Schild „Auszug der Juden" anfertigen und packte in seinen offenen Wagen die aus der Synagoge geplünderten Fahnen, Wimpel, Banner, Kultgegenstände und Bücher. Gegen 10 Uhr trafen die Lastwagen der Motorsportschule mit den Gefangenen am St.-Georgen-Platz ein. Müller-Seyffert ließ die etwa 60 jüdischen Männer zu einem „Marschzug" zusammenstellen, drückte den willkürlich ausgesuchten Opfern die mitzuführenden Banner und Transparente in die Hände. Schulleiter Platzer verlas die Marschroute. Müller-Seyffert stieg in sein Auto, ließ sich langsam vorausfahren und stand dabei *nach rückwärtsgewandt im Wagen und rief den Juden zu,*

---

[15] StA, Staatsanwaltschaft Regensburg 138.

„Auszug der Juden" nach der Pogromnacht durch die Regensburger Innenstadt; Hunderte säumten die Straßen.

dass sie nun zeigen sollten, ob sie marschieren könnten, beschrieb die Staatsanwaltschaft in ihrer Anklageschrift gegen Müller-Seyffert das böse Schauspiel.[16] Bilder vom „Auszug der Juden" aus Regensburg gingen nach dem Krieg in viele Geschichtsbücher ein.

Zwischen 11 und 12 Uhr fand dieses grausame Schauspiel sein Ende. Am Ausgang der Maximilianstraße, Ecke Albertstraße standen Lastwagen und ein Bus der Firma Seitz für den Abtransport bereit. In diesen Bus wurden 35 Männer getrieben, 26 auf die Ladefläche eines Lastwagens. Bestimmungsort für den Bus war das KZ Dachau, für den Lastwagen das Regensburger Gerichtsgefängnis in der Augustenstraße. Von Ende Oktober 1938 bis 17. November weist das Gefangenenbuch der Regensburger Haftanstalt die Einlieferung von über 200 Juden aus dem Zuständigkeitsbereich der Gestapo-Leitstelle Regensburg aus.

---

[16] StA, Staatsanwaltschaft Regensburg 3768.

Waltraud Bierwirth

„Zwangsarisierung" und Vernichtung

Die Brandruinen der Synagogen schwelten noch, als das NS-Regime den Kreuzzug gegen die Juden mit Macht vorantrieb. Drei Tage nach dem Pogrom am 9. November 1938 folgte die Verordnung über die „Sühneleistung" der Opfer. Den Juden wurde eine Strafzahlung von einer Milliarde Reichsmark auferlegt. In weiteren Verordnungen bestimmte der NS-Staat, dass die von den Tätern verursachten Schäden die jüdischen Inhaber selbst zu tragen haben. Versicherungsansprüche (Glas-, Brand-, Hausratversicherung usw.) wurden beschlagnahmt. Eine Vielzahl von Erlassen und Verordnungen markierten den Weg der fiskalischen Verfolgung bis zum „Finanztod" (Hans-Günther Adler).

Mit der Eintreibung sämtlicher Strafzahlungen wurden die örtlichen Finanzämter beauftragte. Bereits im April 1938 hatten die deutschen Juden der Finanzverwaltung ihr Vermögen (Geldersparnisse, Wertpapiere, Immobilien, Schmuck, Kunst und Antiquitäten) melden müssen. Auf der Basis dieser Angaben berechneten die Finanzämter die jeweils zu leistende Strafzahlung für die Schäden aus der Pogromnacht. Diese Kontribution erhielt den Namen „Judenvermögensabgabe". Die willkürlich abgepressten Strafzahlungen brachten dem NS-Staat über 1,5 Milliarden Reichsmark in die Kasse. Mit der „Verordnung über den Einsatz des jüdischen Vermögens" vom 3. Dezember 1938 ordnete der NS-Staat die Einstellung sämtlicher jüdischer Geschäftstätigkeit zum 1. Januar 1939 an.

Enteignung und Zwangsverkäufe

Wer jetzt noch im Besitz von Unternehmen und Geschäften, Häusern und Grundstücken war, musste zwangsverkaufen. Die Führerscheine von jüdischen Autofahrern wurden für ungültig erklärt, Autobesitzer mussten ihre Fahrzeuge abliefern.

Anfang 1939 gab es in Regensburg noch mindestens 55 Unternehmen in jüdischem Eigentum. Dazu gehörten beispielsweise die Walhalla-

Kalkwerke von David Funk ebenso wie die Walk- und Strickwarenfabrik Forchheimer in der Dechbettenerstraße. Die neun Eigentümer der Funk-Werke lebten in Wien und Prag und verweigerten über ihre Anwälte den Verkauf an die Göring-Werke in Linz. Der NS-Staat enteignete daher die Erbengemeinschaft des Firmengründers David Funk. Zur gleichen Zeit betrieb die Großfamilie Forchheimer in Regensburg den Zwangsverkauf ihrer Textilfabrik, um die Auswanderung nach Amerika zu organisieren. Diese „Zwangsarisierungen" von Firmen und Geschäften nach der Verordnung vom 3. Dezember 1938 sind in 44 Fällen im Staatsarchiv Amberg dokumentiert. Es fehlt jedoch das Konvolut der „freiwilligen" Geschäftsaufgaben und Liquidationen, die vor dem Novemberpogrom eingeleitet und vollzogen wurden.

Dazu gehört die Liquidation des Landmaschinenhandels von Alfred und Eugen Bayer in Stadtamhof. Ihr Schicksal erschließt sich über die Steuerakten des Finanzamtes. Am Beispiel der beiden Bayer-Familien werden Willkür und Vernichtungswille der NS-Bürokratie gleichermaßen deutlich. Dabei wird sichtbar, wie das Entkommen jüdischer Familien vom Ermessensspielraum des Finanzbeamten abhing.[1]

Zum Hintergrund: Im Einvernehmen hatten die beiden gleichberechtigten, nicht miteinander verwandten Teilhaber die Sachwerte der Firma verkauft und mit 114.000 RM eine Summe erzielt, die zum Auswandern reichen sollte. Dies gelang auch Alfred Bayer (40) mit seiner Frau Meta (33) und der Tochter Marianne (9) im Frühjahr 1939. Sie schafften die lange geplante Ausreise nach Australien, zwar vollständig ausgeplündert, aber mit Tickets und Ausreisepapieren in der Tasche.

Für Eugen Bayer (40), seine Frau Martha (34) und den 8-jährigen Sohn Ernst endete dagegen die letzte Reise in der Gaskammer von Belzec. Ihre Auswanderung in einen Kibbuz in Palästina scheiterte am fehlenden Reisegeld. Vergebens hatte Eugen Bayer das Finanzamt gebeten, ihm die fünfte Rate der Judenvermögensabgabe über 2.750 RM zu erlassen. Zuvor hatte ihm das Finanzamt die Verfügung über sein Vermögen entzogen.

Die progressiv gestaffelte Reichsfluchtsteuer, von einem Drittel bis drei Viertel des Gesamtvermögens, wurde von allen Juden erhoben.

---

[1] Bierwirth, Waltraud: „Die Firma ist entjudet" – Schandzeit in Regensburg 1933–1945, Regensburg 2017, S. 86.

Auch wenn oftmals die hochbetagten jüdischen Hauseigentümer die Finanzverwaltung und die für den Verkauf zuständige Regierung der Oberpfalz wissen ließen, dass sie eine Auswanderung weder wollten noch planten. So war es auch im Fall von Emma Lehmann, die ihr Haus in der Ludwigstraße 5 für 67.000 RM verkauft hatte. Mit diesem Betrag wollte sie die Auswanderung von Tochter Margarete und Schwiegersohn Karl Kahn finanzieren. Die Devisenstelle verweigerte die Auszahlung. Margarete (55) und Karl Kahn (67) wurden am 4. April 1942 deportiert und im Vernichtungslager Belzec vergast. Die 81-jährige Emma Lehmann starb am 5. Oktober 1942 im KZ Theresienstadt.

Bürgermeister Herrmann entschied mit

Im Sommer 1939, als die Industrie- und Handelskammer (IHK) propagandistisch verkündete, der gewerbliche Bereich im IHK-Bezirk sei „judenfrei", gab es im Stadtgebiet von Regensburg noch 26 Wohnhäuser in jüdischem Besitz. Etliche Male hatten die „arischen" Käufer, besonders in der Altstadt, ausschließlich den Warenhandel inklusive der Ladeneinrichtung erworben. An den jüdischen Inhaber zahlten sie nach der Übernahme des Geschäfts nur eine geringe Miete. Gleichzeitig machten sie aber Druck, um die gesamte Immobilie billig zu übernehmen, denn die Gier war groß, aber das Portemonnaie klein. Um ihr Ziel zu erreichen, bedienten sie sich der antijüdischen Hetzpropaganda. Für einen „arischen" Geschäftsmann sei die *enge Berührung mit dem jüdischen Element im selben Haus nicht zumutbar*. Ein offenes Ohr fanden die „Arisierungsprofiteure" mit dieser Hetze bei Bürgermeister Hans Herrmann, Rechtskundiger Bürgermeister der Stadt Regensburg.

1924 war Herrmann, damals Mitglied der Bayerischen Volkspartei, im Stadtrat zum 2. Bürgermeister gewählt worden. Aus dem ehemaligen BVP-Bürgermeister wurde mit der Machtübernahme ein strammes NSDAP-Mitglied und SS-Fördermitglied. Als *abgebrühter Grundstückshändler*[2] hatte er sich schnell profiliert. Nach der Geschäftsverteilung war er für die Immobilien der Stadt zuständig. Beim Vollzug der „Ver-

---

[2] Halter, Helmut: Stadt unterm Hakenkreuz. Kommunalpolitik in Regensburg während der NS-Zeit, Regensburg 1994, S. 89.

ordnung über den Einsatz des jüdischen Vermögens", also der „Zwangsarisierung", kam ihm kraft Amtes eine entscheidende Rolle zu.

So war es auch, als Isidor Heller seine Hälfte des Hauses in der Greflingerstraße 5 an den Chamer Bauunternehmer Wanninger verkaufen wollte. Die andere Hälfte des Hauses gehörte seinem in der Schweiz lebenden Bruder Hugo Heller. Die beiden Brüder hatten sich auf einen Gesamtverkauf des Hauses verständigt. Diesem Plan verweigerte Herrmann die Genehmigung, so dass der Verkauf platzte. Herrmann befand, *dass auch nur zeitweise ein Arier und ein Jude nicht Miteigentümer des gleichen Anwesens sein können*[3].

Zugunsten des „arischen" Käufers entschied Herrmann bei der „Zwangsarisierung" der zweiten gemeinsamen Immobilie der Brüder Heller, dem imposanten Anwesen in der Schwarze-Bären-Straße 6. Zum Schnäppchenpreis von 60.000 RM ging das umfangreiche Anwesen mit den zehn Wohnungen, zwei getrennten Geschäfts- und Lagerräumen, einer Schreinerwerkstatt und drei Garagen an den Kaufmann Theodor Kohl, der es für die Einkaufsgenossenschaft der Friseure nutzen wollte.[4] Von diesen „Verkäufen" sahen die jüdischen Inhaber, Isidor und Hugo Heller, keinen Pfennig. Die Regensburger Hellers, Isidor (64), seine Frau Karoline (54) und Sohn Karl (31) wurden am 4. April 1942 nach Ostpolen deportiert und im Vernichtungslager Belzec ermordet.

Die in Luzern lebende Familie von Hugo Heller, seine Frau Else und die beiden Kinder Georg und Elisabeth, wurde für staatenlos erklärt. Sie emigrierten aus der Schweiz 1942 nach Kuba. Das Vermögen der beiden Familien Heller verfiel dem NS-Reich.[5]

Zur entscheidenden Figur wurde Bürgermeister Herrmann auch im Fall der Zwangsarisierung des „Lerchenfelder Hofs" in der Unteren Bachgasse 12–14. Über viele Jahre verweigerten die in München lebenden Geschwister Fanny und Albert Seligmann den Verkauf des denkmalgeschützten Anwesens, weil sie von den Mieteinkünften ihren Lebensunterhalt bestritten. Als sie über einen beauftragten Rechtsanwalt verkaufen wollten, um ihre Auswanderung zu finanzieren, gerieten sie in die Mühlen des Streits zwischen den „Volksgenossen". Der „Lerchen-

---

[3] Halter, wie Anm. 2, S. 193.
[4] Staatsarchiv Amberg (StA), Regierung der Oberpfalz 16287
[5] Stadtarchiv Regensburg (StR), Einlage im Familienbogen Max Behr.

felder Hof" war zum Zankapfel zwischen einflussreichen NSDAP-Mitgliedern auf der einen und dekorierten SS-Führern auf der anderen Seite geworden. Der von dem Anwalt der Geschwister Seligmann vorgeschlagenen Lösung verweigerte Hans Herrmann die Zustimmung. Am 20. November 1941 gerieten die 55 Jahre alte Fanny Seligmann und ihr 56-jähriger Bruder in das Räderwerk der Nazi-Vernichtungspolitik. Der Zug mit fast tausend Münchner Juden brachte sie in das berüchtigte Fort IX im litauischen Kaunas. Unter Aufsicht der SS wurden sie von litauischen Wächtern erschossen. Der „Lerchenfelder Hof" kam in den Besitz und unter die Verwaltung des Regensburger Finanzamtes.[6]

Krieg, Verbote, Deportationen

Als der Krieg am 1. September 1939 begann, lebten noch etwa 250.000 Juden in Deutschland und dem angeschlossenen Österreich. Es war eine ausgegrenzte, verarmte Gemeinschaft, deren Leben keine Zukunft hatte. Von Woche zu Woche verringerte sich ihr Lebensraum. So erlebten es auch die etwa 250 Juden, die mitten in Regensburg als abgesonderte Parias lebten. Drangvolle Enge herrschte in den zu „Judenhäusern" erklärten Gebäuden in der Wilhelmstraße 3, Dechbettener Straße 13, Untere Bachgasse 6 und in dem erst 1938/39 eingerichteten jüdischen Altersheim in der Weißenburgstraße 31. Nur wenigen Familien war es gelungen, in der eigenen Wohnung im „zwangsarisierten" Wohngebäude bis zur Deportation zu bleiben.

Vom ersten Tag des Krieges an verbot die Polizei den Juden, nach 8 Uhr abends auf die Straße zu gehen und sich außerhalb der Wohnung aufzuhalten. Gemäß der Anweisung Nr. 677 des Reichssicherheitshauptamtes mussten Rundfunkgeräte aus jüdischem Besitz bei der Polizei abgeliefert werden; in Regensburg waren es 59 Radios. In einem Erlass verfügte die Sicherheitspolizei, dass jüdische Familien nur noch in ihnen zugewiesenen Geschäften einkaufen dürfen. In Regensburg gab es dafür zwei Adressen: Die Lebensmittelgeschäfte Bolz in der Dechbettener Straße und Schwank in der Von-Strauß-Straße (heute

---

[6] StA, Regierung der Oberpfalz 16291

Adolf-Schmetzer-Straße). Auch für den Kauf von Waren gab es Vorschriften. Für Juden verboten waren Reis, Kakao, Schokolade und Lebkuchen, später folgten Fleisch und Gemüse.

Die letzte Stigmatisierung und Ausgrenzung erfolgte durch die Polizeiverordnung über die Kennzeichnung. Ab Mitte September 1941 war es Juden, die das sechste Lebensjahr vollendet haben, verboten, sich in der Öffentlichkeit ohne einen Judenstern zu zeigen. Mit dieser Maßnahme stiegen die anonymen Drohungen sprunghaft an.

Die vergeblichen Fluchtversuche der Brandis-Kinder

Ohne den gelben Judenstern wagten sich die vier Kinder der Familie Brandis im Herbst 1941 nicht mehr auf die Straße. Der gewalttätige Überfall in der Pogromnacht war unvergessen und alle Aktivitäten der beiden miteinander verwandten Familien Brandis und Holzinger galten seitdem der Flucht aus Nazi-Deutschland.

Lange, zu lange hatte der weltläufige Geschäftsmann Karl Brandis darauf gesetzt, den Nazis zu einem Zeitpunkt seiner Wahl entkommen zu können. Als Mitinhaber der alteingesessenen Textilgroßhandlung Weiss & Holzinger in der Maximilianstraße 16 reiste er in den 30er Jahren unangefochten durch Europa.

Seine letzte Auslandsreise 1938, vor dem Novemberpogrom, hatte ihn nach England geführt. „Freiwillig" hatten die beiden Inhaber Karl Brandis und Ottmar Holzinger, ein Onkel der Ehefrau Alice Brandis, das Einzelhandelsgeschäft 1937 „arisiert". Im Frühjahr 1938 sollte der wirtschaftlich bedeutendere Großhandel folgen. Die Realisierung der sorgsam eingeleiteten Übernahme durch zwei ehemalige Beschäftigte mit Hilfe eines kapitalkräftigen stillen Teilhabers scheiterte am Widerstand der NSDAP-Gauleitung. Die Nazis schanzten einem Parteimitglied aus Nürnberg das lukrative Geschäft der Firma Weiss & Holzinger zu.

Die vorbereitete Ausreise der Familie Brandis nach Holland scheiterte. Im Januar 1939 starteten die Eltern Brandis den zweiten Versuch, ihre vier Kinder, Charlotte (15), Werner (13), Rudolf (12) und Paul (10), in Sicherheit zu bringen. Der seit fünf Jahren in Amsterdam lebende Onkel, Felix Brandis, wollte die Kinder des Bruders bei sich aufnehmen. Die aufgegebenen Fahrräder der vier Kinder nach Amsterdam be-

*Wohnhaus und Geschäft der Familien Brandis und Holzinger
Maximillianstraße 16/ Ecke Königstraße*

schlagnahmte die Zollfahndungsstelle in Nürnberg und Holland verweigerte die Einreise. Wenige Wochen vor Kriegsbeginn 1939, als Nazi-Deutschland in immer schrilleren Tönen seine Nachbarn attackierte, verweigerte auch England die Einreise der vier Brandis-Kinder.

Im Frühjahr 1941 besuchten die beiden älteren Brandis-Kinder, die 17-jährige Charlotte und ihr 15-jähriger Bruder Werner, einen handwerklichen Lehrgang der Jugend-Alija in einem Berliner Ausbildungsheim. Auch die Ausreise nach Palästina scheiterte.

Verbot der Auswanderung und Beginn der Deportationen

Parallel zum „Verbot der Auswanderung von Juden" am 23. Oktober 1941 stellte Nazi-Deutschland die Weichen für die „Endlösung der Judenfrage". Die systematischen Deportationen aus dem Reich in das Generalgouvernement im polnischen Südosten nahmen Gestalt an. Das Reichssicherheitshauptamt (RSHA) übernahm die Planung zur Vernichtung der deutschen und europäischen Juden. Bereits einen Tag nach dem Auswanderungsverbot erließ das RSHA den *streng geheimen Befehl an die Ordnungspolizei zur Abschiebung von 50.000 Juden aus dem Altreich, Österreich und Böhmen-Mähren in den Osten.*

Zeitgleich kurbelte der Sicherheitsdienst (SD) im frühen Winter 1941 in vielen Städten eine erneute Hasskampagne gegen die noch verbliebene jüdische Minderheit an. Angesichts von Kriegsverdrossenheit und Versorgungslücken beim täglichen Bedarf hetzten die Nazi-Zeitungen: *Der Jude ist Anstifter dieses Krieges und ihm fällt die Verantwortung für das namenlose Elend zu, das der Krieg für so viele Volksgenossen mit sich bringt.* Dies war auch die begleitende Nazi-Propaganda zu den Deportationen der 50.000 Juden in die „Ostgebiete". Unter der irreführenden Chiffre „Evakuierung in ein Arbeitslager im Osten" hatten diese in den Großstädten im „Altreich" begonnen.

Am 4. November 1941 informierte der Reichsfinanzminister in einem *geheimen Schnellbrief* die Oberfinanzpräsidenten über das Procedere der

> *Abschiebung von Juden: Das Vermögen der abzuschiebenden Juden wird zugunsten des Deutschen Reiches eingezogen. Es verbleiben den Juden 100 RM und 50 kg Gepäck je Person. Die Abschiebung hat schon begonnen.*

Für den NS-Funktionsträger in Nürnberg, Erich Zerahn, setzte der Reichsfinanzminister hinzu: *Es werden demnächst 1000 Juden im Oberfinanzbezirk Nürnberg abgeschoben.*[7]

Die 11. Verordnung regelte den „Finanztod"

Die „legale" Enteignung von Juden unterlag bis November 1941 einem aufwendigen Verfahren in den Finanzämtern. Auf den Devisensperrkonten hatten sich Milliarden Reichsmark angesammelt, die nominell den jüdischen Kontoinhabern gehörten. Die Finanzbeamten mussten die Vermögensbeschlagnahmung einzeln durchführen. Weil es viele tausend Konten gab, allein 5.900 in Bayern, entschied sich die Nazi-

---

[7] Staatsarchiv Nürnberg, Außenstelle Lichtenau (StAN-L), Oberfinanzdirektion Nürnberg, Bund 15472.

Regierung für eine neue Verordnung. Die 11. Verordnung zum Reichsbürgergesetz trat am 25. November in Kraft. Demnach verlor jeder Jude, der in einem Deportationszug in den Osten saß, sein Vermögen, sobald der Zug die Reichsgrenze passierte. Gleichzeitig wurde er für staatenlos erklärt. Die Finanzämter übernahmen die Bankkonten, Wertpapiere, Immobilien und Wohnungseinrichtungen der deportierten Juden. Sie versteigerten den Hausrat, Kleidung, Bibliotheken, Bilder und Kunst. Es gab nichts, was ein Finanzamt nicht zu Geld machen konnte.

Sonderzug in den Tod am Karsamstag 1942

Die erste große Deportation Regensburger Juden leitete Polizeidirektor Fritz Popp im März 1942 ein. In einem streng vertraulichen Schreiben informierte Popp den Oberfinanzpräsidenten:

> Es ist beabsichtigt, aus dem Gebiet des hiesigen Stapobezirks einen Teil der Juden in der nächsten Zeit nach dem Osten abzuschieben. Mit der Durchführung der Vermögensabwicklung bitte ich die für die Wohnorte der Juden zuständigen Finanzämter zu beauftragen. Nachstehend gebe ich die Wohnorte und die Zahl der aus diesen Orten zur Evakuierung kommenden Juden an.[8]

Es folgen, angeführt von Regensburg, 12 Orte in der Oberpfalz mit insgesamt 174 Juden.

In den letzten Märztagen 1942 trafen die gefürchteten Mitteilungen der Gestapo über die *Evakuierung in ein Arbeitslager in den Ostgebieten* bei den jüdischen Familien ein. Beigefügt war ein Formblatt, in dem das Wohnungsinventar verzeichnet werden sollte, und es erfolgten Anweisungen zur Abgabe der Lebensmittelkarten und Hinterlegung der Wohnungsschlüssel, sofern die Familie noch in der eigenen Wohnung lebte.

Die von den Nazis verbreitete Lüge vom *Arbeitseinsatz in den Ostgebieten* stützte sich auf eine Fülle detaillierter Anweisungen.

> Es darf 1 Koffer oder 1 Rucksack mitgenommen werden. Größe und Gewicht des Koffers oder Rucksack dürfen die Maße eines Handgepäckstücks nicht übersteigen Sie müssen damit rechnen, dass Sie das Gepäck

---

[8] StAN-L, wie Anm. 8, Bund 15456.

eine größere Strecke selbst tragen müssen. Empfehlenswert ist es an demselben den Namen des Besitzers anzubringen.

Es folgte eine Aufzählung von dem, was mitzubringen war. Von Kleidung, Bettwäsche bis zum Essgeschirr. Streng verboten waren *Wertpapiere, Devisen, Sparkassenbücher, Streichhölzer und Kerzen.*[9]

Es war Karsamstag, der 4. April 1942, in den frühen Morgenstunden, als ein Teil der Regensburger Juden auf dem Platz der abgebrannten Synagoge Aufstellung nahm. Von dieser gespenstischen Szene gibt es das Foto eines unbekannten Fotografen, das Menschen mit Gepäck vor einem Bretterzaun zeigt, bewacht von einigen uniformierten Polizisten.

Zu Fuß, am helllichten Karamstag, traten die Regensburger Juden ihren letzten Gang zum Bahnhof an. Sie trugen schweres Handgepäck durch eine geschäftige Stadt, deren christliche Bewohner sich auf Ostern vorbereiteten. Die Menschenkolonne fiel auf, weil sie von Ordnungspolizei und Gestapo eskortiert wurde. Außerdem hatte es sich herumgesprochen, dass die Juden „evakuiert" werden. Jetzt war es soweit. Nur mit dem was sie tragen konnten und auf dem Leib hatten, mussten sie die Stadt verlassen. Unter Zurücklassung von allem, was einst zu ihrem Leben gehörte. 200 Männer und Frauen sowie 13 Kinder, unter ihnen die vier Brandis-Kinder mit ihren Eltern, stiegen am Regensburger Bahnhof in den Sonderzug des Reichssicherheitshauptamts. Sie alle standen auf der von der Gestapo Regensburg angefertigten *Transportliste über Aussiedlung von Juden nach Lublin-Izbica aus dem Stapobereich Regensburg am 4. April 1942.*[10] Zu jedem Namen waren Beruf, Geburtsdatum und – ort sowie der letzte Wohnort angegeben. Für 119 war dies Regensburg. Weitere Wohnorte: Amberg (8), Berg bei Neumarkt (1), Bergreichenstein (1), Cham (1), Deggendorf (6), Erbendorf (3), Floß (1), Hengersberg (3), Klentsch (3) Neumarkt (16), Landshut (11), Mallersricht bei Weiden (1), Straubing (23), Sulzbürg (4), Tirschenreuth (1), Vilseck (3) Weiden (8).

Der Deportationszug in den Bezirk Lublin, in München eingesetzt, war wie alle Züge in den Tod als Sonderzugfahrt vom RSHA für den 3./4. April bestellt worden. Im Zug befanden sich bereits 343 Juden aus Mün-

---

[9] Brenner, Michael: Am Beispiel Weiden. Jüdischer Alltag im Nationalsozialismus, Würzburg 1983, S. 111.
[10] StAN-L, wie Anm. 8, Bund 15456.

Der einstige Synagogenplatz am Morgen des 4. April 1942:
Sammelpunkt der Regensburger Juden zur Deportation

chen und 433 aus Bayerisch-Schwaben, als er am 4. April in Regensburg eintraf. Am 6. April 1942 kam der Zug mit insgesamt 989 Männern, Frauen und Kindern in Piaski an. Das Getto in der Kleinstadt Piaski im Distrikt Lublin in Ostpolen diente ebenso wie die Zielorte Izbica und Trawniki als Durchgangslager in die Venichtungsstätten Belzec und Sobibor. Am 17. März 1942 begannen die Massenmorde im Todeslager Belzec, im Mai 1942 in Sobibor. Innerhalb eines Dreivierteljahres wurden über 400.000 Menschen in Belzec 1942 ermordet. In den Gaskammern von Sobibor starben bis Juli 1943 mehr als 200.000 Menschen.

Ein Brief des Oberbürgermeisters

In Regensburg hatte die Deportation am 4. April für Aufregung gesorgt. Es war nicht etwa eine Beunruhigung über das ungewisse Schicksal der jüdischen Familien, das die Bevölkerung in Wallung versetzte, sondern die Aussicht, günstig an eine der 43 verlassenen „Juden-Wohnungen" zu kommen. Deshalb wandte sich zehn Tage nach der Deportation Oberbürgermeister Dr. Otto Schottenheim, an den Oberfinanzpräsidenten in Nürnberg:

Regensburg, 14.April 1942
Betreff: Evakuierung von Juden, hier Judenwohnungen
Durch die am 4. ds. Mts. erfolgte Evakuierung von 119 Juden sind in Regensburg rd. 30 Judenwohnungen frei geworden; 9 judeneigene Häuser mit 13 Wohnungen sind in das Eigentum des Reiches übergegangen. Bei der außergewöhnlich großen Wohnungsnot in Regensburg hat eine außerordentlich rege Nachfrage nach den frei gewordenen Judenwohnungen eingesetzt, die eine überaus große Zahl von Wohnungsgesuchen verbunden mit einem sehr starken Parteiverkehr beim Finanzamt Regensburg, bei der Polizeidirektion Regensburg und beim Oberbürgermeister ausgelöst hat.

Ich bin der Meinung, dass alles geschehen muss, um die dadurch aufgetretene Beunruhigung der Bevölkerung und die damit verbundene Mehrbelastung der Behörden so rasch als möglich, zu beheben. Dies kann nur dadurch erreicht werden, dass die in den Judenwohnungen zurückgebliebenen und zur Verfügung des Reiches stehenden Einrichtungsgegenstände mit größter Beschleunigung entfernt und veräußert werden. Ich bitte, dem hierfür zuständigen Finanzamt Regensburg baldmöglichst entsprechende Weisungen zu erteilen. Für den Fall, dass die rasche Veräußerung und Verwertung der Einrichtungsgegenstände Schwierigkeiten begegnen sollte, bitte ich trotzdem, die sofortige Räumung der Wohnungen und die vorübergehende Unterbringung der Einrichtungsgegenstände in einem Sammellagerraum vorzusehen und anzuordnen.

Soweit das Reich berechtigt ist, über frei gewordene Judenwohnungen zu verfügen, bitte ich Vorsorgen zu treffen, dass bei der Neuvergebung kinderreiche Familien im größtmöglichen Umfang zum Zuge kommen.
(handschriftlich) Dr. Schottenheim[11]

So manchen Dränglern ging die Räumung der „Judenwohnungen" nicht schnell genug. Sie zogen ein, wenn die Räume noch das Leben der

---

[11] StAN-L, wie Anm. 8, Bund 15455.

früheren Bewohner „atmeten", von deren Persönlichkeit noch sichtbar geprägt waren und ihre Biografie noch in den Schränken hing. Unter Aufsicht von Finanzbeamten wurde das komplette Inventar der Wohnungen verpackt und in städtische Magazine, die RT-Turnhalle und Versteigerungsräume geschafft. Wertvolle Bilder, Antiquitäten, *sowie sonstige kulturelle und künstlerische Erzeugnisse jüdischen Schaffens* wurden sofort aussortiert und an den Einsatzstab Rosenberg weitergeleitet.

Aber auch in Regensburg gab es Kunsthistoriker und Galeristen, die „entartete" Kunst aus jüdischem Besitz oder wertvolle Antiquitäten schätzten. Ein Kenner von Kunst und Kulturgut war NS-Kulturwart Dr. Walter Boll, der 1928 in den Dienst der Stadt Regensburg trat und bis 1968 im Amt blieb. Boll war NSDAP-Mitglied und Museumsdirektor und reihte sich in die lange Schlange der Erwerber ein, die vom Eigentum der Ermordeten profitierten. Die Stadt Regensburg erwarb *einige gute Bilder aus Judengut* – es waren 28 – für 4.500 RM. Die Möbelliste für die Stadt umfasste weitere 260 Posten, darunter zehn wertvolle Teppiche. Über 4.000 Gegenstände sind im Eingangsbuch des Historischen Museums mit dem Zusatz vermerkt *stammt aus Besitz jüdischer Familien in Regensburg*. Für den Erwerb von drei Kisten aus der „Aktion III" bezahlte das Museum dem Finanzamt pauschal 60 RM.[12]

Als Großabnehmer für *jüdische Kultgegenstände* war das Historische Museum bereits drei Jahre zuvor aufgetreten. Nach der Pogromnacht 1938 ließ der Gestapobeamte Eisinger, Leiter des Judenreferats der Gestapo Niederbayern und Oberpfalz, in allen Synagogen der beiden Bezirke jüdische Kultgegenstände einsammeln. Thorarollen und silberne Kultgegenstände wie Thoraschilde (Silberstempel 800), Becher und rituelle Messer aus dem 18. Jahrhundert aus den Synagogen Regensburg, Bayreuth und Weiden sowie aus der Privatwohnung von Rabbiner Felix Salomon gelangten in den Besitz des Museums. So ist es im Eingangsbuch vermerkt.[13] Viele dieser Gegenstände von großem historischem Wert, wie die Urkunde der Grundsteinlegung der Regensburger Synagoge von 1912, konnten nicht restituiert werden, weil sie verschwunden waren. Nur ein Bruchteil der geraubten jüdischen Kultgegenstände war in den späten Nachkriegsjahren zurückgegeben worden.

---

[12] StR, ZRIII 3488.
[13] Historisches Museum Regensburg, Eingangsbuch.

In drei Waggons nach Theresienstadt

Im Sommer 1942 trafen fast täglich vier bis fünf Sonderzüge, vollgepresst mit oft über tausend Menschen, in den Vernichtungslagern Belzec, Sobibor und Treblinka ein. Die „Aktion Reinhardt", der organisierte Massenmord an den polnischen und deutschen Juden, hatte begonnen. In einem dieser Sonderzüge am 13. Juli 1942 saßen vier Frauen und drei Männer aus Regensburg. Die von den Nazis als „Volksfeinde" verhafteten sieben Regensburger waren das fromme jüdische Ehepaar Jakob (58) und Rosa (47) Farntrog, der ehemalige Bankangestellte Max Jakob (40), der Rechtsanwalt Dr. Karl Michel (45) und seine Frau Edith (32), die kurz zuvor ihr Baby verloren hatte, und zwei Frauen aus dem Altersheim, Cilli Weil (51) und die Regierungsratswitwe Hedwig Rohrmoser. Sie starben im Vernichtungslager Belzec.

Am 23. September 1942 schickte die Reichsbahn einen sogenannten „Alterstransport", den Sonderzug DA 518, durch Mainfranken und Ostbayern, um die noch in der Region verbliebenen Juden zu deportieren. Am Abend des 22. September waren drei leere Personenwagen in Regensburg eingetroffen. In diese stiegen am Nachmittag des 23. September 117 jüdische Frauen und Männer aus dem Altersheim, dem Gemeindehaus und die letzten in ihren Wohnungen Verbliebenen. Der Transport von Regensburg ging zunächst nach Hof, wo die drei Waggons am späten Abend an den Sonderzug DA 518 angehängt wurden. Sein Ziel war das KZ Theresienstadt.

Von den 117 Verschleppten starb der erste sieben Tage nach der Ankunft. Es war der 88 Jahre alte einstige Kleiderfabrikant Karl Bernheim. Andere wurden in ein Vernichtungslager im polnischen Generalgouvernement weitertransportiert und ermordet. Ab 10. Januar 1944 wurden die ersten fünf in Mischehen lebenden jüdischen Ehepartner ins KZ Theresienstadt deportiert. Es folgte eine weitere und letzte Deportation am 12. Februar 1945. Ihre Befreiung aus dem KZ Theresienstadt am 8. Mai 1945 durch Soldaten der Roten Armee erlebten 14 jüdische Männer und Frauen aus den letzten Transporten.

Ende April 1943 ging die Gestapo Regensburg in ihrem Zuständigkeitsbereich auf Menschenjagd. Worum es dabei ging, hielt der Gestapobeamte Sebastian Ranner in einem Bericht fest. Es galt:

30 zigeunerische Personen im Bereich der Kriminalpolizeistelle Regensburg zu verhaften und sie in ein Konzentrationslager einzuweisen, weil sie volks- und staatsfeindlich gewesen sind und ihr Vermögen der Einziehung unterliegt.

Auf der von der Gestapo angefertigten Liste stehen 30 Namen katholischer Sinti und Roma. Etliche von ihnen waren seit Generationen in der Oberpfalz und Regensburg zuhause, wie die Familie Albert und Kreszenz Brandt mit sieben Kindern im Alter zwischen sieben und fünfzehn Jahren. Das eingezogene „Vermögen" der 30 gejagten und verhafteten Sinti und Roma belief sich auf 2.288,84 RM. Diesen Betrag überwies die Gestapo an das Finanzamt.[14]

Als Teil der „Endlösung" hatte Himmler am 16. Dezember 1942 im Auschwitz-Erlass die Deportation und Ermordung der im Reichsgebiet lebenden Sinti und Roma angeordnet. Die Verhaftungen begannen im Februar 1943. Die Gesamtzahl der ermordeten Sinti und Roma in Auschwitz-Birkenau wird auf eine halbe Million Menschen geschätzt.

Alice Heiß – Einzeltransport nach Auschwitz

Gegen den ausdrücklichen Willen des Vaters hatte die 28-jährige Alice, einzige Tochter von Rechtsanwalt Dr. David Heidecker, 1927 den jungen, katholischen Rechtsanwalt Alfons Heiß (30) geheiratet. Erst mit der Geburt der Enkelin Helene nahm der verwitwete David Heidecker wieder Kontakt zur Tochter Alice auf. Nach dem Tod des Vaters konvertierte Alice 1931 zum katholischen Glauben.

Mit einem ansehnlichen Vermögen durch das Erbteil des Vaters ausgestattet, ging es der kleinen Familie im Haus der Mutter in der Hans-Huber-Straße 5 finanziell gut, obwohl die Kanzlei von Rechtsanwalt Alfons Heiß mit der Machtübernahme der Nazis immer weniger einbrachte. Die große Chance, Nazi-Deutschland zu verlassen, vergab Alice Heiß ausgerechnet am 1. September 1939 als sie mit ihrer Familie – ausgestattet mit reichlich Geldvermögen – aus der Schweiz

---

[14] StAN-L, wie Anm. 8, Bund 15457.

nach Regensburg zurückkehrte.[15] Die Möglichkeit der Emigration kam nie wieder.

Am 28. September 1943 wurde das Ehepaar Heiß wegen *Abhörens ausländischer Sender* verhaftet. Gemeinsam mit zwei befreundeten Ehepaaren hatten Alice und Alfons BBC London gehört und waren denunziert worden. Bereits am Tag der Verhaftung wurde ihr Haus von der Gestapo geplündert.

Im Dezember 1943 wurde Alfons Heiß von einem in Regensburg tagenden Sondergericht Nürnberg zu einer Zuchthausstrafe von einundhalb Jahren verurteilt. Seiner Frau Alice, die seit der Verhaftung im Gerichtsgefängnis in der Augustenstraße inhaftiert war, wurde nie der Prozess gemacht.

Im Einzeltransport wurde Alice Heiß, 44 Jahre alt, am 25. November 1943 ins KZ Auschwitz deportiert.

Alice Heiß, ermordet im Alter von 44 Jahren

---

[15] Kick, Wilhelm: Sag es unseren Kindern. Widerstand 1933–1945, Beispiel Regensburg, Berlin/Vilseck 1985, S. 203.

In ihrem letzter Brief aus Auschwitz, kurz vor Weihnachten 1943, schreibt sie ihrer 14-jährigen Tochter Helene:

> *Nun siehst Du Dein Mamalein nicht wieder. Es ist hart für Euch, denke an mich und bleibe brav. Tue nichts, was Du mir nicht sagen könntest. Bete viel für uns alle...Im Herrenzimmer im Büffet ist 1 silberner Kamm und ein Manicüretui. Das sind meine letzten Weihnachtsgeschenke. Der Schmuck gehört auch Dir. Bewahre ihn gut. Überlege Dir, wo im Büfett ein rundes silbernes Schüsselchen ist, das gib der Überbringerin als Andenken. Mein liebes Kind, lebe wohl. Vergiß mich nicht. Werde ein guter tüchtiger Mensch. Ein letztes Bussi schickt Dir Dein treues Dich liebendes Mamalein.*
>
> *Alles gehört natürlich Dir. Ich brauche nichts mehr.*[16]

Am 3. Januar 1944 wurde Alice Heiß im Konzentrationslager Auschwitz ermordet. Die Sterbeurkunde des Standesamts Auschwitz wurde Alfons Heiß im Zuchthaus Amberg als „amtliche Mitteilung" zugestellt. Ende März 1945 wurde er entlassen. Die „Strafe" wegen *Abhörens ausländischer Sender* musste er bis zum letzten Tag verbüßen. Von 1946 bis 1948 war Alfons Heiß Oberbürgermeister von Regensburg. Tochter Helene heiratete im Mai 1948 in Regensburg den amerikanischen Soldaten Norbert A. Shepanek und folgte ihm nach Amerika.

---

[16] Ich danke Franzjosef Höfler, Baldham, für Informationen über Alice Heiß und Überlassung der Briefkopie.

Klaus Himmelstein

Abwesendes Gedächtnis
Das Archiv der Israelitischen Kultusgemeinde Regensburg

In der Nacht vom 9. auf den 10. November 1938 brannte die Synagoge in Regensburg vollständig aus. Lange nach Mitternacht war das Zerstörungswerk beendet: infolge der enormen Hitzeentwicklung stürzten die Kuppel und die Dachkonstruktion in den Innenraum. Hunderte Regensburger sahen zu bei dieser zentral angeordneten, „spontanen Juden-Aktion". Der Nazi-Oberbürgermeister Otto Schottenheim wies die Feuerwehr an, den Brand nicht zu löschen. Diese sicherte jedoch das naheliegende Gebäude der Reichsbank und das an die Synagoge angrenzende jüdische Gemeindehaus.

Nach der Zerstörung der Synagoge drangen Männer des Sicherheitsdienstes (SD) und der Geheimen Staatspolizei (Gestapo) in das Gemeindehaus ein und beschlagnahmten den Archivbestand der Israelitischen Kultusgemeinde. 32 Aktenbündel, etwa 3 bis 4 Regalmeter, warfen sie *wahllos auf die Straße*, d. h. in die Luzengasse. Anschließend sammelten sie alles ein und brachten die Akten in den Minoritenweg zum Sitz der Regensburger Gestapo. Zur gleichen Zeit raubten SD und Gestapo auch in der Wohnung des Rabbiners Salomon, in der Weißenburgstraße 31, private Unterlagen, Manuskripte und silberne Kultgegenstände.[1]

Der Raub des Archivs der jüdischen Gemeinde gehörte zu den „Maßnahmen gegen Juden" in der Pogromnacht und war eine vom SD geleitete Aktion. Diese hatte der Chef des Sicherheitsdienstes, Reinhard Heydrich, in der Pogrom-Nacht in einem Blitzerlass an die SD-Dienststellen angeordnet:

> *Sofort nach Eingang dieses Fernschreibens ist in allen Synagogen und Geschäftsräumen der Jüdischen Kultusgemeinden das vorhandene Archivmaterial polizeilich zu beschlagnahmen, damit es nicht im Zuge*

---

[1] Staatsarchiv Amberg (StA), Fremde Archivalien, Allgemeines, Nr. 450: Gestapo Regensburg an StA, 1.2.1939 u. StA, Israelitische Kultusgemeinde, 411–423: StA an Ernst Herrmann, 8.1.1946 und Auskunft von Frau Bierwirth.

der Demonstrationen zerstört wird. Es kommt dabei auf das historisch wertvolle Material an, nicht auf neuere Steuerlisten usw. Das Archivmaterial ist an die zuständigen SD-Dienststellen abzugeben.[2]

Der Regierungspräsident von Oberpfalz und Niederbayern konnte dann in seinem Monatsbericht im Dezember 1938 zufrieden melden:
Die Regensburger Synagoge wurde in Brand gesteckt; die Archivalien sind gerettet.[3]

Die Synagoge niedergebrannt, die jüdischen Archivalien „gerettet": das erscheint widersinnig angesichts der Zielsetzung des Nationalsozialismus, die „jüdische Rasse" auszulöschen.

Auf diesen Widerspruch gehe ich zunächst ein und skizziere drei sich ergänzende antisemitische, rassenpolitische Interessensrichtungen die in jüdischen Archivalien eine ihrer Materialgrundlagen sahen. Da ist zunächst die polizeiliche Beschäftigung des SD mit dem Judentum als dem gefährlichsten weltanschaulichen Gegner, zum anderen das „Reichssippenamt", zuständig für den Nachweis der „arischen Rassenzugehörigkeit". Darüber hinaus waren jüdische Archivalien eine Grundlage für die in der NS-Zeit etablierte „Judenforschung".

Schließlich beschreibe ich die Bemühungen in den 50er Jahren, die jüdischen Archive im Nachkriegsdeutschland, so auch das Regensburger Archiv, in einem Zentralarchiv in Palästina bzw. Israel zusammenzuführen. Abschließend weise ich auf die Möglichkeit einer virtuellen Rückkehr des Archivs der Israelitischen Kultusgemeinde Regensburg hin als bedeutender Teil des Gedächtnisses der heutigen Jüdischen Gemeinde Regensburg.

Wissenschaftliche Untersuchungen über die Arbeit der Generaldirektion der Staatlichen Archive Bayerns, des Bayerischen Hauptstaatsarchivs und der Bayerischen Staatsarchive im Nationalsozialismus und deren Umgang mit den Archiven der jüdischen Gemeinden in Bayern liegen bisher nicht vor. Die Arbeit von Torsten Musial über die „Staatsarchive im Dritten Reich" ist ein allgemeiner Überblick und auf Preußen und die Reichsebene konzentriert. Sie enthält zu Bayern, der zweit-

---

[2] Bayerisches Hauptstaatsarchiv (BHStA), Generaldirektion der staatlichen Archive Bayerns, GDion Archive 2619/49, Sicherung der Judenakten 1938–1950, Staatsminister des Innern, Abschrift, 2.12.1938.
[3] Bayern in der NS-Zeit, hrsg. von Martin Broszat, Elke Fröhlich und Falk Wiesemann, München/Wien 1977, S. 473.

größten staatlichen Archivverwaltung damals, nur einige Hinweise. Der Aufsatz von Wilhelm Volkert „Zur Geschichte des Bayerischen Hauptstaatsarchivs 1843–1944" gibt Auskunft über die Änderungen in der Archivgliederung, vor allem aber über die Baugeschichte des Hauptstaatsarchivs. Eine Darstellung der Archivpolitik fehlt, insbesondere über den Umgang mit den jüdischen Archiven nach 1933. Von Anton Schmid stammt ein Aufsatz über „Die bayerischen Archive im zweiten Weltkrieg", in dem die recht unterschiedlichen Auswirkungen der Kriegsereignisse auf die bayerischen Archive dargestellt werden. Das Staatsarchiv in Amberg etwa hatte keine Schäden, auch nicht bei den ausgelagerten Beständen.[4]

Staatsarchive und SS-Sicherheitsdienst kooperieren

Der Sicherheitsdienst des Reichsführers SS (SD) entstand 1931 als Nachrichtendienst der Schutzstaffel (SS) und wurde ab 1932 von Reinhard Heydrich (1904–1942) geleitet. Zur zentralen Aufgabe des SD gehörte die „Gegnerforschung", die Beobachtung und Auswertung der Aktivitäten und des schriftlichen Materials von weltanschaulichen Gegnern des Nationalsozialismus. Mit der Machtübergabe 1933 an Adolf Hitler und die Nationalsozialistische Deutsche Arbeiterpartei (NSDAP) wuchs die Bedeutung des SD bei der Beobachtung aller gesellschaftlichen Bereiche im Herrschaftsgebiet des Nationalsozialismus.

Nach der Verabschiedung der „Nürnberger Gesetze" im September 1935, die dem eskalierenden Ausschluss der Juden aus der Gesellschaft eine juristische Grundlage geben sollten, bilanzierte Heydrich 1936 in seiner Programmschrift „Wandlungen unseres Kampfes", dass die Organisationen der politischen Gegner der *Systemzeit* zerschlagen seien. Der gefährlichste Gegner des deutschen Volkes jedoch bleibe das Judentum:

---

[4] Musial, Torsten: Staatsarchive im Dritten Reich. Zur Geschichte des staatlichen Archivwesens in Deutschland 1933–1945, Potsdam 1996; Volkert, Wilhelm: Zur Geschichte des Bayerischen Hauptstaatsarchivs 1843–1944, in: Archivalische Zeitschrift, 73 (1977), S. 131–148; Schmid, Anton: Die bayerischen Archive im zweiten Weltkrieg, in: Archivalische Zeitschrift. 46 (1950), S. 41–76.

> *Schon immer war der Jude der Todfeind aller nordisch geführten und rassisch gesunden Völker.* Heydrich kennzeichnete als ewig gleiches Ziel der Juden, die *Vernichtung unseres Volkes mit seinen blutlichen, geistigen und bodengebundenen Werten. ... Wir müssen aus der Geschichte der letzten Jahrtausende den Gegner erkennen lernen. Wir werden dann plötzlich sehen, dass wir heute zum ersten Male den Gegner an den Wurzeln seiner Kraft packen.*[5]

Der Raub der jüdischen Archive 1938 bot dem SD demnach eine Materialgrundlage, um die angeblichen, rassischen Wurzeln jüdischer Lebenskraft zu erkennen. Als Heydrich die SD-Programmschrift veröffentlichte, im Olympia-Jahr 1936, ging es den Nazis noch nicht darum, die Wurzeln jüdischer Lebenskraft auszureißen, d. h. die Juden zu ermorden. Der systematische Mord begann erst einige Jahre später unter zentraler Steuerung und Mitwirkung des SD.

Unmittelbar nach dem Raub der Archive ergriff der Generaldirektor der Staatlichen Archive Bayerns, Dr. Josef Franz Knöpfler (1877–1963), seit 1933 NSDAP- und seit 1938 SS-Mitglied,[6] die Initiative und bot dem Inspekteur der Sicherheitspolizei in Bayern, SS-Obergruppenführer Lothar Beutel (1922–1986), die Hilfe der bayerischen Archivverwaltung an:

> *... bei der Sichtung und Verzeichnung dieses Quellenstoffes mitzuwirken und nach der Auswertung der Judenakten durch SD und Gestapo, diese zur dauernden Verwahrung und Verwaltung zu übernehmen, sie nach fachmännischen Gesichtspunkten aufzuarbeiten und ... in späteren Bedarfsfällen zur Benutzung zur Verfügung zu stellen.*[7]

Knöpfler hatte schon zwei Jahre zuvor, auf dem 26. Deutschen Archivtag 1936 in Karlsruhe, öffentlich seine uneingeschränkte Loyalität gegenüber dem Nazi-Staat erklärt:

> *Nach dem großen Sieg des nationalsozialistischen Kampfes ... war es für mich als Nationalsozialisten und Archivar mit langjähriger Erfahrung keinen Augenblick ein Zweifel, dass auch für die deutschen*

---

[5] Heydrich, Reinhard: Wandlungen unseres Kampfes, München 1936. Hier URL: http://archive.org/stream/Heydrich-Reinhard-Wandlungen-unseres-Kampfes/HeydrichReinhardWandlungenUnseresKampfes193612S.Text_djvu.txt, S. 5, 6, 3.
[6] Lilla, Joachim: Knöpfler, Josef, in: ders.: Staatsminister, leitende Verwaltungsbeamte und (NS-) Funktionsträger in Bayern 1918 bis 1945. URL: http://verwaltungshandbuch.bayerische-landesbibliothek-online.de/knoepfler-josef
[7] BHStA, GDion Archive 2619/49, Schreiben V. 23.11.1938.

Archive eine neue Stunde geschlagen hat, die für sie einen Umschwung in ihren dienstlichen Belangen mit sich bringen musste.

Knöpfler kennzeichnete als Grundlage der neuen staatlichen Politik des Nationalsozialismus die Rassenpolitik und erläuterte zugleich die Notwendigkeit der Mitarbeit der Archivverwaltungen beim Aufbau des NS-Staates:

> *Es gibt aber keine praktische Rassenpolitik, ohne die Quellen nutzbar zu machen, welche uns von der Herkunft und dem Werdegang einer Rasse, eines Volkes Kunde geben. Mit anderen Worten, es gibt keine Rassenpolitik, es gibt auch keine Erbbiologie ohne Archive, ohne Archivare. ...*
> *An der gigantischen nationalen Aufgabe, welche auf lange Sicht gestellt ist, haben auch wir Archivare als die Hüter der geschichtlichen Schätze unseres Volkes einen großen, ja einen riesenhaften Anteil. ... Ja wir deutschen Archivare stellen uns restlos und in vorderster Linie in den Dienst der deutschen Volksgemeinschaft und haben hierzu auch eine besondere Berufung.*[8]

Dazu ergab sich bald Gelegenheit. Nicht nur in Regensburg stellte sich heraus, dass die Staatspolizeistellen keine sachgerechte Aufbewahrung und Bearbeitung der geraubten jüdischen Archivalien leisten konnten. Nach Absprache zwischen dem SD-Führer des SS-Oberabschnitts Süd in München, dem bayerischen Staatsministerium des Innern und dem Generaldirektor der Staatlichen Archive Bayerns verfügte das bayerische Innenministerium in einem Erlass am 18. Januar 1939, dass

> *der Generaldirektor der staatlichen Archive Bayerns, bzw. die ihm unterstellten Staatsarchive, das gesamte Archivmaterial in seine treuhänderische Verwahrung (übernimmt).*[9]

Die Zuständigkeit für die jüdischen Archive in der Oberpfalz erhielt das Staatsarchiv Amberg, für Niederbayern das Staatsarchiv Landshut.

In Regensburg wurde der Erlass am 2. Februar 1939 ausgeführt. Ein Gestapo-Beamter transportierte die geraubten jüdischen Archivalien zusammen mit drei Thorarollen in das zuständige Staatsarchiv in Amberg.[10]

---

[8] Knöpfler, Josef Franz: Die deutschen Archive und die Familienforschung im neuen Reich, in: Blätter für deutsche Landesgeschichte, 83 (1937), S. 180–195, hier S. 180.
[9] BHStA, GDion Archive 2619/49, Abschrift des Erlasses vom 18.1.1939.
[10] StA, Fremde Archivalien, Nr. 450, Gestapo Regensburg an StA, 1.2.1939.

Das Verzeichnis der geraubten Akten

Das Archivgut aus Regensburg bestand nicht nur aus den Akten der Regensburger Kultusgemeinde. Zum Raubgut gehörten auch Akten weiterer Israelitischer Kultusgemeinden aus dem Distriktsrabbinat Regensburg. 1936 waren die Distriktsrabbinate Bayreuth und Regensburg-Neumarkt zusammengelegt worden, nachdem Dr. Magnus Weinberg (1867–1943), Rabbiner des Distriktsrabbinats Regensburg-Neumarkt, Ende 1935 in Pension gegangen und nach Würzburg gezogen war. Sein Nachfolger, der liberale Bayreuther Rabbiner Dr. Falk Felix Salomon (1876–1940) erhielt die Zuständigkeit für das neu gebildete und erweiterte Distriktsrabbinat. Er verlegte daraufhin im April 1936 seinen Amts- und Wohnsitz von Bayreuth nach Regensburg. Mit seiner Frau und seinen drei Söhnen wohnte er in der Weißenburgstraße 31. Im Jahr 1939 emigrierte Salomon mit seiner Familie nach London. Dort starb er 1940 bei einem Luftangriff der Deutschen. Seine Frau zog mit den Söhnen nach Palästina.[11]

Im Staatsarchiv Amberg begann man sogleich nach dem Eintreffen der Akten aus Regensburg, diese zu verzeichnen. Man rechnete mit etwa zwei Monaten Dauer der Verzeichnung, weil die Akten *bei der Sicherstellung ... wahllos in Aktenumschläge gesteckt (wurden), so dass bei den bisherigen Ordnungsarbeiten noch nicht ein einziger einheitlicher Akt festzustellen war,*[12] so lautete die Auskunft gegenüber dem Generaldirektor der Staatlichen Archive.

Im September 1939 konnte das Archiv dem Generaldirektor dann *ein vorläufiges Verzeichnis der im Staatsarchiv Amberg verwahrten, beschlagnahmten Judenakten* in dreifacher Ausfertigung vorlegen. Die 795 verzeichneten Akten waren allerdings noch nicht nach Gemeinden getrennt worden, so dass neben den Regensburger Archivalien weitere Gemeindeakten aufgeführt waren: aus Amberg, Bayreuth, Cham, Floß, Hof, Neumarkt, Sulzbürg und Weiden.

Die Akten umfassen die Jahre 1750 bis 1938, stammen in der Hauptsache aus der Zeit des Königreichs Bayern, aus der Weimarer Republik

---

[11] Vgl. Brocke, Michael/Carlebach, Julius (Hrsg.): Die Rabbiner im Deutschen Reich 1871–1945, Band 2, Berlin 2009, S. 527 f.
[12] BHStA, GDion Archive 2619, StA an Generaldirektor vom 25.2.1939.

und des Nationalsozialismus bis 1938. Sie enthalten Unterlagen über alle Gemeindeangelegenheiten. Diese reichen von Ausschussprotokollen, verschiedenen Schriftwechseln, Anstellungsverträgen, Steuer-, Synagogen-, Rabbinats-, Schul- und Friedhofsangelegenheiten bis hin zu Geburts-, Mitglieder- und Sterberegistern.[13] In der Folgezeit wurden dann die Akten getrennt nach Gemeinden geordnet. Das im Staatsarchiv Amberg angelegte „Verzeichnis der Akten der Israelitischen Kultusgemeinde Regensburg" enthält 560 Nummern.[14] Es ist lediglich eine Auflistung des Aktenbestandes, ist also nicht nach weiteren Kriterien geordnet worden.

Schon im März 1939, während der Verzeichnung der geraubten Akten, drängte der Reichsführer SS und Chef der deutschen Polizei, Heinrich Himmler (1900–1945), auf

> *eine beschleunigte Überprüfung der sichergestellten jüdischen Archive, um das für den SD wichtige Material dem Sicherheitsdienst zur Bearbeitung zuführen zu können.*

Zugleich gab er Auswahlkriterien vor:

> *Besonders interessiert geschichtliches Material über die <u>Bekämpfung der NSDAP durch jüdische Organisationen, Arbeit des UOBB. (Unabhängiger Orden B'ne B'rith)</u>[15], <u>Unterlagen über die jüdische Beteiligung an der Reichs- und Länderpolitik der Systemzeit</u> sowie <u>den einzelnen Lebensgebieten, Sammlungen über antijüdische Bewegungen, Personalakten über noch in Deutschland oder als prominente Emigranten im Ausland lebende Juden</u>, aber <u>auch besonders wertvolle und aufschlussreiche germanische Kulturgüter oder Dokumente über die Geschichte der Juden in Deutschland, z. B. besonders wertvolle Urkunden und Erhebungen von Juden in den Adelsstand</u> usw.*[16]

Bei der Sichtung der Materialien sollten die Archive großzügig und schnell verfahren und Listen über mögliche Funde einreichen.

---

[13] StA, Israelitische Kultusgemeinden, Nr. 411–423, Verzeichnis vom 4.9.1939.
[14] StA, Israelitische Kultusgemeinden, Nr. 411–423. Verzeichnis 1946.
[15] Die jüdische Organisation B'nai B'rith, 1843 in Form einer Loge gegründet, hatte seit 1882 in Berlin einen deutschen Ableger, den die Gestapo im April 1938 auflöste.
[16] BHStA, GDion Archive 2619, SD-Führer des SS-Oberabschnittes Süd, 17.3.1939.

Die Akte Nr. 347

Das Staatsarchiv Amberg reagierte auf die Forderung des Reichsführers der SS am 31. Mai 1939 und meldete der vorgesetzten Behörde, dem Generaldirektor der Staatlichen Archive Bayerns, zwar keine Liste von Funden, aber immerhin einen Fund. Man habe nach summarischer Durchsicht der *Akten aus vormals jüdischem Besitz* im Bestand der Israelitischen Kultusgemeinde Regensburg einen Quellenstoff gefunden, der den vorgegebenen Kriterien entspreche, die Akte *Nr. 347:*

> Kampf des Judentums gegen antisemitischen und nationalsozialistischen Einfluß auf das Haus Wahnfried und die Bayreuther Festspiele. (Mit Schriftwechsel zwischen Siegfried Wagner und dem Rabbiner Salomon.) (Akt des Rabbinats Bayreuth) 1924–1925.

Generaldirektor Josef Franz Knöpfler ersuchte daraufhin in einem formlosen Schreiben am 5. Juni 1939, ihm diesen Akt vorzulegen. Und Amberg legte unverzüglich vor. Knöpfler gab die Akte noch im Juni weiter an den für „Judenangelegeneiten" zuständigen Leiter der Hauptabteilung II beim SS-Oberabschnitt Süd in München, den SS-Standartenführer Dr. Karl Gengenbach. Dieser schickte die Akte Nr. 347 am 8. Juli 1939 an das Sicherheitshauptamt in Berlin, ab September Reichssicherheitshauptamt (RSHA), und dort an die Abteilung II 112, das „Judenreferat".[17] Der Historiker Saul Friedländer meint, es sei vorstellbar, *dass Hitler selbst diese Akte zu Gesicht bekommen hat.*[18]

Als die Kriegshandlungen zunahmen, lagerte das RSHA 1943 seine Akten nach Niederschlesien aus. Im Frühjahr 1945 fanden Einheiten der Roten Armee den Bestand des RSHA und brachten ihn nach Moskau. Neuer Aufbewahrungsort der Akte Nr. 347 wurde, bis heute, ein Sonderarchiv in Moskau. Seit 1990 ist sie für die Forschung zugänglich.

Akte Nr. 347 enthält neben einigen anderen Briefen einen Briefwechsel zwischen Siegfried Wagner (1869–1930), dem Sohn Richard Wagners (1813–1883), und Rabbiner Falk Salomon aus den Jahren 1924 und 1925. Anlass für den Briefwechsel waren die antisemitischen und republikfeindlichen Vorgänge bei der Vorbereitung der in Bayreuth nach zehn-

---

[17] BHStA, a.a.O., 31.5.1939, 5.6.1939, 8.7.1939.
[18] Friedländer, Saul: Hitler und Wagner, in: Richard Wagner im Dritten Reich, hrsg. V. Saul Friedländer u. Jörn Rüsen, München 2000, S. 177, Anm. 8.

jähriger Pause 1924 erstmals wieder stattfindenden Festspiele mit dem Festspielleiter Siegfried Wagner.[19]

Im Mai 1924, bei den Reichstagswahlen, erreichte der „Völkische Block", die Tarnorganisation der 1923 verbotenen NSDAP, in Bayreuth über 40 % der abgegebenen Stimmen und lag damit vor den konservativen Parteien und der SPD. Adolf Hitler, der Vorsitzende der NSDAP, bedankte sich bei Siegfried Wagner und insbesondere bei dessen Frau Winifred Wagner für die intensive Wahlunterstützung. Die Linken und die bürgerlich-liberalen Wagnerianer, darunter viele jüdische Wagnerverehrer, kritisierten öffentlich sehr scharf die politische Unterstützung der Völkischen und damit auch der NSDAP durch die Wagners. Es gab zunehmend Absagen zu den Festspielen, was für deren finanzielle Situation nicht ungefährlich war. Das ließ Siegfried Wagner aktiv werden, vor allem weil er einen Boykott der vielen zahlungskräftigen, darunter auch der jüdischen Wagnerverehrer aus den USA, befürchtete.

Als die Proben im Juni 1924 begannen, schrieb er deshalb am 12. Juni an den Bayreuther Rabbiner Salomon *als dem Haupte der hiesigen israelitischen Kultusgemeinde* und stellte anheim *diesen Brief in Ihren Kreisen (zu) verbreiten,* nicht jedoch in der Presse.

Die Briefe der Akte Nr. 347 aus dem Regensburger Archivbestand befinden sich auch im Archiv des United States Holocaust Memorial Museum (USHMM) in Washington. Dieses verfilmte u. a. den seit 1990 zugänglichen Bestand aus dem RSHA im Osobyi Archiv in Moskau. Im Folgenden wird aus dem Bestand des USHMM zitiert.[20]

Wagner wirbt in seinem Brief um Verständnis angesichts der zugespitzten antisemitischen Lage nach dem 1. Weltkrieg. Immerhin sei sie entstanden, weil es doch Juden waren, die das Revolutionselend über Deutschland gebracht hätten, den *marxistischen Geist* verbreiteten und wie Heinrich Heine für *den Geist der Zersetzung und Verhöhnung* des

---

[19] Vgl. dazu Heer, Hannes: Geschichte der Festspiele 1924, in: Verstummte Stimmen. Die Bayreuther Festspiele und die „Juden" 1876 bis 1945, Berlin ²2012, S. 133–163.

[20] Die Akte Nummer 347 ist beim USHMM unter der Bezeichnung „RG11.001, (Osobyi Archive Moscow), reel 10, images 345–383" katalogisiert. Ich danke Megan Lewis, Bibliothekar des USHMM, für die Bereitstellung von PDF-Dateien.
Die Internationale Wagner Gesellschaft hat Abschriften u. a. des Briefwechsels ins Internet gestellt: URL: http://www.siegfried-wagner.org/html/korrespondenzsalomon.html. Die Abschriften enthalten jedoch kleinere Fehler.

Deutschen verantwortlich seien. Wagner betont: man könne es den Deutschen nicht übelnehmen, dass sie gegen diesen Geist kämpften. Er schließt seinen in der Sprache der Judenfeindschaft geschriebenen Brief ganz im Sinn seines Schwagers, des Rassentheoretikers Houston Stewart Chamberlain (1855–1927), mit der völkisch-judenfeindlichen Feststellung:

> *Was i c h für ein Unglück für das deutsche Volk halte, ist die Mischung der jüdischen mit der germanischen Rasse. Das bisherige Resultat hat ja gezeigt, dass meistens Wesen daraus hervorgehen, die weder Fisch noch Fleisch sind. Ich habe es jedenfalls viel lieber mit reinrassigen Juden zu tun, wie mit einem dieser Halbnaturen!!!*

Salomon antwortete am 26. Juni 1924, moderat im Ton, aber deutlich in der Sache. Er weist eine rassische Unterscheidung zwischen Juden und Deutschen entschieden zurück. Für ihn bleibe Maßstab für die Bewertung der Menschen ihr innerer Gehalt, ihr geistiges und sittliches Streben. Und er hält Siegfried Wagner die enge Verbindung seiner Familie zu völkischen Verbänden und Parteien sowie zur NSDAP vor: *Angehörige Ihrer Familie tragen das Hakenkreuz.* Allerdings räumt er, nicht ohne Ironie, ein, dass sich Siegfried Wagner von extrem antisemitischen Gedankengängen freihalte. Salomon schließt seinen Brief versöhnlich:

> *Auch wir deutschen Juden verehren das Werk Richard Wagners und wir empfinden es schmerzlich, dass man uns diese Verehrung zu stören droht.*
>
> *D a s Haus Wagner, das nur der Pflege seiner erhabenen Aufgabe im Leben der deutschen Künste sich widmet, dem alle Deutschen willkommen sind, die der Kunst mit reinem Herzen nahen, das sich nicht in den Dienst der Parteien des Tages stellt, d a s wird über allen Parteien stehen und keine Gegner finden.*

Die Festspiele fanden im Juli 1924, also im Anschluss an den Briefwechsel, dann doch unter extrem antisemitischen und nationalistischen Bedingungen statt. Es wurden *Festspiele unterm Hakenkreuz*[21], so kennzeichnet die Historikerin Brigitte Hamann den antisemitisch und anti-

---

[21] Hamann, Brigitte: Winifred Wagner oder Hitlers Bayreuth, München/Zürich ²2002, S. 117.

republikanisch bestimmten Ablauf der Festspiele. Dies führte wieder zu heftigen Kritiken. Auch der Central-Verein deutscher Staatsbürger jüdischen Glaubens (CV) schaltete sich ein und wandte sich direkt an Siegfried Wagner. Dieser erklärte dann im Februar 1925 in der CV Zeitung, dass er die diesjährigen und auch die kommenden Festspiele *frei von jedem Parteigeist* halten wolle.[22] Die Schriftleitung der CV Zeitung druckte im Juni 1925 eine Stellungnahme des Bayreuther Rabbiners Falk Salomon ab zu den Vorgängen um die Festspiele 1924 und der Erklärung Siegfried Wagners. Und wieder blieb Salomon versöhnlich und moderat, gesteht Siegfried Wagner zu, dass er versucht habe, *die Festspiele dem politischen Dunstkreis fernzuhalten,* aber die völkisch-politische Atmosphäre habe 1924 überwogen. Salomon meint: Was Siegfried Wagner jetzt *erklärt und versprochen hat, sollen wir mit Befriedigung aufnehmen.*[23]

Aus jüdischem Kulturgut wird „deutsches" Kulturgut

Im März 1939 wandte sich der Kantor der Israelitischen Kultusgemeinde Regensburg, Jakob Lewkowitz, an die Gestapo in Regensburg und bat um die Rückgabe einer Thorarolle. Die Regensburger Gestapo schickte das Ersuchen weiter an das Staatsarchiv Amberg, denn dorthin hatte sie ja gemeinsam mit dem geraubten Regensburger jüdischen Archiv auch drei Thorarollen gebracht. Gleichzeitig erklärte sie:
Gegen die Aushändigung bestehen keine Bedenken, doch wird die Entscheidung dem dort[igen] Ermessen anheimgestellt.
Da keine Antwort aus Amberg erfolgte, schrieben Jakob Lewkowitz und ein weiteres Gemeindemitglied, Max Firnbacher, am 29. Mai 1939 gemeinsam an das Staatsarchiv Amberg und baten um die Rückgabe ihrer Thorarollen, da diese einmal ihr persönliches Eigentum gewesen wären und sie bei der Vorbereitung ihrer Auswanderung seien.[24]
Zwischenzeitlich hatte der Reichsminister für Wissenschaft, Erziehung und Volksbildung in einem Erlass am 15. Mai 1938 die Zuständig-

---

[22] CV Zeitung, Nr. 11: 13. März 1925, S. 191.
[23] CV Zeitung, Nr. 25: 19. Juni 1925, S. 434; zur weiteren Geschichte der Festspiele s. Brigitte Hamann, wie Anm. 18, und Verstummte Stimmen, wie Anm. 16.
[24] StA, Fremde Archivalien, Nr. 450, Briefe V. 21.3.1939 u. 29.5.1939.

keiten zum „Schutz des deutschen Kulturgutes gegen Abwanderung" und die Kontrolle bei der „Mitnahme von Umzugsgut bei der Auswanderung von Juden" geregelt.[25] Dieser Erlass beruhte auf einer Einigung zwischen vier Ministerien: dem Reichswirtschafts-, Reichsinnen-, Reichserziehungs- und Reichspropagandaministerium. Es sollte der Gefahr vorgebeugt werden, dass bei der *politisch an sich durchaus erwünschte(n) starke(n) Auswanderung von Juden … hochwertiges Kulturgut in das Ausland abwandert, insbesondere als Umzugsgut mitgenommen wird.* Jüdisches Kulturgut wurde also zu hochwertigem deutschen Kulturgut erklärt.

Die Freigabe des Umzugsgutes erfolgte durch die Devisenstellen, einer Einrichtung aus der Weimarer Republik, die dem Reichswirtschaftsministerium unterstanden, deren Personal und Verwaltungseinrichtung jedoch dem Oberfinanzpräsidium, hier Nürnberg, zugeordnet waren. Die Devisenstellen sollten sich gemäß dem Erlass bei der Kontrolle des Umzugsgutes von Sachverständigen beraten lassen, *in Archivfragen: durch die vom Reichsinnenministerium benannten Sachverständigen.* Als sachverständige Beratungsinstitution in Archivfragen für die Oberpfalz benannte das Reichsinnenministerium das Staatsarchiv Amberg.

Im Fall der beiden Thorarollen nutzte das Staatsarchiv Amberg jedoch nicht seinen Entscheidungsspielraum, sondern reichte die Anfrage von Max Firnbacher und Jakob Lewkowitz im Juni 1939 weiter an den Generaldirektor der Staatlichen Archive in Bayern. Dieser antwortete, dass der SD Bedenken gegen eine Rückgabe der Thorarollen habe und veranlasste das Staatsarchiv, die Thorarollen an den Leiter der Hauptabteilung II des SD, SS-Oberabschnitt Süd in München zur Entscheidung zu schicken. Das Staatsarchiv Amberg sandte die Thorarollen nach München, merkte aber an, dass die Eigentümer nicht mehr auszumachen wären.[26] Aus den vorliegenden Quellen geht nicht hervor, wie man in München entschied. Es ist jedoch angesichts der rassenpolitischen Haltung der NS-Regierung 1939 davon auszugehen, dass man die Thorarollen nicht aushändigte. Deren weiterer Verbleib konnte bisher nicht ermittelt werden.

---

[25] StA, wie Anm. 24, Brief V. 15.Mai 1939, vgl. dazu die folgende Darstellung.
[26] StA, wie Anm. 24, Schreiben vom 29.6.1939.

Max Firnbacher (1894–1962) gelang noch im Jahr 1941 die Emigration in die USA, wohl ohne seine Thorarolle. Jakob Lewkowitz (1884–1942), Synagogendiener und Hilfskantor der Gemeinde, wurde am 4. April 1942 zusammen mit seiner Frau Frieda nach Piaski im Kreis Lublin deportiert und wohl in der Mordstätte Bełżec im Generalgouvernement getötet.[27]

Am 15. Juni 1939 wandte sich der Regensburger Bezirksrabbiner Dr. Falk Salomon ebenfalls an das Staatsarchiv Amberg mit der Bitte um die Rückgabe eines privaten Manuskripts und privater Akten mit seinen Anstellungsverträgen. Das Manuskript sei ein wissenschaftlicher Text über die Bibel, erläuterte Salomon, und habe zwei Teile, jeweils in einem Umschlag. Der erste Teil in Handschrift trage den Titel „Ittur Soferim", der zweite maschinengeschriebene Teil den Titel „Tiquun Soferim". Wiederum nutzte das Staatsarchiv nicht seine Entscheidungskompetenz, sondern entledigte sich der Anfrage, die schließlich wieder beim SS-Oberabschnitt Süd in München ankam. Nach Absprache zwischen den zuständigen Sachbearbeitern des SD und des Generaldirektoriums der Staatlichen Archive Bayerns erhielt Rabbiner Salomon Anfang August 1939 Post aus Amberg:

> *Die an das Staatsarchiv gelangten Schriftstücke sind grundsätzlich von der Rückgabe ausgeschlossen. … Doch wird Ihnen anheimgestellt, einzelne genau zu bezeichnende Schriftstücke durch einen Amtsangehörigen außerdienstlich auf Ihre Kosten aussuchen zu lassen und sie, soweit sie tatsächlich im Staatsarchiv feststellbar sind, gleichfalls auf Ihre Kosten photokopieren zu lassen.*[28]

Wie Rabbiner Salomon auf das zynische Angebot reagierte, sein geraubtes Manuskript und seine persönlichen Unterlagen auf eigene Kosten im Archiv suchen und fotokopieren zu lassen, ist nicht bekannt. Das Manuskript und die Anstellungsverträge des Rabbiners Salomon befinden sich heute als Teil des Archivbestandes „Gemeindearchiv Regensburg/Oberpfalz" in den Central Archives for the History of the Jewish People" (CAHJP) in Jerusalem.[29]

---

[27] StA Nürnberg/Lichtenau, Oberfinanzdirektion Nürnberg, Bund 15456, „Transportliste, Aussiedlung von Juden nach Lublin-Izbica aus dem Stapobereich Regensburg", S. 7, Gestapo Regensburg, 4.4.1942.
[28] StA, Fremde Archivalien, Nr. 450, Brief vom 2. August 1939.
[29] Die aktuelle Signatur der genannten Salomon-Akten im CAHJP: D/Re/184 und D/Re/185.

Schon am 24. März 1938 hatte der Reichsminister des Innern in einem Erlass angeordnet, dass Juden die Benutzung staatlicher Archive zu versagen sei, außer zu familiengeschichtlichen Zwecken und zur Erforschung des jüdischen Volkstums.[30] Das Staatsarchiv Amberg hätte also aufgrund der rassenpolitischen Rechtslage Rabbiner Salomon den Zugang zu seinen Unterlagen erlauben können.

Das Reichssippenamt fordert Matrikel an

Das Reichssippenamt (RSA) war entstanden aus der 1933 beim Reichsministerium des Innern eingerichteten Dienststelle eines Sachverständigen für Rassenforschung.[31] Ein Ziel der nationalsozialistischen Staatspolitik nach 1933 war es, einen rassisch reinen „Volkskörper" zu schaffen und eine die Stärke des deutschen Volkes schädigende „Rassenmischung" mit gesetzlichen Maßnahmen zu verhindern. Das Reichsinnenmisterium unter der Leitung von Wilhelm Frick (1877–1946) nahm bei der entsprechenden rassenpolitischen Gesetzgebung und Aufsicht des NS-Staates eine Schlüsselrolle ein. Die ersten „rassenscheidenden" Maßnahmen gipfelten im Jahr 1935 in der Verabschiedung des „Reichsbürgergesetzes" und des „Gesetzes zum Schutze des deutschen Blutes und der deutschen Ehre", den „Nürnberger Gesetzen". Der Leitende Staatssekretär im Reichsinnenministerium, Hans Pfundtner (1881–1945), bezeichnet sie als die *Grundgesetze des Dritten Reiches, die ureigenstes nationalsozialistisches Gedankengut enthalten*[32]. Diesen Gesetzen folgte eine Vielzahl von Verordnungen, die die Ausgrenzung der Juden aus der Reichsbürgerschaft bzw. Staatsbürgerschaft bis in Einzelheiten regeln. Der Staatssekretär und SS-Obergruppenführer im Innenministerium Dr. Wilhelm Stuckart (1902–1953) und der Oberregierungsrat Dr. Hans Globke (1898–1973) erläutern in ihrem Kommentar zu den von ihnen mit formulierten Gesetzen, dass Juden die Reichs-

---

[30] BHStA, GDion Archive 1227, Bayer. Staatsministerium f. Unter. u. Kultus, 28.9.1938.
[31] Zum Folgenden vgl. Schulle, Diana: Das Reichssippenamt, Berlin 2001.
[32] Pfundtner, Hans: Verwaltungswissenschaftliche Woche für Standesbeamte, Eröffnungsrede am 2. März 1936, in: Zeitschrift für Standesamtswesen, 16 (1936), S. 109–110, hier S. 109.

bürgerschaft versagt bleiben müsse, weil sie *die blutsmäßige Voraussetzung für das Reichsbürgerrecht nicht* erfüllten.[33] Hans Globke schaffte es dann in der Bundesrepublik immerhin bis zum Chef des Bundeskanzleramtes unter Bundeskanzler Konrad Adenauer.

Zu den zentralen Arbeitsgebieten des RSA gehörten die Prüfung von Abstammungsnachweisen, die Einrichtung einer „Fremdstämmigenkartei" und insbesondere der Aufbau eines zentralen jüdischen Personenstandsregisters. Eine wichtige Materialbasis hierfür lieferten die Personenstandsregister der jüdischen Archive, die im Verlauf der Pogromnacht geraubt worden waren.

Im Dezember 1940 teilte Generaldirektor Knöpfler den Archiven mit, dass das Reichssippenamt die Abgabe der Personenstandsregister (Matrikel) verlange, die 1938 als Bestandteil der jüdischen Archive beschlagnahmt worden seien. Die SD-Leitstellen und der Generaldirektor erklärten sich damit einverstanden, dass die Matrikel abgegeben werden. Voraussetzung sei allerdings, dass das RSA die entstehenden Kosten der Verpackung und des Transports übernehme. Die Staatspolizeistelle Regensburg teilte dem Staatsarchiv Amberg mit, die Matrikel der Israelitischen Kultusgemeinde Regensburg an das RSA abzugeben und sich mit dem RSA in Verbindung zu setzen. So geschah es.[34] Allerdings hat sich das RSA auf die Anfrage aus Amberg nicht mehr gemeldet, deshalb blieben die Personenstandsregister der Israelitischen Kultusgemeinde Regensburg bis 1945 im Bestand des Staatsarchivs Amberg.

Die „Judenforschung"

Die geschichts- und gedächtnispolitische Absicht der nationalsozialistischen Auseinandersetzung mit dem Judentum formulierte Adolf Hitler schon 1925 in seinem Buch „Mein Kampf":

> *Um den Juden kennenzulernen, ist es am besten, seinen Weg zu studieren, den er innerhalb der anderen Völker und im Laufe der Jahrhunderte genommen hat, ... es komme darauf an, das Wesen und die Tä-*

---

[33] Stuckart, Wilhelm/Globke, Hans: Kommentare zur deutschen Rassegesetzgebung, Bd. 1, München/Berlin 1936, S. 28.
[34] StA, Fremde Archivalien, Nr. 450, Erlass v. 3.12.1940 u. Schreiben v. 6.12.1940.

tigkeit des Judenvolkes aufzudecken und in ihren inneren Zusammenhängen sowie den letzten Schlußzielen darzulegen.[35]

Die Realisierung dieser Zielvorstellung ließ sich nach der Vorstellung von Nazi-Intellektuellen nicht allein mit den Mitteln der Propaganda lösen, dazu bedurfte es ab 1933 einer neuen historischen, einer „deutschen Wissenschaft". Diese beendete die seit dem 19. Jahrhundert vor allem von jüdischen Historikern geleistete Forschung über die Geschichte der Juden. An ihre Stelle trat das neue nationalsozialistische Paradigma, trat der antisemitische, „erkenntnisleitende" Grundsatz von der jüdischen Geschichte als einer Geschichte *des jüdischen Problems* (Walter Frank), als einer *Geschichte der Judenfrage* in den die Juden aufnehmenden *Wirtsvölkern* (Wilhelm Grau).

Die „Erforschung der Judenfrage", kurz als „Judenforschung" bezeichnet, entwickelte sich zu einem eigenen Forschungsfeld im Nationalsozialismus. In rascher Folge wurden ab 1935 in Berlin und Frankfurt Forschungsinstitute mit einem Ableger in München gegründet. An den Universitäten entstand in verschiedenen Fakultäten eine Vielzahl von Qualifikationsarbeiten. Bücher, Broschüren, Zeitungen und Zeitschriften veröffentlichten Artikel von „Judenforschern" zur „Judenfrage".[36]

Das Interesse der „Judenforschung" war nicht auf die in der Pogromnacht 1938 geraubten jüdischen Gemeindearchive beschränkt. Diese umfassten in der Regel den Zeitraum vom 19. Jahrhundert bis 1938. Der „Judenforschung" ging es von Anfang an darum, die „Judenfrage" in ihrer ganzen historischen Dimension zu erfassen und damit auch Kenntnis zu erlangen über die Archivbestände zur jüdischen Geschichte außerhalb der jüdischen Gemeindearchive.

Kaum waren die Nazis an der Macht, beauftragte der damalige Generaldirektor der Staatlichen Archive Bayerns, Dr. Otto Riedner (1879–1937)[37], im Juli 1933 die Staatsarchive des Landes, ihre *Archivalie(n) zur Geschichte der Juden zu verzeichnen und diese Verzeichnisse in doppelter Ausfertigung in Vorlage zu bringen.*[38]

---

[35] Hitler, Adolf: Mein Kampf, 378.–379. Auflage 1938, S. 337 f.
[36] Vgl. dazu Rupnow, Dirk: Judenforschung im Dritten Reich, Baden-Baden 2011.
[37] In: Lilla, Joachim: Riedner, Otto, in: ders.: Staatsminister, leitende Verwaltungsbeamte und (NS-) Funktionsträger in Bayern 1918 bis 1945. URL: http://verwaltungshandbuch.bayerische-landesbibliothek-online.de/riedner-otto
[38] StA, Fremde Archivalien, Nr. 450, Erlass des Generaldirektors V. 9.12.1937.

Das Staatsarchiv Amberg erledigte diesen Auftrag nicht im Sinne des Generaldirektors, indem es das 1912 als Buch erschienene Verzeichnis des Bezirksrabbiners Dr. Magnus Weinberg „Die auf Juden bezüglichen Akten des Kgl. Bayerischen Kreisarchivs der Oberpfalz"[39] zwar an das Hauptstaatsarchiv schickte, das Buch aber wieder zurück erbat. Das Hauptstaatsarchiv kaufte daraufhin zwei Exemplare des Weinbergschen Buches und verzichtete vorerst auf ein aktuelles, schriftliches Verzeichnis aus Amberg.[40]

Dr. Magnus Weinberg hatte sich nach seiner Anstellung als Rabbiner in Sulzbürg im Jahr 1895 in vielfältiger Weise mit der Geschichte der Juden in der Oberpfalz beschäftigt.[41] Weinbergs Aktenverzeichnis, das 1912 textgleich in den „Mitteilungen des Gesamtarchivs der Deutschen Juden"[42] erschien, beinhaltet ein Verzeichnis der *auf Juden bezüglichen Akten* im Archiv Amberg mit dem Schwerpunkt auf dem 18. und 19. Jahrhundert.

Otto Riedner, seit 1923 Generaldirektor der Staatlichen Archive Bayerns und bis 1933 Mitglied der extrem konservativen Bayerischen Volkspartei (BVP) wurde 1936 in den Ruhestand versetzt und starb 1937. Der neue Generaldirektor, Josef Franz Knöpfler, bestand nun darauf, dass das Staatsarchiv Amberg ein eigenes Verzeichnis über den Bestand an „Archivalien zur Geschichte der Juden" vorlege. Anlass war der schon erwähnte Erlass des Reichsinnenministers, der verlangte, dass alle deutschen Archive ihre Bestände über Juden verzeichnen und in doppelter Ausfertigung vorlegen sollten.[43] Diese Verzeichnisse würden dem Reichsinstitut für Geschichte des neuen Deutschland, Abteilung „Judenfrage" zugeleitet, also einer zentralen Institution der „Judenforschung".

Die historische und archivalische Arbeit von Dr. Magnus Weinberg fand in der Weimarer Republik eine Fortsetzung. 1927 beauftragte die

---

[39] Vorhanden im digitalen Bestand der Freimann-Sammlung der Universitätsbibliothek Frankfurt. URL: http://sammlungen.ub.uni-frankfurt.de/content/titleinfo/985600
[40] StA, Fremde Archivalien, Allgemeines, Nr. 450, Erlass des Generaldir. v. 9.12.1937.
[41] Vgl. dazu Pomerance, Aubrey: Rabbiner Magnus Weinberg. Chronist jüdischen Lebens in der Oberpfalz, in: Die Juden in der Oberpfalz, hrsg. v. Michael Brenner u. Renate Höpfinger, München 2009, S. 139–157, hier S. 143. Magnus Weinberg wurde 1867 in Schenklengsfeld bei Fulda geboren und 1943 mit seiner Frau in Theresienstadt ermordet.
[42] 3. Jg. (1911–1912), S. 84–141, auch im digitaler Bestand der Unibibliothek Frankfurt. URL: http://sammlungen.ub.uni-frankfurt.de/cm/periodical/titleinfo/2821417
[43] StA, wie Anm. 38.

„Historische Kommission des Verbandes Bayerischer Israelitischer Gemeinden" (VBIG) den jüdischen Historiker Raphael Straus (1887–1947)[44] mit der Sammlung süddeutscher und österreichischer Quellen, die für die Erforschung der Geschichte der Juden in Bayern und deren größter mittelalterlicher Gemeinde in Regensburg von Bedeutung seien. Als ein Ergebnis seiner Quellensammlung veröffentliche Straus 1932 ein Buch über „Die Judengemeinde Regensburg im ausgehenden Mittelalter. Auf Grund der Quellen kritisch untersucht und neu dargestellt".[45] Die Publikation des von Straus verwendeten Materials, d. h. seiner sehr umfangreichen Quellensammlung der „Urkunden und Aktenstücke zur Geschichte der Juden in Regensburg" sollte in Kürze folgen.

Etwa ein Jahr später, im Sommer 1933, wurde Wilhelm Grau (1910–2000) an der Münchner Universität mit einer Arbeit über „Antisemitismus im späten Mittelalter – Das Ende der Regensburger Judengemeinde 1450–1519" promoviert, die 1934 veröffentlicht wurde.[46] Graus Thema überschneidet sich mit Straus' Forschung, sie fußt auf der Quellensammlung von Straus. Dieser hatte die Druckbögen dem Geschichtsstudenten Grau großzügig zur Verfügung gestellt. Was Raphael Straus allerdings nicht ahnen konnte: Seine Quellensammlung bildete die Grundlage für die erste antisemitische, akademische Qualifikationsarbeit der „Judenforschung". Grau, der sich bald zu einem sehr aktiven Exponenten der „Judenforschung" entwickelte, interpretiert die Vertreibung der Juden aus Regensburg 1519 als richtige volkswirtschaftliche Entscheidung des Rates der Stadt. Doch das steht nicht im Zentrum seiner Bewertung. Auf der Jahrestagung des Gesamtvereins der deutschen Geschichtsvereine 1936 erläutert er in einem Vortrag über „Die Geschichte der Judenfrage und ihre Erforschung" am Beispiel der spätmittelalterlichen Stadt Regensburg den unüberbrückbaren Gegensatz zwischen jüdischer und deutscher Welt als zentrales Ergebnis seiner „Judenforschung":

---

[44] Zur Biographie vgl. Wiese, Christian: „Die christliche Tradition ist nicht christlich, sondern jüdisch". Der Historiker Raphael Straus über Judentum und Christentum, in: Kalonymos, 1.Jg. 1998, H. 1, S. 2–5.

[45] Straus, Raphael: Die Judengemeinde Regensburg im ausgehenden Mittelalter. Auf Grund der Quellen kritisch untersucht und neu dargestellt, Heidelberg 1932.

[46] Grau, Wilhelm: Antisemitismus im späten Mittelalter. Das Ende der Regensburger Judengemeinde 1450–1519, München/Leipzig 1934; 2., erw. Aufl. 1939.

Während der deutsche Raum Regensburgs gesättigt war mit den stolzen Denkmalen eines unendlich schöpferischen Kulturwillens ..., war jenen jüdischen Fremdlingen solche Gnade geistigen und materiellen Schöpfertums versagt und ihre Bestimmung zwang sie in die Knechtschaft eines menschenfeindlichen Geistes, des Talmuds, und in den entsprechenden Beruf des händlerischen Zwischenträgers und Wucherers.[47]

In seiner Doktorarbeit unterstreicht Grau seine antisemitischen Phantasiebilder vom wesensmäßigen Gegensatz *der deutschen und jüdischen Welt* mit der widersinnigen Behauptung, dass schon im mittelalterlichen Judenhass in Regensburg *die Macht des Blutes im Menschen aller Zeiten und aller Zonen* wirksam war, also *die Wirksamkeit des Rassengegensatzes*. Und er bedauert, dass die Vertreibung der Juden aus Regensburg 1519 in der zweiten Hälfte des 17. Jahrhunderts schon wieder zu Ende war: *Die Judenfrage war nicht gelöst worden.*[48] Dagegen sieht er im März 1941 bei der Eröffnung des Frankfurter „Instituts zur Erforschung der Judenfrage", dessen Leiter er wurde,

Europa *reicher an geschichtlichem Wissen um die Judenfrage ... erfahrener über die zerstörerische Tätigkeit des Judentums und nicht zuletzt entschlossener, diesem Problem nun ein für allemal in diesem Jahrhundert auf dem europäischen Boden eine endgültige Lösung zu geben.*

Dafür waren 1939, nach der Besetzung Polens durch Nazi-Deutschland, die äußeren Bedingungen gegeben. Im März 1941, zum Zeitpunkt des Vortrags von Grau in Frankfurt, waren in Auschwitz, in der „Metropole des Todes" (Otto Dov Kulka), schon über 10.000 Häftlinge registriert. Und so kann der „Judenforscher" Grau in Frankfurt seine mörderische Prophezeiung vor realem Hintergrund formulieren:

Das 20. Jahrhundert, das an seinem Beginn den Juden auf dem Höhepunkt seiner Macht gesehen hat, wird am Ende Israel nicht mehr sehen, weil es aus Europa verschwunden sein wird.[49]

---

[47] Grau, Wilhelm: Die Geschichte der Judenfrage und ihre Erforschung, in: Blätter für deutsche Landesgeschichte, 83 (1937), S. 163–173, hier S. 164.
[48] Grau, wie Anm. 46, S. 137, S. 164.
[49] Grau, Wilhelm: Die geschichtlichen Lösungsversuche der Judenfrage, München 1943, S. 26.

Raphael Straus hat die mörderische Konsequenz der Nazi-Politik, wie sie auch in den Ergebnissen der „Judenforschung" lag, nicht abgewartet. Er emigrierte im Sommer 1933 mit seiner Frau und den vier Kindern nach Palästina, von dort zog er 1945 nach New York, wo er 1947 starb.

In seinem Buch über die Judengemeinde in Regensburg entwickelt Straus den historischen Hintergrund, der 1519 zur Vertreibung der Juden aus Regensburg führte. Er stellt dabei die sozialen und wirtschaftlichen Lebensverhältnisse der jüdischen Bevölkerung der Stadt in ihrer Verknüpfung mit den außerjüdischen Verhältnissen der Stadtgesellschaft dar (*Horizontalverknüpfungen*), während *für viele Erscheinungen des Rechtslebens und der Gesittung auch eine v e r t i k a l e Verknüpfung mit den biblischen und talmudischen Zeiten besteht.*[50]

Dieser theoretische und zugleich methodische Ansatz von Straus, die außerjüdische und die jüdische Geschichte in einem „Gesamtbild" (Saul Friedländer) dazustellen, war für die jüdische Geschichtsforschung um die Jahrhundertwende nicht selbstverständlich. Straus kritisierte deshalb 1930 die vorliegende jüdische Forschung (Heinrich Graetz und Simon Dubnow), dass sie keine *allseitige Geschichte der Geschichte der Juden in Deutschland* betreibe, dass sie vor allem jüdische Geistesgeschichte sei, dass die soziale und wirtschaftliche Geschichte der Juden bei ihr kaum Beachtung finde:

> *Nach dem Stand der jüdischen Geschichtsliteratur müsste man annehmen, dass die geistige Haltung und die Lebenshaltung der Juden unabhängig voneinander und unverbunden miteinander Jahrhunderte lang sozusagen in reiner Personal-Union bestanden habe.*

Der nichtjüdischen Forschung über die Juden im Mittelalter hält er an einem Beispiel vor, dass sie bei der Interpretation der *Massivität und dadurch hervorgerufenen Suggestionskraft der Anklagen gegen die Juden* als Wucherer nicht die methodischen Schwierigkeiten beachte, z. B., dass im Mittelalter auch der erlaubte Zins als Wucher galt. Viele mittelalterliche Darstellungen der jüdischen Wirtschaftstätigkeit seien reine Parteischriften zu Ungunsten der Juden. In der Regel zögen die nichtjüdischen Historiker

---

[50] Straus, wie Anm. 45.

die Phantasie oder sachfremde Allgemeinerwägungen heran, um die Lücken, die das historische Material offen lässt – in methodisch unzulässiger Weise – zu schließen.[51]

Zur Diskussion dieses bedeutenden Kritikansatzes eines jüdischen Historikers bestand unter der Herrschaft der „Judenforschung" kein Raum in Deutschland.

Straus gelang es in der Emigration nicht, seinen Forschungsansatz einer *allseitigen jüdischen Geschichte* weiterzuentwickeln. Seine Quellensammlung, die im Berliner Schocken Verlag erscheinen sollte, wurde nach der Schließung des Verlags im März 1939 von der Gestapo beschlagnahmt und vernichtet. Doch Korrekturexemplare waren erhalten geblieben. So konnte die Quellensammlung 1960 im Münchner Beck Verlag erscheinen.[52]

Die Rückgabe des Regensburger Archivs

Im Oktober 1945 wandte sich das Staatsarchiv Amberg an die Oberbürgermeister und Bürgermeister der Oberpfalz und fragte an, ob sie bereit und in der Lage seien, das jeweilige

> *Akteigut der Israel. Kultusgemeinde ... zur einstweiligen Verwahrung im dortigen Gemeindearchiv zu übernehmen, falls eine Wiedererrichtung der Israel. Kultusgemeinde dort bisher noch nicht erfolgt ist.*[53]

In seiner Antwort bedauerte Gerhard Titze (1890–1957), der im Juni 1945 von der amerikanischen Besatzungsverwaltung eingesetzte sozialdemokratische Oberbürgermeister der Stadt Regensburg, dass die Stadt wegen der Beschlagnahme vieler städtischer Dienstgebäude nicht in der Lage sei, das Archiv zu übernehmen und bat darum, dieses den Winter über in Amberg zu belassen. Eine Israelitische Kultusgemeinde gebe es noch nicht. Das Staatsarchiv könne sich aber an einen überlebenden

---

[51] Straus, Raphael: Zur Forschungsmethode der jüdischen Geschichte, in: Zeitschrift für die Geschichte der Juden in Deutschland, 1. Jg. (1929/30), S. 4–12, hier S. 8.
[52] Urkunden und Aktenstücke zur Geschichte der Juden in Regensburg 1453–1738, bearbeitet von Raphael Straus, München 1960.
[53] Die folgende Darstellung beruht auf dem Bestand im StA, Israelitische Kultusgemeinden, Nr. 411–423, 1945–1948.

Vertreter dieser Gemeinde wenden, an Ernst Herrmann (1907–1975). Dieser sei unterrichtet und bemühe sich um einen Verwahrungsort. Der Kaufmann Ernst Herrmann lebte seit 1925 in Regensburg und heiratete 1932 die Katholikin Johanna Walter. Unter der Herrschaft der Nazis galt das als „Mischehe", als Ehe eines Juden mit einer „Arierin". Herrmann arbeitete als Weinreisender der Likörfabrik „Edmund Jacobi Nachfolger" bis zu deren „Arisierung" 1936 und fand dann Arbeit in einer Bäckerei. Nach der Auflösung der jüdischen Gemeinden und der Zwangseingliederung in die Reichsvereinigung der Juden in Deutschland wurde Herrmann in den 40er Jahren zum Vertrauensmann der Reichsvereinigung in Regensburg bestellt. Am 12. Februar 1945 deportierte die Gestapo Ernst Herrmann mit 13 weiteren Juden aus Regensburg in das Konzentrationslager Theresienstadt. Herrmann überlebte und kehrte im Juni 1945 nach Regensburg zurück. Hier wurde er Treuhänder für jüdische Vermögen und schließlich Leiter der Regensburger Zweigstelle des Landesentschädigungsamtes in München. Er versuchte vergeblich, die Israelitische Kultusgemeinde Regensburg wieder zu gründen.[54]

Ernst Herrmann fand bald schon eine Möglichkeit, die Akten der Israelitischen Kultusgemeinde zu lagern: in der Likörfabrik Edmund Jacobi, seinem früheren Arbeitsplatz in der Wöhrdstraße 11. Am 23. Januar 1946 holte ein Beauftragter Herrmanns die Akten in Amberg ab. Er ließ sie in Kisten verpacken und in der Likörfabrik einlagern.

Abwesendes Gedächtnis

Acht Jahre später, im November 1954, wurde das Archiv der Israelitischen Kultusgemeinde Regensburg in München erneut verpackt und zusammen mit den anderen jüdischen Archiven aus Bayern nach Jerusalem in die 1939 gegründeten „Jewish Historical General Archives" (JHGA) transportiert. Aus den JHGA wurden 1969 die „Central Archives

---

[54] StR, Familienbogen Ernst Herrmann; Archiv des Marktes Nittendorf, Meldekarte Ernst Herrmann vom Einwohnermeldeamt Etterzhausen. Ich danke Herrn Max Knott, Bürgermeister des Marktes Nittendorf, für die Auskunft; Meyer, Beate: Tödliche Gratwanderung, Göttingen 2011, S. 347 ff. u. S. 367; Smolorz, Roman P.: Juden auf der Durchreise, Regensburg 2010, S. 28.

for the History of the Jewish People"(CAHJP). Diese sind eine gemeinnützige Einrichtung, getragen von sieben politischen und wissenschaftlichen israelischen Institutionen wie der Israelischen Regierung, der Historical Society of Israel bis hin zur Universität von Tel-Aviv.

Die Einrichtung eines jüdischen Nationalarchivs bzw. eines jüdischen Gesamtarchivs in Palästina, ab 1948 in Israel, erhielt nach dem Ende des Nationalsozialismus die Aufgabe, die Archive der vernichteten und aufgelösten deutschen Gemeinden aus dem „Land der Mörder" „heimzuholen", um die Erinnerung an die Gemeinden sicher zu bewahren und damit ihrer zu gedenken. Die überwiegende Mehrheit der aus Deutschland emigrierten Juden, wie auch die nichtdeutschen Juden, sahen die Geschichte der Juden in Deutschland bzw. die Geschichte der deutschen Juden als beendet. Das Jerusalemer Archiv sah sich deshalb nach der Shoa als der berechtigte Erbe der deutschen jüdischen Archive.[55]

Es war ein langwieriger und widersprüchlicher kulturpolitischer Prozess bis zur Abgabe der jüdischen Archive in Bayern und damit auch des Archivs der Israelitischen Kultusgemeinde Regensburg nach Jerusalem. Entgegen dem Verdikt des „jüdischen Kollektivs"[56], der Juden und der jüdischen Organisationen weltweit, dass eine jüdische Präsenz *auf der blutbefleckten Erde Deutschlands* (Jüdischer Weltkongress 1948) nach der Shoa für alle Zeit auszuschließen sei, entstanden auf deutschem Boden wieder jüdische Gemeinden. Schon 1947 bildeten die damals wiedergegründeten jüdischen Gemeinden München, Augsburg, Nürnberg, Fürth und Würzburg, den Landesverband der Israelitischen Kultusgemeinden in Bayern als ihre politische Vertretung. Weitere Gemeindegründungen folgten. Die neue Jüdische Gemeinde Regensburg entstand am 1. August 1950 in der Nachfolge der von jüdischen Displaced Persons in Regensburg 1945 gegründeten „Jewish Community".[57] Welche Überlegungen in der Jüdischen Gemeinde Re-

---

[55] Zur Geschichte der CAHJP vgl. Arroyo, Inka: Die Raison d'être der Central Archives for the History of the Jewish People als virtuelles "Staatsarchiv" der Diaspora, in: Bischoff, Frank M./Honigmann, Peter (Hrsg.): Jüdisches Archivwesen, Marburg 2007, S. 75–96.
[56] Zur Entstehung des Topos „jüdisches Kollektiv" vgl. Diner, Dan: Rituelle Distanz. Israels deutsche Frage, München 2015, insbesondere S. 111 ff. und Diner, Dan: Im Zeichen des Banns, in: Brenner, Michael (Hg.): Geschichte der Juden in Deutschland von 1945 bis zur Gegenwart, München 2012, S. 15–66.
[57] Vgl. dazu den folgenden Beitrag von Klaus Himmelstein in diesem Buch.

gensburg über den Verbleib des Archivs ihrer Vorgänger-Gemeinde stattfanden, ist nicht bekannt.

Die amerikanische Besatzungsverwaltung regelte erstmals 1947 mit dem „Militärregierungsgesetz Nr. 59" die Rückerstattungsfrage jüdischen Eigentums und setzte im Jahr darauf in ihrer Besatzungszone die „Jewish Restitution Successor Organisation"(JRSO) als die Rechtsvertreterin ein für die Entschädigung und Rückerstattung jüdischer Gemeinde- und Individualvermögen. Als kulturelle Abteilung der JRSO fungierte die „Jewish Cultural Reconstruction"(JCR). Die 13 neuentstandenen jüdischen Gemeinden in Bayern wehrten sich zunächst gegen den Anspruch der JRSO und JRC, das Vermögen der nach 1933 untergegangen 200 bayerischen Gemeinden pauschal als Eigentum des jüdischen Kollektivs außerhalb der Bundesrepublik Deutschland zu akzeptieren und sich selbst dabei gleichsam als „Liquidationsgemeinden" zu sehen. Die Entscheidung fiel schließlich beim Landesverband in München, der nach anfänglichem Widerstand zustimmte, alle in Bayern geretteten Gemeindearchive nach Jerusalem abzugeben.[58] Zuvor hatten schon das bayerische Kultus- und das Finanzministerium als zuständige Regierungsbehörden den Weg frei gemacht.[59]

Vor dem Abtransport nach Jerusalem wurden 1954 in München die Akten aus dem Bestand des Archivs der Israelitischen Kultusgemeinde Regensburg herausgenommen, die als mögliches Belegmaterial bei Entschädigungsansprüchen von Bedeutung waren. Diese Regensburger Akten blieben in München und gehören heute zum Bestand des Archivs des Landesverbandes der Israelitischen Kultusgemeinden in Bayern. Sie bestehen aus fünf Bänden mit den Nummern 86 bis 90 und haben folgenden Inhalt:

Band 86: *Geburts-, Trauungs- und Sterberegister des Rabbinats Regensburg von 1817–1850*

Band 87: *Geburtsregister für die israelitische Cultus-Gemeinde Regensburg 1851–1939*

---

[58] Die Entscheidungsprozesse in den neugegründeten jüdischen Gemeinden und dem Landesverband sind noch nicht erforscht.

[59] Zur Abgabe der jüdischen Archive vgl. Rein, Denise: Die Bestände der ehemaligen jüdischen Gemeinden Deutschlands in den „Central Archives for the History of the Jewish People" in Jerusalem, in: Der Archivar, Jg. 55 (2002), S. 318–327, hier S. 323 f.; vgl. auch StA, Israelitische Kultusgemeinden, Nr. 411–423, Der Generaldirektor an die Staatsarchive, 20.8.1948 u. 15.12.1948.

Band 88: *Trauungs-Register für die israelitische Cultus-Gemeinde Regensburg 1851–1939*
Band 89: *Sterb-Register für die israelitische Cultus-Gemeinde Regensburg 1851–1939*
Band 90: *Friedhofregister der israelitischen Cultus-Gemeinde Regensburg, eingeführt 1878.*
Die Eintragungen im Friedhofregister reichen bis zum Jahr 1922. Das Grab Nr. 1 gehört Moses Rosenblatt.

In den CAHJP wurde das Archiv der Israelitischen Kultusgemeinde nach seiner Ankunft im Dezember 1954 geordnet und verzeichnet. Im Jahr 2014 wurde das Regensburger Archiv erneut geordnet und neu verzeichnet. Im aktuellen, 38-seitigen „Inhaltsverzeichnis Gemeindearchiv Regensburg" sind 556 Akten mit mehr als 43.000 Blatt unter der Signatur D/Re5 verzeichnet. Dieses Verzeichnis ist von den CAHJP als PDF-Datei im Internet zugänglich gemacht worden.[60] Der zeitliche Rahmen der Akten umfasst, wie schon dargestellt, das Königreich Bayern, die Weimarer Republik und die Zeit des Nationalsozialismus bis zum Raub des Archivs 1938.

In den letzten Jahren gibt es Überlegungen, so auch in Regensburg, das abwesende jüdische Archiv in digitalisierter Form zurückzuholen und damit vor Ort zugänglich zu machen. Immerhin bildet es eine wichtige Grundlage für die Forschung zur neuzeitlichen jüdischen Geschichte in Regensburg und damit zur Stadtgeschichte vom Ende des 18. Jahrhunderts bis zum Jahr 1938. Mit der Digitalisierung würde ein leichterer und breiterer Zugang auf das Material geschaffen.

Doch es geht nicht allein um den leichteren Zugang zu diesem Archivmaterial. Vor allem erhielte die Jüdische Gemeinde Regensburg, wenn auch in digitaler Form, das Archiv ihrer Vorgängergemeinde zurück und damit die Erinnerung an einen bedeutenden Abschnitt ihrer Geschichte vor der Shoa.

---

[60] URL: http://cahjp.huji.ac.il/content/regensburg-oberpfalz-israelitische-kultusgemeinde

Auf dem Galgenplatz blüht jetzt der Flieder
Ruth Klüger

Jüdisches Leben in Regensburg nach 1945

Klaus Himmelstein

Brücke zwischen Gestern und Morgen
Jüdische Displaced Persons in Regensburg

Juden im besetzten Deutschland

Nach der bedingungslosen Kapitulation Deutschlands 1945 lebte eine große Zahl von Juden in den Besatzungszonen der alliierten Siegermächte. Das waren etwa 15.000 deutsche Juden, die aus den Konzentrationslagern befreit worden waren oder in bedrohter Lage, in sogenannter Mischehe oder im Untergrund, überlebt hatten. Manche kehrten aus der Emigration zurück.

Neben den deutschen Juden sammelten sich nach 1945 aber auch über 200.000 jüdische Überlebende aus Osteuropa in den westlichen Besatzungszonen Deutschlands. Die Mehrzahl stammte aus Polen. Sie waren aus Konzentrationslagern befreit worden oder hatten im Untergrund in Polen überlebt. Eine Reihe von ihnen, Männer und Frauen, hatten in Partisaneneinheiten, aber auch in der Roten Armee, gegen die deutsche Wehrmacht gekämpft. Hinter den meisten der überlebenden polnischen Juden lag ein langer Weg des Exils. Sie waren 1939 vor dem Mordprogramm Nazi-Deutschlands in die Sowjetunion geflohen oder aus dem von der Sowjetunion besetzen Osten Polens in verschiedene Regionen im Innern der Sowjetunion deportiert worden. Sie hatten dort unter teilweise katastrophalen Bedingungen überlebt. Die sowjetische Regierung erlaubte allerdings ihre Unterstützung durch jüdische Hilfsorganisationen. Diese transportierten Hilfslieferungen von Teheran aus in verschiedene Sowjetrepubliken.[1]

Nach Kriegsende kehrten die polnischen Juden zunächst in ihr Land zurück, ermöglicht durch ein Repatriierungsabkommen zwischen der provisorischen polnischen und der sowjetischen Regierung. Doch dort,

---

[1] Grossmann, Atina: Wege in die Fremde, Göttingen 2012, S. 10 ff.

wo die Rückkehrer zuhause gewesen waren, wo es einmal jüdische Viertel oder Schtetl gegeben hatte, fanden sie meistens nur noch Ruinen vor. Ihr Eigentum war geraubt, ihre Familien und Freunde waren fast alle getötet worden, das Land ein riesiger jüdischer Friedhof: Von 3,3 Millionen polnischen Juden hatten etwa zehn Prozent überlebt.

Angesichts des 1946 stark aufflammenden Antisemitismus in Polen, der viele überlebende Juden das Leben kostete, emigrierten die meisten auf verschiedenen Wegen in die westlichen Besatzungszonen des besiegten Deutschland. Die Alliierten bezeichneten diese jüdischen Überlebenden aus Osteuropa als „Displaced Persons", „DPs", als „Personen am falschen Ort".

In der sowjetischen Zone gab es keine DPs. Sie wurden in die westlichen Besatzungszonen abgeschoben. In der französischen Zone blieben nur wenige jüdische DPs, 1946 waren es unter 1.000. In der britischen Zone lebten Anfang 1946 etwa 16.000. Da die Briten die Auswanderung nach Palästina, in ihr Mandatsgebiet, unterbanden, die Amerikaner inoffiziell jedoch nicht, wurde die amerikanische Zone ein Zentrum jüdischer DPs. Außerdem erkannte die amerikanische Militärverwaltung als erste den Sonderstatus der jüdischen DPs als eigene nationale Gruppe an und sorgte nach einigen Anfangsschwierigkeiten für ausreichende Lebensverhältnisse der jüdischen DPs.[2]

Jüdische DPs in Bayern

Über 70 Prozent der jüdischen DPs hielten sich in der amerikanischen Zone auf, die Mehrzahl in Bayern. Sie warteten hier auf ihre Auswanderung: in die USA, nach Kanada, vor allem jedoch nach Palästina, ab 1948 nach Israel. Während ihrer Wartezeit lebten sie in einer Vielzahl von Lagern und Städten. Das Nürnberger Institut für NS-Forschung und jüdische Geschichte forscht seit langem auch über jüdische DPs in

---

[2] Zur Situation der osteuropäischen Juden vor und nach 1945 siehe Grossmann, Atina, wie Anm. 1; vgl. auch Grossmann, Atina/Lewinsky, Tamar: Zwischenstation 1945–1949, in: Brenner, Michael (Hg.): Geschichte der Juden in Deutschland von 1945 bis zu Gegenwart, München 2012, S. 67–152, hier S. 67 ff. und Königseder, Angelika/Wetzel, Juliane: Lebensmut im Wartesaal. Die jüdischen DPs (Displaced Persons im Nachkriegsdeutschland, Frankfurt a. M. 2004 (Aktualisierte Neuausgabe).

der amerikanischen Besatzungszone. Daraus entstand ein lexikalisch angelegtes Internetprojekt, in dem Informationen über die jüdischen DP-Lager und DP-Gemeinden gesammelt und laufend ergänzt werden. Dies betrifft Hessen, Württemberg-Baden und Bayern.[3] Danach lebten im Herbst 1946 in Bayern weit über 97.000 jüdische DPs, fast die Hälfte von ihnen im Bezirk Oberbayern. Dort entstanden 1945 eine Reihe großer Lager für jeweils mehrere tausend DPs: in Landsberg, in Feldafing am Starnberger See und in Föhrenwald (Waldram), einem Ortsteil von Wolfratshausen. Neben den DPs in über 70 Lagern in Bayern lebten viele in Städten. Sie gründeten über 100 jüdische Kultusgemeinden.

In der Oberpfalz lagen 4 kleinere DP-Lager, eines in Vilseck, im Landkreis Amberg-Sulzbach. Zwei Kibbuzim wurden gegründet, einer war der Kibbuz Nocham im Schloss Teublitz, im Kreis Schwandorf. Dort bereiteten sich jüdische DPs von 1946 bis 1947 in landwirtschaftlichen Kursen auf die Auswanderung nach Palästina vor. Außerdem fanden Seminare zur Qualifizierung von Erziehern und Gruppenleitern statt.

In der Zeit des Wartens auf die Auswanderung organisierten die jüdischen DPs in den Städten und Lagern ihr Leben in einem *hohe(n) Maß* selbst. *Sie schufen ... eine bemerkenswerte Übergangsgesellschaft,* die *das letzte Aufleben einer für immer zerstörten osteuropäischen Kultur* bildete.[4]

Die Literaturwissenschaftlerin und Buchhändlerin Rachel Salamander, die in München lebt, erinnert sich an diese *bemerkenswerte Übergangsgesellschaft* aus der Perspektive eines jüdischen Kindes.[5] Sie wurde 1949 im niederbayerischen DP-Lager Deggendorf geboren, ihre Eltern, polnische Juden, zogen schließlich ins Lager Föhrenwald, wo Rachel Salamander ihre frühe Kindheit verbrachte. Sie wuchs dort in der Atmosphäre eines osteuropäischen Schtetls auf:

> *Es war ja etwas Ungeheuerliches, dass sich auf deutschem Boden – ein Paradox sozusagen – noch einmal und zum letzten Mal die Lebensform eines osteuropäischen Schtetls etablieren konnte. ... Das Jiddische war*

---

[3] URL: http://www.after-the-shoah.org/
[4] Zitate aus Grossmann/Lewinsky, wie Anm. 2, S. 97 u. S. 67.
[5] Zum Folgenden: Protokoll eines Gesprächs mit Rahel Salamander am 11.05.1998 im alpha-Forum des Bayerischen Rundfunks: vgl. BR-Online, alpha-forum, Gäste von A–Z.

dort unsere Sprache und wir lebten nach den Vorschriften des Judentums – nach den Gesetzen und Feiertagen.

Besonders die jüdischen Intellektuellen unter den DPs, Journalisten, Wissenschaftler, Lehrer und Schriftsteller, hielten voller Hoffnung an ihrer durchs Jiddische geprägten Kultur fest. Sie schufen von 1945 bis Anfang der 50er Jahre in der amerikanischen Besatzungszone *rund dreißig literarische Werke in jiddischer Sprache, einige Sammelschriften und zahllose, über eine weit verzweigte jiddische Presse verstreute Verse und Kurzgeschichten*. Diese Texte zählen, wie die Literaturwissenschaftlerin und Übersetzerin Tamar Lewinsky feststellt, *zu den frühesten Versuchen jüdischer Überlebender, sich der erlittenen Katastrophe literarisch zu nähern*.[6]

Die jüdischen DPs organisierten nicht nur ihr soziales, religiöses und kulturelles Leben selbst, sondern auch die Vertretung ihrer politischen Interessen. Nach ersten Vorläufern in den DP-Lagern, vertrat ab Oktober 1945 das „Zentralkomitee der befreiten Juden in der amerikanischen Zone" die Interessen der DPs gegenüber der Militärregierung und den ersten deutschen staatlichen Einrichtungen. Im November 1945 gründeten 92 Delegierte, die Vertreter von etwa 8.000 DPs in der Oberpfalz und 16.000 DPs in Niederbayern, das „Regional-Komitee Niederbayern und Oberpfalz", das in Regensburg sein Büro hatte, zunächst in der Bruderwöhrdstraße, später in der Weißenburgstraße.

Jüdische DPs in Regensburg

In Regensburg stieg ab 1945 die Zahl der jüdischen DPs rasch an, wie die Tabelle zeigt. Die stärkste Zuwanderung erfolgte 1946. Allerdings geben die Zahlen nur die registrierten Personen an. Real befanden sich wohl mehr Juden in der Stadt.

Regensburg wurde, da kaum zerstört, im Osten Bayerns zum Zentrum *für jüdische DPs aller Richtungen, Zionisten, Kibbuzniks, Orthodoxe – sie alle lebten den gleichen Traum von einem ‚Judenstaat' in*

---

[6] Lewinsky, Tamar (Hrsg.): Unterbrochenes Gedicht. Jiddische Literatur in Deutschland 1944–1950, München 2011, S. 1. Siehe dazu den Beitrag von Sabine Koller im vorliegenden Buch.

Palästina.[8] Dieser Traum wurde Wirklichkeit. Am 14. Mai 1948 erfolgte die Gründung des Staates Israel. Immer mehr DPs wanderten dorthin oder in die USA aus, so dass im Oktober 1952 nur noch 150 Juden in Regensburg lebten. Die Anwesenheit jüdischer DPs in Regensburg und Ausschnitte ihres Lebens haben Andreas Angerstorfer, Wilhelm Habenstein, Tamar Lewinsky, Kathrin Pelzer und Roman Smolorz aus verschiedenen Blickwinkeln erstmals nachgezeichnet.[9] Eine

Juden in Regensburg[7]	
Aug. 1945	250
Okt. 1945	350
Juni 1946	1.863
Jan. 1947	1.289
März 1947	1.366
Sept. 1947	1.142
Mai 1948	942
Jan. 1949	1.026
Juli 1950	288
Okt. 1952	150

Gesamtdarstellung der Geschichte der Jüdischen Gemeinde Regensburg nach 1945 fehlt jedoch bisher, sicher auch aufgrund der schwierigen Quellenlage.[10] Im Folgenden fasse ich Ergebnisse der angegebenen Literatur zusammen, verzichte aber auf Einzelnachweise.

Im Vordergrund stand zuerst die Versorgung mit dem Lebensnotwendigsten, mit Nahrung, Kleidung, Wohnung, mit Medikamenten und ärztlicher Betreuung. Diese Aufgabe übernahm zunächst die UNO-Hilfsorganisation UNRRA (United Nations Relief and Rehabilitation Administration), die 1943 in den USA gegründet worden war. Nach Kriegsende erfasste und versorgte die UNRRA im besetzten Deutsch-

---

[7] Zusammengestellt nach Habenstein, Wilhelm: Der archivalische Zugang zur Geschichte der Juden in Regensburg, in: Smolorz, Roman P.: Juden auf der Durchreise, Regensburg 2010, S. 103. Die Zahl für 1952 stammt aus Angerstorfer, Andreas: Jüdische Displaced Persons in Regensburg und im Großraum Regensburg 1945–1952. Eine noch zu schreibende Geschichte, in: Ein Tag im jüdischen Regensburg mit Joseph Opatoshu und Marc Chagall, hrsg. von Sabine Koller, (Passau) 2009, S. 86–101, hier S. 99.

[8] Angerstorfer, wie Anm. 7, hier S. 92.

[9] Angerstorfer, wie Anm. 7; Habenstein, wie Anm. 7; Lewinsky, Tamar: Der najer moment – eine jiddische Zeitung für Regensburg, in: Ein Tag im jüdischen Regensburg mit Joseph Opatoshu und Marc Chagall, hrsg. von Sabine Koller, (Passau) 2009, S. 109–114; Pelzer, Kathrin: Neubeginn des jüdischen Lebens in Regensburg 1945–1950, Regensburg 1997 (Magisterarbeit, Universität Regensburg); Smolorz, Roman Paul: Juden auf der Durchreise – Die Regensburger Jewish Community 1945–1950, Regensburg 2010.

[10] Vgl. dazu Kathrin Pelzer, wie Anm. 9, S. 24 ff.

land die DPs aus den Mitgliedstaaten der UNO, jüdische und nichtjüdische, und half bei der Rückführung der nichtjüdischen DPs in die Heimatländer. Sie eröffnete in Zusammenarbeit mit der lokalen Militärregierung in Regensburg ein Distriktbüro, das die Versorgung in der Oberpfalz und Niederbayern und ab 1946 zusätzlich auch in Ober- und Mittelfranken organisierte. Ihre Nachfolgeorganisation wurde 1947 die IRO, die „Internationale Flüchtlingsorganisation" (International Refugee Organization). Diese Hilfsorganisationen sorgten nicht nur für das Lebensnotwendigste, sie unterstützten die DPs auch bei der Suche nach Angehörigen und organisierten den Unterricht der jüdischen Kinder und Jugendlichen.[11]

Neben UNRRA und IRO wurden mehrere jüdische Hilfsorganisationen in der amerikanischen Zone und auch in Regensburg aktiv. Sie richteten hier Büros ein. So das „American Jewish Joint Distribution Committee" (AJDC), kurz Joint genannt, mit einem Büro in der Goethestraße. Das Joint eröffnete in der Stadt ein Kinderheim und unterhielt ein Versorgungslager. Die „Gesellschaft zur Arbeitsvermittlung an Juden" (Organisation for Rehabilitation through Training Union, ORT) bereitete osteuropäische und deutsche Juden auf die Auswanderung nach Palästina, später Israel, vor: mit Hebräisch- und Englischkursen und der Ausbildung in verschiedenen Handwerksberufen. In der Prüfeninger und später in der Landshuter Straße richtete die ORT eine Fachschule ein sowie ein Hebräisches Gymnasium.

Die Versorgung der Juden, die nicht von der UNRRA und ihrer Nachfolgeorganisation betreut wurden, leistete das aus Vorläufern im September 1946 entstandene „Staatssekretariat für rassisch, religiös und politisch Verfolgte des Naziregimes", anfänglich über das „Bayerische Hilfswerk für die von den Nürnberger Gesetzen Betroffenen". Das Staatssekretariat leitete Philipp Auerbach, der die KZs Auschwitz, Groß-Rosen und Buchenwald überlebt hatte.[12] Es gab aber auch jüdische Zuwanderer, die sich bei keiner der Hilfsorganisationen registrieren ließen, weil sie sofort nach ihrer Ankunft eine eigene Existenz aufbauen konnten.

---

11 Wetzel, Juliane: United Nations Relief and Rehabilitation Administration (UNRRA), in: Historisches Lexikon Bayerns, URL: http://www.historisches-lexikon-bayerns.de/Lexikon/United Nations Relief and Rehabilitation Administration (UNRRA)
12 Vgl. dazu Ludyga, Hannes: Philipp Auerbach (1906–1952), Berlin 2005.

Die jüdischen DPs in Regensburg gründeten drei Gemeinden mit jeweils eigenem Rabbiner: die „Wa'ad had-dati" (Congregation of Religious Jews bzw. Centralverband der Religiösen Juden im Regierungsbezirk Niederbayern/Oberpfalz) mit einem Büro im Gemeindehaus von 1912 in der Schäffnerstraße 2; weiterhin die „Jews Congregation" mit Sitz in der Walderdorffstraße; und schließlich die „Jewish Community (Committee) of DP (Jüdisches Komitee)". Aus diesem Komitee, provisorisch gegründet im Mai 1945, ging im Oktober 1945 die „Jewish Community – Jüdische Gemeinde, Region Niederbayern – Oberpfalz" hervor, die Vorläufergemeinde der späteren Jüdischen Gemeinde Regensburg.

Die Jewish Community hatte zunächst 350 Mitglieder und ein Büro im Zentral-Café in der Pfauengasse 1, ab 1947 in der Gabelsbergerstraße 11. Als die Zahl der Zuwanderer aus Polen 1946 stark anstieg, wuchs auch die Mitgliederzahl der Jewish Community auf etwa 1.200. Damit nahmen jedoch die Betreuungs- und Versorgungsprobleme zu. Die Jewish Community richtete deshalb bei ihrer Vorstandswahl im April 1946 sechs Fachabteilungen ein, darunter Referate für Emigration, für Verpflegung, für Bekleidung, für Wohnung sowie ein Kulturreferat.

Der erste Rabbiner der Jewish Community, Josef Glatzer, 1909 in Polen geboren, war im April 1945 von amerikanischen Truppen aus dem KZ Flossenbürg befreit worden. Er war als Rabbiner der Jewish Community zugleich „Chief Rabbi" des Regionalkomitees Niederbayern-Oberpfalz der befreiten Juden in der US-Zone. Er wanderte 1949 in die USA aus. Sein Nachfolger Yakob Simchah Avidor, wurde 1950 der erste Rabbi der neu gegründeten Jüdischen Gemeinde Regensburg.

Um das Bedürfnis der jüdischen DPs nach Information und Lesestoff zu befriedigen, wurde eine Vielzahl von Zeitungen in jiddischer Sprache gegründet, in Regensburg im März 1946 die Wochenzeitung „Der najer moment" (Der neue Moment). Sie wurde Ende November 1946 in „Unzer Moment" (Unser Moment) umbenannt und erschien bis Ende November 1947 mit einer von der Militärregierung erlaubten Auflage von 7.500 Exemplaren, gedruckt bei der Mittelbayerischen Zeitung. Herausgeber war das Regional-Komitee der befreiten Juden in der Oberpfalz und Niederbayern. Die Lizenz erhielt Nathan Silberberg, der aus Warschau stammte und dort vor dem Krieg die Warschauer jüdische Tageszeitung „Alter Moment" begründet hatte. Er überlebte die

KZ Majdanek und Flossenbürg und kam im September 1945 nach Regensburg. Silberberg leitete auch die Kulturabteilung der Jewish Community. Gestaltet wurde die Zeitung von Yekhezkl Keytelman und Mendel Man, beide bekannte jiddische Schriftsteller und journalistisch erfahren.[13]

Die meisten jüdischen Überlebenden hielten deutlichen Abstand zu Deutschland und den Deutschen, zu Bayern, zu Regensburg und den Regensburgern. Auf der anderen Seite, in der deutschen Bevölkerung, prägten Ablehnung, verhaltener Antisemitismus und Zwiespalt das Verhalten gegenüber den DPs und ihrer von der amerikanischen Militärregierung geförderten Sonderstellung. Mitleid mit dem „Rest der Geretteten" und Mitgefühl für deren Leid fand sich nur bei sehr Wenigen. Allerdings kam es bei aller wechselseitigen Ablehnung dann im Alltag in den Städten, wie auch in Regensburg, zu Kontakten zwischen DPs und Deutschen, zu einer „pragmatische(n) Koexistenz" (Grossmann/ Lewinsky) in unterschiedlichen Abstufungen. Es blieb nicht nur bei „pragmatischer Koexistenz". Etliche DPs blieben in der Stadt, es kam auch zu Hochzeiten mit dem einstigen „Feind", der einstigen „Feindin", und sie gründeten eine neue Existenz. Beispielsweise Heinrich Bielawski. Er wurde 1917 in Gąbin (Gombin) in Polen geboren, überlebte verschiedene Konzentrationslager. Während des Todesmarschs in Richtung Dachau gelang ihm im April 1945 bei Wald im Kreis Cham die Flucht. Er blieb zunächst in Wald, heiratete dort eine Katholikin und lebte schließlich mit seiner Familie in Regensburg, wo er Mitglied der Jüdischen Gemeinde wurde.[14]

Das Verzeichnis der Überlebenden

Die Jüdische Gemeinde Regensburg besitzt ein gebundenes Register, ein Verzeichnis von Überlebenden aus den Jahren 1945 und 1946. Dieses Buch hat wahrscheinlich die „Jewish Community" angelegt, die im Mai

---

[13] Zu Mendel Man und der Zeitung „Der najer moment" siehe den folgenden Beitrag von Sabine Koller.
[14] Bielawski, Heinrich: Der Hölle entronnen, Worms 1989, S. 137 ff.

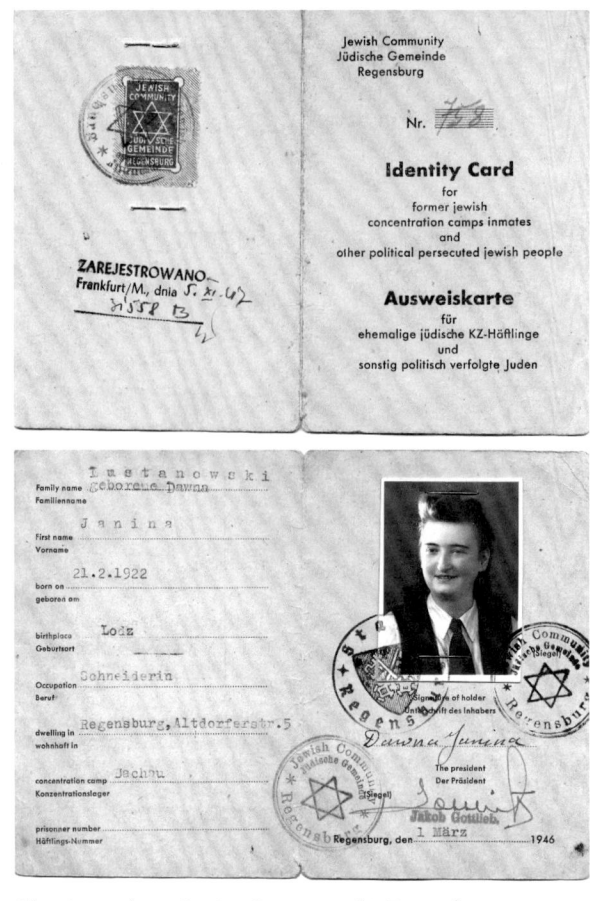

Identitycard von Janina Lustanowski, Regensburg

1945 in Regensburg von jüdischen DPs gegründete Vorgängergemeinde der heutigen Jüdischen Gemeinde. Jüdische Überlebende, die 1945 und 1946 nach Regensburg kamen, ließen sich bei der Jewish Community registrieren, um ihre Versorgung durch jüdische Hilfsorganisationen zu sichern. Zu diesem Zweck erhielten die Registrierten eine Ausweiskarte wie die hier abgebildete Karte von Janina (Janka) Lustanowski, geb. Dawan, aus dem Jahr 1946.[15]

---

[15] Ich danke Frau Ilse Danziger, Vorsitzende der Jüdischen Gemeinde Regensburg, die die Karte zur Verfügung stellte.

Die Karte ist unterschrieben von Jakob Gottlieb, dem damaligen Präsidenten der Jewish Community.[16]

Die Jüdische Gemeinde Regensburg hat wohl bei ihrer Gründung 1950 das Verzeichnis der Geretteten von der aufgelösten Jewish Community übernommen. In dem Registerbuch sind 1.311 Namen alphabetisch verzeichnet. Die Eintragungen erfolgten jeweils über eine Doppelseite in 8 Spalten mit Bezeichnungen in polnischer Sprache: Namen, aktuelle Adresse, Geburtsdatum, Geburtsort, Geschlecht, letzter Aufenthaltsort vor der Verfolgung, Beruf und schließlich eine Spalte für Bemerkungen. In dieser Spalte sind ausschließlich Orte der Haft eingetragen; d. h. Konzentrations- oder deren Außenlager, Arbeitslager oder Ghettos. Im Folgenden gehe ich kurz auf einige Zahlenergebnisse ein.[17]

Eine erste Auswertung der 1.311 Registrierten ergab, dass die überwiegende Mehrheit (65 %) in Polen geboren war und etwas mehr als ein Fünftel (21 %) in Deutschland. Die übrigen DPs (12 %) stammten aus verschiedenen Ländern in West- und Osteuropa, 2 Prozent der Angaben sind unleserlich. Von den registrierten deutschen Juden geben 9 Regensburg als Geburtsort an:

Wilhelm Herrmann, geb. 1902; Justin Hönigsberger, geb. 1879; Helene Kapplmeyer, geb. 1888; Ludwig Rossmann, geb. 1910; Marie Vierfelder, geb. 1885, und Max Vierfelder, geb. 1893, bezeichnen sich als „Halbjuden"; Georg Wolf, geb. 1927; Ludwik Wolf, geb. 1929; Paul Wolf, geb. 1931.

60 Prozent der Registrierten sind männlich, 40 Prozent weiblich. Die größte Altersgruppe, gemessen an 1946, sind die 25- bis 39-Jährigen (46 %), nimmt man die 18- bis 24-Jährigen (31 %) sowie die 40- bis 59-Jährigen (11 %) hinzu, so waren fast 90 Prozent der Eingetragenen zwischen 18 und 59 Jahre alt. Weiterhin sind 39 Kinder registriert, die 1945 und 1946 in Regensburg geboren wurden.

Der aktuelle Wohnort der Registrierten war überwiegend Regensburg. Es wurden aber auch andere Wohnorte angegeben wie Falkenstein und Riedenburg, um die Kommunen zu nennen, in denen eine größere Zahl von DPs wohnte, die sich in Regensburg registrieren ließen.

---

[16] Zu Jakob Gottlieb vgl. Roman Smolorz, wie Anm. 9, S. 40.
[17] Ein Vergleich der Angaben im Registerbuch mit Unterlagen über jüdische DPs im Stadtarchiv Regensburg wäre sehr sinnvoll. Nach einer diesbezüglichen Anfrage im Stadtarchiv habe ich aufgrund der sich ergebenden Probleme dieses Vorhaben zurückgestellt.

Bei den Berufsangaben wird im Folgenden zwischen Männern und Frauen unterschieden. Besonders auffällig ist dabei, dass viele der Registrierten hier keine Angaben machen, bei den Männern sind es 15 Prozent, bei den Frauen sogar mehr als das Dreifache, nämlich 53 Prozent. Über die Gründe lässt sich nur spekulieren. Wahrscheinlich wurde die Berufsangabe nicht als bedeutsam angesehen, weil sie keinen Einfluss auf die Unterstützung hatte.

Die folgenden Prozentzahlen (s. Tabelle) verdeutlichen Unterschiede zwischen Männern und Frauen sowie Schwerpunkte bei den Berufen. Bei den Männern sind die Handwerksberufe im Dienstleistungs- und Metallbereich bei weitem die größte Gruppe (52 %). Die Tätigkeiten reichen von Friseur, Bäcker usw. bis zu Dreher und Monteur. Bei den Frauen beträgt diese Berufsgruppe 3 Prozent der Angaben. Mit 53 % bilden hier die Textil- und Bekleidungsberufe die größte Gruppe, so Schneiderinnen, Stickerinnen, Modistin usw.

Berufsgruppen	Männer %	Frauen %
Dienstleistungs- u. Metallhandwerk	52	3
Textil, Bekleidung	18	53
Kaufmann	9	0
Büro, Verwaltung	5	23
Akademiker/in	6	4
Schüler/in, Student/in	5	11
Künstler/in	2	1
Bauer, Bäuerin	2	1
Hausfrau	0	4
Summe	99	100

Die Textil- und Bekleidungsberufe bilden bei den Männern die zweitgrößte Berufsgruppe (18 %) mit Schneider, Mützenmacher, Hutmacher usw. Bei den Frauen sind die Büro- und Verwaltungstätigkeiten mit 23 Prozent die zweitgrößte Gruppe. Auffallend ist noch, dass die Zahl der Schülerinnen und Studentinnen mehr als doppelt so groß ist wie bei den Männern und dass der Beruf des Kaufmanns bzw. der Kauffrau bei den Frauen nicht vorkommt.

Angaben über Orte der Haft machten 1.080 der eingetragenen DPs (82 %). 231 der Registrierten, also rund 18 % der 1.311 eingetragenen DPs, gaben hier nichts an. Bei den 1.080 mit Eintrag ist in der Regel ein Ort registriert: ein Konzentrationslager bzw. Außenlager eines KZ (90 %) oder ein Zwangsarbeitslager (2 %) oder ein Getto (7 %). Doch meistens waren es mehrere Orte, die erlitten werden mussten. Insofern sind die Angaben hier nur ein Ausschnitt. Otto Schwerdt und sein Vater Max Schwerdt beispielsweise sind im Registerbuch mit Auschwitz als Haftort registriert. Diese „Metropole des Todes" (Otto Dov Kulka) war jedoch der erste Ort ihrer Deportation. Es folgten drei weitere Orte, der letzte das KZ Theresienstadt. Hier wurden sie am 8. Mai 1945 von der Roten Armee befreit.

Die meisten Angaben, 5 Prozent und mehr, entfallen auf die folgenden Konzentrationslager bzw. Mordstätten: Auschwitz oder drei seiner Außenlager (27 %), Groß Rosen oder eines von 19 Außenlagern (19 %), Buchenwald oder eines von 5 Außenlagern (13 %), Flossenbürg oder eines von 6 Außenlagern (7 %) und Majdanek (5 %). Insgesamt werden 23 Konzentrations- und Mordstätten angegeben, 43 Außenlager von KZs, 12 Ghettos und 11 Zwangsarbeitslager.

Im Regensburger Registerbuch ist auch ein Überlebender der Mordstätte Treblinka eingetragen: Uscher Josperstein, geb. 1907 in Polen, in Sokolow. Treblinka gehörte, neben Sobibor und Bełżec, zu den Mordstätten im Rahmen der „Aktion Reinhardt". Etwa zwei Millionen jüdische Männer, Frauen und Kinder, überwiegend aus Polen und der Ukraine, aber auch aus Deutschland und Österreich sowie 50.000 Roma wurden dort zwischen März 1942 und Oktober 1943 mit Giftgas erstickt. Treblinka überlebten etwa 60 Häftlinge nach einem Aufstand am 2. August 1943.[18]

Die 89 im Registerbuch angegebenen Leidensorte der Geretteten bilden, wenn auch unvollständig, das geographische Ausmaß der unsäglichen Verbrechen ab, die SS, deutsche Wehrmacht, die Einsatzgruppen, d. h. die mobilen Mordeinheiten des Sicherheitsdienstes (SD) und der Sicherheitspolizei sowie deutsche Polizeibataillone vor allem in den besetzten Gebieten Europas begangen haben.

---

[18] Vgl. u. a. Willenberg, Samuel: Treblinka, Hamburg/Münster 2009, S. 143 ff.

Auf zwei der Überlebenden und die Konsequenzen aus ihrem „Blick in den Abgrund" (Primo Levi), wird im Folgenden eingegangen.

Exkurs: Erinnerungen an Otto Schwerdt und Ruth Klüger

Otto Schwerdt und Ruth Klüger kamen als jüdische DPs nach Regensburg. Otto Schwerdt ist im Regensburger Registerbuch verzeichnet, Ruth Klüger ist dort nicht eingetragen. Beide haben über ihre Verfolgung und Inhaftierung in der Nazizeit geschrieben. Auffallend ist, dass sie ihre Berichte erst Jahrzehnte nach den Verfolgungen und KZ-Jahren verfassten, Otto Schwerdt mit 75 Jahren, Ruth Klüger mit 60 und 77 Jahren. Erst dieser Abstand ermöglichte es ihnen, die Belastung dieser Erinnerungen zu einem bewussten Teil ihres Lebens werden zu lassen. Denn mit ihren Publikationen setzten sie eine öffentliche Auseinandersetzung über ihre Erfahrungen mit der Verfolgung in der NS-Zeit in Gang. Beide richteten damit auch historisch-politische Erwartungen an ihre Leser und hatten einen jeweils eigenen Schwerpunkt.

Otto Schwerdt – unendliche Trauer, vielleicht ein Leben lang

Gemeinsam mit seiner Tochter Mascha, die 1957 in Regensburg geboren wurde, schrieb Otto Schwerdt seine Lebensgeschichte, die 1998 unter dem Titel „Als Gott und die Welt schliefen" erschien und weite Verbreitung erfuhr. Das Buch hatte zur Folge, dass Schwerdt sehr viele Einladungen zu Lesungen und Vorträgen in der ganzen Bundesrepublik erhielt, vor allem vor Schülern.

Der Titel des Buches entstand in Erinnerung an die Selektion auf der Rampe im Vernichtungslager Auschwitz-Birkenau. Die Einteilung der ankommenden Männer, Frauen und Kinder zum Leben oder zum Tod, ließ Otto Schwerdt an Gott zweifeln. Aber er scheute sich zu sagen: *Es gibt keinen Gott*. Für ihn war es so, dass *Gott schläft! Dass die Welt geschlafen hat* ....[19]

---

[19] Protokoll eines Gesprächs mit Otto Schwerdt am 11.09.2001 im alpha-Forum des Bayerischen Rundfunks: vgl. BR-Online, alpha-forum, Gäste von A–Z.

Otto Schwerdt wurde am 3. Januar 1923 in Braunschweig geboren. *Mein Vater, meine Mutter, meine ältere Schwester Meta, mein jüngerer Bruder Sigi und ich führten das Leben einer ganz normalen, ziemlich assimilierten jüdischen Familie,* erzählt er in seinen Erinnerungen.[20] Max Schwerdt, der Vater, stammte aus Pruchnik in Galizien, das in seinem Geburtsjahr 1898 zu Österreich – Ungarn gehörte und nach dem 1. Weltkrieg polnisch wurde. Die Mutter, Eti Udelsmann wurde 1896 ebenfalls in Galizien, in Peczenizyn geboren. Max Schwerdt und Eti Udelsmann wanderten nach Deutschland aus und heirateten hier 1920. Max Schwerdt baute in Braunschweig eine Textilhandlung auf.

Gerade in Braunschweig hatten die Nazis große Wahlerfolge und hier fand im Oktober 1931 der größte Aufmarsch rechter paramilitärischer Verbände in der Weimarer Republik statt, darunter zehntausende SA- und SS-Männer aus ganz Deutschland. In der Rathenaustraße, von der Wohnung seiner Eltern aus, sah der 8-jährige Otto Schwerdt erstmals Adolf Hitler: *Er fuhr in einem offenen Mercedes hinter einer Menschengruppe her.* Das weckte Otto Schwerdts Neugier, damals noch ohne Angst. 1932 wurde Hitler in Braunschweig zum Regierungsrat ernannt und erhielt die deutsche Staatsbürgerschaft.

Nachdem die Nazis 1933 die Verfassungsgrundlage der Weimarer Republik ausgehebelt hatten, grenzten sie mit einer Fülle von Gesetzen und Verordnungen die jüdische Bevölkerung immer mehr aus der deutschen „Volksgemeinschaft" aus. Die Familie Schwerdt versuchte der rasch wachsenden Diskriminierung durch einen Umzug in die Großstadt Berlin auszuweichen. Doch ein Jahr nach den rassistischen „Nürnberger Gesetzen", 1936, entschieden sich die Schwerdts in ihr Herkunftsland Polen zu ziehen. Sie wohnten in Kattowitz, denn dort wurde auch deutsch gesprochen.

Otto und sein Bruder Sigi fühlten sich in der neuen Umgebung sehr unwohl. Die Schwester war zunächst in Braunschweig bei einem Bruder der Mutter geblieben, um dort das Lyzeum abzuschließen. Die Eltern schickten die beiden Jungen zu den Großeltern mütterlicherseits nach Peczenizyn, einem jüdischen Schtetl, um sie an das Leben in Polen zu

---

[20] Schwerdt, Otto/Schwerdt-Schneller, Mascha: Als Gott und die Welt schliefen, Viechtach 1998, S. 13. Die folgende Darstellung beruht auf Otto Schwerdts Erinnerungen sowie auf dem Gesprächs-Protokoll, wie Anm. 19.

gewöhnen. Peczenizyn war, wie sich Otto Schwerdt erinnert, *wie auf einem anderen Stern.* Es gab kein elektrisches Licht, kein fließendes Wasser in den Häusern. Doch: *Ich spürte etwas Neues, das war das Leben als Jude inmitten von Juden.* Otto Schwerdt, 13 Jahre alt, besuchte die „Knabenschule" (Cheder) und da der Unterricht in Jiddisch erfolgte, lernte er Jiddisch, dazu Hebräisch. Die Großeltern brachten den beiden Enkeln auch etwas Polnisch bei. Otto Schwerdt erlebte, besonders durch den Großvater, *was ein Jude über seinen Glauben und das Leben wissen muss.* Bald konnte er den Talmud lesen. Otto Joshua Schwerdt, so sein vollständiger Name, beurteilte im Rückblick die Zeit bei den frommen, in ärmlichen Verhältnissen lebendenden Großeltern als ein *reiches Leben.* Hier fand er seinen Zugang zur jüdischen Religion.

Nach einem Jahr holten die Eltern die beiden Jungen zurück nach Kattowitz, wo Otto eine Malerlehre begann. Aus finanziellen Gründen zogen die Eltern nach Dombrowa (Dąbrowa Górnicza) bei Kattowitz. Dort war das Leben billiger. Die Schwester Otto Schwerdts kam ebenfalls nach Dombrowa, da die Nazis mittlerweile jüdischen Schülerinnen den Besuch des Braunschweiger Lyzeums untersagt hatten.

Am 3. September 1939 besetzte die deutsche Wehrmacht Dombrowa und errichtete Anfang der vierziger Jahre ein Getto, in das auch die Schwerdts gezwungen wurden. Damit begann eine Phase im Leben der Familie, die ausschließlich durch die Nazi-Verfolgung bestimmt war. Ihr Weg führte durch mehrere Gettos bis zur Deportation 1943 in die Mordstätte Auschwitz-Birkenau. *Meine Mutter Eti, meine ältere Schwester Meta und mein Bruder Sigi wurden ... in Auschwitz-Birkenau ermordet,* schreibt Otto Schwerdt in seinen Erinnerungen. Er und sein Vater schafften es schließlich der Hölle Auschwitz zu entkommen. Sie meldeten sich für einen Transport in das Lager Fünfteichen, einem Außenlager des KZ Groß-Rosen. Dieses wurde im Januar 1945 evakuiert, die Gefangenen von der SS auf einen Todesmarsch zum KZ Groß-Rosen getrieben und einen Monat später ins Lager Leitmeritz deportiert, das größte Außenlager des KZ Flossenbürg. Im April 1945 mussten sie zum KZ Theresienstadt marschieren, das Anfang Mai von der Roten Armee befreit wurde. Die Zeit des Hungerns, der Enge, des Gestanks, der Brutalitäten des Wachpersonals, des ständig gegenwärtigen Todes war vorüber. Wie Otto Schwerdt und sein Vater hatten auch sein Freund Schlamek Metz und dessen Vater überlebt.

Nach einer kurzen Rückkehr ins polnische Kattowitz kamen Otto Schwerdt und sein Vater 1946 nach Regensburg. Otto, 24 Jahre alt, konnte im Juli 1947 an der Oberrealschule in Weiden, heute Kepler-Gymnasium, mit seinem Freund Schlamek ein Notabitur absolvieren. Gemeinsam schrieben sie sich am 22. September 1947 an der Philosophisch-Theologischen Hochschule in Regensburg (PTH) für das Wintersemester 1947/48 ein.[21] Als Studienfach wählten beide Chemie.

Die PTH Regensburg konnte nach einer sechsjährigen Pause mit Erlaubnis der amerikanischen Militärregierung im November 1945 ihren Lehrbetrieb wieder aufnehmen. Sie war 1923 aus einem staatlichen Lyzeum hervorgegangen und blieb, den katholischen Fakultäten der Universitäten gleichgestellt, eine Ausbildungsstätte für „Priesteramtskandidaten". Die PTH bot auch naturwissenschaftliche Seminare an. 1939 war sie geschlossen worden.[22] Da die drei bayerischen Landesuniversitäten und die Technische Hochschule München dem Andrang von Studierenden nach 1945 nicht gewachsen waren, wurde die PTH Regensburg erweitert, damit sie Studierende aller Fachrichtungen zunächst für den Studienbeginn bzw. für zwei Semester aufnehmen konnte. Otto Schwerdt und Schlamek Metz nutzten diese Möglichkeit.

1948 kamen Gesandte des neu gegründeten Staates Israel auch nach Regensburg und suchten Teilnehmer für den Aufbau und die Verteidigung des Landes, das sich militärisch in großer Bedrängnis befand. Die UNO hatte im November 1947 einen Teilungsplan für das britische Mandatsgebiet Palästina verabschiedet, der die Gründung eines jüdischen und eines arabischen Staats auf dem Mandatsgebiet vorsah. Die Briten beendeten in der Nacht vom 14. auf den 15. Mai 1948 ihr Mandat, am Nachmittag des 14. Mai proklamierte David Ben Gurion, der spätere Ministerpräsident, in Tel Aviv den Staat Israel. Noch in der Nacht des 14. Mai marschierten Armeeeinheiten Ägyptens, Transjordaniens, Syriens, des Irak und des Libanon in Palästina ein, um die Gründung eines jüdischen Staats mit allen Mittel zu verhindern. Die arabischen Staaten

---

[21] Universitätsarchiv Regensburg (UAR), Matrikel-Kartei der PTH, Nr. 4262. Ich danke dem Leiter des Universitätsarchivs, Herrn Dr. Andreas Becker für die Unterstützung meiner Recherchen und die Abdruckerlaubnis des Fotos von Otto Schwerdt.
[22] Vgl. Zehrer, Martin: Die Entwicklung der Naturwissenschaften an der Philosophisch-Theologischen Hochschule Regensburg (1923–1968), in: Acta Albertina Ratisbonensia, Bd. 47 (1991), S. 169–205.

und die Vertretung der Palästinenser hatten den UNO-Teilungsplan nicht akzeptiert. Dieser erste Nahostkrieg endete 1949 mit dem militärischen Sieg des neugegründeten Staates Israel.

Otto Schwerdt, sein Freund Schlamek Metz und weitere drei junge Männer aus Regensburg meldeten sich zur Teilnahme am geheimen militärischen Ausbildungsprogramm der Hagana. Diese war eine militärische Organisation, die während der britischen Mandatszeit in Palästina als Verteidigungsorganisation gegründet worden war. Nach der Gründung Israels wurde sie in die israelische Armee überführt. Mit ihrer Meldung beendeten Otto Schwerdt und Schlamek Metz ihr Chemie-Studium. *Für uns war klar, wir tun es für das jüdische Volk, um zu verhindern, dass so etwas wie die Shoah wieder passiert*, erklärte Otto Schwerdt seinen Entschluss.[23]

Die fünf jungen Männer aus Regensburg wurden in Geretsried, südlich von München, trainiert. *Wir lernten den Umgang mit Waffen, hauptsächlich mit Stöcken und Messern, denn scharfe Waffen hatten wir nicht.* Nach Abschluss des Lehrgangs wurden sie nach Israel gebracht, wo sie im Juni 1948 ankamen und sofort am Unabhängigkeitskrieg Israels teilnahmen. *Ich wurde als Fahrer eingesetzt und direkt an die Front beordert*, berichtet Otto Schwerdt über seinen Einsatz in der neu gegründeten israelischen Armee. Sein Freund Schlamek Metz, der an anderer Stelle eingesetzt wurde, fiel noch im Jahr 1948.

Otto Schwerdt lebte bis 1954 in Israel, heiratete und bekam zwei Kinder. Als sein Vater 1954 schwer erkrankte, kehrte er mit seiner Familie nach Regensburg zurück. In Regensburg wurde 1957 seine Tochter Mascha geboren. Im Frühjahr 1955 starb sein Vater, der als Displaced Person nach Regensburg gekommen war und hier mit seiner zweiten Frau Rachela eine Schrotthandlung und Metallschmelze aufgebaut hatte. Otto Schwerdt führte mit seiner Stiefmutter diesen Betrieb weiter bis 1996, bis zu dessen Auflösung.

Gemeinsam mit Hans Rosengold, seinem Kollegen im Vorstand der Jüdischen Gemeinde Regensburg, prägte Otto Schwerdt über Jahrzehnte das Bild der Gemeinde in der Öffentlichkeit. Von 1996 bis 2007

---

[23] Gespräch mit Otto Schwerdt in Tobias, Jim G.: „Sie sind Bürger Israels" – Die geheime Rekrutierung jüdischer Soldaten außerhalb von Palästina/Israel 1946 bis 1948, Nürnberg 2007. Die Zitate, a.a.O., S. 109.

war er zudem Vorsitzender des Landesausschusses des Landesverbandes der Israelitischen Kultusgemeinden in Bayern. Für seine Erinnerungsarbeit erhielt Schwerdt vielfache Auszeichnungen, auch das Bundesverdienstkreuz. Otto Schwerdt starb nach einem schweren Sturz im Dezember 2007, kurz vor seinem 85. Geburtstag und wurde auf dem jüdischen Friedhof an der Schillerstraße in Regensburg beerdigt. Im März 2009 erhielt die Ganztagshauptschule in Regensburg-Burgweinting in einer feierlichen Veranstaltung den Namen Otto-Schwerdt-Schule, heute Otto-Schwerdt-Mittelschule. An dieser Feier konnte auch noch Otto Schwerdts Witwe, Gela Schwerdt, teilnehmen.

Otto Schwerdt

Otto Schwerdt signierte seine Bücher mit dem Satz: *Die Erinnerung ist eine Pflicht gegenüber den Toten*. Damit betonte er das Motiv seiner unermüdlichen Vermittlungsarbeit: die Erinnerung an die Ermordeten, als eine Pflicht der Nachgeborenen. Für ihn war die heutige nichtjüdische Generation in Deutschland nicht schuldig an der Shoa, vielmehr erwartete er von ihr, Verantwortung dafür zu übernehmen, dass die Erinnerung an die mörderische Politik des Nationalsozialismus nicht verdrängt wird und die Ermordeten nicht vergessen werden, ihrer immer wieder neu gedacht wird als eine bleibende Verpflichtung.

Ruth Klüger: Den Mord an Vater und Bruder kann man nicht verzeihen

In ihren Erinnerungen „Weiter leben – Eine Jugend", erschienen 1992, reflektiert Ruth Klüger die Zeit der Verfolgung und Haft in den Konzentrationslagern bis zur Befreiung und der Ausreise 1947 in die USA. In dem 2008 veröffentlichten Buch „Unterwegs verloren" schreibt sie über ihr Leben in den USA unter der Belastung durch die Erinnerungen an die Nazi-Zeit. Beide Bücher schrieb sie in den USA in deutscher Sprache.

Ruth Klüger wurde am 30. Oktober 1931 in Wien geboren. *Meine Muttersprache ist das wienerische Hochdeutsch der jüdischen Mittelklasse,* schreibt sie in „Unterwegs verloren". *Wien, hier habe ich einmal dazugehört und gleichzeitig wurde mir und den Meinen auf unvorstellbare Weise klargemacht, dass wir nicht dazugehörten,* fasst sie die Erlebnisse ihrer Kindheit zusammen.[24] 1937 wurde sie eingeschult und im Jahr darauf, im März 1938, erfolgte der „Anschluss" Österreichs an das nationalsozialistische Deutschland. *Dieses Wien, aus dem mir die Flucht nicht geglückt ist, war ein Gefängnis, mein erstes,* charakterisiert sie die Zeit nach 1938.[25]

Sie erlebte eine wachsende Zahl von Einschränkungen und Entwürdigungen durch die judenfeindliche Nazipolitik. Schließlich verließ sie die jüdische Schule, die sie zuletzt besuchte, es war die achte nach vier Jahren Schulbesuch. Was ihr blieb war *nur einsames Lesen.* Sie lernte eine Unmenge von Gedichten auswendig. Noch heute könne sie Schillers Balladen auswendig. Dieser Gedächtnis-Besitz half ihr später mit, die KZ-Haft geistig und psychisch zu überleben.

Ihre Familie war sozialdemokratisch eingestellt, ihr Vater praktizierte als Frauenarzt und verlor nach dem Einmarsch der Deutschen seine Zulassung. Er durfte nur noch jüdische Frauen behandeln. Die Eltern wurden schließlich gezwungen, die Wohnung im siebten Bezirk zu verlassen. Die Familie zog zu Verwandten. Ein Halbbruder Ruth Klügers lebte in der Tschechoslowakei, in Prag. Der Vater Ruth Klügers wurde 1940 wegen Abbruch einer Schwangerschaft verhaftet, aber wieder freigelassen mit der Auflage, innerhalb einer Woche das Land zu verlassen. Er floh über Italien nach Frankreich. Ruth Klüger erhielt nach dem Krieg den Bescheid, dass ihr Vater 1944 mit einem Transport von 900 jüdischen Männern aus Frankreich ins Baltikum deportiert und dort, wahrscheinlich in Riga, ermordet wurde. Auch ihr Halbbruder wurde, 17 Jahre alt, ermordet.

Ruth Klügers Mutter hatte sich vor der Freilassung ihres Mannes verpflichtet, die fällige Reichsfluchtsteuer zu zahlen. Es gelang ihr jedoch nicht, das für die Ausreise notwendige Geld zu beschaffen, da der gesamte Besitz der Familie gesperrt war. Im September 1942, kurz vor

---

[24] Klüger, Ruth: unterwegs verloren – Erinnerungen, Wien 2008, S. 195 ff..
[25] Klüger, Ruth: weiter leben – Eine Jugend, München [13]2005, S. 19.

ihrem 11. Geburtstag, wurden Ruth Klüger und ihre Mutter in das KZ Theresienstadt deportiert, im Mai 1944 nach Auschwitz-Birkenau in das „Theresienstädter Familienlager". Eine „Lüge" über ihr wahres Alter rettete Ruth vor der Gaskammer. Sie gab bei der Selektion arbeitsfähiger Jüdinnen für einen Transport in das KZ Christianstadt im Juni 1944 an, 15 Jahre alt zu sein. Sie war zu diesem Zeitpunkt 12 Jahre. Gemeinsam mit der Mutter kam sie in das KZ Christianstadt, einem Außenlager des KZ Groß-Rosen in Niederschlesien. Im Februar 1945 wurde das KZ Christianstadt geräumt, die Frauen auf einen Todesmarsch zum KZ Bergen-Belsen getrieben. Nach zwei Tagen gelang Mutter und Tochter die Flucht. Sie gaben sich als Flüchtlinge aus und kamen schließlich nach Straubing. Hier erlebten sie das Kriegsende. Nach der ständigen Todesangst in den KZ-Lagern, nach unerträglichem Hunger und Schwerstarbeit, waren sie frei. In einem Interview 2017 erzählt Ruth Klüger, dass der Sommer 1945 eine Zeit war, in der sie richtig glücklich war:

Ich war frei, die Sonne schien und alles blühte wie verzaubert. In dieser Zeit erfuhr [ich] eine Ausweitung des Lebens, wie ich sie nie vorher und nie nachher erlebt habe. Dieser Sommer steckt in mir, er hat mir Kraft gegeben. Aber, schränkt sie ein: ein Teil von dir ist in den Lagern geblieben, du gehörst zu einer anderen Welt.[26]

In Straubing wohnten die Klügers im Stadtgraben. Ruth Klüger wollte unbedingt das Abitur nachholen und im Dezember 1946 konnte sie ein Notabitur an der „Deutschen Oberschule" ablegen, dem Vorläufer des heutigen Straubinger „Anton-Bruckner-Gymnasium". Ihre Mutter fand bei der UNRRA in Regensburg Arbeit. Ruth Klüger zog ebenfalls nach Regensburg, mietete ein Zimmer und begann an der Philosophisch-Theologischen Hochschule ein Studium in Philosophie und Geschichte.

Am 29. April 1947 meldete sie sich an und belegte „Logik und Erkenntnistheorie" sowie „Geschichte der mittelalterlichen Philosophie" bei Josef Engert; „Weltgeschichte zu Beginn der Neuzeit" bei Anton Ernstberger.[27] *Dass sie allesamt Nazis waren, hat man erwartet*, erinnert

---

[26] Michaelsen, Sven: „Ich habe nicht überlebt, ich gehöre zu den toten Kindern", Interview mit Ruth Klüger, in: Süddeutsche Zeitung Magazin, Nr. 24: 16.06.2017, S. 12–20, hier S. 20 u. S. 19.
[27] Universitätsarchiv Regensburg (UAR), Matrikel-Kartei der PTH, Nr. 2167. Ich danke dem Leiter des Universitätsarchivs Regensburg, Herrn Dr. Andreas Becker und Ruth Klüger für die Abdruckerlaubnis des Fotos.

sich Ruth Klüger[28]. 1947 fragte sie sich, *wie diese Herren uns noch vor zwei Jahren behandelt hätten.* Für die jüdischen Studierenden war es eine schwer erträgliche Situation, *dass sie sich den Lehrenden, den entlarvten Unterdrückern, als Lernende ... unterordnen mussten.*[29]

Josef Engert, ein entschieden antidemokratischer, völkischer und antisemitischer Katholik, hat seine enge Einpassung in den Nationalsozialismus, ohne Mitglied der NSDAP zu werden, nach 1945 geschickt verdeckt.[30] Der Historiker Anton Ernstberger trat 1940 in die NSDAP und den NS-Dozentenbund ein und wurde 1944 Direktor eines der Institute der „Reinhard-Heydrich-Stiftung". Reinhard Heydrich, Leiter des Reichssicherheitshauptamts (RSHA), war seit 1941 maßgeblicher Planer und Organisator der Ermordung der jüdischen Bevölkerung. Die Reinhard-Heydrich-Stiftung, „Reichsstiftung für wissenschaftliche Forschung", wurde 1942, nach dem geglückten Attentat auf Heydrich, gegründet und eng an das Reichssicherheitshauptamt angebunden. Sie sollte die „Germanisierung" der überfallenen und besetzten Ostländer „wissenschaftlich" begleiten und unterstützen.[31] Dozenten wie Engert und Ernstberger waren das Lehr-Personal, dem sich die jüdischen Studierenden in Philosophie und Geschichte an der PTH gegenübersahen.

Während des Semesters 1947 lernte Ruth Klüger den Mitstudenten Martin Walser kennen, mit dem sie und später auch mit seiner Familie

Ruth Klüger, 1947

---

[28] Auskunft Ruth Klüger 2016.
[29] Klüger, Ruth: weiter leben, wie Anm. 25, S. 210.
[30] Werner, Robert: Braune Flecken auf dem Priesterrock. Studien zur Verleugnung und Verdrängung der NS-Vergangenheit der Regensburger Theologen Josef Engert, Rudolf Graber und Theobald Schrems, Regensburg 2015, S. 13–72.
[31] Wiedemann, Andreas: „Die Reinhard-Heydrich-Stiftung als Beispiel nationalsozialistischer Wissenschaftspolitik im Protektorat", in: Brenner, Christiane u. a. (Hrsg.): Geschichtsschreibung zu den böhmischen Ländern im 20. Jahrhundert, München 2006, S. 162.

eine *immer etwas heikle* Freundschaft verband. Diese endete 2002 mit dem Erscheinen von Walsers Roman „Tod eines Kritikers". Dieses Buch verzeihe sie ihm nie, hält sie in „Unterwegs verloren" fest und in einer ausführlichen Rezension in der „Frankfurter Rundschau", zugleich ein öffentlicher Brief an Walser, stellt sie fest, dass seine Darstellung des *widerlichen Kritikers als Juden* das alte antisemitische Bild von der *zerstörenden Macht der Juden im deutschen zeitgenössischen Geistesleben* meint.[32]

Am 15. Juli 1947 meldete sich Ruth Klüger an der PTH ab. Sie fuhr mit ihrer Mutter in die USA. Dort gelang ihr nach der Überwindung vieler Hindernisse und Widerstände, die sie als Frau und als Jüdin im amerikanischen Wissenschaftsbetrieb erlebte, eine Karriere als Germanistin und Literaturwissenschaftlerin.[33] Heute lebt sie in Irvine in Kalifornien.

Ruth Klüger versteht ihre Erinnerungen nicht als Versöhnungsangebot. Vielmehr möchte sie ihre Leser davon abhalten aufzuatmen und sich mit ihr zu freuen, dass ihr nicht mehr die Gaskammer drohe, dass sie heute mit uns *das Happy-End einer Nachkriegswelt* teile. Man könne nicht die Überlebenden gegen die Toten aufrechnen bzw. von den Opfern abziehen, stellt sie fest. Denen sei mit solch einem *Trick emotionaler Algebra* nicht geholfen, denn auch die Überlebenden bildeten keine Gemeinschaft mit den Ermordeten. Zwischen Deutschland, den nichtjüdischen Deutschen und den Überlebenden der Shoa bleibe, bei aller Annäherung und der vielen Bemühungen um Bearbeitung der vielfältigen Verbrechen der Nazi-Zeit, eine unüberwindliche Fremdheit. Die Lagerexistenz, das Sterben im Lager, der Erstickungstod in den Gaskammern und die Sorglosigkeit des Lebens außerhalb, das geschah beides gleichzeitig. Diese so ungleichen Vergangenheiten lassen sich nicht versöhnen, ist Ruth Klüger überzeugt. Zwar stellt sie für sich fest: *Auf dem Galgenplatz blüht jetzt der* Flieder.[34] Aber es gelte auch nach Jahrzehnten der Annäherung und Verständigung, die Inkongruenz auszuhalten.

---

[32] Klüger, Ruth: unterwegs verloren, wie Anm. 24, S. 171. Die Rezension ist im Buch abgedruckt, S. 170–176.
[33] Vgl. dazu Klüger, Ruth: "unterwegs verloren", wie Anm. 24.
[34] Klüger, Ruth: Zerreißproben. Kommentierte Gedichte, hier aus dem Gedicht „Heldenplatz", München 2016, S. 40.

Der unüberwindliche historische Bruch in der deutschen Geschichte sollte gerade uns, die wir auf der anderen Seite der Erinnerung stehen, von sorglosen Heimatgefühlen abhalten, fordert sie.[35]

Die Warnung, der Sehnsucht nach Normalität nachzugeben, vertieft sie in einer Reihe von Veröffentlichungen wie in dem Essayband „Katastrophen", der zwei Jahre nach „Weiter leben" erschien. Hier spürt sie in acht Aufsätzen über die Schriftsteller Thomas Mann, Adalbert Stifter, Heinrich Kleist und Gotthold Ephraim Lessing dem dort erkennbaren Untergrund kommender Katastrophen nach. Außerdem weist sie mit Fragen nach dem Antisemitismus in der deutschen und österreichischen Nachkriegsliteratur und deren Darstellung von Juden auf die *ungute* Kontinuität bei einer Reihe von Nachkriegsautoren hin.[36]

Gründung der Jüdischen Gemeinde Regensburg

Nach der Gründung des Staates Israel und nachdem die USA ihre Einwanderungsbestimmungen gelockert hatten, verließen die meisten jüdischen DPs Regensburg. Ihre Einrichtungen und Organisationen wurden aufgelöst, am 31. Juli 1950 die „Jewish Community – Jüdische Gemeinde Regensburg". Unmittelbar danach erfolgte am 1. August die Gründung der Jüdischen Gemeinde Regensburg. Es waren nur wenige deutsche Juden, fast alle keine Regensburger, es waren zum größten Teil polnische DPs, die 1950 die Gemeinde in Regensburg gründeten.

Diese DPs blieben aus unterschiedlichen Gründen in Regensburg: Sie hatten in der „Wartezeit" geheiratet und sich eine berufliche Existenz aufgebaut, sie hatten gesundheitliche Probleme oder sie fühlten sich aufgrund ihres hohen Alters nicht mehr in der Lage, noch einmal den langen, beschwerlichen Weg einer Auswanderung in die USA oder nach Israel auf sich zu nehmen. In die Gründung der Jüdischen Gemeinde Regensburg ging aber auch die, letztlich vergebliche Bestrebung ein, die Israelitische Kultusgemeinde Regensburg wieder zu gründen.[37] Die

---

[35] Klüger, Ruth: weiter leben, wie Anm. 25, S. 140 ff.
[36] Klüger, Ruth: Katastrophen. Über deutsche Literatur, München 1997 (zuerst Göttingen 1994). Siehe auch Ruth Klügers Gedichtband: Zerreißproben, München 2016.
[37] Vgl. dazu Roman Smolorz, wie Fußnote 9, S. 30 ff.

Jüdischen Gemeinde Regensburg[38]	
1950	288
1951	244
Febr. 1952	186
Okt. 1952	150
1979	140
1989	117
2000	562
2016	999

Jüdische Gemeinde Regensburg trat dem 1947 gegründeten „Landesverband der Israelitischen Kultusgemeinden in Bayern" bei. Von den 200 jüdischen Gemeinden in Bayern 1933, entstanden nach 1945 zunächst wieder 12. Im Jahr 1997 kam die neugegründete Jüdische Kultusgemeinde Erlangen hinzu.

Der erste Vorstand der neuen jüdischen Gemeinde bestand aus sechs Personen, welche die damalige Situation widerspiegeln: Josef Ciecierski, Max Hirsch, Markus Kalfus, Chaim Schwerdt, Chaim Pommeranz und Dr. Marian Rottenberg stammten aus Polen oder aus dem von Preußen annektierten Teil Polens vor 1918.[39] Max Hirsch, 1895 in der Nähe des damals preußischen Posen geboren, hatte von 1933 bis 1940 in Regensburg gelebt und war aus dem Exil in Shanghai zurückgekehrt. Der Rabbiner der neuen jüdischen Gemeinde, Yakob Simcha Avidor, der aus Israel stammte, war zuvor, seit 1949, der Rabbiner der Jewish Community gewesen.

Der neugegründete Staat Israel gab der überwiegenden Mehrheit der nach 1950 in Regensburg verbleibenden Juden die notwendige Lebenssicherheit. Denn sie erlebten über Jahrzehnte ein gesellschaftliches Umfeld, das die Verbrechen der Nazi-Zeit verdrängte, sie vergessen wollte und die Täter schonte oder entlastete. Immer wieder erfuhr die Jüdische Gemeinde zudem versteckte oder offene antisemitische Anfeindungen – bis heute.[40]

---

[38] Zusammengestellt nach Habenstein, wie Fußnote 7, S. 103; Zentralwohlfahrtsstelle der Juden in Deutschland (ZWST): Auszüge aus der Mitgliederstatistik der einzelnen jüdischen Gemeinden und Landesverbände in Deutschland per 1. Januar 2001 und ZWST: Mitgliederstatistik der jüdischen Gemeinden und Landesverbände in Deutschland für das Jahr 2016. URL: www.zwst.org/de/service/mitgliederstatistik.
[39] Josef Ciecierski, Chaim Schwerdt und Marian Rottenberg sind im Regensburger Registerbuch verzeichnet. Vgl. auch Angerstorfer, Andreas, wie Anm. 8, S. 99 und Roman Smolorz, wie Anm. 9, S. 34 u. S. 58 f.
[40] Über die weitere Entwicklung der Gemeinde s. die Artikel von Hans Rosengold und Waltraud Bierwirth in diesem Buch.

Sabine Koller

Der jiddische Autor Mendl Man in Regensburg, 1946–48

> DP. Displaced Persons. Platzlose Menschen. Wir hassten dieses Wort. [...]
> Die Menschen, die man als DPs bezeichnete, steckten in einer Bruchstelle von Raum und Zeit fest. Man sollte sich an sie erinnern und sie wertschätzen.
>
> Benjamin Harshav[1]

Regensburg in der unmittelbaren Nachkriegszeit: Tausende von jüdischen Überlebenden, so genannte *Displaced Persons* (DPs), versuchen im Land der Täter einen Neuanfang. Sie sind Teil der mehreren Millionen Flüchtlinge, die nach dem Ende des Zweiten Weltkrieges quer durch Mittel- und Osteuropa ziehen. Laut der *UNRRA*, der *United National Relief and Rehabilitation Administration*, kehren bis zum Herbst 1945 sechs bis sieben Millionen DPs in ihre Herkunftsländer zurück. Dennoch bleiben ca. 1,2 Mio DPs in der englischen, amerikanischen und französischen Besatzungszone heimatlos.[2]

Zwischen der deutschen Kapitulation und der Gründung der Bundesrepublik Deutschland schwankt die Zahl der jüdischen *Displaced Persons* in den Besatzungszonen zwischen 50.000 im Mai 1945 und –

---

[1] Harshav, Benjamin (mit H. Binyomin): Erinnerungsblasen, in: Lewinksy, Tamar (Hrsg.): Unterbrochenes Gedicht. Jiddische Literatur in Deutschland 1944–1950, München, 2011, S. VIII-IX. (Aus dem Jiddischen übersetzt von Tamar Lewinsky und Charles Lewinsky). (= Studien zur Jüdischen Geschichte und Kultur in Bayern, 7)

[2] Finder, Gabriel N.: Toward a Broader View of Jewish Rebuilding after the Holocaust, in: The Social Scientific Study of Jewry: Sources, Approaches, Debates: Studies in Contemporary Jewry, An Annual 27, New York 2014. S. 252. Zur Geschichte der DPs in Deutschland allgemein siehe Königseder, Angelika/Wetzel, Juliane: Lebensmut im Wartesaal. Die jüdischen DPs im Nachkriegsdeutschland, Frankfurt a. M. 1994; Brenner, Michael: Nach dem Holocaust. Juden in Deutschland 1945–1950, München 1995; Mankovitz, Zeev: Life between Memory and Hope: The Survivors of the Holocaust in Occupied Germany, Cambridge u. a., 2002; Feinstein, Margarete Myers: Holocaust Survivors in Postwar Germany, 1947–1957, New York Press, 2010.

[3] Gutman, Israel (Hrsg.), Jäckel, Eberhard u. a. (Hrsg. der dt. Ausgabe): Enzyklopädie des Holocaust, Bd. 1, München u. a. 1995, S. 346. Die Zahl deutscher Juden, die überleben können, liegt bei ca. 28 000; Finder 2014, wie Anm. 2, S. 252.

dies die ungefähre Schätzung für Ende 1946 – 185.000.[3] Ein deutlicher Anstieg ist von April bis Oktober 1946 zu verzeichnen: In dieser Zeit wächst die jüdische Bevölkerung in der amerikanischen Besatzungszone auf über 140.000 Personen an. Bis Ende 1947 ist jede vierte DP jüdischer Herkunft.[4] Der Grund für diesen rasanten Anstieg ist die unsichere, ja judenfeindliche Situation insbesondere in Polen und auf dem Balkan, die Zehntausende von Juden zur Flucht bewegt.[5]

In München, Stuttgart und Ulm, in Landsberg, Bergen-Belsen und Föhrenwald, in Zeilsheim und weiteren, vom Krieg weitgehend verschonten deutschen Städten und Dörfern wird der „Rest der Geretteten", die *Sche'erit Hapleta* (in Jiddisch *Sheyres ha-pleyte*), (vgl. I Chronik 4,43, Esra 9,15 und Jeremia 31,7) in so genannten *Displaced-Persons-Lagern* untergebracht. In Regensburg und Umgebung leben Anfang 1948 in 22 solcher *DP-Lager* circa 16.000 Juden.[6] Unter ihnen ist der jiddische Schriftsteller, Journalist und Maler Mendl Man (1916–1975).[7]

1. Stationen eines Wanderlebens[8]

Mendl Man wird am 6. Dezember 1916 in der nordwestlich von Warschau gelegenen Stadt Płońsk geboren. (Aus diesem Ort kommt übrigens auch der spätere israelische Ministerpräsident David Ben Gurion.) Sein Vater stammt aus einer Familie von Thora-Schreibern. Mütterli-

---

[4] Finder 2014, wie Anm. 2, S. 252.
[5] Lavsky, Hagit: The Experience of the Displaced Persons in Bergen-Belsen: Unique or Typical Case?, in: Patt, Avinoam J./Berkowitz, Michael (Hrsg.): "We Are Here". New Approaches to Jewish Displaced Persons in Postwar Germany, Detroit 2010, S. 227–257.
[6] Angerstorfer, Andreas: Chronik der Verfolgung: Regensburger Juden während des Nationalsozialismus, in: Brenner, Michael/Höpfinger, Renate (Hrsg.): Jüdisches Leben in der Oberpfalz, München 2009, S. 196. Zur Situation jüdischer DPs in Regensburg s. den Beitrag von Klaus Himmelstein im vorliegenden Band.
[7] Im Folgenden gemäß seiner jiddischen Schreibung als Mendl Man. Es findet sich auch die ‚eingedeutschte' Schreibung Mendel Mann. Man signierte so in lateinischer Schrift einige seiner Zeichnungen und Aquarelle. Generell wird für Umschriften des Jiddischen die YIVO-Tranliteration benutzt. Demnach werden „ay/ey/oy" als „aj/ej/oj", „kh" als „ch", „sh" als stimmloses „sch" und „zh" als stimmhaftes „sch" (wie in „Garage") ausgesprochen.
[8] Die biographischen Daten stammen aus französischen, englischen und jiddischsprachigen jüdischen Enzyklopädien, aus Lewinsky, 2011, wie Anm. 1, S. 166, aus persönlichen Dokumenten Mendl Mans und Auskünften von Mendl Mans Sohn Zvi.

cherseits sind Mans Vorfahren aus Holland nach Polen gekommen, bauten Mühlen und arbeiteten später als Bauern. Früh offenbart sich Mendl Mans literarisches und künstlerisches Talent. Letzteres teilt er mit seinem Bruder Wolf, von dem später nur ein Bild erhalten bleibt. 1938 wird Mendl Man in die Warschauer Akademie der Bildenden Künste aufgenommen. Doch der Überfall Nazi-Deutschlands auf Polen am 1. September 1939, der den Beginn des Zweiten Weltkriegs markiert, zerstört alle Pläne und Hoffnungen.

Mendel Man

Mendl Man flieht über Brest-Litowsk in die UdSSR. In Tienguschai, einer kleinen Ortschaft an der Wolga nahe des in der Republik Mordwinien gelegenen GULag Potma, arbeitet Mendl Man zunächst als Lehrer und Bauer. Diese Zeit und dieser Ort erscheinen in seinen späteren Texten, ob in Lyrik oder Prosa, als Idylle, als Hort eines verlorenen Paradieses. Mendl Man heiratet am 18. Januar 1941 Sonja Stolar. Am 1. Februar 1942 kommt sein Sohn Zvi auf die Welt.

Mendl Man erlebt als Rotarmist die Belagerung Moskaus und die Befreiung Berlins mit. Aufgrund seiner Sprachkenntnisse übernimmt er laut Aussage von Zvi Man Berater- und Übersetzertätigkeiten im Umfeld von General Schukow, Stalins rechter Hand. 1945 kehrt Man nach Polen zurück. Weder in seiner Heimatstadt noch in Warschau kann er überlebende Angehörige finden. Seine ganze Familie wurde während der Schoa ausgelöscht. Den Schmerz ob des Verlustes versucht er in Gedichten zu bewältigen.

Mendl Man lässt sich mit Frau und Kind in Łódź nieder. Der 130 km westlich von Warschau gelegene Ort, während des Krieges Sitz des Ghettos Litzmannstadt, nimmt in der unmittelbaren Nachkriegszeit Tausende von jüdischen Überlebenden auf. 1946 leben hier um die 57.000 Juden (bei der Befreiung der Stadt durch die Rote Armee sind es gerade einmal 977). In Łódź, das im Unterschied zum komplett zerstörten Warschau relativ unversehrt geblieben ist, herrscht eine Atmosphäre zwischen Hoffnung und Verzweiflung. Die Stadt ist Stützpunkt wichtiger jüdischer Institutionen und Organisationen. Zionisten, Sozialisten und Bundisten, also Anhänger der jüdischen Arbeiterbewegung, finden sich ein. Hier versuchen viele Juden einen Neuanfang. Kooperativen für Schneider, Schuster, Zimmerer und andere Handwerker entstehen. Es gibt ein jüdisches Kinderheim und zwei jüdische Schulen, eine hebräische und eine jiddische. In der jiddischsprachigen Y.L. Peretz-Schule arbeitet Mendl Man als Lehrer. Zugleich steht er der Bildungsabteilung des Jüdischen Komitees vor.[9]

Łódź avanciert nach der Schoa zu einem Zentrum des kulturellen Wiederaufbaus. Die erste jiddischsprachige Zeitung der Nachkriegszeit, *Dos naye lebn* (Das neue Leben), herausgegeben vom Zentralkomitee der polnischen Juden, erscheint hier von 1945 bis 1950. Das jiddische Theater und der jiddische Film blühen wieder auf. Mit *Undzere kinder* (Unsere Kinder) dreht die jüdische Film-Kooperative von Łódź den letzten jiddischsprachigen Streifen in Polen. Unter den Schriftstellerinnen und Schriftstellern finden sich neben Mendl Man so Bedeutende wie Rachel Auerbach, Rachel Korn, Abraham (Avrom) Sutskever und Chaim Grade.[10]

All das gibt Hoffnung, für Mendl Man und all diejenigen, die ebenfalls überlebt haben. Doch in Polen grassiert der Antisemitismus. Er kulminiert im Pogrom von Kielce. In diesem 100 km nordöstlich von Krakau gelegenem Ort ereignet sich am 4. Juli 1946 das mit 42 Toten bedeutendste Nachkriegspogrom Polens.[11] Mit Zehntausenden anderen Juden verlassen die Mans unter dem Schock der Ereignisse Polen. Über weite Strecken zu Fuß kommen sie – Mendl Man trägt seinen Sohn in einem Rucksack – via Böhmen nach Regensburg.[12] Im Verzeichnis der jüdischen

---

[9] Die Informationen zum jüdischen Leben in Łódź dieser Zeit stammen aus der Studie des 1935 geborenen Historikers und Holocaust-Überlebenden Redlich, Shimon: Life in Transit. Jews in Postwar Lodz, 1945–1950, Boston 2010.
[10] Redlich 2010, wie Anm. 9, S. 64–75. Eine Mitarbeit Mendl Mans bei der Zeitung *Dos naye lebn* konnte nicht festgestellt werden.
[11] Die Ereignisse sind minutiös aufgearbeitet bei Gross, Jan: Angst. Antisemitismus nach Auschwitz in Polen, Berlin 2012 (engl. Original von 2006).
[12] Siehe hierzu Zvi Mans autobiographische Erzählung Khumi asa alija (Chumi macht Alija [immigriert nach Israel], S.K.), Ramat Gan 2010 (hebräisch).

DPs, die sich 1945 und 1946 in Regensburg gemeldet haben, findet sich das Ehepaar Man – mit Falkenstein als Wohnsitz, wo laut dem Verzeichnis der Jüdischen Gemeinden ca. 20 jüdische DPs registriert waren.[13] Doch wird Mendl Man zunächst mit Frau und Kind isoliert im Schloss Wörth a. d. Donau einquartiert. Aufgrund seiner Kenntnisse der Sowjetarmee wird er streng bewacht und muss nächtliche Unterredungen mit der amerikanischen Armee führen. Regensburg und Umgebung sind in dieser Zeit voll mit amerikanischen, aber auch mit sowjetischen Geheimagenten.[14] Parallel ist Mendl Man schriftstellerisch und journalistisch tätig. Als einer der Haupt-Redakteure wird er eine tragende Säule der jiddischen DP-Zeitschrift *Der najer moment* (Der neue Moment), die von März 1946 bis November 1947 in Regensburg erscheint.

Mendl Man bleibt nicht. Für ihn gibt es im Land des Amalek (Lucy Dawidowicz) keine Zukunft. 1948 wandert er mit seiner Familie nach einem längeren Aufenthalt in München und einem ersten fehlgeschlagenen Versuch über Marseille nach Israel aus.[15] Er lässt sich in Jasur bei Jaffa nieder und lebt als Bauer. Von 1949 an arbeitet er für die wichtigste jiddische Literaturzeitschrift nach der Schoa, *Di goldene keyt* (Die goldene Kette). Geleitet wird sie von Abraham (Avrom) Sutskever, der das Ghetto in Wilna überlebt, mit der so genannten Papierbrigade jüdische Bücher vor den Nazis rettet und zum bedeutendsten jiddischen Dichter des 20. Jahrhunderts wird. Doch Israel ist Mendl Man und seiner Muttersprache Jiddisch, die systematisch unterdrückt wird, keine Heimat. 1961 verlässt er – ohne Frau und Sohn – das Land. Er zieht nach Paris, wo er weiterhin als Autor, Journalist und Maler tätig ist. Er gibt die Zeitung *Undzer vort* (Unser Wort; 1944–1996) heraus und schreibt für zahlreiche jiddische Zeitungen und Zeitschriften in aller Welt. Mendl Man korrespondiert mit Joseph Opatoshu, Isaak Bashevis Singer, Avrom

---

[13] Ich danke dem Herausgeber des Bandes für diesen Hinweis.
[14] Vgl. das Radio-Feature zur „kleinen Ukraine" vom 14.02.2016; http://www.br.de/radio/bayern2/bayern/land-und-leute/regensburger-ganghofersiedlung–1945–1949-berlinger102.html; 4.1.2017.
[15] Laut Aussage von Zvi Man war die Familie an Bord der berühmten *Exodus*, die im Juli 1947 Palästina ansteuerte. Den ca. 4.500 Juden wurde von der britischen Mandatsregierung die Einreise verboten. Sie wurden nach Europa zurückgeschickt und mussten schließlich in Hamburg an Land gehen.

Sutskever, Schimon Peres oder Elie Wiesel. In Paris lernt er Manès Sperber und Marc Chagall kennen, der für seinen Erzählband *Der shvarter demb* (Die schwarze Eiche, 1969) eine Illustration beisteuert. Am 29. August 1975 stirbt Mendl Man im Alter von 58 Jahren. Er liegt im Kibbuz Kefar Giladi auf den Golan-Höhen begraben.

2. Ein Schriftsteller mit vielen Gesichtern

Mendl Mans schriftstellerische Anfänge liegen vor allem in der Lyrik. Neben Erzählungen und Essays erscheinen ab Mitte der 1930er Jahre verstreut seine Gedichte in jiddischen Zeitungen Polens wie *Literarishe bleter* (Literarische Blätter), *Arbeter tsaytung* (Arbeiterzeitung) oder *Folkstsaytung* (Volkszeitung). Hierzu gehören auch Übersetzungen von Kindergedichten des bekannten russisch-jüdischen Autors Samuel Marschak. In Gedichten nähert sich Mendl Man auch der großen Katastrophe, dem *khurbn* – dies die jiddische Bezeichnung für die Schoa.[16] Daraus gehen zwei Gedichtbände hervor: In Łódź erscheint 1945 Mendl Mans erster Gedichtband *Di shtilkayt mont* (Die Stille mahnt). Es ist der erste jiddischsprachige Lyrikband in Polen nach dem Zweiten Weltkrieg.[17] In Regensburg kommt 1947 Mendl Mans zweite Gedichtsammlung heraus: Sie trägt den Titel *Yerushe* (Vermächtnis) und ist ein herausragendes Zeugnis für die literarischen Aktivitäten jiddisch schreibender DPs in der Stadt.

Später wird mehr und mehr die Prosa Mendl Mans Genre: Sie reicht von vielstimmigen, psychologisch komplexen Erzählungen bis hin zu seiner monumental angelegten historischen Kriegstrilogie (1955– 1960).[18] Mendl Man kann man getrost einen jüdischen Dichter aller Länder nennen. In seiner Kurzprosa beschreibt er jüdisches Leben in

---

[16] Der Begriff steht für die Zerstörung des Ersten und des Zweiten Tempels in Jerusalem und wird von den jiddischsprachigen Juden für den Zweiten Weltkrieg und den Genozid an den Juden verwendet. Im Beitrag werden statt des im Englischen gebräuchlichen „Holocaust" überwiegend die Bezeichnungen „khurbn" und „Schoa" verwendet.
[17] Lewinsky, 2011, wie Anm. 1, S. 166.
[18] Einen guten Überblick über Mans Schaffen bietet Ertel, Rachel: Mendel Mann. Le dernier scribe des mots quotidiens des mortels, in: Dies. (Hrsg.): Royaumes Juifs. Trésors de la littérature yiddish, Paris 2009, S. 827–832.

Australien, Afrika, in den USA und – mit großer Sympathie, aber auch mit Wehmut – in der UdSSR (vgl. den Erzählband *Mentshn fun Tengushay* [Menschen von Tienguschai] von 1970). Vor allem – und reichlich gegensätzlich – erzählt er vom mittelöstlichen Europa, das als alte Heimat unmöglich geworden ist, und von Israel, das nie ganz zu seiner neuen Heimat wird. Eindrucksvoll und spannungsgeladen schreibt Mendl Man vom Neubeginn jüdischen Lebens im eben erst gegründeten israelischen Staat. Dies israelische Neue und noch Fremde tritt in den Bänden *Oyfgevakhte erd* (Erwachte Erde, 1953) oder *Dos hoyz tsvishn derner* (Das Haus in den Dornen, 1962) neben das fremd gewordene Eigene (Polen/Europa). Neu und faszinierend sind für Mendl Man Juden und Jüdinnen aus anderen Kulturräumen, die beispielsweise aus Afrika nach Israel gekommen sind. Zahlreiche Erzählungen thematisieren die Arbeit der *Chaluzim*, also der ersten Siedler, im Land. Die zeitgeschichtliche Verankerung der Texte spart das konflikt- und gewaltgeladene Neben- und Gegeneinander von Juden und Arabern nicht aus. Mendl Man thematisiert als einer der ersten jiddischen Autoren den jüdisch-arabischen Konflikt. Hierfür gebührt ihm ein besonderer Platz in der jiddischen Literaturgeschichte.

Mendl Mans Kriegstrilogie, zweifelsfrei die *Summa* seines Schaffens, besteht aus den Teilen *Bay di toyern fun Moskve* (*Vor den Toren Moskaus*, 1956), *Bay der Vaysl* (*An der Weichsel*, 1958) und *Dos faln fun Berlin* (*Der Fall Berlins*, 1960).[19] Der Autor durchmisst die für die europäischen Juden neuralgischen Punkte Moskau, Warschau und Berlin. Erprobt in der kleinen Form, gestaltet Mendl Man nun ein großes historisches Romanepos. In der Tradition von Lew Tolstojs *Krieg und Frieden* schildert er die Verteidigung Moskaus durch die Sowjets, das Zermalmen des polnischen und des jüdischen Warschau zwischen Nazi- und Sowjetinteressen und die Befreiung Berlins durch die Sowjetarmee. Der *erlebte* Raum Israel der Kurzprosa wird hier, in der monumentalen Prosa, abgelöst vom *erinnerten* Raum Europa.

Dank umfänglicher Übersetzungen ins Englische, Französische, Deutsche und Hebräische erfahren seine Werke eine rege Rezeption.

---

[19] In deutscher Übersetzung liegen im Heinrich Scheffler Verlag (Frankfurt a. M.) – allerdings mit Abweichungen vom Original – vor: *Vor Moskaus Toren* (1961) und *Bay der Vaysl* unter dem Titel *Der Aufstand* (1963).

Dennoch gilt es, diesen Autor in seiner Bandbreite und seiner Brisanz noch zu entdecken. Hierzu zählen vor allem die – weitgehend unübersetzte – Publizistik und Lyrik seiner Regensburger Zeit. Sie werfen immer wieder zu stellende Fragen auf: Was bedeutet es, nach Auschwitz Gedichte zu schreiben – in Jiddisch, der Sprache der Vernichteten? Was bedeutet es, sich als Jude in Deutschland, dem Land der Täter, wiederzufinden, das allzu schnell seine Nazi-Vergangenheit vergessen will? Was, wieder an das Leben zu glauben, an Kultur und Kultiviertheit des Menschen, an Literatur und ihre heilende Kraft?

3. Die Stimme des Richters: Mendl Man und die Regensburger DP-Zeitung Der najer moment

Am 26. März 1946 erscheint in Regensburg die erste Ausgabe der jiddischen Zeitung *Der najer moment*. Neben den Grußworten amerikanischer Funktionsträger und Suchmeldungen nach Überlebenden, die auch in späteren Nummern immer wieder erscheinen, findet sich auf der ersten Seite das Geleitwort des damaligen Verlegers der Mittelbayerischen Zeitung, Karl Esser:

> *Ihrer heute zum ersten Mal erscheinenden Zeitung wünsche ich vollen Erfolg. Die Juden in Deutschland und in den von Deutschen besetzten Gebieten haben während der Nazizeit Opfer an Leben, Eigentum und Ansehen bringen müssen, die heute restlos noch gar nicht festzustellen sind. Wie soll für die Überlebenden die Wiedergutmachung ermöglicht werden? Wie sollen die Juden alle anderen vielen, vielen Probleme lösen? Möge es Ihrer Zeitung gelingen, an der Erfüllung dieser lebenswichtigen Aufgaben wertvolle Mitarbeit zu leisten.*

Es wird das einzige Mal sein, dass in den insgesamt 49 Ausgaben der Wochenzeitung ein Deutscher so prominent zu Wort kommt. Denn *Der najer moment* ist zuvörderst eine jüdische Zeitung *von* und *für Displaced Persons*. Herausgegeben vom Zentralkomitee der befreiten Juden in der amerikanischen Besatzungszone in Deutschland und gedruckt von der Mittelbayerischen Zeitung, erscheint sie bis zum 30. November 1947 in jiddischer Sprache.

Wo ein neuer Moment, muss auch ein alter gewesen sein: Die „Köpfe" von *Der najer moment* stammen aus Warschau, einer einstigen Hochburg jiddischer Kultur und Publizistik der Zwischenkriegsjahre. Hauptredakteur ist der erfahrene Journalist und Schriftsteller Natan (Naftole) Zilberberg (ca. 1896–?). Er gehörte der Gründungsredaktion des Warschauer *Moment* an, einer der auflagestärksten Tageszeitungen im unabhängigen Polen. Sie erschien von 1910 bis zum 22. September 1939, also sogar über den Ausbruch des 2. Weltkrieges hinaus. Nicht nur der Name der Regensburger Zeitung war an das Warschauer Vorbild angelehnt, auch das Titellayout und die gerundeten Buchstaben des Zeitungskopfes sind ihm abgeschaut. Diese symbolische Kontinuität kann nicht über die schmerzhafte Realität hinwegtäuschen, dass statt der Warschauer Auflage von 25.000 in Regensburg nur 7.500 erreicht wird (Tendenz abnehmend) und statt der einst knapp 370.000 Warschauer Juden 1946 in Regensburg gerade einmal 1.200 leben.[20] *Der najer moment* ist in dieser Hinsicht allenthalben ein „entferntes Echo der jiddischen Vorkriegskultur".[21]

Und dennoch ist *Der najer moment* etwas Besonderes. Als eine der ganz wenigen jüdischen DP-Zeitungen erscheint sie in hebräischer Schrift. Unter den jüdischen (Regional-)Zeitungen beispielsweise von Landsberg, Stuttgart oder Bad Reichenhall sticht sie aufgrund ihrer journalistischen Qualität heraus und kann in dieser Hinsicht mit der in München herausgegebenen, offiziellen Zeitung des Zentralkomitees der befreiten Juden in der deutschen Diaspora, *Undzer veg* (Unser Weg), konkurrieren.[22] Neben dem ebenfalls aus Warschau stammenden jiddischen Autor Yitskhok Perlov (1911–1980) tragen von November 1946 an die beiden Schriftsteller und Publizisten Yekhezkl Keytlman (1905–1969) und Mendl Man zum Niveau der Zeitung bei. *Der najer moment*, der mit der Ausgabe vom 29. November 1946 in *Unzer moment* (Unser Moment) umbenannt wird, ist ein Zeitzeugnis von unschätzbarem Wert für die Situation der Juden im Nachkriegsdeutschland, in Bayern, in der Region und in Regensburg.

---

[20] Die Informationen in diesem und im folgenden Abschnitt stammen wesentlich aus: Lewinsky, Tamar: Der nayer moment – Eine jiddische Zeitung für Regensburg, in: Koller, Sabine (Hg.): Ein Tag im jüdischen Regensburg mit Joseph Opatoshu und Marc Chagall, Passau 2009, S. 107–113.

[21] Lewinsky 2009, wie Anm. 20, S. 109. Die vollständig erhaltene Sammlung aller Ausgaben befindet sich im Nachlass von Andreas Angerstorfer.

[22] Lewinsky 2009, wie Anm. 20, S. 112. Herausgegeben wurde die Zeitung vom 12.10.1945 bis 1.4.1949.

Der Najer Moment, *Titelseite der ersten Ausgabe*

Neben der Berichterstattung zu Palästina und zur internationalen Politik, mit der sich *Der najer moment* in die damalige DP-Presse einreiht, finden sich zahlreiche Einträge zu Ereignissen in Stadt und Region. Für die Regensburger Wochenschrift trifft zu, was Moyshe Lestni über die gesamte DP-Presse sagte:

> *Sicher ist, dass historisch gesehen die Presse der Sche'erit Hapleta der ersten Phase das ewig richtige unmittelbare historische Dokument der jüdischen Katastrophe bleiben wird.*[23]

Von Mendl Man sind in *Der najer moment* zirka zwanzig Artikel erschienen, dazu eine Reihe von Gedichten, u. a. aus dem Zyklus *Di shtilkayt mont*, sowie einige Erzählungen. Mendl Mans Beiträge sind drastisch. Sie sind unerbittlich im Urteil. Sie sind eine seltene Chance, aus einer jüdischen *Innen*perspektive die komplexen und schwierigen Mechanismen deutscher Verdrängung oder weltpolitischer Interessen der unmittelbaren Nachkriegszeit zu verstehen.

Mendl Man schreibt über Polen, über Deutschland, Europa und Palästina. Er schreibt über die politischen Entwicklungen in der Welt. Das Bindeglied all seiner Texte ist das Jüdische. Von Regensburg aus blickt er auf das Heute in Deutschland, auf die Vergangenheit in Osteuropa und auf eine – mögliche – Zukunft in Eretz Israel. Dabei erkennt er klar, welchen Wert diese zerstörte jüdische Kultur für den Fortbestand der Judenheit haben kann.

Mendl Man schreibt in jiddischer Sprache. Er richtet sich an den „Rest der Geretteten" und damit bewusst nicht an eine deutsche oder jüdisch-deutsche Öffentlichkeit. Er schreibt für die Überlebenden der Schoa aus dem östlichen Europa. Gemeint sind die aschkenasischen Juden, deren Muttersprache Jiddisch ist und die – wie Man – nach Deutschland in die Besatzungszone geflohen sind. Mit einst 8,7 Millionen Angehörigen stellten sie vor dem Zweiten Weltkrieg die größte sprachliche und kulturelle Einheit innerhalb der Juden weltweit dar. Die Juden im östlichen Europa hatten bis zum grausamen Ende durch Hit-

---

[23] Zit. nach: Lewinsky, Tamar: Displaced Poets: Jiddische Schriftsteller im Nachkriegsdeutschland, 1945–1951, Göttingen 2008, S. 112. Zur DP-Presse siehe auch: Publizistik in jüdischen Displaced-Person-Camps. Charakteristika, Medien und bibliothekarische Überlieferung. Hrsg. von Thomas Rahe und Anne-Katrin Henkel. Sonderband der Zeitschrift für Bibliothekswesen und Bibliographie. Frankfurt am Main 2014.

ler – den Rest besorgte Stalin – eine kulturelle Erneuerung hinter sich, wie es sie in der jüdischen Geschichte in dieser Form vorher nicht gegeben hat. Das sind wichtige Fakten, um die Tragweite des Jiddischen als Kommunikations- und Überlebensmittel nach der Shoa zu verstehen.

Mendl Mans Publizistik in *Der najer moment* ist von großer Vehemenz. Hier spricht ein Mensch, der von der Tragweite dessen, was geschehen ist, kein Jota abrückt. Auge in Auge mit der Vernichtung seiner eigenen Familie und mit der Auslöschung jüdischen Lebens in Europa tritt er als mahnende, fordernde und richtende Stimme auf. Dieses Mahnen und Fordern – so auch der Titel seines Beitrags vom 20. Februar 1947[24] – fußt auf einem Grundrecht, wie man es nennen könnte, das jedem Menschen, dem Gewalt angetan wird, zusteht: Das Recht zu fragen, damit für beide, Täter und Opfer, das Unmenschliche nicht in den Schlupfwinkeln einer Pseudo-Humanität und Pseudo-Normalität verschwindet. Immer wieder stellt Mendl Man Fragen mit einer Dringlichkeit, die der Brisanz des Themas geschuldet ist. Dieses Fragen ist sein publizistisches Programm. Antworten gibt er – wohl bewusst – keine.

Mendl Man geht es ums Mensch-Sein. Deshalb hat seine Stimme als Publizist so großes Gewicht: In ihr verbindet sich das erschütternde Gewahr-Werden barbarischen Tötens und die Pflicht zu ethischem Handeln als Grundlage für Menschlichkeit und ein Leben in Würde. Von Deutschland fordert er Rechenschaft und Gerechtigkeit, wo Täter sich wegducken und sich dabei gerne – von der Weltöffentlichkeit – helfen lassen. Das macht ihn wütend. Seine Donnerstimme erinnert an den Propheten Amos. Mendl Man spricht wie seine anderen jiddischen Schriftstellerkollegen eine Kollektivschuld aus.[25] Er kann es nicht akzeptieren, wenn man in Deutschland nach den Nürnberger Prozessen die Verurteilung der Hauptschuldigen zum kollektiven Entschuldigt-Sein von der Pflicht ausruft, der Wahrheit ins Auge zu sehen und Verantwortung für das Geschehene zu übernehmen. Mendl Man duldet es nicht, dass man im Nachkriegsdeutschland nur eineinhalb Jahre nach Kriegsende von Krieg und Vernichtung, von Zwangsarbeit und Zerstörung nichts wissen will. Im Verbrechervolk erlebt er Verdrängung, keine Vergangenheitsbewältigung. Dieses Deutschland muss Mendl

---

[24] Unzer moment 24 (6), 20.2.1947, S. 2.
[25] Ebd.; Lewinsky, 2011, wie Anm. 1, S. 6–7.

Man fremd bleiben. Die Nachkriegszeit erlebt er als *verkehrte Welt*.[26] In seinem Beitrag vom 10. November 1946 mit dem sprechenden Titel *Sie kommen zu sich* fragt er im Anschluss an seine Auswertung deutscher Pressestimmen fassungslos:

> Zol dos zayn di iberdertsiung fun a dor fun a gantsn folk vos hot 90 pr. fun ire shtimen avekgegebn far di greste velt farbrekher, far zeyere firer? Vu iz der ondayt fun zeyer kharote oyf di milyonen dermordete?
> Haben sie wirklich den Krieg verloren? Soll dies die Umerziehung einer Generation, eines ganzen Volkes sein, das 90% seiner Stimmen den größten Weltverbrechern, ihren Führern, gab?
> Wo ist ein Hauch von Reue ob der Millionen von Ermordeten?[27]

Sein Fazit lautet: *Der deutsche Wolf hat wieder seinen Schafspelz angezogen (Der daytsher volf hot vider ongeton oyf zikh di fel fun shefele)*.[28] Dieses *Gesicht des heutigen Deutschland*, so der Titel seines Beitrags vom 29. November 1946, entsetzt ihn: Das laute Rufen nach raschem wirtschaftlichem Aufbau nach dem Untergang des Dritten Reichs birgt für ihn das *militärische Potenzial eines Vierten Reiches (militerishn potentsyal fun fertn raykh)*.[29] Einer rein ökonomischen Vorbereitung der Besiegten auf den Frieden kann Man nur mit Sarkasmus und Hass begegnen.

Mendl Man hält zu Deutschland größte Distanz. Schwieriger ist es mit Polen, dem Land, aus dem er stammt. Anders als zu Deutschland hat Mendl Man zu Polen einen starken emotionalen Bezug. Kein Wunder, durften doch die Juden unter König Sigismund II. und während der polnisch-litauischen Adelsrepublik, der *Rzeczpospolita*, vor allem im 16.–18. Jahrhundert, dann ein zweites Mal in der Zwischenkriegszeit ein Goldenes Zeitalter erleben. Nach den brutalen antisemitischen Ausschreitungen in Kielce, das Polen in eine so eindeutige Nähe zu Deutsch-

---

[26] Koschmal, Walter: Eine jüdische Stimme – Der Publizist Mendl Man, in: Jahresgabe des Europaeum. Ost-West-Zentrum der Universität Regensburg 2013, Regensburg, 2012, S. 30.
[27] Man, Mendl: Zey kumen tsu zikh (Sie kommen zu sich), in: Der nayer moment 14, 10.11.1946, S. 2. Die deutschen Übersetzungen stammen, soweit nicht anders angegeben, von der Autorin. Für wichtige Vorarbeiten zur Zeitung im Rahmen des Projektkurses des Elitestudienganges „Osteuropastudien" geht mein Dank an Holger Nath und an Armin Eidherr.
[28] Ebd., S. 2.
[29] Man, Mendl: Dos ponim fun hayntikn daytshland, in: Unzer moment 16, 29.11.1946, S. 4.

land rückte, zugleich aber einen tieferliegenden europäischen Antisemitismus freilegte, muss er sich dieses Land aus dem Herzen reißen. Die einstige Heimat wird zur „terra non grata". Hier liegt eine doppelte Tragödie: Nur ein Jahr nach Kriegsende zeigen die Ereignisse von Kielce, dass es weder in Polen noch irgendwo sonst in Europa einen Ort für jüdisches Leben gibt:

> *Dos farnikhtn fun di zeks milyon yidn iz meglekh geven in der atmosfer fun eyrope, fun tsvantsikstn yorhundert.*
> Die Vernichtung von sechs Millionen Juden war in der Atmosphäre Europas, des zwanzigsten Jahrhunderts möglich.[30]

Mendl Man kommt als Chronist und Zeuge der Ereignisse zu diesem Ergebnis. Er fungiert als Berichterstatter, der die Fakten für sich sprechen lässt. Der Befund lässt nur einen Schluss zu: Die Juden müssen Europa verlassen. Das Sprachbild, das er dafür wählt, ist drastisch: *Lasst uns aus dem europäischen Schlachthaus heraus! (Lozt undz aroys fun eyropeishn shekht-hoyz!)*[31]

Mendl Mans Argumentation mündet konsequent in den Aufruf, sich der *Jischuw*-Bewegung anzuschließen, d. h. nach Palästina zu emmigrieren und sich dort anzusiedeln. Diesen Weg wählen – unterstützt von der illegalen zionistischen Organisation *Bricha* (hebr. Flucht) – viele der so genannten *Mapilim*, also illegaler jüdischer Einwanderer. 1948 wird Mendl Man ihnen folgen. Seine letzten Beiträge in *Unzer moment* sind der zionistischen Idee gewidmet. Sie sind offener Appell zur Einwanderung, allen Gefahren und der restriktiven Haltung der britischen Mandatsregierung zum Trotz. Der programmatischste unter ihnen fordert bereits im Titel: *Öffnet die Tore von Eretz Israel! (Efnt di toyern fun Erets Ysroel!).*[32] Er entsteht unmittelbar im Anschluss an prozionistische Demonstrationen, bei denen Tausende von Juden aus Vilseck und Pocking, Zeilsheim und Föhrenwald, Feldafing und Reichenhall, München und Regensburg auf die Straße gehen.[33] Die dramatischen Ereig-

---

[30] Man, Mendl: A yor nokh Kelts (Ein Jahr nach Kielce), in: Unzer moment 35 (17), 25.07.1947, S. 3.
[31] Man, Mendl: Yetsies Europe (Auszug aus Europa), in: Unzer moment 17, 11.12.1946, S. 2.
[32] Unzer moment 28, 4.4.1947, S. 8.
[33] Zu den Demonstrationen s. Angerstorfer, Andreas: Jüdische Displaced Persons in Regensburg und im Großraum Regensburg 1945–1952: Eine noch zu schreibende Geschichte, in: Koller, Sabine (Hg.): Ein Tag im jüdischen Regensburg mit Joseph Opatoshu und Marc Chagall, Passau 2009, S. 85–101, und Angerstorfer 2009, wie Anm. 5, S. 195f.

nisse um das Schiff *Exodus*, das im Juli 1947 aus dem Hafen von Haifa mit mehr als 4.500 Personen von der britischen Mandatsregierung zurückgesandt wird, ist für Mendl Man *der grausamste Akt gegen das jüdische Volk nach Hitlers Niederlage (der groyzamster akt kegn yidishn folk nokh hitlers mapole)*.[34] Der säkulare jiddische Autor Mendl Man, der in den 1930er Jahren noch die Blüte der jüdischen Literatur und Kultur in der polnischen Diaspora erlebt, erkennt nun im Zionismus den *heiligen Willen, ein für alle Mal unserer Heimatlosigkeit, unserem Nomadentum ein Ende zu bereiten (dem heylikn viln eynmol far ale mol a sof tsu makhn tsu unzer heymlozikayt, tsu unzer navenad)*.[35] Mendl Mans *yidishkayt*, seine Jüdischkeit, ist eine doppelte: Sie ist untrennbar mit dem Jiddischen als seinem *mame-loshn*, seiner Muttersprache, und als einer *kultur-shprakh* (Kultursprache) verknüpft, die – als Diasporasprache – höchste literarische Zeugnisse hervorzubringen vermag. Zugleich fußt seine Jüdischkeit im Religiösen: Wenn Mendl Man in der DP-Zeitung die *Yetsies Poyln*, den Auszug aus Polen, die *Yetsies daytshland*, den Auszug aus Deutschland, und schließlich die *Yetsies Europe*, den Auszug aus Europa, formuliert, ruft er die in jüdischer Tradition wirkmächtige *Yetsies mitsraim* auf, den Auszug aus der babylonischen Gefangenschaft, wie er im 2. Buch Moses (hebräisch Shemot, jidd. Shmeyes) beschrieben und alljährlich zum Pessach-Fest gefeiert wird.[36]

4. Die Stimme des Trauernden: Der Regensburger Gedichtband „Yerushe" (Vermächtnis)

Mendl Mans Stimme in *Der najer moment* lässt sich nicht allein aus den zeitgeschichtlichen politischen Umständen heraus verstehen. Seine kritische, mahnende und anklagende Rede ist auch im Kontext seiner Lyrik aus diesen Jahren zu sehen. Dahinter steht eine tiefe Ver-

---

[34] Unzer moment 39 (21), 29.8.1947, S. 2.
[35] Man, Mendl: Efnt di toyern fun Erets Ysroel! (Öffnet die Tore von Eretz Israel), in: Unzer moment 28, 4.4.1947, S. 8.
[36] Siehe hierzu Mendl Mans Artikel Yetsies Eyrope (Auszug aus Europa), in: Unzer moment 17.11.12.1946, S. 2, sowie Der kongres fun Sheyres-hapleyte (Der Kongress der Sheyres-hapleyte), in: Unzer moment, 25, 4.3.1947, S. 7.

bundenheit mit der eigenen Sprache und kulturellen Tradition sowie mit einem spezifischen Verständnis von *Jüdischkeit*, wie er sie in Polen als entfaltet und dann als vernichtet erlebt hat. Mendl Man hat ein unerschütterliches und unerschüttertes Vertrauen in die jiddische Literatur und Kultur. Für ihn gibt es neben dem großen Bruch, dem *khurbn*, eine Kontinuität der jiddischen Wortschöpfung, eine *Kontinuität durch Schrift*.

Mendl Man beruft sich auf den Topos vom jüdischen Volk als Buchvolk, als *am ha-seyfer*. Es umfasst die heiligen Schriften des Judentums, Thora und Talmud, Midraschim und Mystik und vieles mehr. Es umfasst ebenso die säkularen Schriften der jüdischen Moderne. Es schließt also die reiche jiddische Literatur mit ein, wie sie im östlichen Europa entstanden und mit Scholem Alejchem, dessen *Tewje der Milchmann* im Musical *Anatevka* weltberühmt wurde, oder mit modernen Autoren wie Dovid Bergelson, Perets Markish oder Avrom Sutskever zur Blüte gelangt. Dem Tod und dem Töten setzt er den lebendigen jüdischen Buchstaben entgegen. Für 1947 meint er das ganz konkret und fordert, Verlage zu gründen und jiddische Bücher zu drucken.[37] In der Tat entsteht in Süddeutschland ein reges Presse- und Druckwesen der DPs. *Der najer moment* ist eine von mehreren Dutzend jiddischen Zeitungen, die allein in der amerikanischen Besatzungszone herausgegeben werden.[38] In Regensburg gibt es aber nicht nur die Zeitung, sondern sogar einen eigenen Verlag: *Yidishe zetser* (jüdische/jiddische Setzer).

Mendl Man beruft sich hierfür auf einen hohen Wert: Angesichts der versuchten Judenvernichtung sieht er sich der *Yerushe* verpflichtet, die das Erbe von den geistigen Vorvätern und geistiges Vermächtnis für die Zukunft zugleich meint:

> *Di gaystike yerushe veln mir oyfhitn far di tsukinftike yidishe doyres.*
> *Das geistige Erbe/Vermächtnis werden wir für die künftigen jüdischen Generationen bewahren.*[39]

---

[37] Oyf vos vartn mir? (Worauf warten wir?), in: Unzer moment 44 (26), 24.10.1947, S. 2.
[38] Eine gültige Angabe von Publikationen ist schwer zu treffen. Neben den Periodika erscheinen zirka 300 Bücher. In der Regel dominiert die klassische Erzählung, um zu dokumentieren, zu bezeugen und zu bewältigen, weniger innovative Schreibstrategien; diese Werke werden in der jiddischen literarischen Welt nur wenig rezipiert; Lewinsky 2008, wie Anm. 23, S. 263.
[39] Man, Mendl: Oyf vos vartn mir?, in: Unzer moment 44 (26), 24.10.1947, S. 2.

Yerushe, „Erbe" und/oder „Vermächtnis", heißt Mendl Mans 1947 in Regensburg erschienener Gedichtband. Veröffentlicht wird er im besagten Verlag „Jiddische Setzer" dank der Autorisierung durch das „Military Government of Bavaria".[40] In diesem Gedichtband begegnen wir einem anderen Mendl Man: Hier spricht nicht der Anwalt und Zeterer, der – zu Recht – den Finger in die Wunden legt. Hier spricht ein Dichter der Trauer, der in der Sowjetunion die Schoa überlebt und inmitten der Trümmer jüdischen Lebens Gedichte schreibt. Nach Auschwitz Gedichte zu schreiben sei barbarisch, sagte Theodor Adorno einst; später hat er das relativiert.[41] Für viele jiddische Überlebende war dies eine Notwendigkeit. Heute, aus der größeren zeitlichen Distanz, dürfen wir dankbar sein für diese „barbarische" Wiederbelebung des Humanen.

Mendl Mans stark autobiographischer Gedichtband ist Zeugnis, Vermächtnis und Erbe. Die Gedichte *bezeugen* jüdisches Leben und seine Auslöschung. Sie sind das *Vermächtnis* der Toten, denen Mendl Man seine Stimme leiht. Sie sind das *Erbe*, das er den Überlebenden übergibt – zum Gedenken der Toten.

Mendl Man ordnet die insgesamt zweiunddreißig Gedichte zu einem Triptychon. Dreiundzwanzig von ihnen bilden den ersten Teil. Wie der Titel des gesamten Bandes heißt er *Yerushe*. Mendl Man entfaltet hier elegische Bilder der Trauer, der Zerstörung, der (Todes-)Stille. Sie drehen sich alle um seine polnische Heimat – oder um das, was davon übrig geblieben ist. Hierher ist er, der überleben durfte, zurückgekehrt. Hier spürt er die Präsenz der Toten. Inmitten von Ruinen hört er ihre Schritte, ihre Stimmen. Er vernimmt sie *auf der Erde, die mit unserer Asche / das Zeichen unseres Seins ist" (oyf der erd vos iz mit unzer ash / der siman fun unzer zayn;* S. 18) ist.

Mendl Mans Gedichte konfrontieren uns Leser nicht mit dem Epizentrum des Bösen, nicht mit der Vernichtungsmaschinerie der KZs. Sie versetzen uns in einen Raum, der im höchsten Maße ambivalent ist. Es ist ein Raum des Todes und des Lebens, ein Raum widernatürlichen

---

[40] Außer Mans Gedichtband erscheint ebenfalls in Regensburg 1947 Yekhezkl Keytlmans Erzählband *Oysterlishe geshikhtn* (Seltsame Geschichten). Der Druck beider Bücher erfolgt im Mittelbayerischen Verlag.

[41] Siehe hierzu Kiedaisch, Petra (Hrsg.): Lyrik nach Auschwitz. Adorno und die Dichter, Stuttgart: Reclam, 1995.

Sterbens und jährlichen Wiederauflebens der Natur: *Das Grab meiner Brüder ist das Feld, das blüht (der keyver fun mayne brider iz dos feld vos blit; Di poylishe felder*, S. 13). Es ist ein Raum, in dem jeder Strauch und jeder Weg so ist wie einst, als das lyrische Ich *vor* Auschwitz hier lebte.[42] Und doch ist *mit* und *nach* Auschwitz alles anders. Das Heim wird unheimlich. Heimat wird fremd. Ein Blick in die Augen des – slavischen – Nachbarn verbindet nicht mehr, sondern trennt. Wo einst Leben war, herrscht Leere. Der Gesang aus der Synagoge ist ein Phantom *(Mayn heym iz tsershtert/Mein Zuhause ist zerstört*, S. 31). Was nicht mehr da ist, ist doch gegenwärtig. Diesem permanenten Paradox entgeht das lyrische Ich nicht. Denn es lebt. So nimmt es kaum Wunder, dass dieses Ich – ähnlich Paul Celan oder Primo Levi – vom Schuldgefühl gequält ist, überlebt zu haben (S. 19). Immer wieder tauchen die Toten auf, als Stimmen, als Schatten, als Gedächtnissplitter.

Im Gedicht *Der boym nebn mayn tatns hoyz (Der Baum neben meines Vaters Haus)* bezeugt auch ein Baum den monströsen „Zivilisationsbruch", wie der renommierte Historiker Dan Diner die Schoa genannt hat. Es folgt das Gedicht im jiddischen Original:

Der boym nebn mayn tatns hoyz

Vifl mol hot shoyn der boym
Zayne bleter farloyrn?
Vifl harbstn hobn zayne vortslen
In zikh arayngezoygn?

Fun danen hobn feygl in baginen-fli
Geefent dem horizontn-toyern,
un zey geshlosn in demerung-ru
ven zey zenen tsu nestn tsurikgekumen.

Itst shteyt der boym mit farbrente tsvaygn
Vi er volt gevolt tsu got mit zeyn shvartskayt aroyfshtaygn.
Feygl farplonterte in zeyer fli – flien glaykh tsurik.
Durkhgeyer lozn far dem boym arop zeyer blik.

---

[42] Ich verwende den Begriff Auschwitz im Sinne von Imre Kertész als Chiffre für den gesamten *khurbn*, s. seinen Essay Die exilierte Sprache, in: Die exilierte Sprache, Frankfurt 2003, S. 206–221.

*Vifl mol hobn shoyn beymer zeyere bleter farloyrn
Un zikh oyfsnay tsegrint in zeyer groys?
Nor der boym hot in 1942 yor
Oyf eybik zayne bleter farloyrn –
Der boym nebn mayn tatns hoyz.*

(Mendl Man, Yerushe, 1947, S. 16)

Der Baum neben meines Vaters Haus

*Wie oft schon hat der Baum
seine Blätter verloren?
Wie viele Herbste haben seine Wurzeln
in sich hineingesogen?*

*Von daher haben Vögel im Morgenflug
die Tore des Horizonts geöffnet
und sie geschlossen in Abenddämmrungsruh,
wenn sie zurück zu ihren Nestern flogen.*

- -

*Jetzt steht der Baum mit verbrannten Ästen,
als hätte er in seiner Schwärze empor zu Gott gewollt.
Vögel, verwirrt in ihrem Flug, fliegen geradewegs zurück.
Menschen, die vorübergehen, senken vor dem Baum den Blick.*

*Wie oft haben Bäume ihre Blätter schon verloren
und grünten wieder auf in ganzer Größe?
Doch dieser Baum verlor im Jahre neunzehnhundertzweiundvierzig
für immer seine Blätter –
der Baum neben meines Vaters Haus.*

(Übersetzung Armin Eidherr)

Mendl Man macht in diesem symmetrisch komponierten, mit dunklen Vokalen (o/oy) orchestrierten und poetisch eindringlich gestalteten Gedicht den Baum vor dem einstigen Heim zum Symbol für den Bruch zwischen Einst und Jetzt. Einst war der Baum eingebunden in den natürlichen Zyklus von Werden und Vergehen; er war Heimstatt der Vögel. Jetzt ist er schwarz und abgestorben. Er ist nun Mahnmal auch an einen Gott, zu dem er gleichsam aufsteigen will, es aber nicht kann. Was einst zu ihm hinstrebte, kehrt sich nun von ihm ab: Vögel und Menschen. Diesem unendlich traurig stimmenden „Jetzt" hat er im Zyklus ein eigenes

Gedicht gewidmet (S. 29). Hier schreibt das lyrische Ich darüber, dass im Jetzt – nach Auschwitz – die Melodien, die Farben zunichte sind. Sogar der Regenbogen liegt erloschen vor dem lyrischen Ich am Boden. Einst vermochten Vögel wie bei einem Ritual den Horizont zu öffnen und zu schließen. Der Weg vom Irdischen ins Himmlische (und umgekehrt) ist offen. Das Bild weckt reichhaltige Assoziationen zur Verbindung zwischen Irdischem und Himmlischem, angefangen von der Jakobsleiter und der Himmelspforte im 1. Buch Moses 28 bis hin zu chassidischen Gesängen, den *nigunim*, die, so Elie Wiesel, die Tore des Himmels öffnen.[43] Jetzt, wo der Baum schwarz ist, finden die Vögel den Weg nicht mehr. Das Ritual ist ausgesetzt. Die Zäsur zwischen Einst und Heute markiert eine gestrichelte Linie. Sie ist die Achse der Vernichtung. Mit ihr und nicht mit Worten bringt der Autor Auschwitz zum Ausdruck. Er weicht auf ein typographisches Element aus, um das Unaussprechliche zu bezeichnen.

Der zweite, mit sechs Gedichten weitaus kürzere Teil von *Yerushe* greift das Thema der Erde auf: Unter der Rubrik *Oyf rusisher erd* (Auf russischer Erde) zeichnet das lyrische Ich stimmungsvoll die fast paradiesisch anmutende Zeit in Russland *vor* der Rückkehr nach Polen. Es begegnet einfachen Menschen, zumeist Bauern, die ihn – den Intellektuellen – in die Geheimnisse bäuerlichen Lebens einweihen. (Später, in Israel, wird dies Mendl Man zupass kommen). Der Dichter lernt, wie man Pferde einspannt, Holz hackt, Felder bestellt. Die Idylle bäuerlichen Lebens und die Reinheit des Kolchosbauern Egor Ivanitsch gemahnt an Lew Tolstoj. Mendl Mans Hymnen an die russischen Winternächte erinnern an Puschkin. Sein Lobgesang auf das Leben auf russischem Boden hat vor allem einen – ganz realen – Grund: Hier kommt in einer kalten Winternacht sein Sohn zur Welt, während etwa zur selben Zeit in Potsdam auf der Wannseekonferenz die „Endlösung der Judenfrage" beschlossen wird. Im Gedicht *1. Februar 1942* schreibt er darüber, wie er bei klirrender Kälte mit dem Pferdeschlitten Frau und Kind des Nachts nach Hause bringt (S. 39).

Spielt Teil zwei des Bandes vornehmlich im russischen Winter, so wechselt das lyrische Ich im dritten Teil in den Frühling. So lautet der

---

[43] Wiesel, Elie: Was die Tore des Himmels öffnet, Freiburg im Breisgau ³1987, S. 123.

Titel des Schlussteils. Er ist auch metaphorisch zu verstehen. Wie schon Teil zwei erzählt er von einer Fortsetzung jüdischen Lebens. Doch jetzt befinden wir uns zeitlich *nach* Auschwitz. Wo dieser Teil geographisch anzusiedeln ist, bleibt offen. Mit dem Eintritt des Sohnes in die Welt des Gedichtbändchens schimmert neben dem schweren Vermächtnis der Toten ein zweites, auf die Zukunft gerichtetes Hoffen der Lebenden auf. Das lyrische Ich evoziert einen friedlichen und Geborgenheit spendenden Raum. Es schildert seinen Sohn, wie er zwischen lichten Sonnentupfen spielt, die über Holzdielen wandern (S. 46). Die Geburt des Sohnes, der in intakten vier Wänden in sein Spiel versunken ist, ermöglicht zugleich eine Art Wiedergeburt des Dichter-Vaters. Das lyrische Ich sagt von sich: *Ich werde den Staub der Ruinenwände abschütteln (kh'vel optreyslen dem shtoyb fun khurve vent*; S. 45). Die Angehörigen mögen alle verloren sein. Doch gehört in diese von der Judenauslöschung gezeichnete Familiengeschichte auch ein Kind, das – von Auschwitz nichts ahnend – mit einer Lokomotive spielt. Die Lichttupfen und der Sohn sind Mendl Mans lyrische Bilder für die Zukunft seiner Familie und damit auch für die Zukunft des jüdischen Volkes. Mit *Yerushe* geht das lyrische Ich den Weg vom Dunkel ins Licht, von der Vernichtung ins Werden.

5. *Regensburg-Gedichte*

Mendl Mans Geschichte ist die Geschichte einer ganzen Generation jiddischer Schriftsteller.[44] Wie viele seiner Schicksalsgenossen sieht er sich dem *khurbn* und mit ihm unendlichem Leid, ohnmächtiger Trauer und Sprachlosigkeit gegenüber. Mit seinen Gedichten stimmt er in die gewaltige Totenklage der jiddischen DP-Literatur ein, um die schmerzhaften Erfahrungen und ungeheuren Verluste zu bewältigen. Wie viele von ihnen schreibt er vom schwierigen Leben im Nachkriegsdeutschland. Wie viele von ihnen erscheint es ihm als verhasster Wartesaal, gar als *Hure* (Meyer-Ber Gutman), die die Juden *mit dem Tod vermählt* hat, wie

---

[44] Siehe hierzu Tamar Lewinskys Einleitung zur Anthologie *Unterbrochenes Gedicht*, wie Anm. 1, S. 1–7.

es sein Schriftstellerkollege Yitskhok Perlov in einem Gedicht formuliert hat.⁴⁵ Wie die meisten von ihnen schreibt er, um zu erinnern.

Für den Regensburger Leser klingt in diesem Chor der Überlebenden Mendl Mans Stimme immer dann ganz besonders, wenn die Stadt selbst aufscheint. Das geschieht nicht oft. Und doch gibt es eine unverwechselbar melancholische Verbindung zwischen dem jiddischen Autor und Regensburg, das selbst als Wiege des Jiddischen gehandelt wird. Wie nahm er die Stadt – gerade angesichts ihrer reichen jüdischen Geschichte – wahr? Wohin lenkte er außer in die Redaktion von *Der najer moment* in der Weißenburgstraße 7 noch seine Schritte? Gab es Orte, Bauten, Stimmungen, Begegnungen in der anmutigen, vom Kriege weitgehend verschonten Stadt, die ihm Zuversicht gaben?

Mendl Man hat an einem Gedichtzyklus zu Regensburg gearbeitet. In einer der letzten Ausgaben von Unzer *moment* vom 17. Oktober 1947 ist das Gedicht *Regnsburg* abgedruckt. Das lyrische Ich blickt auf zu den Kirchtürmen von Sankt Emmeram. In einem Moment der Stille zwischen den Glockenschlägen, im Schutz der Nacht, hört man die Schritte eines Juden. Den imaginären Scheiterhaufen im Gedicht, der jede Judenvernichtung meinen kann, muss er nicht besteigen. Die anderen Schritte, die dies Klanggedicht vollenden, gehören einer Hure. Ihr gilt – anders als dem Juden – der Segen der Heiligen.⁴⁶

Nicht die Hure und das Heilige, sondern die Macht und das Katholische sind Gegenstand des Gedichts *Dem bishops hoyz...* (Des Bischofs Haus...). Der Text findet sich neben anderen, in und bei Regensburg entstandenen Manuskripten Mendl Mans, die von seinem Sohn Zvi verwahrt werden. Datiert ist es auf August 1947. Es trägt die Überschrift: *A lid fun tsikl: Regensburg* (Ein Gedicht aus dem Regensburg-Zyklus). Wieder dominiert die Verbindung aus Stein, Schatten und Stille. Wieder geht es um den Gegensatz von Christlichem und Jüdischem. Wieder

---

⁴⁵ Zit. nach Lewinsky, wie Anm. 1, S. 149. Eine Übersetzung von Gutmans Gedicht *An die Hure Deutschland* findet sich ebenfalls bei Lewinsky, wie Anm. 1, S. 68–73.
⁴⁶ Man, Mendl: Regnsburg, in: Unzer moment 43, 17. Oktober 1947, S. 4. Die deutsche Übersetzung findet sich im Ausstellungskatalog *Ein Tag im jüdischen Regensburg mit Joseph Opatoshu und Marc Chagall*, Passau 2009, S. 50. Avrom Sutskever beschreibt in seinem berühmten Bericht *Vilner Getto 1941–1944* exakt den Aufbau von Scheiterhaufen, auf denen die Nazis bis zu 3 500 (!) Leichen pro Haufen verbrannten. Siehe Hubert Witts deutsche Übertragung von Abraham Sutzkever: Wilner Getto 1941–1944, Zürich 2001, S. 239f.

hört man in diesem Text Schritte. Das lyrische Ich folgt dem Ruf, sich auf die Suche nach jüdischen Spuren in der Stadt zu machen. Wohin sie führen, erfährt der Leser in der letzten Strophe:

> Ergets hot a glok geklungen.
> Di shtilkayt hot farshlungen
> mayn gang ibern vildn shteyn,
> durkh velkhe es zeynen yidn gegangen
> in der eybikayt arayn.[47]
>
> Irgendwo hörte man Glockenklang.
> Und die Stille verschlang
> meinen Gang über den wilden Stein,
> den Stein, über den Juden
> in die Ewigkeit gingen ein.

Mendl Man hat seinen Regensburg-Zyklus nicht vollendet. Er bleibt ein Bruchstück in den Brüchen der Geschichte, in den vom *khurbn* unterbrochenen Gedichten, in manch gebrochener Stimme der jiddischen Literatur. Gerade als Fragment ist dieses dichterische Vermächtnis Mendl Mans für uns wertvoll.

---

[47] Unveröffentlichtes Manuskript. Ich danke Zvi Man für die Bereitstellung dieses kostbaren Dokuments.

Hans Rosengold

Neubeginn nach dem Zusammenbruch[*]

Hans Rosengolde wurde am 30. Oktober 1923 in Regensburg geboren. In der Zeit der nationalsozialistischen Herrschaft musste er die Oberrealschule, heute Goethe-Gymnasium, 1934 verlassen, weil er Jude war. Er begann eine Kochlehre in jüdischen Betrieben, zunächst in Bad Kissingen und zuletzt in Berlin. Dort erlebte er als 15-Jähriger im November 1938 das Pogrom. Das gab den Anlass zur Emigration. Gemeinsam mit seiner Mutter Therese gelang ihm die Flucht. Am 15. Oktober 1939 fuhren beide von Triest mit der „Oceania" nach Buenos Aires in Argentinien. 1949 kehrte er mit seiner Mutter nach Regensburg zurück, wo er als Geschäftsmann arbeitete.

Hans Rosengold

Über 40 Jahre war er gemeinsam mit Otto Schwerdt Vorsitzender der Jüdischen Gemeinde Regensburg und von 1975 bis 1976 Vorsitzender des Landesausschusses, des obersten Organs des Landesverbandes der Israelitischen Kultusgemeinden in Bayern. Am 16. April 2011 starb Hans Rosengold, 87 Jahre alt. Er wurde auf dem jüdischen Friedhof an der Schillerstraße beigesetzt.

[1]Bei Beendigung des Zweiten Weltkrieges und der damit zusammenhängenden Evakuierung der Konzentrationslager – zum Beispiel des in der Oberpfalz gelegenen Flossenbürg mit seinen zahlreichen Außenlagern und den damit verbundenen „Todesmärschen" – wurde Regens-

---

[*] Dieser Text von Hans Rosengold erschien erstmals 1986 im Regensburger Almanach, S. 173–176. Der Herausgeber dankt dem Verlag Battenberg Gietl und Frau Koko Ronnel für die Abdruckerlaubnis.
[1] Zur Biographie von Hans Rosengold s. auch den Beitrag von Waltraud Bierwirth über die NS-Zeit, S. 239 f.

burg ebenso wie Weiden, Amberg, Schwarzenfeld und Straubing zu einem Auffangplatz von tausenden Überlebenden der Lager.

Regensburg, als Stadt mit relativ viel Wohnraum, eignete sich besonders für eine zumindest zeitweilige Ansiedlung jüdischer Flüchtlinge. Auch die Anwesenheit der amerikanischen Armee und der damit in der Folge eingerichtete Versorgungsstützpunkt der UNRRA (Internationale Organisation für Flüchtlinge) ermöglichte den Flüchtlingen die notwendige Versorgung mit Lebensmitteln und Bekleidung.

Man sollte sich vor Augen halten, dass die Überlebenden nach jahrelanger Tortur in den Konzentrationslagern nur mit ihrem Häftlingsanzug bekleidet waren und meist nur noch die Hälfte ihres normalen Körpergewichts mitbrachten. Zusammen mit der UNRRA waren es insbesondere auch die großen jüdischen amerikanischen Hilfsorganisationen, die mit gewaltigem Einsatz und Hilfsbereitschaft dazu beitrugen, dass die jüdischen Flüchtlinge sich langsam von ihren Torturen, Krankheiten und Ängsten erholten.

Sehr schnell formierten sich in Regensburg mehrere gemeindeähnliche Organisationen, die sich, wenngleich provisorisch, der religiösen und seelsorgerischen Belange der jüdischen Flüchtlinge annahmen. Bereits am 15. Oktober 1945 berichtete die Zeitung der Militärregierung von der Gründung der „Jewish Community" in Regensburg mit einem „Jewish Chaplain's Office Regensburg". Der Sitz der Organisation mit ca. 350 Mitgliedern befand sich damals im Zentralcafé in der Pfauengasse. Als Rabbiner fungierte Dr. Josef Glatzer vom 30. Mai 1945 bis Ende 1949.

Darüber hinaus waren es mehrere tausend Juden, die insbesondere an den hohen Feiertagen in verschiedenen Räumen der Stadt ihre Gebete durchführten. Eine wichtige Aufgabe war es, diese hilflosen Menschen zu registrieren und sie mit Personalpapieren wieder auszustatten. Sehr bald wurden wieder Ehen geschlossen und in der Konsequenz auch Kinder geboren. Mischehen waren in dieser Zeit keine Seltenheit.

Ein weiterer Fortschritt in der Versorgung war die Gründung des Bayerischen Landesentschädigungsamts in München, welches vielen dieser Flüchtlinge durch Entschädigungszahlungen und Raten einen Beitrag zur Sicherung ihrer Existenz bot. Bereits vor der Gründung des Staates Israel im Jahre 1948 gab es Bemühungen von Vertretern der Zionistischen Organisationen und der Jewish Agency, aus der später die

Betsaal der jüdischen Gemeinde im Gemeindehaus von 1912

Regierung des Staates Israel hervorging, um Flüchtlinge nach dem damaligen Palästina zu bringen. Andererseits öffneten die Vereinigten Staaten von Amerika ihre Tore und nahmen Hunderttausende von sogenannten Displaced Persons auf.

Am 1. August 1950 wurde als Nachfolge der „Jewish Community" die Jüdische Gemeinde Regensburg gegründet. Zu dieser Zeit wirkte als Rabbi Yakob Simcha Avidor bis 1955, der ebenso wie sein Nachfolger Rabbiner Kraus, 1956 bis 1957, aus Israel engagiert wurde. Ab 1. 10. 1957 bis 1969 amtierte Rabbiner Nathan David Liebermann, welcher es mit großem Geschick verstand, die Gemeinde im religiösen Sinne zu führen und sie zu betreuen. Rabbiner Liebermann musste 1969 sein Amt aus Altersgründen aufgeben. Seit dieser Zeit gibt es in Regensburg keinen Rabbiner mehr. Bei Bedarf sind wir gezwungen, uns mit den Rabbinaten in München oder Fürth zu behelfen.[2]

Um die gleiche Zeit wurde auch der Landesverband der Israelitischen Kultusgemeinden in Bayern, dem alle 13 wiedererstandenen bayeri-

---

[2] [Seit 2009 hat die Jüdische Gemeinde Regensburg wieder einen orthodoxen Rabbiner, Josef-Chaim Bloch, d. Hg.].

schen jüdischen Nachkriegsgemeinden angehören, wiedergegründet. Fast 200 Gemeinden, die vor dem Holocaust in Bayern existierten, sind nicht wieder entstanden. Die neuen Gemeinden waren mittellos, die Synagogen zerstört, beträchtliches Grundvermögen enteignet. Friedhöfe waren zum größten Teil verwüstet.

Etwa im Jahr 1959 begannen die langwierigen Verhandlungen zwischen dem Landesverband der Israelitischen Kultusgemeinden in Bayern und der JRSO, der anspruchsberechtigten Organisation für erbenloses jüdisches Vermögen, einerseits und dem Bayerischen Staat andererseits, um die Vermögen der wieder existierenden und der nicht mehr existierenden Gemeinden zu katalogisieren und ein Entschädigungsabkommen zu vereinbaren. Leider muss rückblickend erkannt werden, dass die Jüdische Gemeinde Regensburg wie auch manch andere jüdische Gemeinde ihre Entschädigungsansprüche unzureichend dargelegt haben. Es war einfach auf Grund der kurzen Anlaufgeschichte der Nachkriegsgemeinden die Vorstellung einer zukunftsträchtigen Gemeindeentwicklung nicht präsent. Allein am Beispiel Regensburg: Die Gemeinde hätte für die Wiedererbauung ihrer am 9. November 1938 zerstörten Synagoge einen Anspruch von ca. 1,8 Millionen DM anmelden müssen; das Altersheim in der Greflingerstraße wurde überhaupt nicht entschädigt und der JRSO als Nachfolgerin nicht mehr existierender Gemeinden zugeschrieben.

Die wirtschaftliche Konsolidierung der Gemeindemitglieder ging sehr langsam vor sich. Demzufolge waren die Erträge aus der Gemeindesteuer gering. Trotzdem unterhielt die Jüdische Gemeinde Regensburg seit 1951 einen Kindergarten, seit 1953 eine hebräische Kinderschule sowie einen hauptamtlichen Rabbiner. Bereits 1946 bis 1948 existierte ein jüdisches Gymnasium in der Prüfeninger Straße. Bildung und Erziehung standen immer an vorderster Stelle.

Viele Mitglieder der Jüdischen Gemeinde Regensburg wanderten bis zum Ende der fünfziger Jahre in größere Städte ab oder emigrierten nach Israel und in andere Länder. Die Hoffnung, dass die Gemeinde bei wirtschaftlicher Erholung ihrer Mitglieder längerfristig mit konsolidierten Finanzen rechnen könnte, wurde durch das Fehlen einer starken jüngeren Generation und dem schnell einsetzenden Überalterungsprozess zunichte. Die gleiche Entwicklung ging in unseren Nachbargemeinden Amberg, Weiden und Straubing vor sich.

Gemeindehaus der Jüdischen Gemeinde und Mehrzwecksaal (rechts); beim Neubau der Synagoge ab 2016 wurde er abgerissen

Der Mehrzwecksaal, eingerichtet 1969

Die Jüdische Gemeinde Regensburg konnte sich durch den großen Einsatz aller ihrer Mitglieder und die intensiven Anstrengungen des Vorstandes zum Mittelpunkt der Ostbayerischen Gemeinden entwickeln. Die äußeren Voraussetzungen – Gemeindehaus und Gemeindesaal – bieten sich ideal für Veranstaltungen jeglicher Art an.

Die Beziehungen zur christlichen Umwelt haben sich immer positiv gestaltet. Sie wurden insbesondere ab Mitte der 60er Jahre ständig intensiver. Neben der Gesellschaft für christlich-jüdische Zusammenarbeit bemühte sich die Jüdische Gemeinde Regensburg selbst um zahlreiche Kontakte zur christlichen Seite. Ein entscheidender Durchbruch gelang ab dem Zeitpunkt der Fertigstellung des neuen Gemeindemehrzwecksaals im Jahre 1969. Von da an konnten die Begegnungen mit unseren christlichen Mitbürgern enorm verstärkt werden.

Eine konsolidierte Gemeindeorganisation und die Aufgeschlossenheit ihrer Mitglieder förderten den christlich-jüdischen Dialog. Enger Kontakt mit der Stadt Regensburg und ihren Behörden, der Regierung der Oberpfalz und dem Bezirkstag der Oberpfalz führten im Laufe der 70er und 80er Jahre zu einem außergewöhnlich intensiven und positiven Dialog. Die große Unterstützung, welche die Gemeinde in jeder Hinsicht von den Behörden erhielt, machte die komplette Renovierung des Gemeindealtbaus im Jahre 1981/82 sowie die Sanierung des 1822 angelegten Friedhofs an der Schillerstraße in den Jahren 1983 und 1984 möglich. Begegnungen mit vielen Gruppen der Bevölkerung, politischen Parteien und insbesondere Kirchen und Pfarrgemeinden zeigen fruchtbare Fortschritte im Zusammenleben der verschiedenen Glaubensgemeinschaften. Unzählige Führungen und Kurzseminare im Gemeindehaus und in der Synagoge, besonders für Schulklassen, Beteiligung christlicher Mitbürger an den jüdischen Gottesdiensten sowie die Beteiligung der Jüdischen Gemeinde an öffentlichen Veranstaltungen, insbesondere Gedenktagen, fördern sicherlich das gegenseitige Kennenlernen und Verständnis. Vorstandsmitglieder sind bei Pfarrgemeinden zu Gast; Vorträge über die Geschichte des Judentums und die jüdische Religion erfreuen sich immer größeren Interesses. Freundschaften werden geknüpft.

Besondere Ereignisse sind zum Beispiel der Besuch des Oberbürgermeisters im Neujahrsgottesdienst oder die Sitzung des Bezirkstags im Rahmen einer gemeinschaftlichen Veranstaltung im Gemeindehaus. Zu erwähnen ist auch eine Sitzung des Dekanatsrates der Katholischen Pfarrgemeinden, welche in unserer Gemeinde stattfand. Gleichzeitig ist es der Jüdischen Gemeinde Regensburg gelungen, die verschiedenen Botschafter des Staates Israel sowie zahlreiche israelische Minister und andere hohe Persönlichkeiten nach Regensburg zu bringen. Selbstverständlich ist es, dass bei solchen Gelegenheiten die Kontakte mit dem Rathaus gepflegt werden und sich dadurch schon manche völkerverbindende Beziehung angebahnt hat.

Die Jüdische Gemeinde Regensburg und ihre Mitglieder erkennen mit Genugtuung die Bestrebungen vieler christlicher Mitbürger sowie der städtischen und staatlichen Behörden zu einem gemeinsamen Miteinander, wobei dies niemals bedeuten darf, dass die entsetzliche Geschichte der Verfolgung im Dritten Reich vergessen wird. Insbesondere die junge Generation bemüht sich in zunehmendem Maße, noch unerforschte Kapitel der dunklen Vergangenheit deutscher Geschichte am Beispiel Regensburg zu entdecken und zu verstehen.

Die Jüdische Gemeinde Regensburg ihrerseits unterstützt diese Bemühungen nach besten Kräften und im Geiste der Toleranz. Wir betrachten es als einen Erfolg und ein Zeichen großer Menschlichkeit, dass in Regensburg das christlich-jüdische Verhältnis zur Normalität zurückgekehrt ist.

Dieter Weber

Stolpersteine in Regensburg

Stolpersteine als Erinnerungsort

Stolpersteine, darüber soll man nicht mit den Füßen, sondern mit dem Kopf, mit den Gedanken stolpern. Diese kluge Aussage eines Schülers erzählt Demnig gerne immer wieder. Gunter Demnig, das ist ein Kölner Künstler, der mit den Stolpersteinen an die Opfer der NS-Zeit erinnern möchte, indem er vor ihrem letzten selbstgewählten Wohnort Gedenktafeln aus Messing ins Trottoir einlässt. 10 x 10 cm groß sind die quadratischen Stolpersteine, die inzwischen in über 1.600 Orten Deutschlands und in mehreren Ländern Europas liegen. Neben den 55.000 verlegten Steinen liegen mittlerweile 15 Stolperschwellen (Stand November 2015). Eine solche Stolperschwelle erinnert seit November 2016 auch an ermordete Menschen eines jüdischen Altersheims in Regensburg.

Ein Mensch ist erst vergessen, wenn sein Name vergessen ist, zitiert Gunter Demnig den Talmud. Die Stolpersteine werden vor jenen Häusern verlegt, in denen die verfolgten und ermordeten Menschen gelebt haben, bis zu ihrer Deportation in ein Konzentrationslager oder an einen anderen Ort des Todes. Sie werden im Gehsteig oder auf der Straße verlegt, d. h. im öffentlichen, städtischen Raum. Mit der Verlegung wird die Erinnerung an die Menschen lebendig, sie erhalten in der Geschichte der Stadt einen festen Ort. Aus einem namenlosen Opfer wird der Name eines konkreten Menschen, das Opfer erhält so ein Stück seiner Würde „zurück", ist nicht vergessen. Die Inschrift auf allen Steinen beginnt „HIER WOHNTE", dann folgen der Name des Opfers und sein Schicksal.

Stolpersteine erinnern in Belgien, Deutschland, Frankreich, Italien, Kroatien, Luxemburg, den Niederlanden, Norwegen, Österreich, Polen, Rumänien, Russland, Schweiz, Slowakei, Slowenien, Tschechien, Ukraine, Ungarn und Griechenland. Sie erinnern an die Vertreibung und Vernichtung der Juden, der sogenannten Zigeuner, der politisch Verfolgten, der Homosexuellen, der Zeugen Jehovas und der Euthanasieopfer im Nationalsozialismus.

Begonnen hat der Künstler Gunter Demnig im Jahr 1991 in Köln. In der Stadt, in der er lebt, ließ er die ersten Stolpersteine in das Straßenpflaster ein. Vorausgegangen war eine „Spurenziehung" für den Vernichtungsweg der Sinti und Roma in Köln.

Entstehung der Arbeitsgruppe Stolpersteine in Regensburg

In Regensburg konnten wir erstmals im Juni 2007 Stolpersteine verlegen. Wir, das ist eine Gruppe von aktuell ca. 12 Regensburger Bürgerinnen und Bürgern, die sich 2005 unter dem Dach des Evangelischen Bildungswerkes zusammengeschlossen hat.

Zum damaligen Zeitpunkt war ich Leiter des Evangelischen Bildungswerkes Regensburg. Die Auseinandersetzung mit der NS-Geschichte und die damit verbundene Erinnerungsarbeit war in meiner Arbeit immer ein zentrales Thema. Als in den 90er-Jahren die Situation der ehemaligen Zwangsarbeiter im Nationalsozialismus endlich auch in der deutschen Öffentlichkeit ankam, griffen wir dieses Thema auf. Es bildete sich im Evangelischen Bildungswerk ein Arbeitskreis ehrenamtlicher Frauen und Männer. Das Ziel dieses Kreises war es, die Situation der ehemaligen Zwangsarbeiter in Regensburg ins Bewusstsein der Öffentlichkeit zu rücken. Zunächst galt es zu eruieren, was an Quellen zur Situation der ehemaligen Zwangsarbeiter in Regensburg vorhanden war; es waren nicht allzu viele gesichert. Im Arbeitskreis, mit Seminaren etc. begannen wir, die Informationen aufzuarbeiten und für die Öffentlichkeit verfügbar zu machen. Es schlossen sich Einladungen ehemaliger Zwangsarbeiter nach Regensburg an. Nach Installierung des „Entschädigungsfonds" entschwand das Thema zwischen den Jahren 2000 und 2005 zunehmend aus dem öffentlichen Interesse. Für unsere Arbeit besonders gravierend: ehemalige Zwangsarbeiter/innen konnten wir zu diesem Zeitpunkt kaum mehr einladen, da der Großteil dieser Menschen inzwischen verstorben, krank oder zu alt für eine beschwerliche Reise war. Mit Bedauern verabschiedeten wir uns von dieser wichtigen gesellschaftlichen Erinnerungsarbeit und von den sehr bereichernden Begegnungen mit den ehemaligen Regensburger Zwangsarbeitern aus Russland, Polen, Tschechien und der Slowakei, von Menschen, die meist zum ersten Mal seit ihrer Zeit der Zwangsarbeit wieder nach Regensburg kamen, wo sie nun freundschaftlich und verständnisvoll begrüßt wurden – ein anderes Regensburg erleben durften.

Für unsere Gruppe stellte sich nun die Frage: Lösen wir die Gruppe auf oder machen wir mit einem anderen Thema der Erinnerungsarbeit weiter? Wenn ja, womit? Nach reiflicher Diskussion entschied ein Großteil der Gruppe, sich dem Stolperstein-Projekt zuzuwenden. Die Dezentralität des Projektes schafft beim Blick auf das Straßenpflaster an vielen Stellen der Stadt nicht nur Erinnerung an eine Mord- und Leidensgeschichte, sondern auch an einen konkreten Menschen. Diese Erinnerung im öffentlichen Stadtbild zu schaffen und die Opfer durch den in Messing gravierten Namen aus der Anonymität zu holen, faszinierte uns an dem Stolperstein-Projekt. Außerdem erinnern Stolpersteine an zahlreichen Orten in der Stadt nicht nur an eine leidvolle Vergangenheit, sie sind zugleich „Mahnmale" für die Zukunft, regen bei jedem Gang durch die Stadt an, nachzudenken über die Zukunft, alles zu tun, damit nicht wieder Rassismus und Antisemitismus eine Gesellschaft ins Verderben führen. So entschlossen wir uns Ende 2004, Anfang 2005, den Arbeitskreis Stolpersteine im Evangelischen Bildungswerk ins Leben zu rufen.

Beginn der Arbeit mit den Regensburger Stolpersteinen

Durch die leidige Diskussion in München um Stolpersteine (die dort bis heute nicht verlegt werden dürfen) vorgewarnt, führte ich in einer Vorklärung Gespräche mit der Jüdischen Gemeinde in Regensburg. Würden sie der Verlegung von Stolpersteinen nicht zustimmen, wäre diese kaum zu realisieren. Zur Regensburger Jüdischen Gemeinde pflege ich seit vielen Jahren ein gutes und freundschaftliches Verhältnis, das Basis der Gespräche um die Stolpersteinverlegung war. Die Vorstandsmitglieder der Regensburger jüdischen Gemeinde erteilten ohne zu zögern ihre Zustimmung und die Unterstützung unseres Projektes.

So luden wir in einem ersten Schritt im Herbst 2005 Gunter Demnig ins Evangelische Bildungswerk zu einem öffentlichen Vortrag ein, damit er uns sein Stolperstein-Projekt näher vorstelle mit dem Ziel, ein erstes Signal an die Regensburger Öffentlichkeit zu senden, auch in Regensburg über die Verlegung von Stolpersteinen nachzudenken.

Stolpersteine werden vor dem Haus verlegt, in dem das NS-Opfer bis zu seiner Deportation zuletzt gelebt hat. Nicht verlegt werden die Steine vor solchen Häusern, in die diese Menschen kurzzeitig, übergangsweise bis zur Deportation einquartiert wurden („Judenhäuser"), nachdem sie aus ihrer angestammten Wohnung zwangsweise ausziehen mussten. Die Stolpersteine werden in den Gehsteig oder in den Straßenbelag eingelassen. Gehsteig und Straße sind in der Regel städtischer Grund. Deshalb ist eine Befürwortung des Projektes durch die jeweilige Stadt rechtliche Voraussetzung für die Verlegung.

Im Herbst 2005 – nach Demnigs Vortrag in Regensburg – stellte ich einen betreffenden Antrag an den Regensburger Oberbürgermeister und den Regensburger Stadtrat. Durch die Münchner Diskussionen vorgewarnt, fragte der OB zunächst die Jüdische Gemeinde nach deren Meinung. Die Jüdische Gemeinde hatte keine Einwände. So beschloss der Regensburger Stadtrat im Sommer 2006, unserem Projekt die Genehmigung zu erteilen. Die Zustimmung wurde aber mit der Auflage verbunden, dass wir vor jeder Verlegung die Zustimmung der jeweiligen Hausbesitzer, vor deren Haus die Steine verlegt werden sollten, einholen müssten. Juristisch gesehen gab es dafür keine Notwendigkeit, denn die Stolpersteine werden ja im öffentlichen Raum, ergo auf städtischem Grund verlegt.

Nun konnten wir mit unserer ehrenamtlichen Arbeit beginnen; wir planten für 2007 die ersten Verlegungen. Im ersten Schritt galt es für unsere Gruppe, die Namen der von den Nationalsozialisten ermordeten Menschen herauszufinden. Mit jüdischen Opfern begannen die Recherchearbeiten. Sie bilden bis heute den Großteil der von uns verlegten Stolpersteine. Dabei mussten wir nicht „bei null" anfangen, da es glücklicherweise Vorarbeiten gab. Vor allem auf das Buch „Regensburger Juden" von Siegfried Wittmer[1] und eine „Liste" von Andreas Angerstorfer[2], dem zahlreiche Arbeiten zum Thema Regensburger Juden zu verdanken sind, konnten wir zurückgreifen. Nach ersten Erkenntnissen, den Namen und Daten, die wir dort fanden, stand deren

---

[1] Wittmer, Siegfried: Regensburger Juden. Jüdisches Leben von 1519 bis 1990, Regensburg 1996, mittlerweile gibt es eine 2., verbesserte Aufl., 2002.
[2] Angerstorfer, Andreas: Ein Regensburger Gedenkbuch, in: Simon Oberdorfers Velodrom, Regensburg ²1998, S. 77–91.

Überprüfung durch Recherchen im Regensburger Stadtarchiv und ggfs. im Staatsarchiv Amberg an. Gab es auch in Yad Vashem Informationen zu der betreffenden Person? Ließen sich über dortige Einträge Spuren finden, die auf Nachkommen der Opfer schließen ließen? Wenn ja, konnten wir die Nachkommen auffinden und ggfs. zur Verlegung der Stolpersteine für ihre Vorfahren einladen?

Die Geschichte eines Stolpersteins: Das kleine grüne Haus

Nicht nur unser Arbeitskreis bemühte sich mit der Datenerhebung um die notwendigen Vorarbeiten zur Verlegung von Stolpersteinen. Es kamen auch Menschen mit ihren Erinnerungen auf uns zu, vor allem bei den Verlegungen in den ersten Jahren. Sie kamen mit dem Wunsch, einen Stolperstein für ein bestimmtes Opfer zu verlegen, für eine Person, die sie kannten oder zu der sie einen Bezug hatten. Manche schienen nur darauf gewartet zu haben, dass endlich ein Erinnerungsprojekt startet, mit dem an die einzelnen Opfer des NS-Terrors in der Stadt erinnert werde. Für unsere Arbeit war dies natürlich besonders interessant und vor allem hilfreich, erfuhren wir doch viel über die Menschen, für die wir die Steine verlegten – weit mehr als in Archiven „auszugraben" war.

Erstaunlicherweise waren es nicht nur Nachkommen, die mit dem Anliegen, einen Stolperstein für eine Person zu verlegen, auf uns zukamen. Da war z. B. Fritz S., ein Druckermeister aus Regensburg. Der ältere Herr, zum damaligen Zeitpunkt 72 Jahre alt, kam nach der ersten Regensburger Verlegungsrunde 2007 zu mir ins Büro. Zurückhaltend, fast schüchtern erkundigte er sich, ob es möglich sei, für „Fräulein Hahn" einen Stolperstein zu verlegen. Erfreut über diese Anfrage konnte ich seinem Anliegen natürlich schnell zustimmen. Auf die Frage, welche Beziehung er denn zu „Fräulein Hahn" habe, zog Fritz S. ein mehrseitiges von ihm selbst mit der Schreibmaschine geschriebenes Heft aus der Aktentasche. Es trug den Titel „Das kleine grüne Haus".

Fritz S. war zum Zeitpunkt der Deportation (4. April 1942) der Jüdin Hedwig Hahn nach Piaski in Ostpolen gerade einmal sieben Jahre alt. Er konnte sich noch sehr gut an „Fräulein Hahn" – wie sie von allen

Gunter Demnig bei seiner ersten Stolpersteinverlegung in Regensburg, 2007

Öffentliches Interesse: von links: Gunter Demnig, Bürgermeisterin Petra Betz, Dieter Weber, hinter Weber der Auschwitz-Überlebende Hugo Höllenreiner

Anwohnern der Straße genannt wurde – erinnern. Schräg gegenüber der damals 53-Jährigen wohnte Fritz S.. Gemeinsam mit anderen Kindern spielte er vor dem „kleinen grünen Haus", in dem Hedwig Hahn im damaligen „Glasscherbenviertel" Regensburgs wohnte. Sie hat immer am Fenster gesessen und *wissend herunter gelächelt*, erinnert sich Fritz S.. *Die allein lebende Dame, mit etwas rundlicher Figur habe er deshalb in so guter Erinnerung behalten, weil sie uns auf der Strasse spielenden Kindern immer mit sichtlicher Freude und Wohlgesonnenheit durch das leider immer geschlossene Fenster zugesehen hat. Diese Freundlichkeit uns Kindern gegenüber, war keinesfalls selbstverständlich*, berichtet Fritz S. in seinen Erinnerungen, *gab es doch einige Anwohner, die, wenn wir angeblich zu laut auf der Strasse wurden, ... sehr oft ihren Unmut uns Kindern gegenüber ... zum Ausdruck brachten. Fräulein Hahn hatte ein Lächeln, das man fast nicht beschreiben kann. So ein Lächeln war damals etwas seltenes und sehr kostbares, man konnte so etwas nicht oft auf den Gesichtern der Menschen sehen. ... es war ein Anflug von Achtung und sehr viel Güte .... Erst viel später, als mir das Leid und das Schicksal des Fräulein Hahn richtig bekannt wurde und ich bewusst die Dinge, die damals mit den Menschen geschehen sind, geistig ganz erfassen konnte, erinnerte ich mich wieder an diese Eindrücke. Heute erst glaube ich zu begreifen, dass das Fräulein Hahn mit ihrem feinen, wissenden und gütigen Lächeln in ihrem freundlichen, leicht rundlichen Gesicht all den Schmerz und die Traurigkeit oder noch mehr die Ausweglosigkeit ihres Lebens überdecken sollte. ... Viele der in der Stadt lebenden Juden waren bereits nicht mehr da ... . Auf meine, immer wiederholt gestellten Fragen an meine Tante und auch an andere Bekannte, warum nun plötzlich das Fräulein Hahn eine ‚Jüdin' war und warum sie nun immer einen gelben Stern mit dem Wort ‚JUDE' in der Mitte an ihrem blauen Mantel, den sie immer trug, wenn sie selten genug aus dem Haus ging, aufgenäht hatte, dann wurde mir hinter leicht vorgehaltener Hand erklärt, dass ich das halt noch nicht verstehe und dass der Führer schon weiß, was er tut. ... Und weil ich nicht aufgab mit meinen Fragen, warum man jetzt auch nicht mehr mit ihr sprechen durfte, bekam ich noch eine Antwort: Dass dies alles eben von oben angeordnet sei und die Juden sind Volksschädlinge. ... Was sollte ich mir damals unter einem ´Volksschädling´ vorstellen? ... Wie sollte ich verstehen, dass das Fräulein Hahn ... auf einmal zu einem ‚Volksschädling' geworden sein sollte.*

Nun sah ich das Fräulein Hahn aber plötzlich doch mit ganz anderen Augen an, als ich es vorher getan hatte ... [ich]) schaute jetzt verstohlen etwas genauer hin. ... An einem der wenigen Tage, an denen das Fräulein Hahn noch ihr Haus verließ, bemerkte ich gar nicht dass ich ihr ... schon so nahe gekommen war, dass sie stehenbleiben musste, um nicht mit mir zusammenzustoßen. Da hob ich meinen Blick ... und sah in ihr Gesicht. Da war es wieder, dieses feine, wissende und heute fast etwas traurige Lächeln, das ich nicht vergessen habe. ... Und doch schien es mir, wie ich so ganz nahe vor der Frau stand, als wäre der Blick heute etwas trauriger und leicht in die Ferne gerichtet. ...

Das war das letzte Mal, dass wir uns begegneten.

... Nach einiger Zeit bemerkte ich, dass niemand mehr hinter dem geschlossenen Fenster im ersten Stock des kleinen grünen Hauses ... die Straße beobachtete. Als sich das auch an den folgenden Tagen nicht änderte, fragte ich jemand in der Nachbarschaft, warum das Fräulein Hahn nicht mehr da war. ‚Sie haben sie abgeholt'!

... Ich fragte, wohin ... und es hieß, in ein Lager ... Theresienstadt, irgendwo im Osten. ... Ich stellte mir in meiner kindlichen Phantasie vor, dass an einem Ort mit dem so schön klingenden Namen, dem Fräulein Hahn nichts passieren konnte ... .

Erst nach dem Krieg kam mir die Begegnung mit dem Fräulein Hahn wieder in Erinnerung und seltsam, es ging mir die ganzen Jahre nicht aus dem Kopf, was wohl alles noch auf sie zugekommen sein musste.

... Heute weiß ich, dass sie, die man mit weiteren über 100 Juden am 2. April 1942 abholte und nicht nach Theresienstadt, sondern ins polnische Piaski transportierte. Fräulein Hahn soll bereits auf dem Weg dorthin verstorben sein – so die späteren Kenntnisse von Fritz S.

Angesichts des allgegenwärtigen „Vergessens" der jüdischen Nachbarn in Deutschland, des Verdrängens nach dem Krieg, ist es sehr erstaunlich, und gibt viel Raum des Nachdenkens, dass ein damals 7-jähriges Kind, offensichtlich nicht in einem geistigen Klima des Widerstandes aufgewachsen, sich so genau erinnert und seiner Erinnerung im späteren Alter konsequent nachgeht.

Hedwig Hahn wurde, wie Fritz S. richtigerweise erforschte, nach Piaski deportiert, einem Städtchen im Osten Polens. In Piaski gab es ursprünglich ein größeres jüdisches Stetl, das Schritt für Schritt zum

Ghetto „ausgebaut" wurde. Dorthin führte am 4. April 1942 ein Deportationszug mit 109 Regensburger jüdischen Männern, Frauen und Kindern. Diejenigen, die nicht bereits auf dem Transport verstarben, lebten dort unter katastrophalen hygienischen Verhältnissen und Ernährungsbedingungen. Es gab nur einen einzigen Brunnen in dem ursprünglich von armen jüdischen Handwerkern bewohnten Schtedtl. Wer nicht beim Transport oder durch die Lebensbedingungen in Piaski zu Tode kam, wurde in ein Vernichtungslager, meist nach Sobibor, deportiert und dort ermordet. Für den weitaus größten Teil der 109 deportierten Regensburger Juden endet die nachvollziehbare Spur in Piaski.

Fritz S. übernahm die Patenschaft für den Stolperstein

Patenschaft für einen Stolperstein

Stolpersteine sind ein „Bürgerprojekt", d. h. es sind Bürgerinnen und Bürger, die die Patenschaft für einen Stolperstein übernehmen und diesen auch finanzieren, derzeit mit 120 Euro. Die Motivation für die Übernahme einer Patenschaft kann sehr unterschiedlich sein. So kann sich jemand, wie im Fall von Fritz S., an einen ermordeten Menschen erinnern oder Nachkommen möchten, dass an ihre verfolgten und ermordeten Vorfahren erinnert wird.

Oftmals sind es aber Bürgerinnen und Bürger, die einen Beitrag zu dieser Form der Erinnerungskultur leisten möchten. Sie erhalten von uns im Vorfeld einen Stolperstein zugeteilt und erfahren von uns die Lebensdaten des Opfers. Manchmal bestehen auch besondere Wünsche, z. B. der nach einer Patenschaft in der Nähe der eigenen Wohnadresse. Soll ein Kind die Patenschaft übernehmen, ist es sinnvoll, dass der Stolperstein das Leben eines kindlichen Opfers markiert, damit eine Identifizierung des Kindes mit dem gleichaltrigen Opfer leichter möglich ist.

Interessenten an Patenschaften kommen auf eine „Warteliste". Manchmal werden Patenschaften verschenkt, z. B. zum Geburtstag.

Patenschaften für Kinder sind erfahrungsgemäß ein gutes pädagogisches Mittel, auch wenn die Kinder noch zu klein sind, das Vermächtnis des Stolpersteins voll zu erfassen. Sie kommen im Lauf der Wochen, Monate, Jahre immer wieder an „ihrem" Stolperstein vorbei und mit zunehmendem Alter des Kindes wird das Interesse am „Vermächtnis" des Stolpersteins geweckt. Das Kind will erfahren, was es mit dem Stolperstein auf sich hat, wer denn der Mensch war, was sein Schicksal. So wird Geschichte konkret. Was sagen einem Kind 6 Millionen ermordete Juden? Kann doch kein Erwachsener diese riesige, letztlich abstrakte Zahl erfassen, geschweige denn die Schicksale, die sich dahinter verbergen. Erfahrbare Schicksale einzelner Menschen machen Geschichte viel konkreter, berühren auch emotional. Diese Erfahrung kann für den künftigen Zugang eines Kindes zur Geschichte prägend sein.

Hausbesitzer erfahren häufig erst durch die Verlegung, wer früher in ihrem Haus gelebt hat. Manchmal führt das spontan dazu, dass sie die Patenschaft für die Stolpersteine selbst übernehmen möchten. Manchmal kennen sie auch die Geschichte der früheren Bewohner und treten mit dem Anliegen an uns heran, für die früheren Bewohner eine Patenschaft an den Stolpersteinen zu übernehmen.

Die Spurensuche

Stolpersteine werden für alle Opfergruppen des NS-Regimes verlegt. Hierbei ist das Auffinden von Informationen bei der Spurensuche sehr unterschiedlich. Bei manchen nationalsozialistischen Opfergruppen gelingt es uns nicht, grundlegende Informationen oder Daten über die Opfer zu finden, bei anderen gelingt es uns nicht an (vermutlich oder auch sicher) vorhandene Informationen heranzukommen. Besonders gravierend stellt sich das Problem bei ermordeten Homosexuellen. Hier gelang uns bislang keinerlei Zugang zu Informationen. Sehr wahrscheinlich gibt es Nachkommen oder Familienangehörige homosexueller NS-Opfer. Diese aufzufinden ist uns bisher nicht gelungen. Es darf vermutet werden, dass dies auch daran liegt, dass das Thema Homosexualität lange – gesellschaftlich, wie in der jeweiligen Familiengeschichte – verdrängt wurde, oft bis heute.

Sehr unbefriedigend zeigt sich uns auch die Informationslage bei Sinti und Roma, lange als „Zigeuner" diskriminiert, auch nach dem

Krieg noch rassistisch abgestempelt, bestätigt von einem Skandal-Urteil des Bundesgerichtshofs Mitte der 50er Jahre. Informationen über sie sind in Regensburg kaum zu finden.

Auch Informationen über Regensburger T4-Opfer (NS-Euthanasie) sind für uns nur schwer zugänglich. Wie bei den homosexuellen Opfern ist der gesellschaftliche und individuelle Umgang mit psychischen Erkrankungen bis heute tabubesetzt und die Lebensdatenfindung deshalb schwierig. Auch bei T4-Opfern ist damit zu rechnen, dass es in der Verwandtschaft Nachkommen gibt. Da wir bislang nur an wenige Daten gelangten und Nachkommen nur sehr vereinzelt auf uns zukamen, konnten wir nur wenige Steine verlegen. Ein Aufruf unsererseits in der Regensburger Presse zeigte keine Resonanz. Anders als bei Homosexuellen und Sinti und Roma sind bei T4-Opfern Archivdaten in der Psychiatrie vorhanden, datenrechtlich aber (noch) nicht zugänglich. Dies wird sich hoffentlich in absehbarer Zeit ändern. Deutlich besser ist die Datenlage bei den Menschen des politischen Widerstandes und bei ermordeten Zeugen Jehovas.

Relativ gut erfasst sind die jüdischen Opfer des NS-Regimes. Dies betrifft zumindest die für die Verlegung von Stolpersteinen notwendigen Daten.

Stolpersteine für jüdische Opfer

Die folgenden exemplarischen Lebens- und Leidenswege einzelner Juden, für die unser Arbeitskreis Stolpersteine verlegt hat, basieren großenteils auf Recherchen heutiger und früherer ehrenamtlicher Mitarbeiter/innen unseres Arbeitskreises, auf Recherchen einer Lehrerin gemeinsam mit ihrer Schulklasse oder stammen von Angehörigen der Opfer. Ihre Mitteilungen werden von mir teilweise sprachlich leicht verändert und in gekürzter Form wiedergegeben. Diesen Autoren gebührt mein Dank für ihre ehrenamtliche Arbeit. Die Angaben finden sich auf unserer Homepage www.stolpersteine-regensburg.de.

Wie oben erwähnt, ist die Datenlage bei jüdischen NS-Opfern – was die für Stolpersteine wichtigen Grundinformationen betrifft – relativ gut. Geht man aber ins Detail, stellt sich die Informationslage sehr unterschiedlich dar. Manchmal bringen wir viel über einen von den Nationalsozialisten ermordeten Juden in Erfahrung, teilweise sind es aber nur wenige Spuren, die sich z. B. im Stadtarchiv Regensburg und/oder in Siegfried Wittmers Buch über die Regensburger Juden oder in überregionalen Archiven finden.

So fanden wir beispielsweise über **Lina Freund**, geb. Zivi, nur wenig. Wir wissen lediglich, dass sie am 2.12.1884 in Haigerloch, Landkreis Hechingen, einer württembergischen Gemeinde mit einer 600 Jahre alten jüdischen Gemeinde, geboren wurde. Ihre Eltern stammten aus der Slowakei. Sie kam „als Flüchtling" nach Regensburg, wo sie ab 17.10.1939 bei Familie Plaut in der Wahlenstrasse 24 gemeldet war. Ab 1.7.1940 wohnte sie am Haidplatz 7, von wo sie am 13.4.1942 in das mehrfach erwähnte jüdische Altersheim ziehen musste. Jenes diente als Sammelunterkunft („Judenhaus") zur Deportationsvorbereitung. Am 23.9. wurde Lina Freund in das Konzentrationslager Theresienstadt deportiert und von dort am 23.1.1943 weiter in das Vernichtungslager Auschwitz.

Deutlich mehr Informationen konnten wir über **Sara Kapp** gewinnen. Sie wurde am 5. 5. 1875 in Kirchhain (bei Marburg) geboren. Sara war das erste Kind von Henriette und Abraham Bachrach, der als Viehhändler tätig war. Sie hatte 8 Geschwister. Als sie 11 Jahre alt war, starb ihre Mutter.

Sara heiratete am 2. Mai 1897 den Kaufmann Adolf Kapp. Sie zog nach Mainz, im Februar 1898 wurde ihre Tochter Blanka geboren. Im Juli 1912 starb Ehemann Adolf. Kurze Zeit später zog sie mit ihrer Tochter nach Marburg, wo ihr Vater in der Bahnhofstraße 36 ein eigenes Haus bewohnte. Mit einer Großhandlung für Mehl, Getreide, Kolonialwaren, Futtermittel, Sämereien war dieser inzwischen ein vermögender Mann geworden. Ihre zwei Brüder Samuel und Adolf waren Miteigentümer des väterlichen Betriebes. 1916 übergab Abraham den erfolgreichen Betrieb an Sohn Adolf, während Bruder Samuel zum 1. Weltkrieg eingezogen wurde. In Marburg war Sara Kapp bis Juli 1933 gemeldet. Ihre Tochter Blanka heiratete am 2. September 1927 den Geschäftsmann Eduard Apfel (geb. 1884) aus Sinsheim in Baden, der seit 1919 in Regensburg als Gesellschafter der Maschinen- und Werkzeughandlung Meier Katz OHG am Haidplatz 7 lebte. Dem Ehepaar wurden dort 1928 Tochter Lore und 1930 Sohn Alfred geboren. 1932 machte die Maschinenhandlung Konkurs und Blanka Apfel gründet 1933 ein neues Unternehmen in der Rote-Hahnen-Gasse 3, die Apfel und Co. KG, Maschinen- und Werkzeughandlung. Ihre Mutter Sara schoss Geld zu, Eduard wurde als Prokurist beschäftigt. Nun verlegte auch Sara ihren Wohnsitz zu ihrer Tochter nach Regensburg am Haidplatz 7. Apfel und Co. KG wurde zum 1.11.1938 „arisiert"; Familie Apfel plante daraufhin, Deutschland zu verlassen. Es war aber schwierig, ein Visum zu erhalten. 1939 schickte das Ehepaar Apfel die 10-jährige Lore und den 8-jährigen Alfred mit einem Kindertransport nach England. Im Mai 1941 emigrierten die Apfels in die USA. Sara Kapp blieb allein in Regensburg zurück, Versuche, sie nachzuholen, waren erfolglos. Wenige Monate später wurde Sara Kapp in das jüdische Altersheim in der Weißenburgstraße 31 zwangseingewiesen. Von dort wurde sie am 23. September 1942 mit 115 Juden nach Theresienstadt deportiert und 1944 weiter nach Auschwitz. Wahrscheinlich wurde die 69-jährige Sara Kapp dort am Tag ihrer Ankunft in einer Gaskammer ermordet.

Einer der auch heute noch bekanntesten Regensburger Juden war **Simon Oberdorfer**. Er wurde am 9. 3. 1872 in Regensburg geboren, eröffnete 1898 hinter dem Arnulfsplatz das Velodrom als damals größten Saalbau der Stadt. Die beliebte Vergnügungsstätte aus der Zeit um die Wende vom 19. ins 20. Jahrhundert baute er 1929 zum Capitol-Kino um. Der gerne „Simmerl" genannte, hochgeachtete und populäre Regensburger Geschäftsmann, Gründer des „Radlervereins Wanderer" und preisgekrönter Kunstradfahrer, musste als Jude 1939 zusammen mit seinen Familienangehörigen aus seiner Heimatstadt fliehen. Sie waren Passagiere des zur traurigen Berühmtheit gelangten Flüchtlingsschiffes „St. Louis". Bis 1943 lebte er mit seiner Frau Hedwig Oberdorfer, geborene Springer, geboren am 11. 12. 1878, und seinem Schwager Julius Springer, geboren am 6. 6. 1880, in Naarden bei Amsterdam. Im April 1943 wurden sie vom Lager Westerbork in das Vernichtungslager Sobibor in Ostpolen deportiert und dort am 30. April 1943 ermordet.[3]

---

[3] Weiterführende Quellen und Literaturhinweise: Schiessl, Günter: Simon Oberdorfers Velodrom, hgg. von der Vereinigung Freunde der Altstadt Regensburg, Regensburg 1990, 2. Aufl. 1998 (beide vergriffen). 3. Aufl. in Vorbereitung; Reinfelder, Georg: MS „St. Louis". Frühjahr 1939 – Die Irrfahrt nach Kuba, Berlin 2002; Berlinger, Josef: Hoffnung Havanna. Die Odyssee des Regensburger Kunstradfahrers Simon Oberdorfer, Hörbuch im LOHRBär Verlag, Regensburg 2007.

Hedwig Hönigsberger wurde am 13.10.1880 in Regensburg als viertes Kind einer jüdischen Familie geboren. Ihre Mutter Veronika stammte aus Floß, ihr Vater Arnold Hönigsberger entstammte einer Regensburger Familie. Die Familie bewohnte das Anwesen Malergasse 9, der Vater führte eine Wein- und Essighandlung, die später vom ältesten Sohn Justin übernommen wurde. Justin trat 1920 aus der Synagoge aus, um die Christin Ernestine Huber zu heiraten. Dennoch musste auch er Ende 1938 aufgrund nationalsozialistischer Anordnung den Betrieb verkaufen. Hedwig hingegen blieb stets unverheiratet und kinderlos. Sie wurde Lehrerin. Zur Wahl der Gemeindevertretung 1926 kandidierte Hedwig Hönigsberger für die „Jüdisch-Liberale-Wählervereinigung". Als Berufsbezeichnung gab sie „Privatlehrerin" an.

Am 4. April 1942 wurde Hedwig Hönigsberger im Rahmen der ersten Deportation jüdischer Regensburger nach Piaski verschleppt.

In einem Brief vom 27. April 1942 schrieb sie: *Zu arbeiten gibt's für uns ältere Frauen nichts, ich könnte auch nicht viel leisten, da ich viel zu müde bin. Der Schlaf flieht uns alle* ... Sie vermerkte zudem, dass sie noch immer auf ihr Gepäck warte und daher nichts kaufen könne.[4]

Die Umstände ihres Todes sind nicht überliefert; das Amtsgericht Regensburg erklärte sie am 27. April 1942 für tot.

Jakob Lewkowitz[5] war Schames, Hilfsschächter, und zweiter Vorsänger in der Jüdischen Gemeinde in Regensburg. Er wurde am 26. April 1884 in Wielun, Polen (damals Russland) geboren und übersiedelte später nach Deutschland. 1906 heiratete er in Schwäbisch Hall Frieda Rosenberg. Frieda wurde am 13.Juli 1885 in Turek, Polen, geboren.

Frieda Lewkowitz gebar 1907 die Tochter Hedwig und in Regensburg die zwei Söhne Haim Moses Gerson (geb.1912) und Mendel (geb.1915). Vom 21.August 1912 bis zur Deportation 1942 wohnten Jakob und Frieda Lewkowitz in Regensburg im Haus der Jüdischen Gemeinde in der Schäffnerstraße 2. Am 5. Juli 1932 wurden Jakob und Frieda Lewkowitz sowie ihre beiden Söhne eingebürgert. Ob Tochter Hedwig ebenfalls eingebürgert wurde, ist der Einbürgerungsurkunde nicht zu entnehmen.

---

4   Abgebildet bei Wittmer, wie Anm. 1, S. 363.
5   Stadtarchiv Regensburg, Familienstandbogen; Adressbuch Regensburg, 1939/40; Wittmer, wie Anm.1; Yad Vashem Archives.

Ende Oktober 1938 wurden etwa 15.000 Juden, formal polnische Staatsbürger, doch seit Jahren in Deutschland lebend, zusammengetrieben, auf Lastwagen verladen und zur polnischen Grenze geschafft. Da jedoch Jakob und Frieda Lewkowitz die deutsche Staatsangehörigkeit bekommen hatten, blieben sie von dieser Deportation verschont.
Während der Pogromnacht von 9. auf 10. November 1938 wurden die Juden Regensburgs – wie auch der anderen deutschen Städte – nachts aus ihren Häusern ins Freie getrieben. Der 54-jährige Jakob und seine Frau Frieda sollen gezwungen worden sein, im Nachthemd vor der brennenden Synagoge zu stehen. Die Feuerwehr hat Jakob Lewkowitz, als er von der Straße auf die Synagoge zueilen wollte – vielleicht um die Thorarollen zu retten – noch im letzten Augenblick zurückgehalten.
Am 4. April 1942 wurden Jakob und Frieda Lewkowitz von den Nationalsozialisten zusammen mit weiteren 107 Regensburger jüdischen Frauen, Männern und Kindern nach Piaski in Polen deportiert, wo sie zu Tode kamen.
Tochter Hedwig emigrierte 1939 nach Palästina. Der Sohn Moses studierte von 1929 bis 1932 an der Israelitischen Lehrerbildungsanstalt (ILBA) Würzburg. Von 1932 bis 1937 war er Religionslehrer in Büttenwiesen. 1938 lebte Moses Lewkowitz in Fürth. Am 11.11.1938 wurde er ins KZ Dachau gebracht. Der Sohn Mendel hat sich am 15.1.1938 nach Jülich, Düsseldorfer Straße 35, polizeilich abgemeldet.
Die beiden Söhne überlebten. Mendel Lewkowitz diente in der britischen Armee und besuchte nach Kriegsende 1946 Regensburg.

Besonders erfreulich und daher erwähnenswert sind Stolpersteinrecherchen, wenn sie an Schulen durchgeführt werden. So erforschte die Regensburger Gymnasial-Lehrerin Johanna Bayer-Riepl gemeinsam mit ihrer Schulklasse das Leben von Max Uhlfelder.

Max Uhlfelder[6] wurde am 18. Mai 1865 in Regensburg als Sohn des Kaufmanns Seligmann Uhlfelder und seiner aus Breslau stammenden Frau Pauline, geb. Weil, geboren. Die Familie entstammte einer weitverzweigten Kaufmanns- und Bankiersfamilie, die aus dem fränkischen

---

[6] Der Text zu Max Uhlfelder wurde von Johanna Bayer-Riepl erstellt und hier gekürzt, vgl. Homepage stolpersteine-regensburg.de.

Wilhelmsdorf nach Regensburg übergesiedelt war. Dr. Julius Uhlfelder war Vorsitzender der Regensburger Jüdischen Gemeinde.

Max blieb unverheiratet und ohne Nachkommen. Sein einziger Bruder verstarb 1872 im Jahr seiner Geburt. Max Uhlfelder arbeitete als Prokurist bzw. Modewarenkaufmann im gleichnamigen Geschäft in der Unteren Bachgasse bzw. Hinter der Grieb 2. Das florierende Tuch- und Modewarengeschäft vergrößerte sich und zog an den Domplatz 6. Seinen Wohnsitz behielt Max Uhlfelder im Anwesen Hinter der Grieb 2, das einem Familienmitglied gehörte. Es wurde 1920 unter Vermittlung von Max Uhlfelder von Michael Bayer aus München erworben. Am 2. Oktober 1911 erhielt Max Uhlfelder das sog. Bürgerrecht gegen eine Gebühr von 60 Goldmark. 1926 war er einer von 108 wahlberechtigen Juden unter 514 in Regensburg. Zusammen mit seiner Haushälterin bewohnte er bis 1942 den 3. Stock des Gebäudes Hinter der Grieb 2. Am 23. Dezember 1942 deportierten die Nazis 117 Männer und Frauen, fast ausschließlich Senioren in einem Alter von über 60 Jahren, nach Theresienstadt. Dem Transportführer wurde die Liste der Namen in zweifacher Ausfertigung mitgegeben. Darunter fand sich auch der Name Max Uhlfelder. Er war zu diesem Zeitpunkt 77 Jahre alt und musste für seine Reise in den Tod 56 Reichsmark zahlen. Der von Festungswällen umgebene Ort Theresienstadt war von der Außenwelt abgeschlossen. Während Theresienstadt 1931 ungefähr 7.000 Einwohner zählte, wurden im Herbst 1942 auf gleichem Raum über 50.000 Juden eingepfercht. Viele der nach Theresienstadt verschleppten alten Menschen starben noch im Jahr 1942. Max Uhlfelder wurde am 18. Januar 1943 dort von der SS ermordet.

Stolpersteine als Erinnerungsort für Nachkommen

Wenn wir die Lebensdaten der Opfer recherchieren, suchen wir natürlich auch nach möglichen Angehörigen und Nachkommen. Manchmal ist dies von Erfolg gekrönt. Allerdings ist das eher die Ausnahme. Meist finden wir keine Spuren von Nachkommen, oftmals wurde die gesamte Familie von den Nationalsozialisten ermordet, so dass es gar keine Nachkommen mehr geben kann. Melden sich Nachkommen nicht von selbst, so können wir, mit viel Glück, in den Informationen und Daten über die Opfer Hinweise auf die Nachkommen finden. Diese Spurensuche geht auch verschlungene Wege. Beispielsweise kann es sein, dass ein Eintrag in Yad Vashem uns zur Adresse desjenigen führt, der ihn geschrieben hat. Denn im Archiv in Yad Vashem wurde erfasst, was über die Ermordeten in Erfahrung zu bringen war. Allerdings wurden diese Notizen in den Jahren nach 1945 niedergeschrieben, also vor vielen Jahrzehnten. Derjenige, der eine Niederschrift tätigte, kann längst verstorben oder auch verzogen sein. Vereinzelt findet aber ein an eine Uraltadresse verschickter Brief über viele Ecken einen Nachkommen. In einem Fall hatte sich nicht nur die Adresse, sondern sogar der Name des in den USA Lebenden geändert und trotzdem erreichte der Brief nach langen Umwegen sein Ziel. Dieser Nachkomme hat uns lange nach der Verlegung des Stolperseins für seinen Vorfahren bereits zweimal in Regensburg besucht.

Auch gibt es einen Austausch mit Stolperstein-Gruppen anderer Städte, so dass uns auf diesem Weg ebenfalls Informationen zugetragen werden. So erfuhren wir z. B. durch die Stolperstein-Recherchen, dass Nachkommen der Familie Freising, für die wir bereits mehrere Stolpersteine verlegt hatten, in den USA leben. Einer Tochter der Familie, **Ruth Freising**, war die Emigration in die USA gelungen, so dass sie überlebte. Ruth hatte einen Sohn, zu dem es uns gelang, Kontakt aufzunehmen. Sein Wunsch war, dass wir auch für seine geflohene Mutter einen Stolperstein verlegen, neben den bereits zuvor für die ermordeten Familienangehörigen verlegten Steinen. Eine symbolische und namentliche Familienzusammenführung nach brutaler Trennung und Mord. Dieser Sohn reiste mit Frau, Sohn und weiteren Familienangehörigen an, musizierte und erinnerte bei der Verlegung des Stolpersteins für seine Mutter in einer sehr bewegenden Ansprache an seine Vorfahren – eine bleibende, ergreifende Erinnerung.

Die Bedeutung der Stolpersteine als Erinnerungsort für Nachkommen wird auch in dem folgenden Redebeitrag deutlich. Als wir vor dem Haus von **Isidor Heller, seiner Frau Karoline und deren Sohn Hans** Stolpersteine verlegten, nahm die Enkelin und Nichte, Dalia Blumenthal, mit ihren beiden Schwestern an der Verlegung teil und erinnerte mit eindringlichen Worten an die ermordeten Großeltern und den ermordeten Onkel:

Liebe Großeltern, lieber Karl
Endlich, nach langen 65 Jahren gibt es für Euch ab heute eine winzige Erinnerung in Form eines Stolpersteines. Jeder, der an eurem Haus vorbeigeht, soll wissen, dass es einmal euer Haus war, in dem ihr glücklich wart bis zu dem Tage, an dem ihr nach Piaski deportiert wurdet. Eigentlich wolltet ihr Deutschland nie verlassen, es war eure Heimat, euer Zuhause, und doch der 4. April 1942 beendete alles, euer Leben und was ihr einmal geschaffen hattet.
Karl, du hattest schon alle Formalitäten erledigt, du und die Großeltern wollten zu Ludwig, deinem Bruder, nach Israel. Doch es war zu spät. Ich weiß, dass du nach Stuttgart solltest und von da aus weiter nach Israel, doch hier reißt die Verbindung ab, und ich weiß nicht, wo ich eure Spuren noch verfolgen könnte. Warum konntet ihr Euch nicht retten?
1955 kam ich mit meinen Eltern und meiner Schwester Ruthi hierher. Unsere Wurzeln ließen sich nicht verleugnen. Wir bezogen den ersten Stock dieses Hauses, das einmal meinen Großeltern gehört hatte und ich kann mich noch gut an den Vorgarten erinnern, der voller wunderschöner Rosen war.
Heute legen wir drei Schwestern Euch zu Ehren und zu Eurem Gedenken Rosen vor Eurem Haus nieder und denken an Euch. Ihr seid nicht vergessen.[7]

Auf Wunsch der drei Enkelinnen verlegten wir zu einem späteren Zeitpunkt (2009) auch noch Stolpersteine vor dem ehemaligen Geschäftshaus der Familie Heller im Kern der Altstadt, die an Karoline und Isidor Heller erinnern.

Der 90-jährige **Ernst Holzinger**, in Israel lebend, flog eigens zur Verlegung der Stolpersteine für seine Eltern nach Regensburg und am nächsten Tag wieder zurück. Er wurde 1920 in der Weißenburgstraße 25 geboren. Vater Ottmar war zu jener Zeit (gemeinsam mit Bruder Emil) Eigentümer des großen Handelshauses Weiß & Holzinger in der Maximilianstraße 16, in dem es auch mehrere Angestellte gab. Ottmars Bruder, Kommerzienrat Holzinger, kümmerte sich um den Großhandel, Ottmar selbst um das Detailgeschäft. Ottmar Holzinger heiratete Daniela aus Deggendorf, die ihm die drei Kinder Lisl, Gretl und Ernst gebar. Trotz der drei Kinder arbeitete Daniela zeitweise im Geschäft mit.

---

[7] Die Ansprache ist unserer Homepage stolpersteine-regensburg.de entnommen.

In der Reichspogromnacht vom 9. auf den 10. November 1938 wurden die Schaufenster der Fa. Weiß und Holzinger zertrümmert, in die Wohnung von Daniela und Ottmar Holzinger in der Weißenburgstrasse 25 drangen SS-Leute ein, misshandelten die Familie, zerstörten Porzellan, Glas und Haushaltsgegenstände und trieben die Familie leichtbekleidet auf die Straße.

Am 27. Januar 1939 mussten Holzingers ihr Haus an das Deutsche Reich verkaufen und in eine Drei-Zimmer-Wohnung ziehen. Ihr Geschäft hatten sie aufgrund systematischen Boykotts bereits 1937 verkaufen müssen.

Ernst Holzinger besuchte die Oberrealschule, das spätere Goethe-Gymnasium. Als 14-Jähriger fuhr er 1935 zur Vorbereitung einer eventuellen Auswanderung in die Niederlande, in das „Werkdorp Nieuwluis". 1937 wohnte Ernst wieder bei seinen Eltern, wanderte dann aber mit der Alijah nach Palästina aus. Seine Schwester Lisl emigrierte nach England, die Schwester Gretl ebenfalls nach Palästina. Am 23. September 1942 wurden Daniela und Ottmar Holzinger vom jüdischen Altersheim in der Weißenburgstr. 31, das zum Zwangssammellager wurde, in das Konzentrationslager Theresienstadt deportiert. Ottmar verstarb dort am 16. Januar 1944, seine Frau Daniela starb am 5.9. 1944.[8]

Es war der Wunsch Ernst Holzingers, wie bereits bei den Enkelinnen der Familie Heller, dass wir auch vor dem ehemaligen Geschäftshaus seiner Eltern in der Maximilianstraße 16 – nicht nur vor deren ehemaligem Wohnhaus in der Weißenburgstr. 25 – Stolpersteine verlegen. Auf ihnen steht statt „Hier wohnte ...", „Hier arbeitete..." geschrieben. Für Ernst Holzinger, der auch zu dieser Verlegung aus Israel anreisen wollte, kam sie leider zu spät. Er verstarb kurze Zeit vorher.

Für die im NS-Regime ermordeten Menschen gibt es in der Regel kein Grab und damit keinen Ort des Erinnerns und Trauerns für Angehörige und Nachkommen. Wer in ein Konzentrationslager deportiert und ermordet wurde, dessen Überreste sind als Asche irgendwo verstreut. Es sollte nichts zurückbleiben, auch die letzte Erinnerung sollte vernichtet werden, das war das Ziel der nationalsozialistischen Vernichtungs-

---

[8] Die Angaben zu Daniela, Ottmar und Ernst Holzinger stammen von: Wittmer, wie Anm. 1, S. 264, 324, 338 f., 344 f.

maschinerie. Die Stolpersteine stehen dem entgegen. Es ist deshalb eine ergreifende Erfahrung, zu erleben, wie die Stolpersteine zum Ort des Erinnerns für Nachkommen werden.

Hans Rosengold, einer der beiden bekanntesten Regensburger Juden seit den 50-er Jahren, entkam den Nationalsozialisten durch Flucht nach Sao Paulo. Anfang der 50-er Jahre kehrte er nach Regensburg zurück, war jahrzehntelang bis zu seinem Tod einer der Vorsitzenden der Jüdischen Gemeinde Regensburg. Hans Rosengolds Eltern trennten sich, als er zwei Jahre alt war. Die Mutter heiratete erneut, ihr zweiter Mann, Max Rosengold, adoptierte den kleinen Hans. Dessen leiblicher Vater, **Adolf Niedermaier**, wurde 1942 nach Piaski deportiert und ermordet. Bei der Verlegung eines Stolpersteins für Niedermaier (im Jahr 2008) am Platz der Einheit sagte mir Hans Rosengold, mit Tränen in den Augen: *Ich habe an meinen leiblichen Vater gar keine Erinnerung; es gibt kein Grab, ich habe nicht einmal ein Foto von ihm, keine Vorstellung von seinem Aussehen, gar nichts von ihm.* Der Stolperstein am Platz der Einheit war für Hans Rosengold der einzige Ort des Erinnerns an seinen Vater.

Eine Stolperschwelle wird verlegt

Im November 2016 verlegten wir erstmals eine „Stolperschwelle" zusammen mit 11 Stolpersteinen. Stolperschwelle und Stolpersteine erzählen die Lebens- und Leidensgeschichte der aus dem jüdischen Altersheim in der Weißenburgstraße 31 deportierten und ermordeten 44 älteren jüdischen Menschen. 11 der Senioren, die von dort nach Theresienstadt bzw. Auschwitz deportiert wurden, wohnten und lebten in dem Altersheim, für 33 Menschen wurde die Weißenburgstraße zum „Judenhaus", sie wurden vor der Deportation dort zwangseinquartiert. Ihre Wohnstätte lag andernorts.

Auf der „Stolperschwelle" steht zu lesen:

VON HIER AUS

23. SEPTEMBER 1942 – DAS JÜDISCHE ALTERSHEIM
WURDE GERÄUMT

11 MENSCHEN WAREN HIER ZU HAUSE – 33 WURDEN ZWANGSEINQUARTIERT DEPORTIERT NACH THERESIENSTADT UND AUSCHWITZ ERMORDET

11 Stolpersteine erinnern an:

Josef Bauer, Emma Einstein, Karoline Einstein, Heinrich Frank, Johanna Frank, Rosalie Frank, Jeanette Karpeles, Elisabeth Kohner, Jette Mai, Max Sondhelm, Hannchen Walz.

10 Menschen wurden nach Theresienstadt deportiert und ermordet, *Klara Gutmann* deportierten die Nazis nach Piaski, wo sie ebenfalls ermordet wurde.

Auf unserer Homepage „stolpersteine-regensburg.de" erinnern wir an Alle, für die wir Stolpersteine gelegt haben.

Zur Akzeptanz der Stolpersteine

In den zehn Jahren, seit wir Stolpersteine in Regensburg verlegen, haben wir eine nahezu uneingeschränkte, sehr große Akzeptanz und Zustimmung in der Bevölkerung erfahren. Dies wird darin sichtbar, dass sich immer wieder Menschen melden, um eine Patenschaft für einen Stolperstein zu übernehmen. Deshalb gibt es meist eine lange Warteliste, so dass potentielle Paten oft jahrelang auf eine Patenschaft warten müssen. Auch von politischer Seite erfahren wir uneingeschränkte Zustimmung, so auch von allen im Stadtrat vertretenen Parteien.

Für uns nicht vorhersehbar und deshalb überraschend ist die Resonanz, die wir bei Touristen erzielen. In Regensburg ankern vom Frühjahr bis in den Späherbst hinein täglich mehrere Donau-Kreuzfahrtschiffe. Unter diesen Schiffstouristen – meist gehobenen Alters – befinden sich viele US-Amerikaner, darunter ein größerer Anteil von Frauen und Männern mit jüdischen Vorfahren. Sie sind für die Spuren ihrer Vorfahren sensibel und offen. Besonders das Interesse dieser Schiffstouristen hat dazu geführt, dass die Führungen durch die Stadt Regensburg häufig bei den zahlreichen in der Altstadt verlegten Stolpersteinen Station machen. Immer wieder erhalten wir Spenden von diesen Touristen. Eine Touristin wünschte sich zu ihrem runden Geburtstag als Geschenk von ihren Freunden Geld für unser Stolperstein-Projekt. Sie überwies uns 3.000 Dollar.

Die 196 in Regensburg verlegten Stolpersteine (Stand November 2016) lassen Jeden und Jede, ob Regensburger oder Tourist, an zahlreichen Orten der Stadt NS-Geschichte erfahren. Sie machen sichtbar, an wie vielen Orten in der Stadt Regensburg Menschen gelebt haben, die im Nationalsozialismus drangsaliert, gedemütigt, verfolgt, deportiert und ermordet wurden. Die Stolpersteine zeugen davon, wie Humanität mit Füßen getreten wurde, sind zugleich Mahnmale für die Zukunft. Sie geben der Stadt die Namen der verfolgten und ermordeten Menschen zurück, markieren, wo sie gelebt, geliebt und gelitten haben.

Waltraud Bierwirth

Aufbruch „Am Brixener Hof"
Ein neues Gemeindezentrum mit Synagoge

Mit einem leisen Lächeln bekräftigt Nadja Grigorian: *Ja, ich bin im Herzen Moskauerin geblieben*. Die sorgfältige Ausbildung in fremden Sprachen, die Arbeit als Deutschlehrerin an der Hochschule und der Nebenjob als begleitende Dolmetscherin von Sportlern im Ausland – so lernte Nadja Grigorian bereits als junge Frau Deutschland kennen.

Das Ende der Sowjetunion zu Beginn der neunziger Jahre stellte ihre Welt auf den Kopf. Der Perestroika folgten chaotische Umbrüche in Politik, Wirtschaft und Gesellschaft, die Millionen Menschen arbeitslos machten. Was im Verborgenen schwelte, kehrte offen zurück: Arbeitslosigkeit, Korruption, Armut und Antisemitismus. So erfuhren es viele, in deren Ausweis als Nationalität nicht russisch sondern *iudeskij* oder *armyanskij* stand. So erlebte es auch die kleine Familie Grigorian.

Für Leonid Grigorian, viele Jahre Diplom-Ingenieur bei den Flugzeugwerken Tupolew und belegt mit einem Kontaktverbot zu Ausländern, gab es bald keine Arbeit mehr. Die Produktion ging aus. Als der Staat die Bezahlung der Lehrer einstellte, arbeitete Nadja Grigorian als freiberufliche Deutschlehrerin auf Honorarbasis stundenweise weiter. Das große Los traf Sohn Sergej, als er zu einem Ferienlager nach New York eingeladen wurde. Er kam nicht zurück, sondern blieb und baute sich über die Jahre eine Existenz auf. 1991 stellten die Eltern in der Deutschen Botschaft ihren Antrag auf Ausreise in die Bundesrepublik Deutschland. Konkret, sie wollten nach Bayern. Im Sommer 1994 trafen Nadja und Leonid in Regensburg ein. Ihr Personenstatus: „Kontingentflüchtlinge" im Unterschied zu den „Spätaussiedlern". In den dreizehn Jahren, von 1991 bis 2004, trafen in Deutschland 219.604 jüdische Zuwanderer aus den Nachfolgestaaten der Sowjetunion ein. Im gleichen Zeitraum kamen auch 1,9 Millionen „Russlanddeutsche". Mit der Ankunft der jüdischen Zuwanderer schloss sich ein Kreis, der vor Jahrhunderten seinen Anfang genommen hatte, als „deutschstämmige" Juden aus dem Gebiet des Heiligen Römischen Reiches Deutscher Nation in das russische Zarenreich auswanderten.

So wie die Familie Grinfeld. *Meine Mutter Elisaweta sprach noch jiddisch*, erzählt Tochter Nadja. Über die Ukraine wanderte die Familie des Großvaters Grinfeld in die Hauptstadt des Zarenreiches aus. 1939 wurde Nadja in Moskau geboren. Zwei Jahre später, mit dem Überfall von Nazi-Deutschland auf Russland, wurde die Familie während der Kriegszeit nach Tscheljabinsk im Ural evakuiert. Noch in den letzten Kriegsmonaten erfolgte die Rückkehr nach Moskau.

Mit der Ankunft in Regensburg im Sommer 1994 begann für die jüdischen Familien aus allen Teilen des zerfallenden Sowjetreiches in zweifacher Hinsicht ein neues Leben. Zum ersten Mal erlebten viele von ihnen, wie in einer jüdischen Gemeinschaft der Kiddusch am Schabbat in der Synagoge zelebriert wird. So wie es seit altersher unter aschkenasischen Juden üblich war, wenn Neuankömmlinge in den Synagogen zu essen pflegten. In diesem Sinne entbot Otto Schwerdt im Namen des Vorstands der Jüdischen Gemeinde den Neuankömmlingen seinen „Segensspruch" und setzte hinzu: *Ich bin froh, dass ihr gekommen seid und wir ein bissel wachsen, denn wir sind überaltert.*

Auf knapp einhundert Mitglieder war Anfang der neunziger Jahre die Jüdische Gemeinde Am Brixener Hof geschrumpft. Und nur mit Mühe gelang es so manches Mal, das Gesetz des *Minjan*, das Quorum von zehn männlichen Betern zu erfüllen, um einen Gottesdienst zu feiern.

Mit dem traditionellen deutschen Judentum hatte der amtierende Vorstand der Jüdischen Gemeinde Regensburg von 1994 nichts gemein. Das deutsche Judentum, die deutschen Juden, die über Jahrhunderte die Freie Reichsstadt mitgeprägt und -gestaltet hatten, waren tot, vertrieben, ausgewandert oder ermordet. Nur wenige waren zurückgekehrt wie Hans Rosengold, der Mitte der fünfziger Jahre zum „Testbesuch" aus Buenos Aires in seiner Heimatstadt Regensburg eintraf, mehrmals pendelte, um dann endgültig zu bleiben.

Rückblende: Das jüdische Wir-Gefühl

Es waren Überlebende der Shoah aus Polen, die den Neuanfang eines jüdischen Gemeindelebens in Regensburg wagten und organisierten. Sie verband ein übergreifendes „jüdisches Wir-Gefühl", das die Ermordeten einschloss. Nur langsam, mitunter mit schlechtem Gewissen vor sich selbst, und den stets „gepackten Koffern" im Hintergrund, entschlossen sich die polnischen Juden zu bleiben. Viele von ihnen sprachen Jiddisch und ihr Deutsch hatte die Klangfärbung des polnischen Schtetls, in dem sie geboren und aufgewachsen waren.

In solch einer „jiddischen Idylle" wurde Genia Danziger am 5. Dezember 1926 in Sosnowiec geboren. Nach der erstgeborenen Tochter Paula war sie das zweite Kind von Abraham Hersz und Esther Shvimer. Die junge Familie hatte sich im jüdischen Viertel von Sosnowiec (rund 100.000 Einwohner) mit einem Textilgeschäft etabliert. Zwei Jahre nach Genia kam die Schwester Cela zur Welt und mit der Geburt des kleinen Bruders David 1932 war die Familie Shvimer komplett. Die drei Schwestern mit dem kleinen Bruder wuchsen in einem geschäftigen, aber behüteten jiddisch-polnischen Umfeld auf.

Viele der 31.000 Juden von Sosnowiec verdienten ihren Lebensunterhalt im Handel mit Textilien und Agrarprodukten oder als Handwerker in der Metallbearbeitung. Der Handel zwischen der polnischen Mittelstadt und dem nahen oberschlesischen Industrierevier florierte.

Das Textilgeschäft Shvimer hatte sich auf den Verkauf von Stoffen, Wolle und feiner Seide spezialisiert. Die Geschäfte gingen gut und sicherten der Familie mit den vier Kindern ein behagliches Leben. *Oh ja, es ging uns gut. Ich habe schöne Erinnerungen an meine Kindheit,* sagt Genia Danziger, wenn sie von damals erzählt, als ihre Welt noch intakt und ein orthodox-jiddischer Alltag gelebt wurde. Die Familiensprache war Jiddisch, die Amtssprache Polnisch, in der Schule gab es Deutsch als Fremdsprache. Deutsche Literatur gab es im Haus der Shvimers und ein breites Angebot an deutscher Belletristik in den jüdischen Büchereien. Alles, was ein autonomes jüdisches Gemeinwesen brauchte, fand sich im Schtetl: Weiterführende Schulen, neben einer Talmud-Thora-Schule, Handels- und Gewerbeverbände, Spar- und Darlehnskassen und gemeinnützige Einrichtungen wie Krankenhäuser, Waisenhaus und ein Altenheim. In diese geordnete Welt brach der katholisch-polnische Antisemitismus in Krisenjahren immer mal wieder ein, wenn aufgehetzter Mob durch das Viertel raste, Geschäfte zerstörte und willkürlich Menschen brutal misshandelte.

Von nie gehörtem Unheil erfuhren die Juden von Sosnowiec, als im Mai 1939 etwa 120 deutsch-jüdische Flüchtlinge eintrafen und berichteten, was ihnen von den Nazis widerfahren war. Am 4. September 1939 kam der Krieg nach Sosnowiec. In den ersten beiden Tagen töteten Hitlers Soldaten 30 unbewaffnete Juden.

Im Gegensatz zu anderen besetzten Regionen Polens gab es im östlichen Oberschlesien zunächst keine Massendeportationen. Um das wirtschaftliche Potential der Fabriken und Bergwerke Oberschlesiens zu nutzen, waren die Deutschen auf die jüdisch-polnischen Facharbeiter angewiesen.[1] Zur Koordinierung der Zwangsarbeit richteten die Deutschen die „Organisation Schmelt" ein. Namensgeber war der SS-Offizier Albrecht Schmelt, der ein Zwangsarbeitssystem errichtete, das über 100.000 jüdische Männer und Frauen für die Fabriken und Werkstätten ab Frühjahr 1940 erfasste. Parallel dazu erfolgte die Ghettoisierung der jüdischen Bevölkerung.

Im Sommer 1940 reichte die Forderung nach jüdischen Zwangsarbeitern bis in die nordböhmische Textilindustrie, die mit Kriegsbeginn Uniformen für Soldaten produzierte. Die SS-Organisation Schmelt lieferte. Auch nach Parschnitz, dem einst tschechischen Poríčí, im Reichsgau Sudetenland, wo sich die Firmen Alois Haas (Spinnerei), die Gebrüder C. G. Walzel (Spinnerei und Weberei) und die Firma Ignatz Erich niedergelassen hatten. Binnen kurzer Zeit war ein Barackenlager entstanden, in dem in Spitzenzeiten bis zu 1.360 jüdische Mädchen und Frauen von früh bis spät schuften mussten.

Es war im November 1941 als ein Hilfstrupp der Organisation Schmelt in das Haus der Familie Shvimer im Ghetto Sosnowiec eindrang. Sie schleppten die knapp 15 Jahre alte Genia und die 13-jährige Schwester Cela unter Weinen und Wehklagen mit kleinem Gepäck aus dem Elternhaus. *Man brachte uns zum Bahnhof, zwang uns mit vielen anderen Mädchen und Frauen in einen Zug, der nach wenigen Stunden in Parschnitz ankam,* erzählt Genia Danziger von der schmerzhaften Trennung. Sie sollte ihre Eltern und den kleinen Bruder nie wieder sehen.

Im Lager wurden wir in eine Baracke mit dreistöckigen Betten gebracht. Hier lebten bis zu 90 Frauen ... später wurden es immer mehr, es wurde enger und enger. Die zierliche, nur knapp ein Meter fünfzig große Genia wurde für die Arbeit in der Spinnerei der Gebrüder C. G. Walzel

---

1 Die Yad Vashem Enzyklopädie der Ghettos während des Holocaust, hrsg. von Guy Miron u. Shlomit Shulhani, Bd. 2, Göttingen/Jerusalem 2014, S. 762 ff.

bestimmt. Schwester Cela, mit ihren 13 Jahren noch ein Kind, kam in die Walzel-Weberei.

Mir wurde in der Spulabteilung der Spinnerei eine Arbeit zugewiesen. Ich war zuständig für die kleineren Spulen, die ausgewechselt werden mussten, wenn sie voll waren oder der Faden riss. Mit bloßen Fingern musste ich in dem laufenden Betrieb durch die schnell laufenden nassen Fäden greifen, den Faden wieder einfädeln, befestigen, so dass sich das Garn aufwickeln konnte.[2]

Bei ihrer Schilderung von damals formen ihre Hände die dazu gehörenden Bewegungen.

Die Finger waren immer wund, weil die Haut riss. Manchmal wurden die Fingernägel beim Durchgreifen abgerissen und bluteten. Wir hatten keine Arbeitshandschuhe. Wenn es sich ergab, nahmen wir heimlich vom Schmierfett für die Maschinen für die ausgetrocknete und gerissene Haut der Hände.

Gemeinsam mit der Schwester belegte Genia Danziger ein oberes Etagenbett. In den Baracken herrschte eine hohe Luftfeuchtigkeit, die je nach Jahreszeit feuchtkalt oder dämpfig-schwül war. Ihr blieb ein Leben lang ein schmerzhafter Gelenkrheumatismus. *Aber am meisten quälte uns der Hunger. Morgens um 6 Uhr gab es dünnen Kaffee, mittags Suppe und abends ein bisschen Brot. Wir hatten immer Hunger.* Die Schwestern hörten auf zu wachsen. Sie behielten die Körpergröße, die sie zu Beginn der Zwangsarbeit erreicht hatten. Als das Zwangsarbeitslager der Textilunternehmen im März 1944 in das Kommando des KZ Groß-Rosen wechselte, verschärfte sich der Hunger.

Es war am Dienstag, dem 8. Mai 1945. Gerade war eine der nur noch selten ausgegebenen Suppen von einer der Frauen geholt worden. Es war gegen ein Uhr, als sie in die Baracke stürzte und vor Glück schrie: ‚Kinder, wir sind befreit, die Russen sind da.'

Gleich am nächsten Tag machten sich die Schwestern mit einer Freundin auf den Weg nach Sosnowiec. Es war ein glücklicher Zufall, dass Genia (19) und Cela Shvimer (17) bei ihrer Ankunft vor dem Bahnhof in Sosnowiec buchstäblich Schwester Paula in die Arme liefen.

---

[2] Gespräche mit Genia Danziger im Dezember 2013.

Paula Shvimer, 23 Jahre alt bei der Befreiung von Auschwitz, verweigerte zeit ihres Lebens die Rolle der Zeitzeugin. Über das, was ihr im KZ Auschwitz an Grausamkeiten und Leid widerfuhr, berichtete sie sachlich-knapp, wenn es sich gar nicht vermeiden ließ. So war es, als sie am 1. Juli 1960 vor einem Regensburger Notar an Eidesstatt beschrieb, wie ihre fünf Jahre jüngere Schwester Genia im November 1941 aus dem Elternhaus zur Zwangsarbeit verschleppt wurde. Notwendig war diese notarielle Erklärung, da Genia Danziger nach dem „Gesetz zur Wiedergutmachung nationalsozialistischen Unrechts" Haftentschädigung forderte. Dafür musste sie Zeugen benennen. Die Entschädigungskammer des Landgerichts München I hielt einen Betrag von 125 DM pro Monat als einmaligen Ausgleich für den ihr zugefügten „Schaden an Körper und Gesundheit" über die Dauer von 65 Monaten für angemessen. Es waren meist Nazi-Richter, die sowohl über die Entnazifizierung der Täter wie über die Entschädigung der Opfer urteilten.

Genia Danziger

Für die älteste Shvimer-Tochter Paula hatte die Zwangsarbeit direkt nach dem Überfall der Deutschen auf Polen begonnen. Diese organisierte die „SS-Dienststelle Schmelt". Für junge Juden war der Arbeitseinsatz obligatorisch. Davon hing die Zuteilung von Lebensmittelkarten ab. Im April 1942 betrieb die Organisation Schmelt allein in der Region Sosnowiec 40 Arbeitslager, in denen ausweislich der Listen des Judenrats etwa 6.500 junge Männer und Frauen arbeiten mussten. Hergestellt wurden Kleidung, Leder- und Korbwaren, Holzprodukte und andere Erzeugnisse. Ältere Menschen, Kinder und Kranke wurden von diesem Zeitpunkt an nach Auschwitz deportiert und ermordet.

Als Himmler, Reichsführer der SS, Anfang Juni 1943 entschied, die letzten noch verbliebenen polnischen Juden zu vernichten, lebte die Familie Shvimer, die Eltern Abraham Hersz und Esther, der kleine Bruder David und die älteste Tochter Paula (22) im Vorstadt-Ghetto Srodula.

---

3   Die Yad Vashem Enzyklopädie, Bd. 2, wie Anm. 1, S. 767.

Anfang August 1943 begann die Liquidierung der beiden Ghettos Srodula und Bedzin. Insgesamt deportierten die Deutschen bei dieser Aktion schätzungsweise 30.000 Juden nach Auschwitz.[3] Viele Jahre danach gab die nunmehr 39-jährige verheiratete Paula Reif vor dem Notar zu Protokoll:

> Die Eltern und mein noch nicht 11 Jahre alter Bruder David wurden zusammen mit mir anlässlich der totalen Aussiedlung aus dem Ghetto Sosnowiec-Srodula in Waggons in das Konzentrationslager Auschwitz abtransportiert.[4]

Gegen erbitterten jüdischen Widerstand im Ghetto erzwang die SS die „Aussiedlung" Haus für Haus. Auf der berüchtigten Selektionsrampe von Auschwitz wurde Paula von Eltern und Bruder getrennt:

> Sie kamen zu einer besonderen Gruppe, die mit Lastwagen weggeschafft wurde. Mithäftlinge sagten mir, dass es sich bei den mit diesen Fahrzeugen Abtransportierten, wozu auch meine Eltern und der kleine Bruder gehörten, um Personen handle, die zum Vergasen weggeschafft werden. Ich selbst verblieb als jüngere Person im Konzentrationslager Auschwitz und erhielt dort am linken Arm die Tätowierungsnummer 53499.

Aus Paula Shvimer wurde schon bald nach der Befreiung die verehelichte Geschäftsfrau Paula Reif, die sich zunächst mit ihrem Mann und ihren Schwestern Genia und Cela in Gleiwitz ansiedelte. Für nur ein Jahr. Der wieder aufflammende Antisemitismus, gipfelnd im Pogrom von Kielce im Juli 1946, vertrieb die Shvimer-Schwestern und das Ehepaar Reif für immer aus Polen. Sie folgten dem Rat von Paulas Freundin: *Kommt nach Regensburg.* In der Stadt an der Donau fanden sie, was sie suchten: Eine jüdische Gemeinschaft von Überlebenden der Shoah.

Nach historischen Schätzungen flüchteten 1946/47 bis zu 300.000 Juden aus Osteuropa in die westlichen Besatzungszonen des besiegten Deutschland. Von diesem Menschenstrom in die vorzugsweise amerikanisch besetzten Zonen (Bayern, Hessen und Württemberg-Baden) waren die westlichen Siegermächte so überrascht wie überfordert, denn auf die Schnelle fanden sich in den zerstörten Städten keine neuen Quartiere. Ohne Zwangsmaßnahmen wie Beschlagnahmung von Siedlungen, Häusern und Privatwohnungen war auch in Regens-

---

[4] Privatarchiv Danziger.

burg die Einquartierung von bis zu 3.000 jüdischen Flüchtlingen nicht zu schaffen. Mit der Gründung des Staates Israel und der einsetzenden Auswanderungswelle sank die Zahl der Juden in Bayern wieder rapide. Fünf Jahre nach Kriegsende, im August 1950, begann für die neugegründete Jüdische Gemeinde Regensburg mit ihren 288 Mitgliedern eine ungewisse Zukunft.

Ein polnisch-jiddischer Vorstand mit Optionen

25 Jahre später, Mitte der 80-Jahre, lenkt ein orthodoxer Gemeindevorstand von Holocaust-Überlebenden mit jiddisch-polnischen Wurzeln die Geschicke einer Gemeinde, die von Jahr zu Jahr kleiner wurde. Knapp über einhundert Mitglieder sind es nur noch, als der Vorstand Ilse Danziger als neues Vorstandsmitglied kooptiert.

Die junge Frau, Schwiegertochter von Genia Danziger und Mutter von Benjamin und Jenny, wollte sich künftig um die Einführung von Kindern und Jugendlichen in jüdisches Leben kümmern.

Als einzige der drei Shvimer-Schwestern hatte sich die mittlere Schwester, Genia, in Regensburg fest verwurzelt. Fünf Jahre nach Kriegsende hatte sie Isaak Danziger in Regensburg geheiratet und eine Familie gegründet.

Isaak Danziger, ein Holocaust-Überlebender aus Sosnowiec, war ebenfalls als Jugendlicher in die Fänge der Nazis geraten: Zwangsarbeit, drei Arbeitslager, Todesmarsch und Befreiung aus dem KZ-Buchenwald. Irgendwann führte sein Weg zur „Jewish Community" nach Regensburg. Nach einem Suchprozess, inklusive einer Kurzauswanderung nach Amerika, entschloss sich Familie Danziger zur Existenzgründung in Regensburg. Über viele Jahrzehnte sollte „Danziger Pelze" in der Wahlenstraße die Regensburger durch die Winter begleiten. Der erstgeborene Sohn David Danziger trat in die Fußstapfen des Vaters, lernte Kürschner, gründete mit Ilse eine Familie und führte das Geschäft bis Anfang 2016.

Zu Beginn der 90er-Jahre war die Zuversicht auf ein neues Gemeindezentrum mit Synagoge, das für vitales jüdisches Leben in einer alten Stadt steht, auf ein Minimum geschrumpft. Für die Regensburger waren Hans Rosengold und Otto Schwerdt die Repräsentanten der Gemeinde.

Ilse Danziger, seit über 30 Jahren im Vorstand

Einen festangestellten Rabbiner konnte sich die Gemeinde längst nicht mehr leisten und nur zu den Festtagen füllte sich der kleine Betraum im Erdgeschoss des alten Gemeindehauses von 1912. Großen Zuspruch erfuhr dagegen der 1969 gebaute Flachbau immer dann, wenn kulturelle „Highlights" geboten wurden. Dann kamen auch die Regensburger Nichtjuden in Scharen.

Gleichwohl gab es in diesem Vorstand der Shoa-Überlebenden neben der jungen Ilse Danziger einen Zweiten, der von einer Zukunft in einem neuen Gemeindezentrum träumt: Chaim Lustanowski, 1918 in Piotrkow bei Lodz in Polen geboren, Schuhwarenerzeuger wie einst sein Vater in Lodz. Auf der Suche nach seiner Familie traf der 27 Jahre alte Chaim im Oktober 1945 nach langer Irrfahrt in Regensburg ein. Gezeichnet von den Jahren der Gefangenschaft und Zwangsarbeit im polnischen Ghetto, im KZ Buchenwald und zuletzt im KZ Theresienstadt, wo er befreit wurde.

In Regensburg wird er am 5. Februar 1946 Mitglied der „Jewish Community", so steht es auf der Identity Card der DP-Gemeinde, die er sein Leben lang bewahren sollte. Hier lernte er seine Frau Janka Dawna kennen, die er sowohl jüdisch-rituell wie standesamtlich heiratete. Sie war nach Jahren der Zwangsarbeit im Ghetto Radom als 22-Jährige ins KZ Auschwitz verschleppt worden: *In Auschwitz hat man es so gemacht, dass ich keine Kinder bekommen konnte.* Noch lange hingen beide an dem Ideal eines Lebens in Amerika.

Zur Wirklichkeit wurde jedoch das Leben mit italienischen Schuhen und zwei Schuhgeschäften in Regensburg. Ihr Kinderwunsch erfüllte sich nicht, aber dafür ein religiöses Leben in der Gemeinschaft der Gemeinde. Kein Wunder, dass ihm der Gemeindevorstand den Bereich „Besondere Verwendung und Aufgaben" übertrug, als ab 1994 „unsere Leute", die jüdischen Kontingentflüchtlinge, aus den Ländern der ehe-

Chaim Lustanowski, Ausweis der Jewish Community Regensburg

maligen Sowjetunion kamen. Da lebte der Traum von Chaim Lustanowski von einem neuen Gemeindezentrum mit Synagoge wieder auf. Erst recht nach dem Tod seiner Frau Janka, die im 84. Lebensjahr überraschend starb. Jetzt ließ Chaim Lustanowski, dessen Familie in den Gaskammern der Vernichtungslager ermordet worden war, den Gemeindevorstand wissen, was ihn glücklich machen würde: *Einen Saal in einem neuen Gemeindezentrum über dessen Eingang die Namen Janka und Chaim Lustanowski stehen.* Und genauso hielt er es in seinem notariell abgefassten und hinterlegten Testament fest.

Lustanowski, der einstige Schuherzeuger aus Lodz, hatte von Vater Jakob ebenfalls gelernt, wie man gute Schuhe auch gut verkauft. Am Ende seines Lebens verfügte er über ein großes Vermögen, was bekannt war, auch der nichtjüdischen Umgebung, die sich seiner intensiv annahm, als der fromme Jude Lustanowski alt und gebrechlich an Kopf und Leib wurde. Da änderte er überraschend seinen letzten Willen. Bald darauf starb er einen Tag nach seinem 97. Geburtstag. Die bittere Essenz der Geschichte: Es wird im neuen Gemeindezentrum der Jüdischen Gemeinde keinen Saal geben, der den Holocaust-Überlebenden Janka und Chaim Lustanowski gewidmet ist. Der materiell reiche Ertrag ihres Lebens ging, entgegen dem ersten Testament, an die Nachkommen der „Gnadenlosen" – so nannten die DPs die Angehörigen des Tätervolks.

Verfolgt von Hitler und Stalin

Mit der überraschenden Zuwanderung ab Mitte 1994 wuchs die Jüdische Gemeinde Regensburg Jahr um Jahr. Sie kamen freiwillig und gerne aus den Ländern des zerfallenden Sowjetreichs in das wiedervereinigte Deutschland. Eintausend neue Gemeindemitglieder waren bald nach der Jahrtausendwende erreicht. Auf diesem Niveau pendelte sich die neue Größenordnung der Gemeinde ein.

Klara Lempert-Barska und Volodymar Barskyy

Ab 2005 erhöhte die Bundesregierung erheblich die Hürden für den weiteren Zuzug. Auch jüdische Kontingentflüchtlinge und ihre Familienangehörigen aus den Nachfolgestaaten der Sowjetunion mussten jetzt ausreichende Deutschkenntnisse und eine positive Integrationsprognose nachweisen. Die Kriterien dafür sind bis heute neben den Sprachkenntnissen, Qualifikation, Berufserfahrung und Lebensalter. Zusätzlich müssen die Zuwanderer nachweisen, dass sie von einer jüdischen Gemeinde in Deutschland aufgenommen werden. Das ist der Regelfall. Bereitwillig und fürsorglich werden bis heute die nur noch vereinzelt aus Russland oder der Ukraine kommenden Zuwanderer in Regensburg aufgenommen.

Im Generationenverbund – Großeltern, Eltern und Kinder – waren die ersten 33 Zuwanderer, davon acht Kinder, im Sommer 1994 gekommen. Sie fanden Aufnahme im vorbereiteten Übergangswohnheim in der Holzgartenstraße im Stadtteil Weichs. Begrüßt von Otto Schwerdt und Ilse Danziger, die sich problemlos mit den zugewanderten Großstädtern aus St. Petersburg, Moskau, Kiew, Lemberg oder Czernowitz verständigen konnten. Wer denn Jiddisch spreche, hatte ein aufgeregter Otto Schwerdt bei der Ankunft die aus dem Bus Aussteigenden gefragt. Die einfache Frage traf den Nerv und legte die gemeinsame Vergangenheit bloß. Jiddisch, das war die Sprache des „Schtetel", dessen Bewohner in deutschen Vernichtungshöllen starben. Und Jiddisch war auch die Sprache der KZ-Überlebenden, die nach ihrer Befreiung als DPs nach Deutschland kamen.

Mit dem Jiddischen vertraut war Otto Schwerdt, der sich mit seinem Überlebensbericht in die Herzen der Regensburger geschrieben hatte. Die sprachbegabte wie resolute Klara Lempert-Barska aus Tschernowitz verstand bei der Ankunft in der neuen Wahlheimat jedes Wort. Mit Jiddisch und Rumänisch war sie groß geworden, Deutsch hatte sie als Fremdsprache unterrichtet. Die pensionierte Deutsch- und Englischlehrerin war mit ihrem Mann Volodymyr Barskyy, zwei Söhnen, zwei Schwiegertöchtern und drei Enkeln aus den Wirren der Ukraine ausgereist. Es war ihr eine Genugtuung, denn der nach dem Zerfall der Sowjetunion 1991 neugegründete ukrainische Staat war ihr, der Überlebenden des Todesmarsches von Transnistrien, eine Menge schuldig geblieben.

Ich bin in dem kleinen Dorf Staryje Bedraski im November 1937 in Rumänien geboren, dem damaligen Bessarabien. Unser Dorf lag nahe zur ukrainischen Grenze am Prut. Meinem Vater Chaim Lempert gehörte ein Bauernhof von 4½ bis 5 Hektar. Meine Mutter hieß Nechama Kleinermann und war für den Haushalt und die Kinder zuständig. Unser Hof lag nicht weit vom Fluss. Mein Vater liebte vor allem Pferde. Zum Hof gehörten einige Kühe und Schafe und eben diese drei Pferde. Wann und wie er zu dem Hof und dem Land überhaupt gekommen war, das er nach und nach gekauft hatte, das weiß ich nicht. Aber ein Jude als Bauer mit Land war damals schon ungewöhnlich. Mein Großvater war nach dem 1. Weltkrieg aus Polen in Bessarabien eingewandert, das bis dahin zum russischen Zarenreich gehört hatte.[5]

Mehr als 200.000 Juden gab es damals in Bessarabien. Die große Mehrheit lebte traditionell-orthodox in Dörfern und kleinen Städten

---

5 Gespräche mit Klara Lempert-Barska im Februar 2014.

und sprach Jiddisch. Im Juni 1940 wurden Bessarabien und die Nordbukowina gemäß einem Vertrag zwischen Nazi-Deutschland und der Sowjetunion (Ribbentrop-Molotow-Pakt) an die UdSSR übertragen, aber beide Regionen wurden Ende Juni 1941 wieder von Deutschland und Rumänien besetzt. Mit dem Einmarsch der deutschen Wehrmachtssoldaten und unter Beteiligung von rumänischer Gendarmerie und einer aufgehetzten nichtjüdischen Bevölkerung kam es mit Kriegsbeginn vielerorts zu Pogromen und Massakern. Mehr als 45.000 Juden wurden ermordet. Zeitgleich begannen die Rumänen mit Zwangsumsiedlungen in die Ghettos von Tschernowitz (Bukowina) und Kischinau (Bessarabien).[6]

> Am 22. Juni 1941 begann für uns der Krieg. Von diesem Tag an beteiligte sich Rumänien an der Seite Deutschlands am Krieg. Ich war dreieinhalb Jahre alt, mein Bruder Abraham fast sechs. Wir saßen in der Küche und es war ein lautes Donnern zu hören. Meine Großmutter sagte: Das ist kein Donnern, das ist der Krieg, da fallen Bomben. Unser Dorf gehörte zur sowjetischen Republik Moldova. Zwei oder drei Tage später waren die Deutschen da. Unsere Familie verließ das Dorf und fand Aufnahme im Haus der Eltern meines Vaters im Städtchen Jednitze, etwa 25 Kilometer von meinem Geburtsort Staryje Bedraski entfernt. Dort blieben wir bis zum September 1941.

Im Herbst 1941 begannen die Todesmärsche nach Transnistrien, einer zwischen den Flüssen Dnjestr und Bug gelegenen Region, die ab 1941 unter rumänischer Herrschaft stand. In diesem Gebiet, das in seiner Ausdehnung etwa Baden-Württemberg entspricht, entstand in mehr als 180 Orten ein Netz von Ghettos, Lagern und Arbeitskolonien. In Transnistrien wurde die „Endlösung" nicht durch Massenmord in Gaskammern durchgeführt, sondern durch unmenschliche Lebensbedingungen, Hunger, Kälte und Epidemien. Schätzungen zufolge liegt die Gesamtzahl der Opfer – einheimische ukrainische Juden sowie Juden und Roma aus der Bukowina, Bessarabien und Rumänien – zwischen 280.000 und 295.000 Menschen. Das größte Ghetto befand sich im Verwaltungsbezirk Winniza. Zu Transnistrien

---

[6] Die Yad Vashem Enzyklopädie der Ghettos während des Holocaust, hrsg. von Guy Miron u. Shlomit Shulhani, Bd. 1, Göttingen/Jerusalem 2014, S. LVIII.

gehörte auch die Stadt Odessa, die zur Hauptstadt der Region erklärt wurde. Von den 180 Orten der Region liegen bisher nur aus 40 Forschungsberichte vor.[7]

Es war ein großer Zug von Männern, Frauen und Kindern, der im September 1941 zusammengetrieben wurde. Bewacht und begleitet von SS und rumänischen Bewachern. Über etwa 300 Kilometer wurden wir in diesen Wochen in Richtung Winniza in Transnistrien gehetzt und gejagt. Ich war knapp vier Jahre alt und die ärgsten Schrecken waren für mich die SS-Männer mit den Schäferhunden. Bis heute ist mir die Angst vor Schäferhunden geblieben, diese schnappten immer wieder nach meinen Händen und Armen.

Während sie berichtet, kauert sich Klara zusammen. Ihr Körper krümmt sich, die Arme rollen sich ein, sie verbirgt die Hände. Die Qual von damals ist ihr gegenwärtig: Bis zu 30 Kilometer mussten pro Tag zurückgelegt werden. Kein Jude sollte in Bessarabien zurückbleiben. Jeweils 1.500 Menschen wurden zu einer Kolonne zusammengestellt.

Auf diesem Todesmarsch sind meine Großeltern gestorben. Sie starben nahe dem Dorf Kryshopol am selben Tag. Sie sind verhungert und waren zu Tode erschöpft. Von unseren Peinigern bekamen wir kein Essen. Dafür mussten wir selber sorgen. Die Männer tauschten bei den Dorfbewohnern Wertsachen gegen Nahrung.

Im November kamen wir im Ghetto Bondurofca an. In einem Vorort wurden wir in einen großen, leeren Pferdestall getrieben, ungefähr 30 bis 40 Meter lang. Es war sehr kalt und feucht. Alle waren erschöpft, krank und verängstigt. Mit uns waren meine Tante, die Schwester meiner Mutter, meine anderen Großeltern und zwei Schwestern meines Vaters. Im Pferdestall gab es keinen Ofen, nur Stroh und eben viele frierende Menschen. Um uns ein wenig Wärme zu verschaffen, bauten die Männer einen provisorischen Ofen aus Ziegelsteinen mit einem langen Abzug, der längs durch den Stall führte. Tagsüber gingen sie ins Dorf, um Brot und Mehl gegen Gold zu tauschen. Mein Vater tauschte seine goldenen Manschettenknöpfe für Maismehl, 2 bis 3 Brote und etwas Milch für mich und meinen Bruder. Mein Bruder Abraham bekam im Februar 1942 die Masern und eine Lungenentzündung, an der er starb.

---

[7] Die Yad Vashem Enzyklopädie, Bd. 1, wie Anm 6, S. LIX; Burmistr, Swetlana: Transnistrien, in: Der Ort des Terrors. Geschichte der nationalsozialistischen Konzentrationslager, Bd. 9, hrsg. von Wolfgang Benz und Barbara Distel, München 2009, S. 390–416, hier S. 390 und S. 404.

Kurz darauf durften wir im Ghetto von Bondurofca in feste Häuser einziehen. Es waren kleine Häuser, die auf dem nackten Lehmboden standen. Das Dach war mit Stroh gedeckt. In diesem Ghetto lebten etwa 4.000 bis 5.000 Juden, die meisten waren aus Edineti (Bessarabien) und Umgebung verschleppt worden.

Im Sommer 1943 bekam ich eine schwere Lungenentzündung. Es gab keine Medikamente, keine Ärzte, es gab nichts. Meine Mutter erhitzte Gläser, die sie mir auf den Rücken presste, dabei verbrannte die Haut. Klara zieht ihren Pullover hoch. Tiefe, lange Narben ziehen sich über den Rücken.

Lange Zeit verheilten die Brandwunden nicht. Im späten Herbst 1943 kamen die ersten Pakete des amerikanischen Joint. In einem war eine Heilsalbe, die mir half.

Im März 1944 befreite die Rote Armee die deportierten Juden aus Bessarabien und der Bukowina. Von den knapp 300.000 Verschleppten hatte höchstens ein Drittel überlebt. Klaras Familie zählte fünf Todesopfer, zu den acht Überlebenden der Familie gehörte ein Baby, das im Ghetto zur Welt gekommen war. Nur wenige Tage nach der Befreiung trat die Familie Lempert den Weg zurück nach Hause an. Zu Fuß oder auf der Ladefläche eines Lastwagens legten sie den Weg nach Staryje Bedraski am Prut zurück. Es gab noch den einst schmucken Bauernhof, aber es fehlten die Fenster und Türen.

Mit der politischen Nachkriegsordnung veränderte sich die ihnen vertraute Welt noch einmal. Aus Bessarabien und Transnistrien entstand die Sowjetrepublik Moldawien.

Mein Vater begann wieder als Bauer seine Familie zu ernähren. Er hatte zwei Pferde, eine Kuh und Schafe. Im frühen Sommer 1949 sollten Land und Hof einer Kolchose zugeordnet werden. Eines Tages erschien ein Milizionär. Es war ein Major von der Grenzpolizei. Er sagte uns, man wolle uns nach Sibirien schicken, Vater sei ein Kulak. Er sagte aber auch: Lempert, du hast dich vor den Deutschen gerettet, vor den Russen rettest du dich nicht. Nimm des Teuerste, was du hast und rette dich. In der Nacht schickte er uns einen Lastwagen, der uns über die Grenze in die Ukraine nach Tschernowitz brachte.

Eine Gemeinde im Wartestand

An einem Sonntagnachmittag im Mai 2017 ist der Melanchthonsaal im Evangelischen Bildungswerk in der Gesandtenstraße bis auf den letzten Platz gefüllt. Auf dem Flur, rechts neben der Eingangstür im ersten Stock, sind die weißgedeckten Tische bereits für die Pause vorbereitet. Dann gibt es kleine, köstliche Häppchen, Kuchen, Wasser, Saft und einen Schluck Wein. Der Klub Schalom der Jüdischen Gemeinde Regensburg hat zum „Fest der Überlebenden" eingeladen, so wie immer, wenn in allen Ländern Europas und der ehemaligen Sowjetunion der Sieg über Hitler-Deutschland und die Befreiung vom Faschismus gefeiert wird. Ein schwieriges Intermezzo, ohne feste Bleibe und ohne koschere Küche, muss die Jüdische Gemeinde für knapp zwei Jahre hinter sich bringen. Das evangelische Haus der Kirche hat für Veranstaltungen Quartier geboten. Der alte Gemeindezweckbau Am Brixener Hof ist längst abgerissen, der Grundstein für das neue Gemeindezentrum mit Synagoge gelegt, im Herbst 2017 wurde Richtfest gefeiert und als Zieldatum für die festliche Eröffnung steht der Februar 2019 seit langem fest. Die beiden für den Klub Schalom zuständigen Vorstandsmitglieder Volodymyr Barskyy und Jakob Denissenko ficht das nicht an. In dieser Übergangszeit geht es nicht ohne Improvisieren bei der Programmgestaltung. Nach Kräften bemühen sie sich, den Kreis von etwa einhundert regelmäßigen Klub-Schalom-Besuchern zusammen zu halten. Es sind meist die älteren Gemeindemitglieder, die hier das Miteinander in der ihnen vertrauten Sprache suchen. Deshalb setzt Programm-Macher Barskyy auf Vertrautes. So ist es auch bei der Feier der Überlebenden, wenn russische Lieder und Balladen aus der Kriegszeit von zwei Künstlern vorgetragen werden.

Volodymyr Barskky, 80 Jahre alt, geboren in Kischinau in Bessarabien, wurde mit seiner Mutter bei Kriegsbeginn in den asiatischen Teil der Sowjetunion evakuiert. Jetzt begrüßt er namentlich dreizehn der noch 20 Zeitzeugen der Gemeinde und überreicht jeweils eine Rose und ein kleines Präsent. Auch seine Frau Klara gehört zu den Geehrten. Sie alle sind zwischen 80 und 95 Jahre alt und haben als Kinder und Jugendliche den Krieg knapp überlebt: in Konzentrationslagern, Ghettos, im Zwangsarbeitslager oder in Leningrad, wo sie die Blockade durch die deutsche Wehrmacht halb verhungert überstanden. Mehr als eine Million Menschen starben dort den Hungertod.

Als „geretteter Rest" (Scheerit Hapleita) bezeichnen sich die Überlebenden des osteuropäischen Judentums. Und es waren nur wenige deutsche Juden, die mit Kriegsende aus den Konzentrationslagern befreit wurden, im Untergrund überlebt hatten oder aus der Emigration zurückgekehrt waren. Gemeinsam ist bis heute den Juden Europas, die den Nazi-Mordprogrammen ausgesetzt waren, die Erfahrung: dort, wo sie zu Hause waren, wo es einmal jüdische Viertel gab, fanden sie Ruinen vor. Ihre Familien und Freunde waren tot.

Ehepaar Sofia und Ilja Haradzetski

Religion wurde Geheimsache

Zu den Überlebenden des Ghettos Dubrowno, Bezirk Witebsk, in Weissrussland gehört Sofia Haradzetski. Gemeinsam mit ihrem Ehemann Ilja, dem Enkel Sima und zwei Urenkeln, kam das Ehepaar bald nach seiner Pensionierung nach Regensburg. Die beiden Söhne waren kurz zuvor gestorben. Der erste an Krankheit, der zweite bei einem Verkehrsunfall. Für die Übersiedlung war für sie entscheidend: *Dass wir unsere Kultur und Glauben leben wollten,* erzählt Ilja, warum die Familie ihre Heimatstadt Mosyr verließ.

> *Das religiöse jüdische Leben nach dem Krieg vollzog sich ausschließlich in privaten Räumen. Wir lebten nach der Tradition und versammelten uns immer freitagabends in einer Wohnung, um den Sabbat zu feiern. Religion war zum Geheimnis geworden. Eine jüdische Gemeinde war verboten.*

Bis kurz vor dem Überfall auf die Sowjetunion lebten in Mosyr 6.300 Juden. Es gab drei Synagogen, die während des Krieges zerstört und nie wieder aufgebaut wurden. Mein Großvater war Kantor der Gemeinde.[8]

Bevor die deutschen Polizeieinheiten und eine SS-Einheit Mosyr besetzten, wurde die Familie Haradzetski nach Usbekistan evakuiert und überlebte dort. Die in Mosyr verbliebenen Juden zwang die deutsche Besatzung in ein Ghetto. Am 6. Januar 1942 wurden alle Ghetto-Bewohner zum städtischen Gefängnis geschafft und ausgeplündert. Danach ordneten die deutschen Kommandeure Tittze und Rosenthal die Ermordung der bis zu 1.500 Menschen durch die Polizei- und SS-Einheit an. Die Juden Mosyrs wurden nahe dem Dorf Bobry erschossen oder im Pripyat-Fluss ertränkt.[9]

Nur einer kleinen Minderheit der Juden von Dubrowno gelang vor dem Einmarsch deutscher Soldaten am 16. Juli 1941 die Flucht aus der Stadt. Etwa die Hälfte der 10.000 Einwohner war jüdisch. Die Stadt war unter russischen Juden für die Kunstfertigkeit der dort hergestellten Gebetsschals berühmt. Es gab eine große jüdische Weberei, Manufakturen und Kooperativen. Was Generationen aufgebaut hatten, wurde zerstört. Im Herbst 1941 wurden die verbliebenen 2.100 jüdischen Einwohner ghettoisiert und zur Zwangsarbeit gezwungen. Da ist Sofia Haradzetski acht Jahre alt und lebt mit ihrer Mutter Asja bei den Großeltern.

In dieser Zeit verschwand meine Mutter Asja. Sie ging in die Wälder und schloss sich den Partisanen an. Eines Nachts kam ihre Freundin Olga und sagte meiner Großmutter Maria, sie habe den Auftrag, mich aus dem Ghetto zu holen und zur Tante ins etwa 20 Kilometer entfernte Dorf Orscha zu bringen. Versteckt auf einem Pferdefuhrwerk brachte mich Olga am nächsten Tag aus dem Ghetto zu meiner Tante Serafima und ihrem nichtjüdischen Mann Konstantin.

Meine Großeltern und Urgroßeltern wurden nur wenige Tage später, im Dezember 1941 von den Deutschen ermordet. Sie wurden wie die meisten aus dem Ghetto zum jüdischen Friedhof gebracht und dort erschossen.

Bei diesem Massenmord auf dem jüdischen Friedhof von Dubrowno starben nach Recherchen von Historikern 1.500 überwiegend alte Men-

---

[8] Gespräch mit Ilja und Sofia Haradzetski im November 2014.
[9] Die Yad Vashem Enzyklopädie, Bd. 1, wie Anm. 6, S. 507.

Fester Termin im Wochenplan der Senioren:
Deutschunterricht mit Julia Lukhnyeva

schen und Kinder. Endgültig liquidiert wurde das Ghetto im Februar 1942 mit der Ermordung von 300 Facharbeitern und deren Familien, die zuvor zur Zwangsarbeit rekrutiert worden waren.[10]

> *Mehr als drei Jahre sah ich meine Mutter nicht mehr. Sie blieb in den Wäldern bei den Partisanen. Es war eine sehr schwere Zeit für sie, wie sie mir später erzählte. Sie lebten in Erdwohnungen und versteckten sich dort vor den deutschen Polizeieinheiten. Ihre weißrussische Freundin Olga machte ihr immer wieder Mut, wenn sie ein neues Versteck suchen mussten und meine Mutter Asja aufgeben wollte. Im Herbst 1944 sah ich sie wieder. Wir wurden von unseren Partisanen befreit, die Soldaten der Roten Armee kamen erst später.*

Angekommen in Regensburg

Der Großelterngeneration, die vor über zwei Jahrzehnten mit ihren Kindern und Enkeln als „Kontingentflüchtlinge" gekommen waren, ist das Alltagsdeutsch inzwischen vertraut. Ein Ergebnis des jahrelangen Sprachunterrichts von Julia Lukhnyeva, die in Regensburg Philologie

---

[10] Die Yad Vashem Enzyklopädie, Bd. 1, wie Anm. 6, S.166.

studierte, aus Odessa stammt und zum Kreis der begeisterten „Odissiten" gehört.

Ganz ohne Sprachprobleme sind die lerneifrigen Kinder und Jugendlichen der Zuwanderer. Sie integrierten sich problemlos in das deutsche Schulsystem, das sie je nach Fähigkeit und Neigung erfolgreich abschlossen. Sie studierten oder wählten eine Berufsausbildung und arbeiten heute als Ingenieure, Informatiker, Ärzte, selbständige Kaufleute oder Juristen. Was im Berufsleben reibungslos gelang, entwickelte sich im gesellschaftlichen Miteinander langsamer, aber dafür verlässlich. Manche gründeten Familien und verwurzelten, einige wählten die Auswanderung nach Israel.

Wichtige Brückenbauer im christlich-jüdischen Dialog waren in der Zuwanderungsdekade der 90er-Jahre, als sich die Gemeinde um das Zehnfache vergrößerte, die Holocaustüberlebenden Hans Rosengold und Otto Schwerdt. Aus vielen Begegnungen waren sie den Regensburgern bekannt. Der 1969 gebaute Gemeindemehrzwecksaal „Am Brixener Hof" entwickelte sich über die Jahre zu einem allseits beliebten Veranstaltungsort: Schriftsteller lasen aus neuen Werken vor, Historiker präsentierten ihre Forschungsergebnisse, Musiker spielten Melodien aus aller Welt. Hier stellte Andreas Angerstorfer, Experte in biblischen Sprachen, seine Entdeckungen aus dem jüdischen Leben des Mittelalters vor, wenn wieder einmal ein verbauter jüdischer Grabstein in der Innenstadt freigelegt und die hebräische Inschrift erkundet war. In diesem schlichten Gemeindezweckbau entwickelte sich ein neuer christlich-jüdischer Dialog. Die Klangfarbe dieser Begegnungen prägten zunächst Hans Rosengold und Otto Schwerdt. Möglicherweise war es dem empfindlichen Neubeginn geschuldet, dass die neue Jüdische Gemeinde Regensburg nie ihren Anspruch auf Entschädigung für die in der Pogromnacht zerstörte Synagoge stellte. Dieses Versäumnis galt auch für das jüdische Altersheim. Im hohen Alter sah Hans Rosengold auf diese Unterlassung mit Bedauern zurück.[11]

Ein vertrauter Ort war das Domizil der Jüdischen Gemeinde auch für Papst Benedikt XVI., denn gleich um die Ecke im „katholischen Viertel" wohnt Papstbruder Georg Ratzinger. Im September 2006 beim offi-

---

[11] Vgl. den Beitrag von Hans Rosengold in diesem Buch, S. 343 ff.

Papstbesuch in Regensburg, Oktober 2006: Interkonfessionelle Begegnung in der Ulrichskirche, u. a. mit Hans Rosengold, Ilse Danziger und Rabbiner Dannyel Morag

ziell-privaten Besuch von Papst Benedikt in Regensburg sollte diese enge Nachbarschaft eine besondere Rolle spielen.

„*Ja, Grüß Sie Gott, Herr Rosengold*", begrüßte ihn Papst Benedikt XVI. bei der offiziellen Begegnung, „*ich freue mich sehr, Sie zu sehen.*"[12] Sichtlich bewegt teilte Hans Rosengold diese Freude. Gleich am nächsten Tag, dem „privaten" Besuchstag des Papstes in Regensburg, sollten sich die Begegnungen der beiden en passant wiederholen. Während Papst Benedikt mit kleinem Gefolge in der nahen Luzengasse das Mittagessen in der Wohnung von Bruder Georg, dem einstigen Domkapellmeister, einnahm, verköstigte die jüdische Gemeinde die 15 diensthabenden Mitglieder des päpstlichen Gefolges im festlich geschmückten Gemeindesaal. Die koscheren Speisen waren in der Küche der Gemeinde zubereitet worden. Nach dem Mittagessen schwärmte Hans Rosengold: *Das Erlebnis heute war grandios. Es hat uns alle hier sehr berührt. Es war eine sympathische, liebenswürdige Begegnung.*[13]

---

[12] Bistum Regensburg (Hg.): Papst Benedikt XVI. in Regensburg, Erinnerungen an ein Jahrtausendereignis, Regensburg 2006.
[13] Bistum Regensburg (Hg.), wie Anm. 12.

Eine spirituelle orthodoxe Ordnung

Wenn Rabbiner Josef Chaim Bloch durch Regensburg geht, erregt das Aufsehen. Er trägt das Alltagsgewand der orthodoxen Juden: schwarzer Hut, weißes Hemd, schwarze Hose und Gehrock, ein etwas struppiger langer weiß-grauer Bart. Orthodoxe Rabbiner tragen ständig eine Kopfbedeckung, da ihr ganzer Alltag von Berachot (Segenssprüchen) durchwoben ist. Manchmal hört der 70 Jahre alte jüdische Gelehrte im Vorbeigehen ein respektvolles ... *das ist der Rabbi von Regensburg,* ein „Echo" auf seine regelmäßigen Führungen und die monatlichen Lehrvorträge über jüdisches Leben. Das interessiert die Regensburger und gut gefüllt sind dann die Bänke im Betraum des alten Gemeindehauses.

Josef Chaim Bloch, der Rabbi von Regensburg

Im März 2009 kam Rabbiner Bloch nach vielen Jahren des Wirkens und der Lehre unter anderem in der Talmud-Hochschule in Jerusalem nach Regensburg. *Es gab damals einen Mangel an deutschsprachigen Rabbinern,* erklärt der gebürtige Schweizer seine späte Berufung, die auch seine Ehefrau Rachel – die Rebbetzin – mit einschloss. Das in Israel verwurzelte Rabbinerpaar, das dort zwei erwachsene Söhne, eine Tochter (die zweite Tochter lebt in Amerika), 24 Enkel und Urenkel zurückließ, traf auf eine große russischsprachige Gemeinde, die, jüdischorthodox betrachtet, mehr Kultur- als Glaubensjuden waren. Hochgebildet, vielseitig kulturell interessiert, aber nicht unbedingt nach der *Halacha,* den Gesetzen der Glaubenslehre, lebend.

Nach etlichen Jahren Hebräischunterricht und vielen gemeinsamen *Sederabenden,* dem Vorabend und Auftakt von *Pessach,* fand die Gemeinde zur spirituellen orthodoxen Ordnung. Mittler in diesem Prozess waren die „Sprachbegabten" unter den Gemeindemitgliedern. Voran Dora Kuzenko, die Sozialarbeiterin der Gemeinde, Elena Semmler, die das Büro der Jüdischen Gemeinde organisiert und natürlich

Klara Lempert-Barska, die noch im Alter Hebräisch lernte und vor den Gottesdiensten am Schabbat dafür sorgt, dass Rabbi und Gemeinde nicht aneinander vorbei reden. Sie übersetzt, wenn nötig, ins Russische, was Rabbiner Bloch auf Deutsch sagt.

Erinnerungspolitik in Regensburg

Die Erinnerung ist eine Pflicht gegenüber den Toten schrieb Otto Schwerdt nach Lesungen oftmals als Widmung in sein Überlebensbuch „Als Gott und die Welt schliefen". Der Tod des 85 Jahre alten Vorsitzenden der Jüdischen Gemeinde im Dezember 2007 hinterließ in der Erinnerungskultur der Stadt Regensburg eine empfindliche Leerstelle. Nur vier Jahre überlebte ihn der geborene Regensburger und Emigrant Hans Rosengold, der 2011 starb. Er war der letzte jüdische Zeitzeuge, dem Ausgrenzung und Entrechtung in der „NS-Schandzeit" in Regensburg als Jugendlicher widerfahren war.

Beide, der Emigrant Rosengold wie der Shoa-Überlebende Schwerdt, nahmen es in der Nachkriegsdekade hin, wie sich in Regensburg unter dem CSU-Oberbürgermeister und NS-Täter Hans Herrmann eine Erinnerungskultur etablierte, die nie den richtigen Kompass fand. Bei seinem Tod 1959 verlieh die Stadt posthum dem NSDAP Mitglied, SS-Förderer und „Arisierungsprofiteur" die Ehrenbürgerschaft und machte Herrmann zum Namenspatron einer Schule. Erst 2015 strich ihn der Stadtrat aus der Liste der Ehrenbürger; die Schule erhielt mit Willi Ulfig den Namen eines achtbaren Malers.

Es dauerte noch viele Jahre, bis sich 2013 die Stadt Regensburg entschloss, dem Gedenken an das Novemberpogrom einen offiziellen Rahmen zu geben. Erstmals wurden aus Anlass des 75. Jahrestages des Novemberpogroms von 1938 die Repräsentanten der jüdischen Gemeinde in den Reichssaal im alten Rathaus eingeladen.

Aber auch dieser offizielle Festakt hatte eine surreale Vorgeschichte: Ursprünglich hatte die Stadt für diesen 9. November die Eröffnung der Sonderausstellung „Von Prinzen, Bürgern und Hanswursten" zu einem Jubeltag des „ Immerwährenden Reichstages" auf die Tagesordnung gesetzt. Eine kritische Gegenöffentlichkeit korrigierte diese „Erinnerungspolitik".

So kam es, dass im vollbesetzten Reichssaal Rabbiner Josef Bloch in deutlichen Worten schilderte, wie vor 75 Jahren der Terror über die Juden der Stadt kam und die Synagoge brannte. Ilse Danziger, die Vorsitzende der Jüdischen Gemeinde Regensburg, berichtete, wie durch Zuwanderung eine kleine Gemeinde jüdischer Überlebender innerhalb von wenigen Jahren um das Zehnfache anwuchs, aber ihr die „Luft zum Atmen" fehlt:

> *Entgegen der Annahme vieler Regensburger haben wir keine Synagoge. Wir haben einen kleinen Betraum im Gemeindehaus von 1912 und den Mehrzwecksaal im Flachbau aus den 60er-Jahren. Wir haben kein großzügiges Gemeindezentrum wie zum Beispiel die Gemeinde in Straubing. Wir sind eingeengt in Räumlichkeiten, die dem Zuschnitt der alten Gemeinde entsprechen. Wir vermissen schmerzlich Räumlichkeiten für die Kinder- und Jugendarbeit, für den Sprach- und Religionsunterricht und bei unseren Feiertagen wie zum Beispiel Pessach.*
>
> *Nun planen wir mit dem Mut des Neuanfangs den Bau eines jüdischen Zentrums in Regensburg. Das schließt selbstverständlich eine neue Synagoge mit ein. Warum sollte in dieser Stadt, in der einmal die bedeutendste jüdische Gemeinde Bayerns zu Hause war, nicht möglich sein, was in anderen bayerischen Städten bereits realisiert ist?*

Die Erinnerungspolitik in Regensburg, die im Ritual erstarrt war, kam in Bewegung. Das Ergebnis der Kommunalwahl 2014 unterstützte diesen Prozess, als eine bunte Koalition im Stadtrat die CSU auf den zweiten Platz verwies. 70 Jahre nach Kriegsende vollzog sich in Regensburg sichtbar ein „Zeitenwechsel". Zum ersten Mal fanden sich linke und konservativ-religiöse Gruppierungen am 23. April 2015 zum gemeinsamen Gedenken an die Opfer des Faschismus zusammen.

Den Wandel des Gedenkens machte schon das Transparent deutlich, das am Jahrestag vom Oberbürgermeister, flankiert von den Initiatoren der bisherigen zwei Gedenkveranstaltungen, durch die Stadt getragen wurde: „Im Gedenken an die Opfer: Bleibt wachsam!" Schulter an Schulter gingen da die Bischöfe, der Katholik Rudolf Voderholzer und der Protestant Hans-Martin Weiss, Oberbürgermeister Joachim Wolbergs, die Vorsitzende der jüdischen Gemeinde Ilse Danziger, Luise Gutmann (VVN), Christian Dietl (DGB) und Hans-Simon-Pelanda (ARGE ehemaliges KZ Flossenbürg). Dabei lernten die vielen hundert Regensburger zweierlei: Auch für Bischöfe gibt es einen Demo-Habit; die CSU machte beim gemeinsamen Gedenken nicht mit. Obwohl es in der Vergangenheit an Akteuren nicht mangelte, die auf Gemeinsamkeit in der öffentlichen Erinnerungspolitik drängten, kamen jetzt im jüdischen Gemeindehaus die Akteure beider Gruppen zusammen, um inhaltlich neu zu gestalten, was jahrzehntelang getrennt verlief. Diese Wende sollte Bestand haben.

Ein Grundstein wird gelegt

Im fünf Mitglieder zählenden Vorstand bedurfte es keines förmlichen Beschlusses für den Neubau eines neuen Gemeindezentrums mit Synagoge. Unter dem Vorsitz von Ilse Danziger, der ersten Frau in diesem Amt in der über 1000-jährigen Geschichte der Jüdischen Gemeinde in Regensburg, stellte sich diese Frage nicht, weil sie seit Jahrzehnten eine Selbstverständlichkeit war. Bereits unmittelbar nach der Befreiung im Sommer 1945 hatte die *Jewish Community Regensburg* den Wiederaufbau der gebrandschatzten und abgerissenen Synagoge gefordert. Dabei war es in Regensburg über viele Jahre geblieben, aber im Gedächtnis der Gemeinde bewahrt. Zum „Markstein der Erinnerung" zählte auch ein Synagogenmodell, das mit den Jahren Staub ansetzte.

Fahrt nahm das Synagogen-Projekt erst auf, als sich 2013 der „Förderverein Neue Regensburger Synagoge" gründete und engagierte Bürger, die „Sache" der jüdischen Gemeinde zur eigenen machten. Am Anfang standen die Engagements von Dieter Weber, langjähriger Leiter des Evangelischen Bildungswerks Regensburg, und Anton Schels, viele Jahre Leiter der Realschule am Judenstein.

So leicht zu verwirklichen, wie es sich die engagierten Initiatoren mit ihren Unterstützern dachten, war das Projekt allerdings dann doch nicht. Denn vor einen Neubau hatten das „Welterbe Regensburg" und die Stadtverwaltung einen Architektenwettbewerb gesetzt. Auch diese Hürde wurde 2014 dank des 50.000 Euro-Engagements der Rotarier von „Porta Praetoria" genommen. Gleichzeitig wurde mit Thomas Eckert ein sachkundiger Fachmann und Begleiter des Synagogen-Projekts gewonnen.

Ein halboffener Wettbewerb wurde ausgeschrieben, zehn bundesweit vertretene Architekten beteiligten sich mit Entwürfen und Modellen. Große Begeisterung herrschte bei der Regensburger Bürgerschaft, als die Modelle vorgestellt wurden. In der Zustimmung zum Modell des Archi-

Grundsteinlegung zur Neuen Synagoge im Oktober 2016; im Vordergrund links die Architekten Thomas Eckert (Regensburg) und Per Peddersen (Berlin) OB J. Wolbergs, Schirmherrin A. Neuhauser, D. Weber (Vorsitzender des Fördervereins Neue Synagoge), Ilse Danziger (Vorsitzende der Jüdischen Gemeinde Regensburg), Hanna Zisler (Vizepräsidentin des Landesverbandes der Israelitischen Kultusgmeinden in Bayern) und Rabbiner Josef Chaim Bloch

tekturbüros Volker Staab aus Berlin waren sich Jury und Bürgerschaft einig.[14] Aber unterm Strich war klar, es wird Millionen kosten, Geld, das keiner hatte, weder die Jüdische Gemeinde noch der Kreis der Förderer.

Die „Wundertüte" bedienten Susanne Hauer, Projekt-Managerin im Amt für Archiv- und Denkmalpflege, und Christine Schimpfermann, Leiterin des Baureferats der Stadt. Sie fanden den passenden Fördertopf im Bundesetat für Baumaßnahmen im Weltkulturerbe. Der hoffnungsvoll gestellte Antrag brachte den positiven Bescheid über drei Millionen Euro.

Im Stadtrat brachte der mit großer Mehrheit bei der Kommunalwahl 2014 gewählte SPD-Oberbürgermeister Joachim Wolbergs das Synagogenprojekt auf die Tagesordnung. Er nahm sich der jüdischen Sache an, wie es vor ihm kein anderer getan hatte:

---

[14] Siehe dazu den Beitrag der Staab Architekten in diesem Buch.

Es waren die Regensburger Bürger, die in der Pogromnacht 1938 die Synagoge zerstörten, die Juden durch die Stadt gejagt, gedemütigt und in den Tod getrieben haben. Die Stadt hat die Pflicht zurückzugeben, was sie genommen hat.

Der neugewählte Regensburger Stadtrat beschloss einstimmig, den Neubau eines Jüdischen Gemeindezentrums Am Brixener Hof mit zwei Millionen Euro zu unterstützen. Was vorher aussichtslos schien, die Millionen Baugeld aufzutreiben, kam schließlich zustande. Denn auch der Freistaat Bayern, der in Artikel 183 der Bayerischen Verfassung festgeschrieben hat, den durch die Nazi-Herrschaft Geschädigten zu helfen, unterstützt das Projekt.

Mit großem Engagement und Anteilnahme verfolgt die Regensburger Bürgerschaft das Wachsen des neuen Gemeindezentrums Am Brixener Hof.

So war das bei der Grundsteinlegung im Oktober 2016, als hunderte Menschen dicht gedrängt den Bauplatz säumten. Auf die starken Grundpfeiler der zerstörten Synagoge von 1912 wurde der Grundstein des neuen Sakralbaus gelegt. Das historische „Dreieck der Religionen", das einst die Silhouette der Regensburger Altstadt prägte, fügt sich in neuer Anmutung.

Der seit Sommer 2017 amtierende Vorstand spiegelt die Struktur der Gemeinde wider: Unter dem Vorsitz der seit vielen Jahren die Geschicke der Gemeinde gestaltenden Ilse Danziger ist die Großelterngeneration mit Volodymyr Barskyy und Jakob Dennissenko vertreten. Für die mittlere Altersgruppe steht stellvertretend Irina Gaydar, die im Vorstand für die „Mutter-Kind-Gruppe" zuständig ist, während Lia Bugl für die jungen Eltern in der Gemeinde steht, die als Kleinkinder vor über zwei Jahrzehnten im Familienverband nach Regensburg kamen.

Mit dem Wachsen des neuen Gemeindezentrums „Am Brixener Hof" kehrten Optimismus und Vitalität in das Gemeindeleben zurück. Diese Atmosphäre des Aufbruchs prägte auch im Oktober 2016 das Richtfest, das die Gemeinde mit ihren Förderern und langjährigen Partnern festlich feierte. Da stand ein großherziger Spender von 300.000 Euro, eigens aus München in seine Heimatstadt angereist, neben dem ehemaligen Polizeichef, der mit seinem langjährigen jüdischen Freund auf ein unfallfreies Gelingen in eine neue Zukunft das Glas leerte.

Staab Architekten

Ein neues Haus am alten Ort
Zur Konzeption des jüdischen Gemeindezentrums und der neuen Synagoge

Das Büro Staab Architekten hat bereits an einigen historisch aufgeladenen Orten Neubauten errichtet und dadurch Erfahrung im Umgang mit denkmalgeschützten Altbauten und Nachbarschaften – eine solche Dichte an historischen Schichten wie auf dem Baugrundstück für das jüdische Gemeindezentrum mit Synagoge, war jedoch außergewöhnlich. Der Ort ist zunächst Sinnbild der langen und wechselhaften Geschichte jüdischen Lebens in Regensburg. Das denkmalgeschützte Gemeindehaus an der Westseite des Grundstücks, das in die Konzeption des Neubaus eingebunden werden sollte, zeugt von der Zeit, als hier schon einmal eine Synagoge stand. Sie wurde 1938 von den Nationalsozialisten zerstört. Zudem liegt das Grundstück in der denkmalgeschützten, 2006 zum Weltkulturerbe ernannten Regensburger Altstadt, deren Erscheinungsbild mit besonderen Auflagen zu Maßstab, Dachformen, Fassadengestaltung, Material und Farbigkeit geschützt wird. Im Boden wurden darüber hinaus Zeugnisse des früheren römischen Legionslagers und Relikte aus dem Mittelalter vermutet. Dies bedeutete, dass bei der Planung von Untergeschossen vor Baubeginn archäologische Grabungen durchgeführt werden müssten, deren finanzielles und zeitliches Ausmaß nur schwer kalkulierbar ist.

Hier ein Zeichen des Neuanfangs der wachsenden jüdischen Gemeinde zu setzen, war Ziel des im Jahr 2015 ausgelobten Architektur-Wettbewerbs. Der Neubau sollte in zeitgenössischer Architektursprache errichtet werden und die Synagoge im Stadtbild ablesbar machen. Der vermeintliche Widerspruch dieser Auflage zu den denkmalpflegerischen Rahmenbedingungen blieb nicht die einzige Herausforderung des Entwurfes. Auch die Aufgabe, einen spirituellen Synagogenraum zu entwerfen, der das Herz des Gemeindezentrums bildet, verlangte eine besondere gestalterische Antwort. Hinzu kamen hohe Sicherheitsanforderungen, die in die Konzeption des Hauses einfließen sollten, ohne jedoch seine gewünschte Offenheit zu beeinträchtigen. Und nicht zuletzt sollten Altbau und Neubau eine stimmige Einheit bilden, in der sich das Gemeindeleben auf möglichst vielfältige Weise entfalten kann.

Die erste Entwurfsentscheidung betraf die Gesamterscheinung des Gemeindezentrums und der Synagoge. Um eine gut erkennbare Adresse auf dem von schmalen Straßen umgebenen Grundstück zu bilden, wurden Gemeindezentrum und Synagoge in einem Volumen zusammengefasst und an beiden Seiten mit dem Altbau verbunden. Der Neubau wurde mit Blick auf den in der Altstadt vorherrschenden Maßstab so gegliedert, dass die Synagoge auf der Süd-Ost-Ecke einen Akzent setzt. Große Fenster öffnen das Gebäude im Erdgeschoss zur Stadt und leiten in zwei Höfe über. Der erste dient als Hauptzugang des Gemeindezentrums und wird von der öffentlichen Bibliothek der Gemeinde gesäumt. Der zweite, geräumigere Hof spannt sich zwischen dem Altbau und dem Neubau auf und ist dem Gemeindeleben vorbehalten. Hier liegt ein zusätzlicher, nichtöffentlicher Eingang von der Luzengasse her, über den die Räume im Altbau erschlossen werden können. Mit dem mehrfach gestaffelten Baukörper und den differenzierten Außenräumen gelingt es, die Synagoge und das Gemeindezentrum unter einem Dach zu versammeln und dennoch die Kleinteiligkeit der niedrigen, trauf- und giebelständigen Nachbargebäude aufzugreifen.

Die Fassaden des Altbaus und des Neubaus werden farblich aufeinander abgestimmt. Die sandfarbenen Sichtziegel des Neubaus ergeben mit den abgetönten Putzflächen des Altbaus ein harmonisches Ganzes und lassen gleichzeitig die verschiedenen Zeitschichten des Ensembles erkennen. Die Holzfenster des Neubaus greifen die Materialität der Altstadtfenster auf, ihr großzügiger Zuschnitt weist jedoch in die heutige Zeit und spiegelt die Offenheit des Hauses wider.

Über den Ziegelflächen des Neubaus erhebt sich die flache Kuppel der Synagoge, deren Farbigkeit und Glanz je nach der Lichtstimmung im Innen- und Außenraum über den Tag changieren. Dies rührt von der Metallverkleidung und der eloxierten Metalldeckung der Kuppel her, Materialien, die sich von dem Materialkanon der Altstadt absetzen und die besondere Bedeutung der Synagoge im Stadtraum betonen.

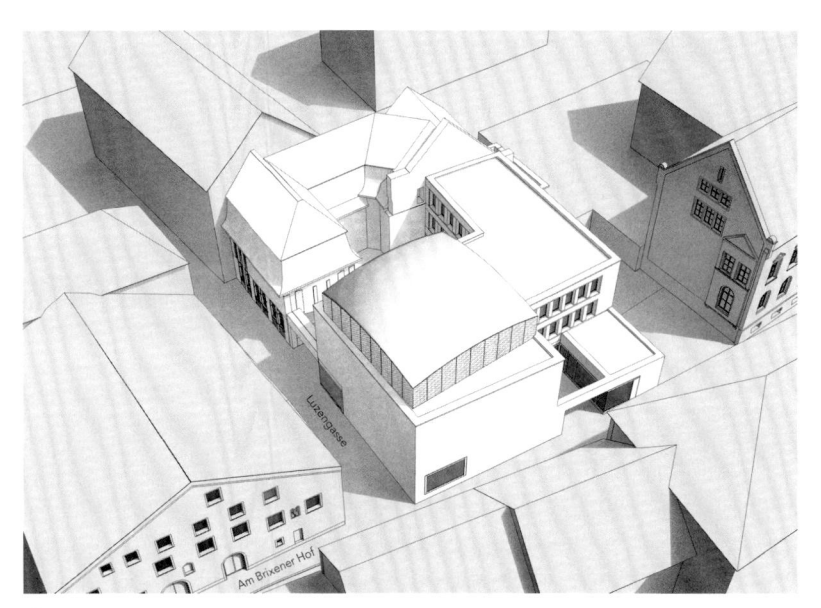

Überflugperspektive, Blick von Südosten

Blick auf die Synagoge aus der Straße Am Brixener Hof

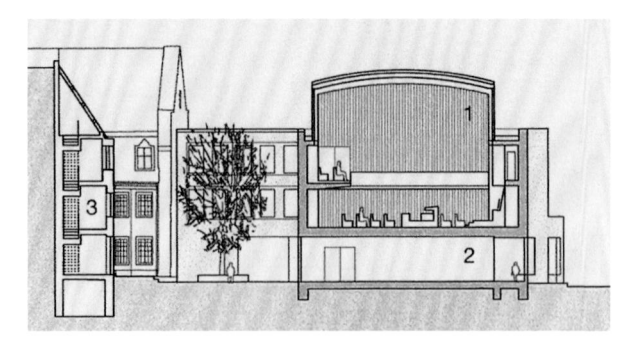

Schnitt: 1 Synagoge, 2 Gemeindesaal, 3 Verwaltung

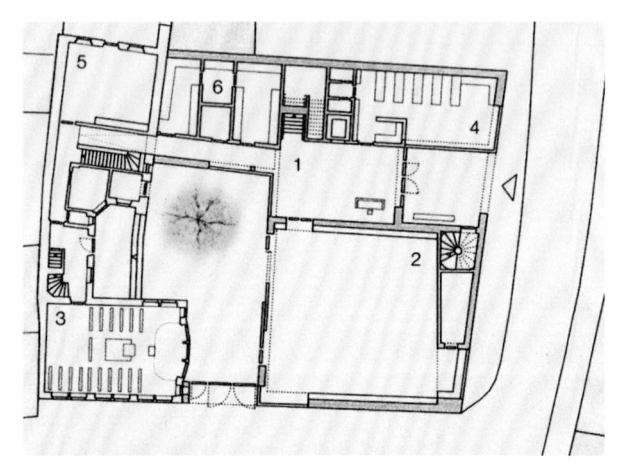

*Grundriss Erdgeschoss: 1 Foyer, 2 Gemeindesaal,
3 Betraum, 4 Bibliothek, 5 Clubraum, 6 Küche*

In diesem vielgestaltigen Ensemble dient das Foyer als zentrales Verbindungselement des Hauses. Von hier gelangen die Besucher und Gemeindemitglieder nach einer Sicherheitskontrolle in alle Bereiche des Gemeindezentrums: Zum Gemeindesaal, zur Synagoge und zu den übrigen Räumen im Alt- und Neubau. Das Foyer, der Gemeindesaal und der Innenhof grenzen direkt aneinander und lassen sich bei größeren Veranstaltungen gemeinsam nutzen. Durch diese Verbindungsmöglichkeit lässt sich der verfügbare Raum optimal nutzen und für unterschiedlichste Aktivitäten der Gemeinde verwenden. Breite Zugänge und Verglasungen verbinden die Räume visuell, während große Schiebe-

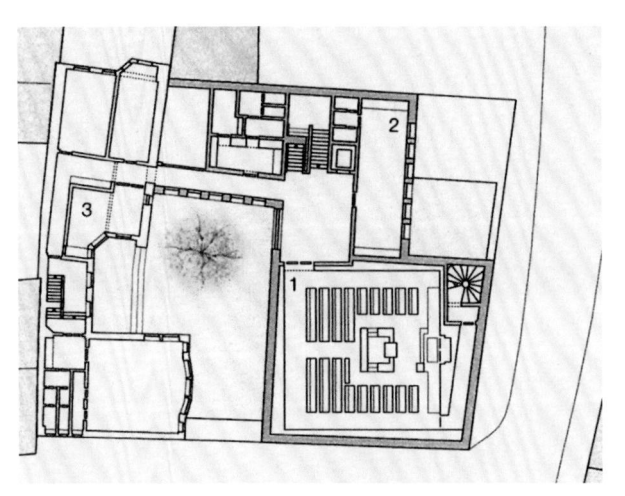

*Grundriss 1. Obergeschoss: 1 Synagoge, Männersitze,
2 Kinderraum, 3 Verwaltung im Gemeindehaus*

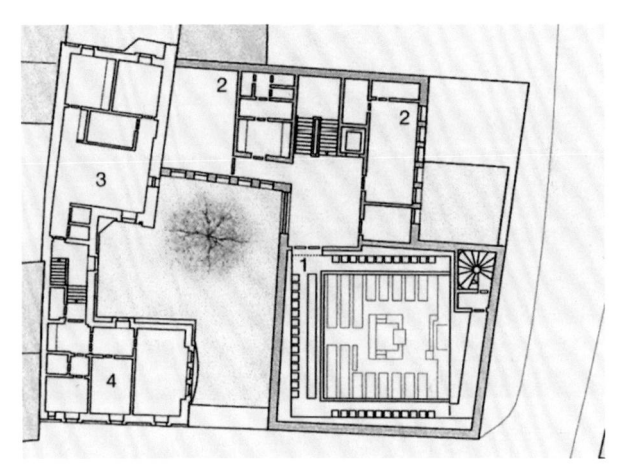

*Grundriss 2. Obergeschoss: 1 Synagoge, Frauenempore,
2 Kinderraum, 3 Verwaltung u. 4 Gästezimmer*

fenster den Saal zum Hof hin bei Bedarf weit öffnen und den Innen- und Außenraum ineinander übergehen lassen. Über den Gemeindehof hinweg ergänzen sich der Alt- und Neubau zu einem Bild.

Das Innere der Synagoge wurde mit besonderer Sorgfalt gestaltet. Eine breite Treppe führt direkt aus dem Foyer in das erste und zweite

Der künftige Betsaal

Obergeschoss zum Synagogenraum und zur Frauenempore. Gemäß dem jüdischen Ritus ist dieser Raum nach Osten ausgerichtet, woraus eine leichte Verdrehung der inneren Raumschale zu den, dem Straßenverlauf folgenden Außenwänden resultiert. Alle Sitzbänke, die Empore und das zentrale Lesepult orientieren sich zur Ostwand, in die der Thoraschrein eingelassen ist.

Die lichtdurchlässige, hölzerne Innenschale erzeugt eine von der Außenwelt entrückte, meditative Stimmung. Holzlamellen filtern das Licht und übertragen den Sonnen- und Tageslichtverlauf gedämpft nach innen. Die sparsam eingesetzten Materialien entfalten in dem klar proportionierten Raum eine stimmungsvolle Präsenz. Die konzentrierte Ruhe wird dadurch gesteigert, dass alle technischen Einbauten im Raum zwischen der Außenwand und der inneren Raumschale angeordnet wurden und so den Blicken entzogen sind.

Das Gemeindehaus wird saniert und behutsam an die neuen Gegebenheiten angepasst. Der frühere Eingang des Altbaus im Hof bleibt bestehen und wird um einen schwellenlosen Zugang aus dem Neubau ergänzt. Die markantesten Räume, der Gebetsraum im Erdgeschoss und das rituelle Tauchbad, die Mikwe, im Keller des Gemeindehauses werden weiterhin genutzt, wobei die Mikwe nun einen direkten Zugang aus dem Erdgeschoss erhält. Die übrigen Räume belegen wie bisher die Verwaltung, eine Wohnung, Gästezimmer und verschiedene Gemeinderäume. Sie schließen in den ersten beiden Geschossen nahtlos und barrierefrei an die Gemeinderäume im Neubau an und werden dort um zwei nach den religiösen Vorschriften konzipierte Küchen ergänzt. Da der Neubau aufgrund der archäologischen Dichte im Boden nicht unterkellert wird, finden die haustechnischen Anlagen im Keller des Altbaus Platz.

Diese auf vielen Ebenen vollzogene Verbindung von Alt- und Neubau und die Gliederung der Baumasse in aufeinander bezogene Außen- und Innenräume bieten dem Gemeindeleben abwechslungsreiche und flexible Räumlichkeiten und einen geschützten Rahmen, in dem es sich selbstbewusst und selbstverständlich im Dialog mit seiner Umgebung entfalten kann.

Zeittafel

2. April 981	Das Kloster St. Emmeram kauft von dem Juden Samuhel das Gut „Scierstat". Älteste Urkunde über Juden in Regensburg
1010/20	Ältester archivalischer Beleg eines Judenviertels ist die testamentarische Schenkung eines Christen von drei Häusern an das Kloster St. Emmeram *apud habitacula Iudaeorum* (bei den Judenhäusern) gelegen
1050–1100	Bau der ersten, einer romanischen Synagoge in Stein
12. Jh. bis 1519	Die Regensburger Jeschiwa, Talmudschule, war für etwa 350 Jahre ein bedeutendes Zentrum jüdischer Gelehrsamkeit in Europa mit berühmten Rabbinern wie Ephraim ben Isaak ben Abraham (1110–1175) und Jejuda ben Samuel he-Chasid (1140–1217)
Mai 1096	Zwangstaufe der Regensburger Juden in der Donau während des 1. Kreuzzugs, im Jahr darauf von Kaiser Heinrich IV. für unrechtmäßig erklärt
1182	Kaiser Friedrich I. erteilt der Regensburger Judengemeinde das Privileg, Handel zu treiben mit Gold, Silber und allen Metallen sowie sonstigen Gegenständen. Die folgenden Kaiser Friedrich II. und Heinrich VII. bestätigen das Privileg
24. September 1210	Abraham ben Mose kauft vom Kloster St. Emmeram die „Emmeramer Breitn". Auf diesem Gelände zwischen Peterstor und Galgenberg wird ein jüdischer Friedhof errichtet
Um 1210/1220	Neubau der zweiten, einer gotischen Synagoge
19. Dezember 1325	Der Regensburger Bischof erlaubt, dass die Juden in Oberbayern und Niederbayern ihre Toten zollfrei zu Wasser und zu Land auf den Regensburger Friedhof bringen
1391	Vertreibung der Juden aus der Oberpfalz

1476–1480	Ritualmordbeschuldigungen und Ritualmordprozess in Regensburg; der Prozess endet nach dem Eingreifen Kaiser Friedrichs III.
11. Januar 1519	Kaiser Maximilian I., „Schutzherr" der Regensburger Juden, stirbt
21. Februar 1519	Der Stadtrat beschließt die Vertreibung der Juden aus Regensburg. Einige Tage später werden bei Kälte und Schnee etwa 500 Frauen, Männer, Kinder und 80 Talmudschüler aus der Stadt gejagt. Das Getto, die Synagoge und der jüdische Friedhof werden zerstört, Leichen geschändet und über 4.000 Grabsteine geraubt
Nach 1663	Mit den Gesandten zum „Immerwährenden Reichstag" in Regensburg kommen wieder Juden nach Regensburg; sie stehen unter dem Schutz des Reichserbmarschalls, des jeweils regierenden Grafen von Pappenheim. Im 18. Jahrhundert entsteht eine Gemeinde mit Rabbiner Isaak Alexander (1722–1802)
Vermutlich 1788	Einrichtung der ersten öffentlichen Synagoge nach der Vertreibung von 1519 im ehemaligen Bäckerhaus Hinter der Grieb 5
10. Juni 1813	Das „Edikt über die Verhältnisse der jüdischen Glaubensgenossen im Königreiche Baiern" (Bayerisches Judenedikt) ermöglicht 16 jüdischen Familien, etwa 150 Personen, die Wohnberechtigung in Regensburg durch Eintrag in einen Matrikel. Tatsächlich leben mehr Juden in Regensburg
1822	An der Schillerstraße in Regensburg wird ein jüdischer Friedhof angelegt
2. April 1841	Einweihung der Synagoge in der Unteren Bachgasse. Sie wurde bis 1907 genutzt
24. April 1845	Schändung des jüdischen Friedhofs an der Schillerstraße
1. Februar 1846	Alle Grabsteine auf dem jüdischen Friedhof werden umgeworfen

10. November 1861	Aufhebung des Matrikelzwangs in Bayern und damit der Begrenzung des Wohnrechts für Juden an einem Ort
1863 bis 1880	Die Israelitische Kultusgemeinde wächst von 227 Personen auf 625
Oktober 1881	Dr. Seligmann Meyer, 1853 in Reichelsheim im Odenwald geboren, wird zum Rabbiner in Regensburg gewählt
1893	Gründung der Bayerischen Rabbinerkonferenz; Seligmann Meyer ist einer der Mitbegründer
Januar 1894	Seligmann Meyer gibt „Die Laubhütte – Illustriertes Israelitisches Familien-Blatt" heraus, das 1900 in „Deutsche Israelitische Zeitung" umbenannt wird und bis 1938 mit der „Laubhütte" als Beilage erscheint
1910	Die Gemeinde hat 493 Mitglieder
29. August 1912	In der Schäffnerstraße 2 (heute Am Brixener Hof 2) wird eine neue Synagoge mit Gemeindezentrum eingeweiht
1914	Mindestens 53 Regensburger Juden melden sich freiwillig zum Kriegsdienst, 11 fallen
1920	Gründung des „Verbandes Bayerischer Israelitischer Gemeinden". 198 von 200 jüdischen Gemeinden in Bayern werden Mitglied; 1938 entzieht die Nazi-Regierung dem Verband den öffentlich-rechtlichen Status; Bezirksstellen der „Reichsvereinigung der Juden in Deutschland" müssen die Aufgaben des Verbandes übernehmen
14./15. August 1924	Zehn Grabsteine auf dem jüdischen Friedhof werden mit Hakenkreuzen beschmiert
31. Dezember 1925	Rabbiner Dr. Seligmann Meyer stirbt
September 1927	Dr. Harry Zwi Levy wird Bezirksrabbiner in Regensburg u. blieb es bis 1932. Er ist 1893 in Posen geboren und 1978 in Tel Aviv gestorben
7. Mai 1927	Auf dem jüdischen Friedhof werden 4 Grabsteine umgeworfen

29. Januar 1929	Der Bayerische Landtag verbietet das rituelle Schächten
1932	Dr. Magnus Menachem Weinberg, geboren 1867 in Schenklengsfeld (Hessen), übernimmt das Bezirksrabbinat Regensburg bis Ende 1935 und zieht später mit seiner Frau nach Würzburg. Er wird am 12. Februar 1943 im KZ Theresienstadt ermordet
Ab 27. März 1933	107 jüdische Geschäftsleute und Anwälte werden in „Schutzhaft" genommen im Vorgriff auf den reichsweiten Boykott am 1. April 1933
1. April 1933	Boykott jüdischer Geschäfte, SA und SS postieren sich vor jüdischen Geschäften. Auf dem Neupfarrplatz platziert die SA ein Maschinengewehr und richtet es auf das Kaufhaus Merkur
7. April.1933	Zeitgleich mit dem „Gesetz zur Wiederherstellung des Berufsbeamtentums" tritt das „Gesetz über die Zulassung zur Rechtsanwaltschaft" in Kraft. Anwälten kann die Zulassung entzogen werden. In Regensburg betrifft dies 6 jüdische Anwälte
1936	Dr. Falk Felix Salomon, 1876 in Breslau geboren, übernimmt das Bezirksrabbinat Regensburg bis 1939. Er emigriert im selben Jahr nach London, stirbt dort 1940 bei einem Luftangriff der Deutschen. 1941 wird ihm der Doktortitel entzogen
9./10. Nov. 1938	Pogromnacht. Die 1912 eingeweihte Synagoge wird abgebrannt und anschließend abgerissen. In der Stadt werden die jüdischen Geschäfte und Wohnungen verwüstet, die Bewohner misshandelt
10. November 1938	„Regensburger Schandmarsch". Über 60 jüdische Männer werden durch die Innenstadt getrieben mit dem Transparent „Auszug der Juden". Sie werden im Anschluss ins KZ Dachau und ins Gerichtsgefängnis in der Augustenstraße verschleppt
Dezember 1938	Die Urkunde im Schlussstein der Synagoge wird bei den Abbrucharbeiten gefunden. Die Kapsel mit der Urkunde wird im Stadtmuseum, dem heutigen

	Historischen Museum, aufbewahrt, ist dort aber nicht mehr auffindbar
2. Februar 1939	Das in der Pogromnacht geraubte Archiv der Israelitischen Kultusgemeinde wird im Staatsarchiv Amberg eingelagert
4. April 1942	Deportation von 119 jüdischen Männern, Frauen und Kindern aus Regensburg und 94 aus der Oberpfalz. Im Deportationszug, der aus München kam, befanden sich 343 Münchner Juden und 433 aus Bayerisch-Schwaben. Am 6.4.1942 traf der Zug mit 989 Männern, Frauen und Kindern in Piaski im Distrikt Lublin im Generalgouvernement ein.
13. Juli 1942	Deportation von 7 jüdischen Männern und Frauen ins Generalgouvernement
23. September 1942	Deportation der Bewohner des jüdischen Altersheims nach Theresienstadt und Auschwitz
10. Januar 1944	Fünf Regensburger Juden, die in „Mischehen" leben, werden ins KZ Theresienstadt deportiert
6. Februar 1945	Um 5:20 Uhr geht ein Transport von Juden aus Niederbayern, der Oberpfalz und Regensburg ins KZ Theresienstadt, Tarnbezeichnung „Arbeitseinsatz"
12. Februar 1945	Die letzten Regensburger Juden, die in „Mischehen" leben, werden ins KZ Theresienstadt deportiert
19. März 1945	Im „Colosseum" in Regensburg-Stadtamhof wird ein Außenlager des KZ Flossenbürg eingerichtet. Etwa 150 der rund 400 Gefangenen sind Juden
23. April 1945	Die Gefangenen des KZ-Außenlagers Colosseum werden auf einen Todesmarsch in Richtung Westen getrieben
27. April 1945	Einheiten der 3. US-Armee besetzen Regensburg kampflos
1945 bis 1949	Es leben etwa 3.000 jüdische Displaced Persons (DPs) in Regensburg, die drei Gemeinden gründen. Die größte Gemeinde ist die „Jewish Community"
1946 bis 1948	Mendel Man (1916–1975), ein bedeutender jiddischer Autor, lebt als polnischer DP mit seiner Frau Sonja und dem Sohn Zvi zuerst in Falkenstein und dann in Regensburg

23. Januar 1946	Das Staatsarchiv Amberg gibt das Archiv der Israelitischen Kultusgemeinde Regensburg zurück. Es wird in der ehemaligen Likörfabrik Edmund Jakobi, in der Wöhrdstraße 11, gelagert
26. März 1946	In Regensburg erscheint die erste Ausgabe der jiddischen Wochenzeitung „Der najer moment", ab Ende November 1946 „Unzer moment". Sie erscheint bis Ende 1947
12. Januar 1947	Gründung des „Landesverbandes der Israelitischen Kultusgemeinden in Bayern". Von 200 jüdischen Gemeinden in Bayern vor 1933 entstehen in den folgenden Jahren wieder 13 Gemeinden
14. Mai 1948	David Ben Gurion proklamiert den Staat Israel. Beginn des Unabhängigkeitskriegs
Juli 1948	Der Jüdische Weltkongress in Montreux schließt jüdische Präsenz in Deutschland für immer aus
19. Juli 1950	Gründung des Zentralrats der Juden in Deutschland in Frankfurt am Main, dessen Verwaltung 1999 in die neue Bundeshauptstadt Berlin umzieht
1. August 1950	Nach Auflösung der Jewish Community wird die Jüdische Gemeinde Regensburg gegründet. Sie hat 288 Mitglieder, überwiegend aus Polen
Oktober 1952	Die Jüdische Gemeinde hat 150 Mitglieder
November 1954	Das Archiv der Israelitischen Kultusgemeinde Regensburg wird zusammen mit den anderen jüdischen Archiven aus Bayern nach Israel in die 1939 gegründeten „Jewish Historical General Archives" (JHGA) transportiert. Aus den JHGA wurden 1969 die „Central Archives for the History of the Jewish People"(CAHJP)"
1969	Fertigstellung des Mehrzwecksaals auf dem Gelände der 1938 zerstörten Synagoge
1989	Die Jüdische Gemeinde hat 117 Mitglieder
1994	Die ersten jüdischen Kontingentflüchtlinge aus den GUS-Staaten kommen nach Regensburg. In den kommenden Jahren wächst die Gemeinde auf rund 1.000 Mitglieder im Jahr 2016 an

1995 bis 1998	Ausgrabungen am Neupfarrplatz im Zuge der Neugestaltung. Sie gehören zu den flächenmäßig größten Untersuchungen eines mittelalterlichen Judenviertels in Europa und legen das ca. 14.000 m² große ehemalige jüdische Getto frei
7. September 1999	Auf dem Dreifaltigkeitsberg eröffnet die Jüdische Gemeinde eine neue Friedhofsabteilung
13. Juli 2005	Einweihung des Mahnmals auf dem Neupfarrplatz am Standort der 1519 zerstörten Synagoge. Der israelische Künstler Dani Karavan gestaltete den Grundriss der Synagoge als begehbares Bodenrelief. In hebräischer Schrift ist im Bereich des ehemaligen Thora-Schreins das Wort Misrach zu lesen, „Ort des Aufstrahlens" oder „Osten"
12. Juni 2007	Verlegung der ersten Stolpersteine in Regensburg
2015	Den Architektenwettbewerb zum Neubau einer Synagoge und eines Gemeindezentrums gewinnt das Berliner Architekturbüro Staab
19. Oktober 2016	Grundsteinlegung der neuen Synagoge
25. Oktober 2017	Die Jüdische Gemeinde feiert das Richtfest von Synagoge und Gemeindezentrum

Quellen:
Die Artikel in diesem Buch; Auskünfte von Ilse Danziger; Bierwirth, Waltraud: „Die Firma ist entjudet". Schandzeit in Regensburg 1933–1945, Regensburg 2017; Biographisches Handbuch der Rabbiner, hrsg. von Michael Brocke und Julius Carlebach, Teil 2: Die Rabbiner im Deutschen Reich 1871–1945, München 2009, S. 382–383, S. 433–434, S. 527–528, S. 641–643; Meyer, Isaak: Zur Geschichte der Juden in Regensburg, Berlin 1913; Pomerance, Aubrey: Rabbiner Magnus Weinberg. Chronist jüdischen Lebens in der Oberpfalz, in: Brenner, Michael/Höpfinger, Renate (Hrsg.): Die Juden in der Oberpfalz, München 2009, S. 139–157; „Stadt und Mutter in Israel": Jüdische Geschichte und Kultur in Regensburg, Regensburg ³1995; www.bllv.de/index.php?id=7729&einzelname=Salomon,%20Falk%20Felix; www.stolpersteine-regensburg.de; Yad Vashem Administrate Archive, M 1 DN, Nazi Documentation; Zentralwohlfahrtsstelle der Juden in Deutschland (Hrsg.): Mitgliederstatistik der jüdischen Gemeinden und Landesverbände in Deutschland für das Jahr 2016, Frankfurt a. M. 2016, S. 10.

Personenregister

Abraham, jüdischer Arzt 75, 79f.
Abraham ben Mose, Rabbiner 14, 16, 92
Abraham ben Samuel he-Chassid 38
Abraham ibn Esra 41
Abraham von Kelheim 61
Absberg, Heinrich von, Bischof 46
Adenauer, Konrad 283
Adorno, Theodor 336
Alejchem, Scholem 335
Alexander, Isaak Israel, Rabbiner 188, 189, 211
Altdorfer, Albrecht 21, 23, 108–114, 121, 122
Aman, Kaspar, Bürgermeister 99, 130f.
Ammon, Hugo Fritz 237
Ammon, Ida 237
Amschel ha-Lewi, Rabbiner 43
Angerstorfer, Andreas 28f., 300, 391
Apfel, Blanka 361f.
Apfel, Eduard 361f.
Arco, Anton Graf von 148
Aretin, Anton Freiherr von, Regierungspräsident 220
Artmann, Josef 234
Aschermann, Hilda (Hilda Meyer) 207, 209
Auerbach, Philipp 323
Auerbach, Rachel 323
Avidor, Yakob Simchah, Rabbiner 302, 319, 345
Bachrach, Abraham 361
Barskyy, Volodymyr 382f., 383, 387, 398
Baruch ben Samuel 42
Bauer, Josef 370
Bayer, Alfred 253
Bayer, Eugen 253
Bayer, Michael 365
Bayer-Riepl, Johanna 364
Benedikt, Papst 392
Ben Gurion, David 311, 321
Bergelson, Dovid 335
Bernheim, Karl 265
Betz, Petra 355

Beutel, Lothar 272
Bielawski, Heinrich 303
Binswanger, Alfred 137, 232
Binswanger, Lina 137, 232
Bismarck, Otto von 177
Bloch, Adolf 233–235
Bloch, Josef Chaim, Rabbiner 393–395, 397
Blumenthal, Dalia 366
Boll, Walter 264
Brandis, Alice 247, 257f., 261
Brandis, Felix 247, 257f., 261
Brandis, Karl 247, 257f., 261
Brandt, Albert 266
Brandt, Kreszenz 266
Brimann, Aaron 173
Buchberger, Michael, Bischof 154
Buchmann, Adolf 138
Büttner, Josef 240
Bugl, Lia 398
Bunz, Max 232
Carlson, Walter 240
Celan, Paul 337
Chagall, Marc 325
Christian August, Pfalzgraf des Herzogtums Sulzbach 101
Ciecierski, Josef 319
Cloppenburg, Heinz 240
Dalberg, Karl Freiherr von, Kurfürst 190, 211
Danziger, David 379
Danziger, Genia (Shvimer, Genia) 374–377, 380, 382, 391, 395–398
Danziger, Ilse 29, 379, 392
Danziger, Isaak 379
Dawidowicz, Lucy 324
Demnig, Gunter 350–353, 355
Denissenko, Jakob 387
Dietrich, Reichstagsabgeordneter der NSDAP 150
Diner, Dan 337
Döblin, Alfred 138

413

Dubnow, Simon 288

Eckert, Thomas 396f.
Efraim ben Isaak ben Abraham, Rabbiner 14, 30–32
Einstein, Emma 370
Einstein, Karoline 370
Eisinger, Franz 248f., 264
Eismann, Samuel 138
Elasar von Worms, Rabbiner 38, 42
Eliezer ben Natan, Rabbiner 32
Elijakim ben Josef, Rabbiner 32
Ell, Hieronymus 110
Engert, Josef 315f.
Erbersdobler, Otto 231
Erich, Ignatz 375
Ernstberger, Anton 315f.
Esser, Karl 327
Farntrog, Rosa 265
Firnbacher, Fritz 147
Firnbacher Max 279–281
Foltz, Ludwig 124
Forchheimer, Nathan 230, 253
Franck, Sebastian 115, 118–120, 122
Frank, Heinrich 370
Frank, Johanna 370
Frank, Rosalie 370
Frank, Walter 284
Freimann, Aron 210
Freising, Ruth 366
Freund, Lina 361
Frick, Wilhelm 282
Friedlander, Saul 276, 288
Friedrich I., Kaiser 15
Friedrich II., Kaiser 48
Friedrich III., Kaiser 44, 46, 49f., 82
Funk, David136f., 230, 253

Galen, Clemens August Graf von, Bischof 238
Gaydar, Irina 398
Geilen, Jüdin 63
Gemeiner, Carl Theodor 67, 72f., 98, 210
Gengenbach, Karl 276

Georg von Bayern-Landshut, Herzog 82–84, 86f.
Gershom von Novarra 63
Gesler, Otto 212f., 225, 220
Glatzer, Josef, Rabbiner 302, 344
Globke, Hans 282f.
Gnenle, Rabbinertochter 99, 119
Godin, Anselm, Benediktiner 97f.
Goebbels, Joseph 242
Göz, Gottfried Bernhard 186, 188
Goppel, Alfons 208, 233
Gottlieb, Jakob 305
Grade, Chaim 323
Gräfe, Julius 246
Graetz, Heinrich 210f., 288
Grau, Wilhelm 284, 286f.
Gregor IX., Papst 93
Grigorian, Leonid 372
Grigorian, Nadja 372
Grünhut, Rudolf 220
Grynszpan, Herschel 242
Gürtner, Franz 233
Gumpelzhaimer, Christian Gottlieb 96, 98
Gumperz, Elias 102
Guta 98
Gutbrod, Wilhelm 240
Gutknecht, Jobst 111
Gutmann, Jette 237f.
Gutmann, Klara 370
Gutmann, Luise 395
Gutman, Meyer-Ber 340

Haas, Alois 375
Habenstein, Wilhelm 300
Hahn, Hedwig 354, 356f.
Hamann, Brigitte 278
Haradzetski, Ilja 388f.
Haradzetski, Sofia 388f.
Harder, Georg 111
Harshav, Benjamin 320
Haymann, Josef 220
Heidecker, David 138, 212f., 220, 222, 224, 227, 266
Heine, Heinrich 277
Heinrich von Bayern, Herzog 95

Heinrich IV., Kaiser 14
Heinrich VII., Kaiser 16
Heis, Alfons 266–268
Heis, Alice 266–268
Heller, Hugo 255, 366–368
Heller, Isidor255, 366–368
Henle, Franz Anton von, Bischof 136, 148
Hermann, Conrad, Minorit 87
Herrmann, Ernst 290
Herrmann, Hans 394
Herrmann, Wilhelm 305
Hersz, Abraham 374, 377
Herzl, Theodor 179
Heydenreich, Erhard 120
Heydrich, Reinhard 250, 269, 271f., 316
Hieber, Hans 122–124
Hildesheimer, Esriel, Rabbiner 163f., 181
Hildesheimer, Hirsch 164, 181
Himmler, Heinrich 266, 275, 377
Hinderbach, Johannes von, Furstbischof 47
Hirsch, Max 319
Hirsch, Samson Raphael, Rabbiner 44, 165, 168
Hirschfeld, Israel 136
Hitler, Adolf 9, 11,231, 233, 237, 242, 271, 276f., 283, 309,, 334, 375, 382, 387
Höllenreiner, Hugo 355
Höltzl, Hieronymus 111
Honigsberger, Adolf 363
Hönigsberger, Arnold 363
Hönigsberger, Hedwig 363
Hönigsberger, Justin 305
Hönigsberger, Otto 138
Hoffmann, Christoph, (Ostrofrankus) 92, 110
Hoffmann, Hans Georg 232
Hohner 243
Holzinger, Emil 137, 220, 231, 247
Holzinger, Ernst 367f.
Holzinger, Ottmar 257, 367f.
Hopp, Friedrich 246
Huber, Ernestine 363

Hüber 61
Huebmaier (Hubmaier), Balthasar, Domprediger 87, 114, 122

Isaak ben Ascher ha-Lewi, Rabbiner 31
Isaak ben Mordechai, Rabbiner 14, 30, 92
Isaak ben Samuel 91
Israel ben Chaim Bruna, Rabbiner 16, 43f., 62

Jakob ben Meir Tam, Rabbiner 31
Jakob ben Mose ha-Lewi, Rabbiner 33
Jakob, Max 265
Jehuda ben Mos 31e
Jehuda ben Samuel he-chasid, (Jehuda der Fromme), Rabbiner 15, 37, 93
Jehuda he-Chasid 38f., 41f.
Jekutiel, Rabbiner 129
Jesaja ben Mali di Trani der Altere, Rabbiner 30
Joʻel ha-Levi, Rabbiner 32
Joschua, Rabbiner 44
Joseph ben Salomo Colon, Rabbiner 62
Josperstein, Usher 307
Kahn, Karl 254
Kahn, Louis 220
Kalfus, Markus 319
Kammerseder, Johann 249
Kapp, Adolf 361
Kapp, Sara 361f.
Kapplmeyer, Helene 305
Karavan, Dani 24f., 200
Karl V., Kaiser 91
Karpeles, Jeanette 370
Kern, Jakob, Steinmetzmeister 114
Keytelman, Yekhezkl 303
Kiefl, Franz Xaver 148
Klein, Arnold 226
Kleinermann, Nechama 383
Kleist, Heinrich 318
Klüger, Ruth 308, 313, 314, 315, 316, 317
Knöpfler, Josef Franz 272, 276, 285
Koch, Joseph (Koch, Josef) 215
Kohl, Theodor 255
Kohner, Elisabeth 370

415

Kohut, Alfons 210
Korn, Rachel 323
Kornhäusel, Joseph 193
Kraus, Rabbiner 345
Kulka, Otto Dov 287, 307
Kurella, Annette 121
Kuzenko, Dora 393

Lamm, Louis 203, 210
Landenbacher, Samson, Kantor 222
Lang, Max 250
Lehmann, Emma 254
Lehmann, Isidor 139
Lehmann, Justin 233f., 236
Lehmann, Karl 146
Lehmann, Marcus, Rabbiner 163, 165
Leinberger, Hans 121, 186
Lempert, Chaim 383, 386
Lempert-Barska, Klara 382f., 386, 396
Leo X., Papst 87, 114
Lessing, Gotthold Ephraim 318
Lestni, Moyshe 330
Levi, Primo 308, 337
Levy, Albert 137
Levy, Harry, Rabbiner 153f., 157
Lewinsky, Tamar 299f., 303
Lewkowitz, Jakob, Kantor 279–281, 363f.
Lewkowitz, Mendel 364
Lewkowitz, Moses 364
Liebermann, Nathan David, Rabbiner 345
Lilienfeld, Josef 157
Löwenmeyer, David, Rabbiner 139
Loewi, Simon Maier 136, 138
Ludwig I., König 136
Ludwig IX. von Bayern-Landshut, Herzog 46, 50, 75
Luitpold von Bayern, Prinzregent 193, 214, 226
Lukhnyeva, Julia 390
Lustanowski, Chaim 380–382
Lustanowski, Janina (Janka Dawna) 304, 382
Luther, Martin 107, 122
Luther, Notar 240f.

Lutz, Franz 246, 248f.
Maderno, Carlo 120
Mai, Jette 370
Man, Mendel 11, 303, 321f.
Man, Wolf 322
Man, Zvi 322, 324, 342
Manes Adolf 138, 231, 239, 248
Manes, Theodor 138, 231, 239, 248
Mann, Thomas 318
Markish, Perets 335
Marschak, Samuel 325
Maximilian I., König u. Kaiser 83, 87, 89–91
Me'ir ben Baruch von Rothenburg, Rabbiner 30
Menachem ben Mekhir, Rabbiner 14
Mendle 89f.
Mesch, Lorenz 148
Metz, Schlamek 195, 310–312
Meyer, Edith 209
Meyer, Isaak 11, 138, 151, 157, 197, 202–211, 213, 218, 220, 226, 228, 233
Meyer, Johanna 209
Meyer, Seligmann, Rabbiner 11, 136, 139, 140, 150f., 160, 163–165, 167–184, 195f., 203f., 213f., 220, 226, 233
Michel, Karl Jakob 233, 235, 235
Morag, Dannyel 392
Mose ben Efraim 31
Mose ben Jehuda Saltman 41
Mose von Coucy 31
Moses ben Abraham, Rabbiner 14
Moses ben Joel, Rabbiner 30,92
Müller-Seyffert, Wilhelm 198, 242f., 250f.
Munchmeyer, Ludwig 148
Musial, Torsten 270

Nathan, Rabbiner 44
Natzler, Alois 138, 220
Neuburger, Adolf 220
Neuhauser, Adele 397
Niedermaier, Adolf 369
Niedermaier, Leopold 220
Nigri, Petrus 16, 55, 64
Nikolaus von Ybbs, Bischof 94

Nobel, Nehemia Anton, Rabbiner 151
Nordau, Max 179
Notschafft, Hans, Stadtkämmerer 63
Nusbaum, Carl 137
Nusbaum, Max 137

Oberdorfer, Hedwig 362
Oberdorfer, Max 220
Oberdorfer, Simon 362
Oettinger, Fritz 144, 149–152, 157, 159, 233f.
Oettinger, Gabriel 220
Opatoshu, Joseph 107, 324
Ostendorfer, Michael 21, 115, 119–123, 188
Oswald, Rechtsanwalt 240
Otto von Bayern, Herzog 83, 95

Pappenheim, von, Reichserbmarschall 185, 188, 206, 211
Pecktaler 60
Peddersen, Per 397
Pelein, Judin 60
Pelzer, Kathrin 300
Peres, Schimon 325
Perlov, Yitskhov 328, 341
Petachjah ben Jakob ha-Laban, Rabbiner 15
Pfundtner, Hans 282
Platzer, Richard 198, 243, 250
Platzer, Sebastian 243
Plaut 361
Pommeranz, Chaim 319
Popp, Fritz 248, 250, 260
Prechtl, Wolfgang 148
Rammung, Matthias von, Bischof 74
Ranner, Sebastian 265
Raselius, Andreas 97
Reger, Heinrich 247
Reichenberger, Philipp 188, 190
Renner, Narzis 111f.
Respondek, Erwin 241
Riedner, Otto 284f.
Rohling, August 173
Rohrmoser, Hedwig 265
Ronnel, Koko 343

Rorbach, Sigmund von, Reichshauptmann 83
Rosenberg, Frieda (Frieda Lewkowitz) 363f.
Rosenblatt, David 146, 152, 156f., 159, 220
Rosenblatt, Moses 293
Rosengold, Hans 11, 29, 239, 242, 312, 343, 369, 373, 379, 391f., 394
Rosengold, Max 239–241, 369
Rosengold, Therese 239, 241
Rosenthal, Seligmann 102
Rosenwald, Edith 235
Rossmann, Ludwig 305
Rottenberg, Marian 319

Salamander, Rachel 298
Salomon, Falk Felix, Rabbiner 264, 269, 274, 276–279, 281f.
Samuel (Jude Samuel) 18
Samuel ben Kalonymos he-Chassid 38f.
Samuel der Alte, Rabbiner 44
Samuel der Junge, Rabbiner 44
Scharff, Pius 237
Schels, Anton 396
Schlenker, Seligmann, Rabbiner 139, 162
Schmaller, Hans, Schultheis 90f.
Schmelt, Albrecht 375, 377
Schmetzer, Adolf 18, 192
Schmid, Anton 271
Schmidbauer, Fritz 246
Schmidt, Friedrich 220
Schnee 89f.
Scholem, Gershom 38
Schottenheim, Otto 230, 236, 263, 269
Schukow 322
Schwarz, Matthaus 111f.
Schwarzhaupt, Salomon 220
Schwerdt, Chaim 319
Schwerdt, Gela 309
Schwerdt, Max 307, 309
Schwerdt, Otto (Joshua) 11, 29, 307–313, 343, 373, 379, 382f., 391–394
Schwerdt, Rachela 309
Seidl, Wolfgang 246
Seligmann, Albert 255

Seligmann, Fanny 256
Semmler, Elena 393
Shepanek, Norbert A. 268
Shvimer, Cela 374–376, 379
Shvimer, Esther 374f., 379
Shvimer, Paula (Reif, Paula) 375–379
Sigismund II., König 332
Silberberg, Nathan 302f.
Simcha von Speyer, Rabbiner 38
Simon Beatus von Trient 47f.
Singer, Isaak Bashevis 324
Sinn, Andrea 159
Smolorz, Roman 300
Sondhelm, Max 370
Sperber, Manés 325
Spiegel, Franz 193–196, 213, 215, 220
Springer, Julius 362
Staab Architekten 399
Staab, Volker 397
Stalin 322, 331, 382
Stauffer 323
Stein, Siegmund 159
Stiassny, Wilhelm 193, 213, 220
Stifter, Adalbert 318
Stolar, Sonja (Sonja Man) 322
Strasser, Georg 148
Straus, Raphael 89f., 286, 288f.
Straus, August 220
Streicher, Julius 148f.
Stuckart, Wilhelm 828
Süs-Schülein, Herm 220

Thon Dittmer, Gottlieb von, Bürgermeister 190f.
Teuschlein, Johannes, Stadtprediger 110
Titze, Gerhard 234, 289
Tolstoj, Lew 326, 339

Udelsmann, Eti (Eti Schwerdt) 309
Uhlfelder, Julius 138, 365
Uhlfelder, Max S. 138, 220, 364f.
Uhlfelder, Seligmann 364
Uta, Abtissin des Niedermunsterklosters 124f.

Vayol, Hans 43
Vierfelder, Marie 305
Vierfelder, Max 305
Voderholzer, Rudolf, Bischof 395
Volkert, Wilhelm 271

Wachtler, Fritz, NSDAP-Gauleiter 197, 240
Wagner, Adolf 148
Wagner, Richard 276, 278
Wagner, Siegfried 276–279
Wagner, Winifred 277
Walser, Martin 316f.
Walter, Johanna 290
Walz, Hannchen 370
Walzel, C. G. 375f.
Wanninger 255
Weber, Dieter 355, 396f.
Weigert, Wolfgang 244, 246
Weil, Cilli 266
Weinberg, Magnus, Rabbiner 151, 158, 226, 274, 285
Weiner, Siegfried 233f.
Weinschenk, Max 137–139
Weis, Jakob 137
Widmann, Leonhard 96
Wiedemann, Generaladjutant 228
Wieferink, Wilhelm 243
Wiesel, Elie 325, 339
Wilhelm IV. von Bayern-München, Herzog 87
Wittmer, Siegfried 177, 353, 361
Wladislaus II. von Böhmen, König 44
Wolbergs, Joachim 202, 395, 397
Wolf, Georg 305
Wolf, Ludwik 305
Wolf, Paul 305
Wolff, Balthasar, Reichskammermeister 88

Zerahn, Erich 259
Zilberberg, Natan (Naftole) 328
Zisler, Hanna 397
Zwick 237

Danksagung

Der Herausgeber dankt den Autorinnen und Autoren, die mit ihrer uneingeschränkten Bereitschaft und ihrer inhaltlichen Kompetenz das vorliegende Buch erst möglich gemacht haben. Ebenso gilt der Dank Fritz Pustet, der das verlegerische Risiko auf sich genommen hat, die „Jüdischen Lebenswelten" in das Programm des Pustet Verlags aufzunehmen. Ihm war diese Veröffentlichung ein Anliegen. Elisabeth Pustet hat den Band lektoriert. Sie hat durch ihre Hinweise und Ratschläge das Buch zu einem guten Ende gebracht. Julia Wagner unterstützte und beriet bei der Bildredaktion.

Zu danken ist aber auch den vielen Archiven, Bibliotheken und Privatpersonen, die großzügig ihr Wissen, Dokumente und Bilder zur Verfügung stellten und mit Auskünften weiterhalfen. Sie können hier nicht alle vorgestellt werden. Ilse Danziger, Vorsitzende der Jüdischen Gemeinde Regensburg, war jederzeit zu Auskünften bereit und stellte wichtiges Quellenmateriel zur Verfügung. Oleg Kuzenko danke ich für die Beratung bei der Titelgestaltung. Peter Ferstl von der Bilddokumentation der Stadt Regensburg hat durch seine Bildhinweise zur Veranschaulichung einiger Texte beigetragen, ebenso der Fotograf Dieter Nübler.

Die Abdruckerlaubnis für die schon einmal veröffentlichten Texte gaben Jakob Borut und der Verlag De Gruyter, weiterhin Frau Koko Ronnel, der Verlag Battenberg Gietl und schließlich Dr. Ingrid Angerstorfer, Dr. Peter Morsbach und Dr. Eugen Trapp von der Unteren Denkmalschutzbehörde in Regensburg.

Professor Michael Brocke danke ich für die einfühlsame biographische Würdigung Andreas Angerstorfers. Dieser schuf mit seiner Forschungsarbeit eine bedeutende Grundlage der jüdischen Geschichte in Regensburg.

Ein besonderer Dank gilt meiner Frau Waltraud Bierwirth. Ihre Mitarbeit am vorliegenden Buch und ihre kritische Begleitung des Werks haben manchen Irrweg verhindert.

Die Autorinnen und Autoren

Andreas Angerstorfer, Dr., siehe die Würdigung von Michael Brocke, S. 28 f.

Cornelia Berger-Dittscheid, Dr., freiberufliche Kunsthistorikerin, Mitarbeiterin am Synagogen-Gedenkband Bayern.

Waltraud Bierwirth, Journalistin und Publizistin.

Jakob Borut, Dr., Direktor der deutschen Registraturabteilung des Yad Vashem Archivs in Jerusalem.

Michael Brocke, Prof. der Judaistik, Direktor des Salomon Ludwig Steinheim-Instituts für deutsch-jüdische Geschichte an der Universität Duisburg-Essen.

Silvia Codreanu-Windauer, Dr., Archäologin, seit 1987 Referentin in der Abt. Bodendenkmalpflege beim Bayerischen Landesamt für Denkmalpflege, Dienststelle Regensburg, seit 2012 Referatsleiterin für Oberpfalz und Niederbayern.

Hans-Christoph Dittscheid, Prof. Dr., Kunsthistoriker, Mitherausgeber des Synagogen-Gedenkbands Bayern, Schwerpunkt Kunst- und Architekturgeschichte der italienischen Renaissance und des Barock.

Matthias Heider, M.A., Historiker.

Klaus Himmelstein, Dr., Bildungshistoriker, Arbeitsschwerpunkt: Nationalismus und Antisemitismus in pädagogischen Theorien des 20. Jahrhunderts.

Sabine Koller, Prof. Dr., seit August 2013 Professorin für Slavisch-Jüdische Studien am Institut für Slavistik der Universität Regensburg. Arbeitsschwerpunkte: slavisch-jüdische Kulturen und Literaturen, insbesondere jiddische Literatur unter Stalin.

Isaak Meyer, Dr., Rechtsanwalt, siehe die biographische Skizze S. 203 ff.

Peter Müller-Reinholz, M.A., Doktorand am Institut für Vor- und Frühgeschichte und Provinzialrömische Archäologie der LMU München, arbeitet als Grabungsleiter beim Büro für Archäologie Neupert & Simm in München.

Veronika Nickel, promoviert an der LMU München über Hintergründe und Entwicklungen der Vertreibung der Regensburger Juden 1519

Bernd Päffgen, Prof. Dr., seit 2005 Extraordinarius für Vor- und Frühgeschichte (Jüngere Epoche) an der LMU München. Vorsitzender der Gesellschaft für Archäologie und Bayern e. V., ordentliches Mitglied der Bayerischen Akademie der Wissenschaften.

Astrid Riedler-Pohlers, Promotionsstudium an der LMU München, arbeitet an einer Dissertation über „Spätmittelalterliche Heilkundige im süddeutschen Raum: Juden und Christen im Vergleich".

Hans Rosengold, s. die biographische Skizze S. 343.

Sophia Schmitt, promoviert an der LMU München in den Fächern Mittelalterliche Geschichte und Judaistik, arbeitet an einer Dissertation über die Ritualmordbeschuldigung der Regensburger Juden im 15. Jahrhundert.

Staab Architekten, bearbeiten ein breites Spektrum an Neubauten in sensiblen Stadt- und Landschaftsräumen bis zu Neuinterpretationen denkmalgeschützter Gebäude. Arbeitsschwerpunkte sind Kulturbauten, Forschungs- und Verwaltungsgebäude.

Dieter Weber, Dipl. Päd., Lehrer, ehem. Leiter des Evang. Bildungswerks (EBW) und Sprecher der Stolperstein-Gruppe Regensburg, Vorsitzender des Fördervereins Neue Regensburger Synagoge.

Abbildungsnachweis

altro – die fotoagentur (U. Moosburger): 187, 392
Archiv der Jüdischen Gemeinde Regensburg: 106, 195, 304, 313, 343, 347 (D. Nübler), 381, 390, 397
Archiv Yad Vashem: 158, 164
Landeskirchliches Archiv Nürnberg: 116
Privatarchiv Andreas Angersdorfer: 28, 329
Privatarchiv Avishai Ben-Abba: 205, 207
Privatarchiv Waltraud Bierwirth: 377, 382, 388, 393
Privatarchiv Cornelia und Hans-Christoph Dittscheid: 128, 129, 189
Privatarchiv Gerhard Eisenschink: 345, 380
Privatarchiv Zwi Man: 322
Privatarchiv Carmen Vitzhum: 25
Privatarchiv Dieter Weber: 355, 358
Stadtarchiv Regensburg (Zentralregistratur I, Nr. 686): 192 links, 194
Universitätsarchiv Regensburg: 316
Bayerisches Landesamt für Denkmalpflege (Regensburg): 20, 22 (Bearbeitung durch Projektgruppe der LMU München), 101 (Grafik Rudi Röhrl)
Bayerische Staatsbibliothek München: 125 (Clm 13601, fol. 3v)
Die Bauwelt (Nr. 43: 24.10.1912): 217
Habich 1910, Tafel VII/Berlin Kupferstichkabinett (fol. 16y): 112
Bilddokumentation Stadt Regensburg: 27, 104 (P. Ferstl), 245, 248, 251, 262 (Max Lang)
Museen der Stadt Regensburg: 24, 109, 119, 123
Staatliche Bibliothek Regensburg (Sammlung Peter Milic): 258
Staab Architekten: 401-404
Entnommen aus:
Meyer, Isaak: Zur Geschichte der Juden in Regensburg, Berlin 1913: 191, 192, 196, 198
Kick, Wilhelm: Sag es unseren Kindern, Berlin/Vilseck 1985: 267
Schuegraf, Joseph Rudolph: Geschichte des Domes von Regensburg und der dazugehörigen Gebäude, Bd. 2, Regensburg 1848, Tafel IV: 127
Titelblatt: Bilddokumentation Stadt Regensburg und Staab Architekten

208 Seiten, 32 Abb.
Kartoniert
ISBN 978-3-7917-2862-9

Waltraud Bierwirth
„DIE FIRMA IST ENTJUDET"
Schandzeit in Regensburg 1933–1945

Waltraud Bierwirth beschreibt den Leidensweg der Regensburger Juden. Der NS-Staat und seine „Volksgenossen" grenzten sie als „Reichsfeinde" aus, entwürdigten und beraubten sie. Vor der physischen Vernichtung in den Gaskammern erlitten sie den „Finanztod". Die Autorin schildert die Geschehnisse auch anhand bisher nicht ausgewerteter „Arisierungs-" und Steuerakten. Ihr gelingt eine authentische Darstellung, die Zusammenhänge zwischen staatlichen Normen und individuellem Handeln herstellt.
Wie sich der „gesetzlich geregelte" Raubzug konkret vollzog, wird hier am Fall der Stadt Regensburg exemplarisch dargestellt.

VERLAG FRIEDRICH PUSTET

Verlag Friedrich Pustet
Unser komplettes Programm unter:
www.verlag-pustet.de

Tel. 0941 / 92022-0
Fax 0941 / 92022-330
bestellung@pustet.de